台湾野球の文化史

日・米・中のはざまで

COLONIAL PROJECT, NATIONAL GAME

A History of Baseball in Taiwan

Andrew D. Morris
アンドルー・D・モリス

MARUYAMA Masaru
丸山 勝 訳

論創社

わが左利きのアーロンのために

謝辞

いつものことながら、この著作を仕上げるまでの間、数えきれない多くの方々から助力と厚意と知恵をいただいたことに、感謝したい。幸運にも、台湾では台北市南港所在の広壮な中央研究院にある近代史研究所、長い歴史を誇るこの研究機関の西端に新設された台湾史研究所で、二度の夏を過ごすことができた。陳永發、許雪姫両所長の寛大な許しの下で、それぞれの研究所で研究活動とセミナーに参加させていただいた。陳儀深教授（およびご家族）と游鑑明教授からは、惜しみない真の友情を再三頂戴したおかげで、大変楽しい台湾滞在であった。國立中央圖書館、中和に新設された瀟洒な台湾分館では、スタッフのみなさんにたくさんの支援をいただいた。日本の東京では、野球殿堂とその博物館で山根礼子さんから多大の助力が得られ、短期間ながら収穫ある滞在だった。

真の学者、紳士であり私のよき友人でもある謝仕様、劉進枰には、貴重な資料類のほか重要な示唆を提供いただき、この研究を進めるエネルギーになった。國立臺灣師範大學の許義雄教授からは、その後も恩恵と助力を受けている。大勢の方々と面識を得た中でも、彭明敏博士とお会いできたのは私の誇りである。博士と呉慧蘭は親切、寛大であるばかりでなく私の励ましともなった。嘉農同窓会の蔡武璋には、厖大な時間の浪費と物質的負担を強いる結果になってしまった。この誇り高き学校の精神を代表する人物として、蔡氏以上の人はおそらくいないであろう。名コーチとして知られた簡永昌にもお世話になった。自宅を訪ねた私に種々の著書を提供してくれ、台湾野球の八十年間の記憶を確かめさせてくれた。林玫君からは、日本時代の台湾スポーツに関する彼女の知識を惜しみなく伝授いただいた。台湾でプレーした何人かの元選手、とりわけ謝長亨、林華夷、トニー・メトイヤー、ウィル・フリント、ジョージ・ヒンショーには、台湾野球への私の理解を深めるために、時間を割いてもらった。善意の人グレゴリー・ハーパーは、血を分けた兄弟ミルトが愛する家族、チームメート、友人たちを残してあまりにも早く世を去った時の記憶を、筆者に分け与えてくれた。

この著作を構想するにあたって有益な助力をいただいた友人、同僚を挙げればきりがない。呉文星、呉密察、劉宏裕、李建興、ポール・カッツ、アリス・チュー、ステファン・コーカフ、許維徳、マーク・ハリソン、タク・フジタニ、史書美、ジェフ・ワッサーストロム、ロアルド・マリアンケイ、トマス・ゴールド、ジョーゼフ・アレン、ウィリアム・ケリー、ポール・フェスタ、ロバート・ウェラー、マイクル・ハーツフェルド、廖咸浩、バラク・クシュナー、張必瑜、マーク・コスコウィッツ、デーヴィド・ジョーダン、スコット・サイモン、ナンシー・ガイ、マーク・ダイアソン、スーザン・ケーヒル、ロバート・エーデルマン、ジョーゼフ・エシェリック、ポール・ピコウィッツ、ジェフリー・ウィルソン、サミュエル・ヒデオ・ヤマシタ、学部学生の指導教員アーサー・ローゼンボーム、ジョン・マキンストリー、私が勤務するカリフォルニア理工州立大学の同僚と学生数人などである。幸運にも、このプロジェクトのいろいろな局面で、優秀な学生研究者の参加が得られた。コルゲート大学のユエ・ミン・メイとリ・チア・オン、理工州立大学のジェイミー・マッカリーと白石ゆみの四人である。

蔡禎雄教授に出会ったのは、一九九五年のことである。彼の好意でその後長くつき合いが続き、鋭い指摘も受け、私の人生だけでなく、東アジア・スポーツ史の研究を変えることとなった。二〇〇九年、私がちょうどこの著作の仕上げを終えようとしていたころ、彼はあまりにも若くして世を去った。彼がこのプロジェクトの完成を目にすることがなかったのは、私にとってたとえようのない悲しみである。せめてもの慰めは、蔡教授の学生数十人が台湾の大学、学院に分散し、歴史の追究にかけた彼の情熱を広く伝え続けていることである。

このプロジェクトには、フルブライト学術交流台湾基金の呉静吉博士とそのスタッフの尽力により、二〇〇七年奨励金を与えられ、完成への得難い支えになった。カリフォルニア理工州立大学教養歴史学部からも惜しみない支援を受け、感謝に堪えない。この大学がこの風変わりな州の予算からおそろしく微額の支援しか受けていないことに、いずれ歴史家は驚愕するにちがいない。本大学ケネディー図書館のジャニス・ストーンにも深く感謝する。研究者にとっては、夢を現実にしたような人物である。この企画に情熱を込めて取り組んでくれたカリフォルニア大学出版局の編集者リード・マルコムにも深く謝意を表する。彼の同僚のカリシア・ピヴィロット、ジャクリーン・ヴォリン、クリストファー・ピッツは、この仕事を非常に楽しいものにしてくれた。

また妻の縁戚にあたる何家族かの人たちからも、何年にもわたり支援と励ましを受けたことに感謝する。さらに、一九九二年、九三年当時私に部屋を貸してくれた台中市進徳北路の二人の家主さんにも謝意を表さねばならない。二人とも私との間で行き違いもあったが親切にしてくれた。この仮住居から二ブロックほど先に市営球場があり、台湾野球史をこのような形で世に出そうというそもそもの構想は、その場所で生まれたのだった。

二〇〇四年のことだが、台中で統一ライオンズのプロ野球の試合を見に、当時四歳だった娘のシェイナを連れて行ったことがある。暑さと騒音のために、シェイナとの観戦は結局二イニングまでになった。私たちの席のすぐわきに応援団が陣取っていて、ドラムを激しく叩き鳴らすので、彼女が「心臓がばくばくする」と言い出したのである。この時台中には、息子のアーロンと妻のリッキーも来ていた。お前たち三人といっしょなので、私は毎日心臓わくわくなのさ、と答えたら、安っぽいドラマのせりふになるだろうか。この本の完成を祝ってくれた家族一人一人に、感謝と喜びを伝えたい。

凡例

訳出にあたっては、専門書としての格調に留意しつつ、訳文と訳語は平易を心がけた。

一、本文、原注中の［ ］は訳注。（ ）は原文の注記類。

二、原文で人名、地名などをva, vi…と表記した個所は、ヴァ、ヴィ…のように表記した。ただし、「ライバル」「テレビ」など、日本語でバ、ビ…表記が定着している語は、慣用に従った。

三、中国語系の固有名詞、一部普通名詞には、難読語に限り、標準中国語の発音（盂峻瑋《ユージュンウェイ》など）をルビで付した。原文で台湾語発音が示されたごく少数の語は、そのままルビとした（野球《イアキウ》など）。

四、固有名詞や文献の引用では、台湾で通常使われている繁体字をそのまま使用した。戦前の日本語で常用された漢字旧字体の単語についても同様。ただし、「台湾」「中華民国」など日本語で常用されている固有名詞表記は、引用以外は略字を訳語とした。

五、「野球」「棒球」「ベースボール」は、できる限り「野球」で統一した。

六、台湾の先住民族を指す語は、原文では主としてaborigineであり、indigenous people, first people in Taiwanなどを併用している。台湾では「原住民族」が中国語の公式呼称であるが、日本語では差別称の語感がなお残る「原住民」は訳語に採用せず、原則として「先住民族」とした。

七、原著者が随所で使用した「台湾の中国人」という表現は、「戦後に中国から台湾に移住した中国人とその子、孫」（いわゆる「外省人」）の意味であり、戦前から台湾に住む中国系人（いわゆる「本省人」）と先住民族を「台湾人」と呼ぶのとは区別している。

『台湾野球の文化史——日・米・中のはざまで』

目次

第七章　「ホムラン・バッタ」

終章　二十一世紀の台湾野球

＊第四章には、本書の原書第三章最終節ほぼ六ページに代え、同じ著者による以下の論考を訳出した。

"Oh Sadaharu/Wang Zhenzhi and the Possibility of Chineseness in 1960s Taiwan," Chapter 8, *Japanese Taiwan: Colonial Rule and its Contested Legacy*, edited by Andrew D. Morris. Bloomsbury Academic, an imprint of Bloomsbury Publishing Plc, London and New York: 2015. (pp. 155-170)

この論考は、本書の原書（二〇一一年刊）の前記部分に加筆し、ほぼ十六ページ分にまとめ直したもので、加筆前の二倍半以上の分量があり、魅力的な内容と独立した章として適切な長さを持つ。著者、本訳書版元、訳者とも本書には加筆版の方を訳出・収録することを希望し、右記の加筆版版元二社に許可を求めたところ、特別の厚意により快諾を得た。本書の原書の版元であるUniversity of California Pressからも、原書の当該部分を訳書では右記論考に差し替え、章・節構成の一部を訳書で適宜変更することにつき、承諾を得ている。

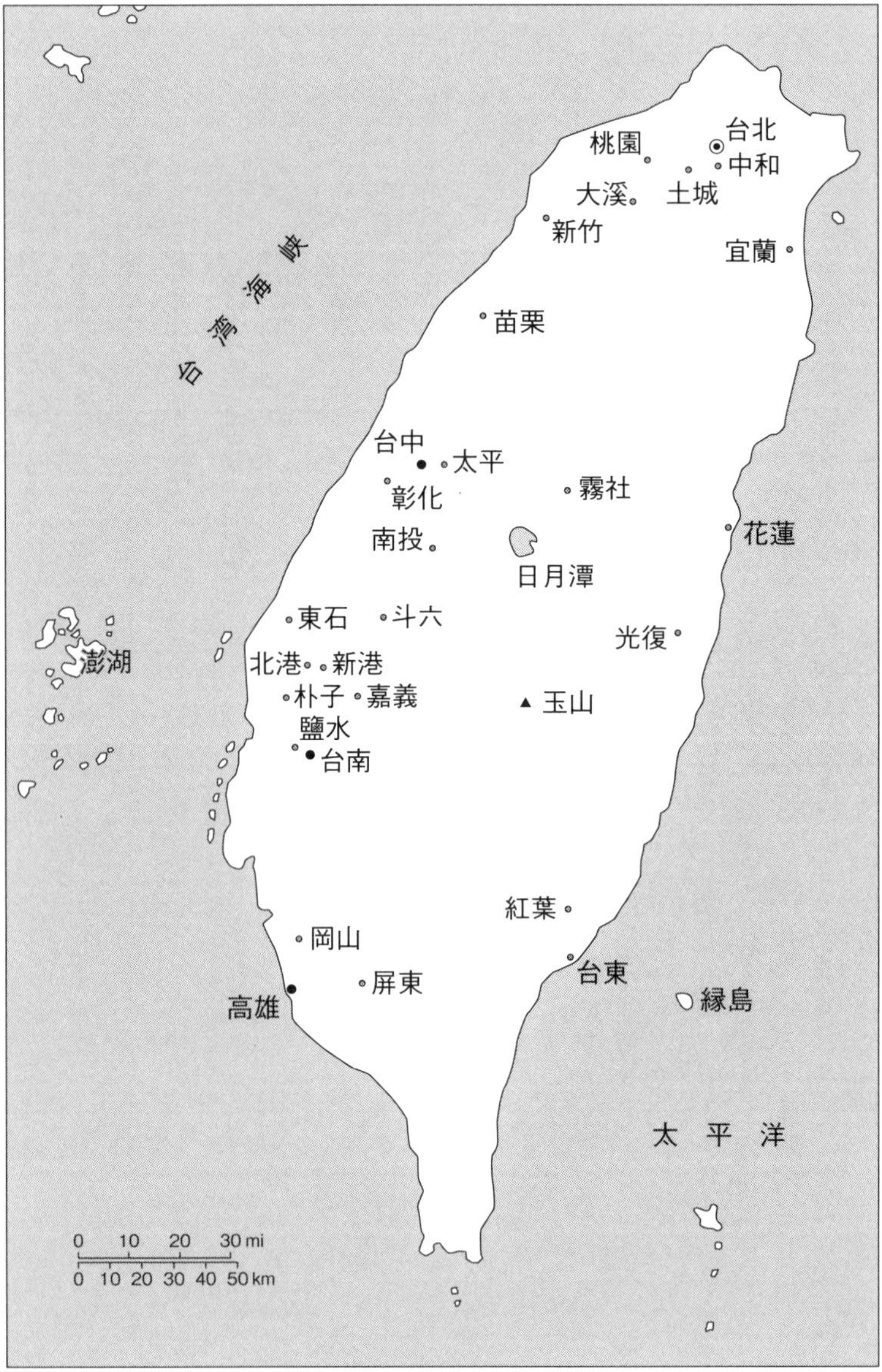
台湾海峡
台北
桃園
中和
大溪
土城
新竹
宜蘭
苗栗
台中
太平
彰化
霧社
南投
花蓮
日月潭
東石
斗六
光復
澎湖
北港
新港
朴子
嘉義
玉山
鹽水
台南
紅葉
岡山
台東
屏東
高雄
緑島
太平洋
0 10 20 30 mi
0 10 20 30 40 50 km

はじめに

二〇〇九年三月、東京ドームで開かれたワールド・ベースボール・クラシックのアジア・ラウンドで、台湾代表チームは負けてはいけない中国代表と対戦した。野球は、台湾では一世紀余りの間に文化の欠かせない一部になったが、中国では人気も競技人口も遠く及ばない。ところが、アメリカ人監督テリー・コリンズ率いる中国は、台湾に4対1で完勝し、二連勝してしまったのである［前年の北京オリンピック予選リーグでは8対7］。

代表チームが台湾に帰り着いたその場で、葉志仙監督はファンに謝ったが、中国に負ければ国民的恥辱だと思われていたから、それで済むはずはなかった。

新聞記事もテレビ解説も「国技［台湾中国語では「國球」］の面目はどうした」「この国の野球は死んだ」という嘆き、「台湾野球の尊厳はどこへ行った」「野球に救いはあるか」という問いで塗りつぶされた。ファンの投書には、悔しさあまって「台湾にはもう何もない。台湾チームは解散し、代表は中国に任せよう。どうせ統一されてしまうのだから」ともあった。ある新聞は「台湾が中国に勝てることがまだ何かあるのか」と、冷ややかな社説を載せた(1)。

敗北に打ちのめされた台湾の苦渋を見ても、野球をこの島のほぼ公式な国技にした紆余曲折の二十世紀が、どのような変化を経て、どのような関係を生み出したのかが読み取れる。明治期に日本に持ち込まれた野球は、拡張の道を突進していた帝国の全域で急速に、戦略的に、また全面的に浸透していった。日本の植民地となった台湾では、日本人の銀行員、技術者、植民地官僚とその息子たちの専用スポーツだった時期は長くは続かず、ほどなく日本の政府、メディア、企業、教育機関、軍が推奨する国民的文化の一部になった。野球は、帝国日本のスポーツであり、台湾が植民地化される過程で誰もが習いおぼえ、実践すべき日本精神発露の場なのだった。

第二次大戦が終わり台湾が中華民国の統治下に入ったことは、この日本的スポーツにも転機だった。大陸時代の［中華民国としての］二十年間に、近代スポーツを育成した経験をすでに持つ政府にとっては、チームワークと規律を育て発揮する手段として、野球は見るからに利用価値がありそうだった。数年後に国民党政府が台湾に移転してきて以後は、政府、メディア、企業、軍の手で中国的な国民文化の一部に組み込まれ、野球は台湾に住む者がこぞって学び実践すべき中国精神発揚の場だという、ほぼ均一な認識が生み出されたのである。

二〇〇〇年の総統選挙で当選した陳水扁は、中国国民党の党籍を持たない最初の総統になった。四世紀の間続いたオランダ人、スペイン人、満州族、日本人、中国人による支配の後、民主的手続きによって国土を台湾人の手に取り戻したことには、多くの台湾人が意味を認めた。当選の一週間後、陳水扁は国民文化の一部になった野球を、台湾人政府の手で広めると公言し[2]、この「麗しい島」に住む者みんなが自由に学び実行できる台湾精神の発揚の場を、いま探し当てた、と述べた。

台湾の野球が日本・アメリカ文化に由来するスポーツであり、国民党の一党支配国家に取り込まれたのがいくぶん遅れたことを思えば、「国技」として認知されたのはいくぶん意外に見えるが、それはむしろある種の必然だった。野球は台湾という国家にとって限定的な意味を持つだけではなく、植民地主義、帝国主義、冷戦、資本主義というグローバルなプロセスの中でこそ決定的な意味を持ったのであり、現実にもほぼ一世紀にわたって台湾の社会と文化の有用な装置、意味ある所産として機能した。いまでもなお、日米文化の全面的な影響、ひいては国家をまたぐ資本主義の影響の証しなのである。

だが台湾のポピュリスト政治家にしてみれば、野球を単に「グローバルなスポーツ」と呼ぶのでは（真にグローバルなスポーツとしてはサッカーやバスケットボールに太刀打ちできないこともあり）ぴったりではなかった。わずか九十マイルほどの海峡を隔てて、中国がしきりに仕掛けてくるナショナリズム攻勢に効果的に対抗するためには、やはり「国技」としての野球というイデオロギーを振りかざす必要があった。二十一世紀初頭の中国の勃興がもたらした恐怖心と孤立感もあって、台湾民衆は「中国大陸」に対抗できる独自性を、言葉なり他の手段なりによって、熱烈に熱狂的に謳い上げようとして、もともと日本文化の産物だった野球に拠りどころを求めたのである。

半世紀に及んだこの島の日本統治がまぎれもなく搾取的であり、野球はその一要素だったことを思えば、「台湾の」スポーツだというストレートな認識が徹底したことは驚きである。実際には、植民地体制下で持ち込まれたこのスポーツは、その後も日本的伝統を完全に脱却したわけではなかった。台湾では、標準中国語の「棒球《バンチウ》」［戦後中国から移入された用語］と呼ばずに［台湾語で］「イアキウ」（日本語の「野球」の直輸入）と言う人が、いまでも少なくないことに始まり、「ストライク」「アウト」のような台・日・英語共通の試合用語に至るまで、歴史的にも、イデオロギー的にも、台湾野球の伝統の重要部分に「本家」日本野球の伝統がなお残されている。

こうしたさまざまな条件が、台湾野球の歴史をスポーツの世界でもユニークなものにした。記録映画『トロブリアンド・クリケット』には、パプア・ニューギニアのトロブリアンド諸島の住民が、植民地スポーツのクリケットを啞然とするほど異質の呪術的スポーツに変えてしまった例が描かれている。(3) その種のモデルは、台湾野球史の分析には明らかにあてはまらない。日本植民地統治下の台湾の場合、野球に固有の基本的イデオロギーをがらりと変える場が、帝国の二級臣民に与えられたわけではなかったし、イギリス文化に対抗して独自の意味を持たせたアイルランドの「ゲーリック・スポーツ」［アイルランドのゲーリック体育協会が推奨する球技。ゲーリック・フットボールなど］の焼き直し版を台湾で試したのでもなかった。第二次大戦以後のグローバル化を背景とする近代スポーツのイデオロギーによる限り、でき合いの普遍的モデルをまるごと作り替えようとするのは現実的でなく、考慮する余地もなかった。(4)

植民地の文化やスポーツのモデルには、援用できるものがほかにある。どのような近代植民地主義にも見られた様式として、バーナード・コーンが挙げた「調査型様式」は、日本人が支配と搾取を効果的にするために、台湾の社会・文化領域をどのように「分類し範疇化し制限したか」を理解するのに役立つ。(5) この後第一章で、日本人が台湾の「蕃地」——中部・東部の山岳地帯——の天然資源を確保するにあたり、まずその地方に膨大な労力を投入して徹底した現地調査活動をし、最終的にはそれら地域のオーストロネシア語族系先住民族を教化するために、野球を道具に使う計画を練り上げたことを明らかにする。

レオ・チンの研究、とりわけ二〇〇一年のパイオニア的著作『「日本人」になること』(6)［邦訳書『ビカミング〈ジャパニーズ〉——植民地台湾におけるアイデンティティー形成のポリティクス』菅野敦志訳、勁草書房、２０１７］は、その点できわめて重要である。日本人による同化と帝国臣民創出の公式レトリックが植民地文化とどのように結合したかを記した論述は、筆者にとって多大の示唆になった。本書第二章では、台湾の植民地化が台湾人、日本人にとってどの程度まで共通した経験だったかを示す中で、野球が植民地期の演劇や映画をはるかに超える機能を果たしたことをとくに示すことにする。

台湾を帝国臣民の島に仕立てようとした日本人の企てには、ホミ・バーバの「模造としての植民地」の概念的枠組を適用できる。彼によれば、「受け入れられる程度に矯正された他者を必要とする者にとっては、自分とほとんど同じだが全く同じではない程度の差異をとどめる他者であることが望ましい……。そのように仕向けるには、ずれ、過剰、差異を常に伴う模造でなければならなかった」。[7]〔強調は原著者〕

野球は文明化された台湾人を生み出す重要な場になり、また同時に台湾人がすばらしいプレーをすることによって、かつての野蛮で後れた民衆が、日本植民地主義者のもとで改造されたと印象づけることができた。この場合の大きな背景として、クリケットの歴史に有益な参照例がある。C・L・R・ジェイムズは、英領西インド諸島に関する有名な記録の中で、傑出した黒人クリケット選手の水際だったプレーが、他の手段では考えられないような尊敬を体制側の大衆からもかち得た例を挙げている。[8]この例のように、台湾の野球選手たちもそのチームも、日本人民衆に対して、遠い島の帝国臣民が持つ価値を二世代をかけて十分納得させている。ただし、日本精神を生まれながらに持つ者と、学習と訓練によってそれを身につけただけの者たちとが、何から何まで同じになったわけではない。

ジェイムズだけでなく、パトリック・マクデヴィットが挙げた[9]大英帝国型スポーツマンシップと、スポーツの規範として男らしさが求められた例も、植民地主義を機能させるために野球が利用された台湾に、対比できそうなモデルである。もっとも、日本型植民地のある特殊な一面だけは、ことに台湾の場合は大英帝国モデルでは解明できない。

スポーツ、進歩、男らしさに関するイギリスの理想は、植民地の人たちに準用されたにしても、イギリス人と「劣等臣民」との間の倫理的なギャップは――生物学的なそれは別として――スポーツでも常に露骨に示された。日本が唱えた――現在でもなおしばしば正当化される――「アジア人のためのアジア」という一見正しそうで人種的にもっともらしいブランドの植民地主義は、歴史に関する曖昧さを含む分だけ、まぎれもなく悪質である。にもかかわらず、一九二〇年代までの日本型植民地支配に見られたそうしたイデオロギーでは、日本人と台湾人との間にあった人種的・倫理的な差異を明らかにしたり証明したりするために、野球が利用されることはあり得ず、それは自明のこととされた。しかし現実には、その逆こそが真であるのが常だった。本書第二章では、台湾の有名な「三人種」混合チーム嘉義農林の歴史を論じる。このチームは、その力量で大衆を感動させたと称賛されたのだが、そこには台湾の先住民族という「新しい無垢の人種」の成功が、悲観に満ち疲弊した近代国家日本を蘇らせるかもしれないという願望が込められていた。[10]

一九四五年に台湾が中国国民党の支配下に入って以後の経験は、その歴史を一層ユニークにした。以後数十年間の中華民国台湾に関する歴史学研究の重点は――ジョージ・カーとその画期的な著書『裏切られた美麗島』〔邦訳書『裏切られた台湾』川平朝清・蕭成美訳、同時代社、二〇〇六年〕という際だった例外はあるが――中華民国政府とアメリカとの冷戦期外交と軍事同盟に置かれてきた。だが近年は、台湾の戦後経験の社会的・文化的意味を把握しようとする研究が増えている。国民党が唱える「光復」の――台湾を中国人の支配下に「復帰」させることの歴史的正当性を長く唱え続けてきた――イデオロギーへの研究者の関心は薄らぎ、この小さな周縁的島国にとっての支配的大国が、去りゆく帝国から次の帝国へ、不確実性を含みつつ急速に移行してゆく状況に関心が強まっている。

スティーヴン・フィリップの著作『同化と独立の間で』は、台湾の歴史の中でとりわけとらえ難く予測しにくかった戦後初期に関する優れた研究である。[11] 恥知らずで堕落した六百万人の「共犯者たち」が住む島を勝者として引き継ぐ作業には、国民党から見ればイデオロギーがからむ余地はなかった。だが、日本帝国下で近代生活に慣れ親しんできた台湾の民衆にとっては、それは生死に関わる衝撃的な出来事だった。

台湾野球の研究で後に公刊された書物に、台湾でレクリエーションとスポーツ・マネジメントを研究する孟峻瑋《ユージュンウェイ》教授の著作がある。二〇〇七年刊の『孤立の中でのプレー』は、台湾野球の歴史を英語で書いた最初の本格的な単行本である。[12] 二十世紀全体をカバーしているが、実質的な総合性には乏しい。この著作の主な功績は、リトルリーグ野球事業の歴史に着目した点にあり、一九七〇、八〇年代の台湾に関しては詳しい。

スキャンダルへの鋭い嗅覚を持つ孟教授は、台湾野球界の内部事情に通じた貴重な人物だ。少年野球界に起きたいくつかのスキャンダルの歴史背景を読むと、混乱した半流浪政権時代の中華民国に栄光と名声をもたらすために、若い野球選手たちが受けてきたプレッシャーを理解するのに役立つ。しかし、日本の植民地支配が野球や台湾社会全体に長く及ぼした決定的影響については、この著作にはごく簡略にしかふれられていない。またその最大の欠点は、書名に示されているように、中華民国を次の世紀まで持ちこたえさせるために耐え続けた一九七〇年代、八〇年代の外交的孤立と野球との関係を論じている点にある。本書で示す通り、台湾と台湾野球の現代史は、現実には「孤立」とは正反対の歴史なのである。この島の歴史は、活力にあふれた民衆と、台湾を台湾たらしめたテクノロジーとの魅力に富み複雑で意識的な関わり合いなのであり、それは過去百十年にわたって台湾人の日常を絶えず根底から変容させてきた文化の流れそのものだったのである。

こうした歴史を扱う最良の手だてとして、本書は随所で「グローカリゼーション」の概念を使用する。この語が学術用語にも使われるようになったのは比較的新しく、グローバル化された諸様相をローカルな場に当てはめる際に使われる。ローランド・ロバートソンの定義では、「普遍化と特殊化との同時性——共存——」を意味し、そうした同時性はさまざまな様相の中にしばしば現れ、理解を複雑にしているとする。[13] グローバル化のそうした両面性に着目すれば、たとえばアメリカの流儀を立場の弱い他者に安易に強要することを意味する「コカコーラ化」のように、文化接触の一面的なモデルに分析が偏ることを回避できる。[14]

「グローカリゼーション」は若干の抵抗感を伴う語だが、台湾文化が前記した通り複雑な歴史状況下で形成されてきたことを表現するには、それなりに冗談めかしたこうした表現が非常に適しているように思われる。ことに台湾現代文化のように、自覚的であると同時にイデオロギー的でもあるというすばらしく魅力的な性格を持ち、グローバルでありながらローカル、世界的であるとともに地域的、国際的なのに台湾的でもあるという場合にぴったりであることは言うまでもない。野球というスポーツはまさにその典型例である。

二〇〇四年夏に筆者が台湾で目にしたケンタッキー・フライドチキンの人気テレビ・コマーシャルは、冗談めかした小さな悶着を通して、台湾文化のハイブリッド性を確認する手ごろな例だろう。コマーシャルには、運悪く大陸中国の観光客に台湾の名所を売り込まねばならなくなった台湾人ガイドが登場する。日月潭［中部のダム湖で台湾最大の湖］や玉山［台湾の最高峰。旧称「新高山」］が高慢で態度の大きい中国人の関心を引かなかったのを見たガイドが、自分なりに頭を働かせ、辛さで有名な四川料理よりもっと辛い肉片を使った「台湾式」のケンタッキー・フライドチキンを客に食べさせる。画面に映し出された何人かの（江沢民元国家主席に似せた）男たちは、茶化しの入った大陸中国語で「これでは台湾を見下すわけにいかない」と大声で言う。こうして台湾人ガイドは台湾のために面目をほどこす、というのである。

本家アメリカのフライドチキンをつくり変えた独創的な食べ物が、台湾と中国の「国対国」の関係にあっさり風穴をあけるという着想には、コカコーラ化、マック食品の魔力といった単純な図式には到底期待できない効果をうかがい知ることができる。こうしたハイブリッド性が、多くの場合暴力を伴った現代の植民地主義と帝国主義の歴史文脈をぼかすことなく、何よりも民衆と思想とを結びつけてきたことをも、この著作の原則の一つとして示したい。

本書の各章では、植民地主義、帝国主義のイデオロギーとその多様な変容を具現した野球を検証することで、それらグローバルな勢力と、台湾民衆が体験したその結果を明らかにする。第一章、二章では、潜在力に富んだ新しい植民地・台湾に野球が持ち込まれた日本統治時代を扱う。野球は、漢族中国人とオーストロネシア語族系先住民族を天皇の臣民として同化する手段になっただけでなく、近代的で文明的な日本流の生き方・死に方を受け入れるために、台湾が差し出した自由空間だった。第三章、四章では、日本が第二次大戦に敗れた後台湾を受け継いだ中国国民党の政権下で、日本の台湾における国技だった野球が歩んだ歴史を記す。国民党は、半世紀に及んだ日本の統治と文化的支配の痕跡を必死で消し去ろうとしたが、台湾人のプライドと努力の確かなあかしとして、野球という日本的競技を許容するほかなかった状況を示す。台湾における野球の重要性を大づかみにできるはずである。

第五章、六章では、台湾野球文化の中心になったリトルリーグの状況を検討する。一九六八年から八〇年代にかけては、アメリカの少年野球のスターとその親たちにとっては苦悩の時代だった。世界が中華人民共和国を受け入れる方向に傾いていったために、蒋一族が支配した戒厳令下の台湾が孤立を深める中で、毎年八月にペンシルヴェニア州ウィリアムズポートでプレーした十二歳の台湾人スターたちは、中国の文化と尊厳、民族の栄光を体現する存在と見なされた（中国本土をいずれ「奪還」することを国民党はまだ夢想していた）。

優れた台湾人選手らは成長後に日本に渡り、ある者は日本名を名乗り、ある者は日本に帰化してプロ野球選手としてプレーし、それを通じてナショナルなポストコロニアルのヒエラルキーを何十年も存続させ、強化することになる。第七章では、こうした状況に台湾がどう反応したかを点検する一方、台湾にもプロ野球リーグができ、台湾人と外国人、ローカルとインターナショナルとを結びつけて、台湾的な「グローカル化」の様式を明確な意図の下で前進させ、表現していったことを明らかにする。一九九九〜二〇〇〇年の時期になると、台湾で最も優れた選手の中に、アメリカ大リーグのチームと契約する者が出てきた。その結果、グローバルなものと台湾的なものとの間の緊張関係がさらに複雑になり、外国で台湾に対する視覚的認知が促される一方で、国内では野球の構造的な弱体化が進んだ。

終章では、台湾現代史の百年を、オーストロネシア語族系先住民族を中心にしてとらえ直す。彼らは人口こそ多くはないが、ほとんど絶え間なく苦い経験をなめることを通じて、複雑で魅力に富んだこの島の歴史を、きわめて意味深いものにした多様な民族だからである。

第一章

日本時代の台湾野球

［一八九五年―一九二〇年代］

植民地化の技能につき［台湾に］教えられるところが多かった。

新渡戸稲造『ジャパニーズ・ネーション』、一九一二年

［『新渡戸稲造全集　第13巻』所収、教文館、1970。原文英語］

日本の南　椰子繁る島
山高き島　そは我が島なるぞ
美しの島若し
TTK　TTK
ラT　ラT　ラK

臺灣體育協會歌、一九三三年［TTKは臺灣體育協會のローマ字略称］

一九九八年十二月、朝日新聞社取締役の永山義高は、台湾南部に数日間旅行した。受け入れ先に伝えた旅行の目的はただ一つ。三年近く前に死去した旧知の人気作家・司馬遼太郎との間で果たしそこねた約束を実行することだった。かつての嘉義農林學校［当時は嘉義技術學院。現・國立嘉義大學］のグラウンドを走って一周する、というのがその約束だった[1]。

晩年の司馬は台湾好きとしても知られていたが、野球文化を軸にして日本時代の台湾を見る彼のノスタルジックな観点[2]は、植民地帝国の終焉から六十数年を経た本書執筆時点では、異様なほど一般化している。題辞に示した新渡戸稲造［台湾総督府で臨時糖業局長などを歴任］の借り物的言辞と照らし合わせると、新渡戸と司馬は、台湾と日本が緊密かつ複雑に結び付けられた二十世紀を、ブックエンドのように前後を挟んでいることがわかる[3]。

歴史的時間としての一八九五年は、日本の台湾領有が始まった年であると同時に、その活気に満ちた野球文化が日本国内を席巻し始めた年でもある。清国に勝った明治日本は、マラリアと無法者とアヘンがはびこる台湾島を初めての植民地として手に入れた。東京のエリート校第一高等學校のスター選手で、後に野球に関する日本で最初の研究書を書いた中《ちゅう》馬《ま》庚《かのえ》は、卒業後間もない同じこの年、人気スポーツだったベースボールに新しい日本語名を考案している。野球という新しい競技名[4]――「野外の球技」の意――には、広い場所や屋外空間を指す言葉を好んで使った明治期植民地主義者の野心がそのまま反映していた。アメリカのベースボールに付着していたそれまでの牧歌的イメージは、一八七〇年代～八〇年代に日本で普及してゆく間[5]に屈折を重ね、東アジア諸国領土を広大で未開で入手可能な空間と見なす明治期植民地主義者の重要な一部にすり替わっていった。

「植民地空間」の概念に関してジョン・ノイズは、「占拠する土地を、ここは出入り自由な無主の空間だと入植者がどれほどしつこく言い張ろうとも、それは現実そのものではなく、どのような植民地化でも決まって語られた神話の一種なのである」としている(6)。現実にも、野球という「開放的」なスポーツが日本で人気を獲得した時期は、明治期の帝国が世界の強国にのし上がり、それに伴いアジア各地で植民地を略取していった時期とぴったり符合していた。日本でよく耳にする標準的な野球像は、本家アメリカの野球文化をなぞりつつ、士気の高揚と過剰なほどの規律とを加味したものだ(7)。だが、そこに示された文化様式は、日本の新しい「植民地の物語」に完璧に適合し、共鳴し合う可能性が強いことは明白であり、トマス・ノルデンの論述に従えば、植民地空間における(平定、入植のような)慣行を表現するために、近代学術の土地空間概念を準用したにすぎない(8)。

本章と次章では、以上のような枠組で日本植民地統治の半世紀の重要性を理解した上で、台湾の野球を論じることにし、この国技の台湾人プレーヤーと観衆が自らの手で、自らのために、複雑で階層化され矛盾を含んだ臣民としての地位をどう定めていったかに重点を置く。

植民地の形成と野球の移入

清王朝が多少の安堵感を抱きつつ辺境の島・台湾を割譲してわずか数か月後の一八九五年末、日本はこの地方(沖縄の一部を含む)を新たに西部標準時地域[東経一二〇度を標準に台湾・澎湖島、八重山・宮古諸島を含み、昭和十二(一九三七)年まで存続]に繰り入れた(9)。台湾は日本本土より一時間遅れながら様々な形で明治近代国家に統合され、その後導入される幾多の不当な処置を通じて、清時代にも経験しなかった社会的「悪」と向き合わされることになる。山賊狩りやオーストロネシア語族系先住民への暴力行使も頻繁に起き、そうした処置を正当化するために、教育者として知られた新渡戸でさえ、日本人が「残酷な支配者」として振る舞う必要があったことを認めている。ロンドンの高級誌『スペクテーター』も、台湾での日本の所業の多くが「殲滅行為に類する不快なものになってゆく可能性がある」とする予測記事を載せた。(10) そうした制度的手段を動員するだけでなく、「憐れみで味付けされた賞罰」(11) でしか達成できない文明化の大義と「植民地としての成功」を保証するには、新しいコロニアルな結び付きとヒエラルキーを、日常生活の中で再生産してゆく文化様式が必要だった。

民衆を新しい世界秩序に適応させる際に近代スポーツは不可欠の手段だという認識は、このころすでに一般化していた。(12) 游鑑明によれば、「台湾人の身体を変容させる」ために「体育というグローバルな観念」を利用する必要があることに、日本の植民地政策立案者らは統治の初期段階で気づいていた。(13) 戦敗国中国の後れた文化に対する日本の優位性を示すことが植民地当局の方針となる中で、スポーツは日本による「開化プロセス」の一部になろうとしていた。このころ民政局長に就任した後藤新平［一八九八年六月二十日には民政長官］は、体育文化を国家的政策として推進することに熱心だったことで知られる。一九〇三年当時の臺灣日日新報には、男女の健康と国家の経済力との関係を論じた後藤の過去のコメントが、何度か再録されている。(14)

こうした政策が台湾人臣民を対象にする時には、男女児童・生徒の体育、女性の纏足《てんそく》や男性の満州族風弁髪など「陋習《ろうしゅう》」を追放する運動という形をとることもあったし、柔道、剣道、相撲のような格闘技、新体制に対する武装蜂起が起きた時期には露骨に日本人限定とされた馬術まで、政策的に利用した。(15) 一九三三年臺灣體育協會刊行の書物には、植民地初期に当局が「統制要素」(「統制的のもの」(16))として目に見える形で導入した諸施策が記されており、植民地主義下の諸関係とヒエラルキーの中でスポーツ文化が重視されたことがはっきり読み取れる。

当時の台湾では、スポーツそのものにグローバルな文化、ローカルな受容という両面で意味があった。ソニーの共同創業者・盛田昭夫は、グローバルなローカル化という新しい語句をかなり以前に使っており、「特定領域の一面にブランド戦略を、他の一面に顧客の期待感を想定した表現」とされる。(17) さらに(紙の辞書を引くまでもなく)オンライン辞典の「グローカリゼーション」の項には「グローバルな市場を指向しつつローカルな文化にも適応できるようにカスタマイズされた製品、サービスを創出すること」とある。(18)

経済的得失はとりあえず筆者の関心外だが、この語がローカル、グローバルという語の意味や環境の垣根を超えて、文化動向のハイブリッド化にも広く用いられているという大きな発見をした。たとえばアヴィアド・ラスは、東京ディズニーランドの研究の中でグローカリゼーションの語を使い、グローバルな文化生産とローカルな受容との間に生じる緊張を描き出しており、「それなりに色彩的で遊び心を刺激するこのテーマ設定で、ローカルな(通常は独特の)消費性向を特徴づけ」ようとした。(19)「グローカリゼーション」をめぐる議論の多くが日本で提起されてきたことは、筆者の研究にとっては好都合だった。この議論と関連してローランド・ロバートソンは、地域市場に適合する行為を表現した「土着化」という慣用日本語を示してくれた。

日本の台湾植民地支配期における野球の文化的位置づけはとらえ方が難しく、帝国主義者やグローバル指向勢力と、台湾民衆の「期待」や要求との間に、緊張があったことをうかがわせる。植民地計画が進行してからは、日本人の社会・文化習慣を受け入れた台湾人の間にハイブリッドなアイデンティティーが生み出される余地が生じ、一方で自分たちの社会の中でステータスと目的達成の機会をつかむことの意義を主張する者も現れている。

野球について論じる場合、その時々のグローバル性とローカル性のつながりをどのように分析するにしても、この競技特有の問題が生じるのは避けられない。野球は——明治期日本の好みに従い——国技として台湾に持ち込まれはしたが、そもそも日本での競技歴はまだ二十年にすぎなかった。日本の手で移入された以上、日本野球に深く刻み込まれた帝国主義と植民地主義の二重性をまず確認しておく必要がある。

台湾でどのような植民地モデルを採用すべきかについては、同化と統合の帝国を目指すフランス型か、植民地ごとに別個の法システムを導入するイギリス型かをめぐり、明治の政治家の間で激論があった。このことは、植民地の文化政策にまで踏み込んで念入りに計画が練られていたことを物語っている。現実にも、文化と教育の移植に関するあらゆる問題につき、後藤新平の言う「植民地の実験室」を正常に機能させるのに役立つのかどうか、逐一注意深く検討された。

野球が台湾に持ち込まれてから二十年間は、日本人専用の競技にとどまった［台湾人にとっては実質的な禁制期］。移入されたのは一八九七年ころであり、[20]当時は台北在住の植民地官僚や銀行員、その子弟の気晴らしゲームだった。一九〇六年には總督府中等學校、國語［日本語］學校師範部、台北中學会［夜間学校協会］の三チームが、台湾で最初の野球大会を催している。「國語」がアジアを結束させ「被支配民衆を日本国に言語面で同化させる」[21]ツールと認識されていたことからすれば、日本の「國語」を植民地住民に教えていた教員が日本の「國技」を台湾で普及させることにも関わっていたのは、当然のことだった。

こうした野球大会は——帝国に融合させてゆくという狙いも後から加わり——ほどなく全島で広く

催されるようになった。南部で野球文化の中心になったのは製糖企業である。明治日本がこの島に目をつけた理由の一つは、新興帝国の近代化とともに増大した砂糖消費の四分の三を台湾からの輸入でまかない、いずれこの地を日本の「砂糖壺」に仕立てることにあった。総督府と三井製糖などの企業＝帝国主義連合体(22)が最初にサトウキビ農園を開いたのは、台南地域の肥沃な沿海平原だった。南部のこれら大プランテーションは企業城下町と言うべきもので、職員宿舎、日本家屋、日本人児童の学校、それに植民地企業には不可欠の野球場が設けられたことは言うまでもない。（この場合重要なのは、これら製糖会社には旺盛な労働力需要があったこと、当時の状況下で野球文化を吸収した漢族台湾人(23)の膨大な労働者予備軍がいたことである。(24)）

一九一〇年代半ばには、台湾全土の企業、職種別学校、医学校、軍部隊、鉄道、郵便局、官僚組織、法律事務所、建設会社、銀行、新聞社、私設クラブ、商業団体にチームができていた。こうした植民地型組織をまとめる常設機関として、一九一五年には台北と台南に北部・南部二つの野球協会が結成された(25)。

一九一五年当時日本人が台湾で編集した写真集を見ると、野球が植民地下の雑多な権益や施策と渾然一体となっていた様子が垣間見える。試みに、英語の副題が付された八枚続きの写真の英文説明をいくつか並べると、「鎮座した嘉義神社」「台湾憲兵隊本部」「南台湾強豪青年チームの野球大会」「台湾第十四税関で台湾式の靴を修理する台湾人職人」「阿猴《あこう》廳下の日本人・台湾人学童の運動会」「北門鉄道駅(26)」などとある。〔阿猴は北東部の地名で廳は地方行政組織名。北門駅は台北市内の駅名。〕

台湾で日本人が目指したのは、天然資源の確保や帝国建設にもまして、研究、尋問、監視、解釈、解明を積み重ね、台湾の文化と社会を近代日本本土に似た姿に造り変えることだった。写真説明にある野球チームと野球大会は、大英帝国植民地のクリケット・クラブと同様に――階級、人種、ジェンダー、政治的地位の面で――機能していたことがわかる。

一般の認知が高まったのに合わせるようにして、早稲田大学のピッチャーとして「雷名をはせた」伊勢田剛《ごう》が、一九一四年総督府殖産局の新卒職員として着任した。これを契機に本土の選手が何人も台湾野球界に迎えられたことで、次の新しい時代が始まる。そうした選手の中には伊勢田の友人や元チームメートもおり、実業家、消防署長、製糖会社の重役、総督府高官らが、日本のスター選手を台湾に呼び寄せる資金を出した(27)。

一九一五年六月十八日台北で開かれた野球大会は、植民地化を成し遂げた台湾のスポーツ界にとっては意味ある催しだった。総督府の地方機関、鉄道部、土木局、財務局、商工課から選抜した選手を二つのオールスター・チームに振り分け、「(植民地)始政二十周年祝賀試合」を実現させたのである(28)。この(平和的支配の完成を首都台北で祝った)記念行事は、大正初期における結束の理念のミニチュア版であり、植民地に対してフェア、公正、開明的でありたいという彼らの意思が、完璧な姿で示されるはずだった。

両チームはその後――総督府機関と私企業のチームも加わって――トーナメント方式で全土を試合して回り、日本本土で始めていたように、総督府と新聞数社が試合を主催した(29)。野球をメディア報道に直結させた例は、派手な新聞報道にその後も見られる通りだ(読売新聞、朝日新聞はその好例)。ウィリアム・ケリーは、児童・生徒とアマチュア試合とのこうした適応関係を「エデュ＝テインメント」と呼び、高校野球ではすでに当たり前になっていた「精神主義」を商品化しようとする企てだとしている(30)。

総督府が直接関わりを持っていた点にも注意しておきたい。東京に本部を置く拓殖大学（前身は「台灣協会學校」）分校のカリキュラムには、将来の植民地官僚が習得すべき技能として、野球の練習が一九〇七年当時すでに組み込まれていた[31]。この点では大英帝国植民地でクリケットが重視されたパターンと酷似している。後者の場合では、「オックスブリッジ教育を受けた公務員は……人工的な政治実体の成員間に異文化間の絆を創出し」、一方で「支配者を現地社会から引き離しておくべきだとする信念の下に、クリケットのプレーと哲理を広める」とされた[32]。別のクリケット研究者の言葉を借りれば、野球が台湾に持ち込まれた主な動機も「現地のライフスタイルを批判するため」だった[33]。

このころには、台湾を真に国家の一部だと見なす認識が広まったことを背景に、日本本土とのつながりが一九一九年の「内地延長」政策の形で公式化され、台湾で生まれた者、台湾で教育を受けた者、さらに台湾に骨を埋める者も、日本人の間で増えていった。

野球には、植民地と内地との結び付きの強化を様々な形で先取りしていた一面がある。一九一七年以降、総督府は早稲田大学（慶應義塾大学と並び日本野球の伝統を最も早くから体現してきた大学）など学生チームの遠征試合を主催するようになった。早稲田はこの年夏に満洲、朝鮮で八試合して全勝し、冬には、すでに植民地になっていた台湾と植民地候補のフィリピンに「南征」（軍事的な含意のある語）した[34]。台湾の日本語誌『運動と趣味』は、遠征の一か月ほど前の特集で予告記事を何本か載せ、翌年一月号では全試合を詳報している。早稲田は台北、台湾選抜チーム（選手全員が日本人）と八戦して七勝した。総督府の本拠・台北と新興の港湾都市・高雄での試合は毎回数千人が観戦し、台湾は新しい「野球熱」に包まれ、台湾選抜が早稲田に勝った試合は、この雑誌にスコアボードの大きな写真付きで報じられた[35]。翌年には法政大学（「東京六大学」の別の有名チーム）が台北と南西部の小都市・嘉義でプレーし、地元の鹽水港製糖、台北選抜と九戦し八勝している。[36]
これら日本の有名チームの後、アメリカの海軍、マイナー・リーグの数チームが台北の大会に参加して好成績をあげた。一九二一年一月、無名のメジャー・リーガーとパシフィック・コースト・リーグ「AAAのマイナー・リーグ」のアメリカ人選手からなる臨時編成チーム「ハーブ・ハンター」が全台湾に26対0で大勝している。日本語紙・臺灣日日新報はその翌日「無残な試合　子どもと大人の相撲　球は矢と鉄砲の差」と、比喩満載の潔い見出しで報道した。[37] それでも寄港中の米海軍艦船の水兵チームとはいい試合になることが多く、一流植民地大国としての日本を持ち上げるニュアンスで報じられた。[38]
日本が文明化しなければ台湾は「野蛮」なままだという植民者的観点から、観戦マナーも文明化の一部の扱いで重く見られた。台南第一中學の一九一七年版年鑑を見ると、当時南部の二強と言われた台灣製糖と鹽水港製糖が南部野球大会で対戦した写真があり、勤め人、軍人、農民、遊びに来ただけらしい人など雑多な服装の群衆が写っている。[39] このころには野球マナーの定型化も進み、この年の『運動と趣味』には「公徳心やマナーを知らない台湾人観衆（数百人）が野球場のすぐ外にいすを運んで来てその上に立ち、（このシーズンから設けられた目隠しのスクリーン越しに）試合をのぞき見していた」という苦言調の記事が載った。[40] 早稲田と台湾駐屯軍が対戦したその試合は、「十分に開化されていない植民地民衆」にもなかなかの人気だったらしい。二十年の植民地統治の間に、台湾人はことに台北では日本的文化環境に取り込まれていた。そうした状態が現実になった以上、台湾人と日本人との試合を禁じる理由は、もはやどこにもなくなっていた。
台湾の歴史研究者の定説では、野球チームの選手になった最初の台湾人は、台北にあった医学専門学校の一九一九年当時の選手名簿にある林、李という二人の学生とされる。[41]それ以前の二十年は、少なくとも表向きには野球は日本人の競技にとどまっていた。当然のことながら記録に残らない例外があったにちがいなく、若い台湾人——おそらくはエリートの息子たちや、南部野球文化の中心だった大規模なサトウキビ農園の近くに住む人たち——が、環境や種々の都合で日本人チームに呼ばれていたはずである。

一九一〇年代前半まで台湾総督だった佐久間左馬太が、台湾人青年の間にスポーツを広めることを奨励したという伝説混じりの話がある。彼自身の話として伝えられたところでは、台湾で人気の高い女神・媽祖《マーズー》［民間道教で航海の安全を護ってくれると広く信じられている女性仙人］が一九〇六年当時病床にあった彼の妻の夢に現れ、奇跡的に病気を治したので、ささやかなお返しをした、ということになっている。[42]

植民地支配は一方で一般民衆の体位向上をもたらした。日本が台湾全土で実施した調査では、一八九五年以降に生まれた世代の身長がとくに男性と北部で伸びた。[43]「病める台湾」を「健康な領土」に変えたと当局が自慢したのは当然だが、[44]一九一五年当時の雑誌『台灣運動界』で見る限り、このように体位が改善されても台湾人への野球禁制はこの年にも解かれていない。[45]禁制継続の本当の理由は、日本人が植民地人に負けるわけにはいかないという意地だったのだろうが、植民地統治の初期二十年間布かれた差別的法令の下では、台湾の日常にそのような事態を想定する必要はなかった。

呉濁流の不朽の古典『アジアの孤児』には、神聖不可侵を装う偽善的な日本人エリートと官僚が、「調和」と「日台の結束」を唱える一方で、台湾人部下にあからさまな差別的政策を執行させていた状況が描かれている。主人公の胡太明は、日本人の偽善と台湾人の憤怒とに苦しみながら平等のために闘った台湾人の典型であり、台湾野球の最初期にこの競技の選手になった台湾人の姿でもあったにちがいない。[46]

ジョージ・オーウェルは、植民地経験を踏まえて一九三六年に書いたエッセイの名作「象を撃つ」の中で、植民地環境では「東方での白人一人一人の生活は、笑いものにならないようにする長い戦いだった」と告白している。彼は植民地支配の基本矛盾そのままのような人種差別主義者の口調を借り、「すばしこいビルマ人がサッカーで私を倒したのにレフェリー（やはりビルマ人）が知らん顔すると、観衆は意地悪に笑いながら歓声を上げる。こういうことは一度や二度ではない。しまいにはどこへ行っても冷笑を浮かべた若い男たちの黄色い顔が待っていて、私がもう安全だという遠くに行ってしまってからさんざんからかうので、すっかり参ってしまった」と書いている。台湾全土に及んだ無法者や反乱軍を十年がかりで抑え込んだばかりの日本人にしても同様で、植民地住民の冷笑や揶揄を浴びたくないのはわかりきったことだ。オーウェルが言う通り、植民地人メンタリティーの根底にある真実とは、「何かうまくいかないことに出遭うと……（植民地人は）笑いにまぎらわせることがよくある。到底我慢ならない」[47]ことだった。

台湾人に野球を禁じたことを正当化した引用文献は少なくない。作家の鈴木明のばかげた発言はその一例だ。一九一三年の極東選手権競技大会［日本、中華民国、フィリピンなどを主参加国に一九三四年までに十回開催された］の創設に関連した彼の言葉として引用されたところでは、日本と中国が野球で定期的に対戦することになったら、台湾人にとっては長く関係が途絶えていても中国本土に住むのは同胞だから、日本人から習得したことを教えるかもしれず、日本にとって自滅行為になる、というのである。[48]

臆病で判断力のない台湾人には野球という競技の価値がわからなかった、というよくある放言に、日本占領下の半世紀ほぼ全期間を台湾で過ごした日本人官僚・邨松《むらまつ》一造の例がある。一九一六年当時彼が上機嫌で語るには、世紀が変わるころの「台湾人はものを知らず」、野球のほかスポーツ全般を好まず、バットを怖がり、「われわれ日本人の（野球に見られる）ヒロイズムも珍奇の目で冷ややかにながめるだけだった」(49)。この年の日本語誌『運動と趣味』創刊号が載せた台湾野球の「黄金時代」に関する「不老生」名の寄稿では、植民地化が強引に進められた一九〇〇年代初期をこう回想している。

白衣輕裝の青年が南門場外に滿身の力を注いでバットを打振る時が來た。その戞然《かつぜん》たる音を本島人は異樣な眼でむかへた。……バットの音やミットの響きが如何に内地人士に深い懷しみと快感を與へたであらう？(50)

この島の民衆が近代スポーツに全く無知だったとする記述は、歴史書の編者・竹村豐俊の一九三三年の書物にも出てくる(51)。

中国や朝鮮に滞在した西側の宣教師や帝国主義者たちも、類似の記録を残している。健康な欧米人がテニスに興じるのを目にした地元民に、なぜ召使いたちを手伝わせないのか聞かれた、といった話がそれであり、台湾の話と嘘のようによく似ている(52)。だが、植民地に持ち込まれたスポーツ文化に、地元のエリートたちが最初のうちこのように反応するのはどこでも同じだったのであり、植民地当局者は文明化をしきりに口にしていても、「自分たちの」スポーツを「地元民が」プレーすることに脅威を覚えていたはずである。

日本が台湾を植民地にした翌年の一八九六年、エリート校第一高等学校のチームが横浜カントリー・アスレチック・クラブのアメリカ人チーム「YCACヤンキース」との試合に勝ったというので、野球は日本全国で関心を集めた。この時も一高選手は、アメリカ人の野球場に日本人で初めて入場したというだけで怒号と侮辱を浴びせられ、選手をどぎまぎさせたのだが、試合は29対4で一高の圧勝だった。[53] インド人ゾロアスター教徒のクリケット・チームがイギリス人チームとこの植民地スポーツの試合をした時も、最初は相手に冷笑を浴びせられている。[54]

台湾植民地統治の初期には、近代スポーツ活動や試合に参加したのは日本人だけだったとするのは、日本人の特別な優位をひけらかすためでしかなかった、と言い換えてもよい。その種の独占などは、実際にはどこにもなかったのである。ジュリアン・アーノルドは、一九〇八年の［米国務省］教育局あてに次のような報告をしている。

中国系台湾人の教育で大変喜ばしい特徴の一つは、子どもたちがスポーツに明らかに関心を見せていることだ。一時間に十五分ずつの休み時間になると、公立学校の校庭は西側諸国と同じく活気であふれる。中国系人の子どもたちは運動を好み、どんなゲームにも喜んで加わる。学級間、学校間の試合は以前からあり、児童・生徒がそれを楽しんでいるだけでなく、親たちも子女の試合を見るのを非常に楽しみにしている。

さらにアーノルドの観察では、新設の台湾人児童・生徒の学校には「テニスコート、運動場、器械体操用具がそろっており、子どもたちがスポーツ好きなので体位も著しく改善されつつある。学校同士の陸上競技や自転車の対抗戦が毎年開かれるのも大変有益である」[55]。この事細かな観察がみな作り話だとは思えず、台湾人が近代スポーツ文化に長い間反感を抱いていたという話は植民地主義的伝説にすぎず、一連の回想や談話は植民地主義が反道義的と受け取られないようにするためだったにちがいない。

台湾の植民地史とポストコロニアル史をより複雑にしているのは、自分らの先人や仲間が無力で臆病だったかのように言う偽りの言説に、台湾人の側もまた数十年間加担してきたことである。一九二〇年代末以後の野球の名選手・蘇正生によれば、彼より前の時代の台湾人は野球という激しい競技に強いて近づこうとせず、その気を起こした時はまず町の守護神に無事を祈ったものだという[56]。歴史家の高正源の著述では、台湾人は木のバットを振るのを怖がり、「薪ボール」(柴球《チャイチウ》)〔「柴」には「へぼな」など悪い意味もある〕とばかにして近づこうとしなかった[57]。自らをオリエンタリズム化した知識人のこうした言説は、「怠惰な地元民」の神話[58]を内在化させ、植民地主義者の言葉で中国の伝統文化を貶める――そこには特殊な近代化と植民地主義を弁護する立場が暗示されている――ものであり、後の一九九〇年代になると、一九二〇年代の植民地時代の議論はそこそこに、台湾アイデンティティーの体現者としての政治論に形を変えてゆくことになる。

当面本書では、野球という日本文化に台湾人が参加することが政治的に正当で、有益で、不可避でもあった時代の歴史を論じることにしよう。

「洗い清められた」者たち――初期の先住民チーム「能高」

問題なのは……未知の政治体制の下で一世代、二世代、三世代と生活した場合、民衆にいかなる影響が現れるか、あるいは国語を変更した場合、民衆にいかなる精神的変化が生じるか……である。

後藤新平『台湾の行政』、一九一〇年

日本人と接触すると、劣等感と畏怖の入り混じった感覚をいつも覚えた。

孫大川・原住民族委員会副主任、一九九九年

第一次世界大戦でヨーロッパでは千五百万人の死者を出したが、日本はこの戦争で実にうまく立ち回った。アジアに生じた地政学的空白につけ込み、日本の指導者は支配権を固めることができた上、「命運を切り開く……天佑」に恵まれた」（寡頭政治の支配者の一人・井上馨の言葉）事実は、戦争の惨禍のために覆い隠されてしまった。(59)

二十年以上かけて慎重に進められた植民地統治を経て、日本人は先述の通り「内地の延長」としての台湾を、国家の真の一部と考えるようになった。一方このころには、台北や東京の台湾人エリートが「啓發會」「新民會」「台灣文化協會」を組織し、「台灣青年」［新民会の機関紙］を発行した。民族自決の高邁な原則を唱えた米大統領ウッドロー・ウィルソンには、この原則をアジアにも適用する意図は全くなかったのだが、台湾人はそれとは無関係に「地方自治」を求め始めていた[60]。これら根源的要求に当初反対した日本の保守政治家でさえ、社会主義者や台湾独立を指向する組織に導かれて過激な反植民地運動が広がるよりも、天皇の下での平等を求めるこの種の「改良主義」の方がずっとましだと考えるようになった[61]。

こうしたほぼ一致した理解の下で、新しい形の植民地支配が生み出されてゆく。一九一九年までの二十四年間に、台湾では——保健、農業、運輸、通信、金融、通貨などの分野で——多くのめざましい改善が見られたにしても、三百五十四万台湾人のうち日本人の学校で教育が受けられた二級帝国臣民は一・五一％にすぎない[62]。東京帝国大学で初代植民地研究主任もつとめた新渡戸稲造が台湾人に関して書いている通り、結局は「心よりもまず体を育まねばならなかった」[63]。総督府が「未曾有の革新」と自賛した一九二二年の教育令で、「教育に於ける内地人、本島人、蕃人間の差別」は公式には撤廃されたが[64]、三民族系統に分ける差別的な教育慣行は、なお広範囲に温存された。

このころ導入された「同化」という新語——レオ・チンの定義では「植民地台湾人のリベラルな傾向を力で抑え込み、欧米諸国の（暴力的な）植民地との差別化を装った日本帝国のレトリック」[65]——は、近代スポーツを含む文化政策とその言説にもすぐさま持ち込まれた。作家の呉濁流は、植民地時代を描いた有名な自伝的作品の中で、一九二〇年に新竹県で学校対抗の運動会があったことを記している[66]。一九二一年上海で開かれた第五回極東選手権競技大会には、漢族と日本人各二人の「台湾選手」が、日本代表として参加している[67]。

一九二二年十一月台湾を訪れた朝日新聞社専務の下村宏は、朝日が主催して毎年夏甲子園球場で開いている中等学校野球大会に、台湾からも代表を送ってはどうかと勧めて回った[68]（前年には朝鮮の釜山商業と満洲の大連商業が出場した〔台湾代表は翌二三年から参加〕。同時期に植民地朝鮮でも近代スポーツが急速度で普及していたことは、スポーツを通じた植民地大衆の同化を帝国官僚が本気で進めていたことを物語っている。(69)

ポール・カッツの研究では、第一次大戦後の一連の教育改革は、一九一五年に台湾中南部の丘陵地帯で起きたタパニー事件〔八月台南地方で発生。鎮圧後八百六十六人に死刑。「西來庵事件」「余清芳事件」とも〕に対する当局の長期的対応の一環だった。漢族と先住民からなる集団の指導下で起きたこの流血の反植民地蜂起では、千人を超す死者が出た。(70)同化政策導入とその遠因となったこの事件との間には数年の時間差があったにしても、「人種間の共学」をうたった新政策は、差別的植民地のコストを計算し直そうとする第一次大戦後の趨勢に即したものだった。こうして台湾人青少年は日本人の仲間と肩を並べて皇居遥拝の儀式に加わり、(71)週三回の「体操」の授業で身体を鍛えるように仕向けられた。(72)

「内地の延長」「同化」の論理に従い、雑誌には「スポーツはもっと奨励されるべきだ。野球とテニスのチームを増やし、内地人〔日本人〕と本島人がともにプレーし、陽光を浴びてともに活動できるようにせねばならない」といった評論が載った。(73)台湾人青少年に日本人の「国民的スポーツ」の野球をプレーさせようという意図――グローカリゼーションの新しい実験――が、こうした形で植民地的な意味を持つようになったのである。

トリニダード人作家C・L・R・ジェイムズの自伝的作品『国境の彼方へ』は、西インド諸島のクリケット・チームのイングランド遠征(74)を記録に残したことでも知られる。その遠征から二年後の一九二五年。台湾東海岸の花蓮港〔現在の花蓮市〕で結成された野球チームが、同じようにして遠方の日本に遠征した。このチームの前身は、漢族住民の林桂興が先住民族アミ族の少年たちを集めて一九二一年に結成した「高砂野球隊」だった。その二年後、選手たちが花蓮港農業補習學校に進んだのを機に、「能高《のうこう》野球團」（近くの高山・能高山から命名。字句通りの意味は「能力が高い」）と改称された。地元の日本人チームに入っていた選手もおり、あるアミ族選手（「サウマ」の日本名を名乗った）は、二三年六月花蓮港鉄道チームで十六イニングの完全試合を達成して名を上げている。

わずか三年でめっきり強くなった能高團は、台湾のあちこちから次々に試合に招かれ、さらに日本「内地」にも呼ばれることになる。世話役をしたのは、建設業界の実力者で港湾と幹線道路の工事にたずさわった梅野清太郎[75]、花蓮港廳長［「廳」は地方行政単位名］の江口良三郎の二人だった。能高の成功に最も熱心だったのは江口である。彼は一九二三年当時の自慢話で、自分が管轄する廳の「生蕃」たちは「陋習と荒くれ気質を改めて真のスポーツ精神を解するようになった（結果、）……洗い清められて帝国臣民になり」、日本の国民的スポーツに触れたことで「教育による変貌を成し遂げることができた」と言っている[76]。

一九二五年当時で全島人口の二・一％を構成したオーストロネシア語族系先住民族[77]は、それまで三十年間にすでに日本の厳しい植民地支配を経験していた。台湾先住民の事情に通じていた写真家のジョン・トムソンは一八七四年の時点で、日本がいずれ台湾を占領する気なら、先住民族の支持が不可欠だと断言している[78]。資源に富む重要な山岳地帯の住民は、十九世紀後期の近代化計画をめぐり清王朝と対立したことがあり、それは日本人も承知していたから、台湾占領にあたって彼らと強いて事を構える気はなかった。

新しい支配者にとって「理蕃事業」の第一歩は、バーナード・コーンが「調査型」と呼び、どのような形の近代植民地主義にも見られた様式[79]を構築してゆくことだった。言語学、人類学のデータを駆使し、台湾に住む先住民族――ポール・バークレーの言葉を借りれば「種々の問題はあっても人類学的には興味深い存在」[80]――をいくつかの部族に分類して膨大な知見を積み上げ、調査の成果を一九〇〇年のパリ万国博覧会で展示することまでした。[81]十五年以上を費やして収集した原台湾人に関する民族学データは、一九一〇年策定の「理蕃事業五か年計画」の「有益な骨組み」になった。

先住民族から武器を取り上げ、山岳地帯の豊富な樟脳、大理石資源を手に入れるために、当局は軍隊を投入して「蕃地」を「切り開く」積極策を採るようになった。[82]この時期にはあの手この手の「理蕃」策が動員されている。先住民族の指導者を次々に日本に招いて内地の「偉容」を誇示し、植民地体制がいかに優れているかを説き、[83]「文明化」を促す政策が先住民族のあまりの「頑迷」のために拒否されたと見ると、[84]残虐な「征服」戦に転じ、一九一三～一四年には頑強に抵抗する山村に、アジアの歴史で初めて空爆まで敢行した。[85]

新渡戸稲造は「未開人の行動原理は畏怖である」と言い切っている。[86]彼は、「アメリカ・インディアンを文明化」する分野の専門家だったクエーカー派宣教師ジョーゼフ・エルキントンの女婿にあたり、先住民族を「文明化」し監視し壊滅させたアメリカの政策を、民政長官の後藤新平と組んで、台湾の先住民族政策の手本にすることになる。[87]日本が植民地政策の遂行に軍事力を使ったことを称賛した紀行作家T・フィリップ・テリーは、露骨な差別用語をまじえて書いている。

無知な島民と比べれば、彼らはまるでどこかの明るい世界からやって来た人間のようだ。実際にもそうで、毎年七月になると張り切り出す虫博士のようにせっせと働く。島の地図をこしらえ、

植物を分類し、未踏の山々に登り……人殺し蛮族を捕える網を着々と張りめぐらしている。(88)

先住民族は、「熟蕃」（輝かしい日本文明を受け入れた部族）「化蕃」（変異を遂げた部族）「生蕃」（未熟な部族）の三段階に大別されることが多かった。清朝当局の方式を踏襲しつつ、日本的民族中心主義のニュアンスを加えた呼称であり、(89)学術用語でも先住民族を「高砂《たかさご》族」と総称するのが通例だった。「高砂」は、台湾では先住民族が住む山地、日本神話では松の精霊という両様の意味を持たせた微妙な語である。先住民族の周縁性を強調しながら、日本と台湾島民との間に「東アジア人」固有の民族的紐帯があることを言外に暗示しようとしている。(90)

このことからすれば、能高團の最初の名称がほかでもなく「高砂野球隊」だったことは意味深長である。日本帝国の中で重要な文化的地位を占めた台湾で、漢族の林桂興監督は自らの民族性を、先住民族の独自性というより広い主張の中に意識的に包摂させようとしたように見える［林は後に二・二八事件で殺害された。85ページ参照］。もっとも、「高砂」の語を野球技能に結び付けた例は、このアミ族青年チームより前にも後にもあり、ややこしいことに、一九〇九年結成の純日本人チームが「高砂」を称した例まである。文化帝国主義のおごりと、台湾の野生に「没入」を願う都会人的夢想との合成と言うべきか。(91)南部の都市・高雄は教育・行政ネットワークから常に疎外され、野球事業はその典型だったのだが、その高雄に、二十年後の一九三二年漢族チームからなる「高砂野球リーグ」ができた。(92)帝国主義的抱き込みのレトリックに皮肉なしっぺ返しをしたようなケースである。

高砂＝能高チームの監督だった林桂興は、正規の野球チームでプレーした最初の台湾人の一人でもあった。一九一九年花蓮港実業學校のチームで投げた経験を通じて、彼はまやかしに満ちた同化の世界にどんな可能性と矛盾がひそんでいるか、よくわかったにちがいない。この学校を出ると、先述した建設界の大物で野球狂の梅野が経営する朝日組に勤務しながらプレーするようになった。アミ族を集めて「高砂野球隊」を結成して以後は、地元の日本企業チームとの試合を設営したりもした。

チーム名はほどなく「能高團」になるが、新しい名称は先住民族が発祥の地と見なす高山地帯の換喩だったという意味で、まぎれもなく同化主義的な命名だった。名称変更を機に日本人パトロンの梅野と廳長の江口の口添えで、東京の野球の強豪・慶應義塾大学から矢野という人を監督に招き、台湾のどこへでも出かけて行って試合をするようになる。[93] 台湾東部には、エリート校（北部）や製糖企業（南部）のように、確実に植民地野球熱の拠点になりそうな場はなかったのに、当局が花蓮港に関心を示したのは、もともと人口密度が低かったこの地に日本人移民が集中していたからである。リベラルな経済史学者・矢内原忠雄は一九二九年の著作の中で、東部沿海地方には「内地人的」になる条件があったとし、この地域への移民を奨励する政策が二十年続いた結果、日本人の人口構成比が全土で四・六％だったのに、東部海岸では一七％だったことを挙げている。[94]

一九一〇年代の残忍な「理蕃」政策の下で、当局が一九二〇年までに鎮圧した反乱は百五十件にのぼったのと比べると、[95] 第一次大戦後の政策は啓蒙的色合いが濃くなり、文書などを通じた日本的な開化策が採られるようになった。かつての「蕃地」に入植者が増えたことで、バーナード・コーンの言う「調査型様式」、この場合では東部台湾という特定地域に関する人類学的・民俗学的情報の集積がさらに進んだ。その一つの産物が、台北に本拠を置く東臺灣研究会が一九二三年に刊行を開始した「東臺灣研究叢書」だった。第一編冒頭に収められた花蓮港廳の長大な報告に、「蕃人チーム能高團」という通称を使った六ページ強の報告が含まれている。報告の筆者がまずふれた選手たちの体格に関する所感には、「精悍かつ石垣のように頑丈」だが、この「蕃人チームは東台湾が生み出したものであり、端的に言って台湾的、非日本的な存在である」とある。[96]

この文章のかなりの部分が能高の公的後援者だった江口廳長とのインタビューに割かれ、かつて「生蕃」だったアミ族先住民を「帝国」の文化と「文明」にふれることで変容させれば、いずれこの野蛮人たちも飛行機にも乗れ科学者や政治家にさえなれるだろうと、鷹揚に語らせている。[97] 日本の植民地主義の場合、イギリスのインド統治に見られたような限度の設定は全く想定されておらず、一八三五年のトマス・マコーレーの有名な言葉のように「われわれと数百万、数千万の被統治者との間の通訳としての階層を育てるべく、最善を尽くす[98]」ことはありえなかった。野球は台湾民衆の「嗜好、識見、道徳、知力」すべてを日本化する手だての一つだったのである。

植民地主義には珍しくもない人種ヒエラルキーの観念が、台湾の場合では言説の根本的矛盾の深さと同様に徹底していた。江口に言わせれば「蕃人」の野球技能は「先天的」なものであり、狩猟習慣や鳥に石を投げて遊んだ子ども時代にさらに鍛えられたのである。日本語は難しい語も野球用語も知っているのに、日本人チームとの試合になるとわざと「蕃語」を使って作戦を伝え合い、相手を困らせる。だが「蕃人」の覚醒が常に善をもたらすとは限らない。江口によれば「彼らは脳の機能に若干不十分なところがあり、試合が混戦、乱戦になるとチームは惑乱してしまう。チームワークはまだあまり洗練されていない」。

こうした問題の原因は、彼の解釈では皮肉にも「思考が粗雑で心理面で（選手以外の者に）操作されやすい」からだが、それでも能高團が好成績をあげれば「蕃人宣伝」には役立つわけである。選手たちが試合で奮闘すれば、日本にいる人たちも、台湾がもはや帝国の「非文明的」な一部ではなくなったと納得するにちがいなく、[99]また近代文化の力を具えた日本人帝国臣民がなお依存心のある者を鼓舞して、近代世界に導き入れる役目を果たせるだろう、[100]というのである。

「同化の生き証人」東京を往く

歴史家にはほとんど検討されなかったことだが、このような観点を見る限り、「同化」計画の有効性では、漢族と先住民族との間に差があったと考えてよさそうである。一九三〇年に霧社事件の流血（次章参照）が起きるまでの三十数年間、日本植民地主義者たちは「蕃人」などの語を絶えず使い、先住民族を台湾文明化の引き立て役にしてきた。先住民族は「野蛮人」だということにしておけば――一九一〇年代には彼らを粗暴な「首狩り族」だとする言説も発明した[101]――、当局が彼らを開化し帝国化し強化し洗い清めることが正当化され、日本植民地主義の恩寵と進歩性を強調した「蕃人宣伝」の効果も期待できる。レオ・チンの解釈では「不完全、裸、幼稚などのイメージを並べ立てれば……日本人が介入する（ことが正当化できた）。……常に自己肯定的でなければならない植民地主義者にとっては、精神的優位を誇示できる野蛮な他者がいることは好都合なのである[102]」。

だがこの場合に見られる関係の多義性は、チンの定式にはおさまりきれないことも明らかである。野球のように日本人イコール文明化された者とされた領域では、野蛮人の側も「土着性」や「未開性」からしか生まれない才能を駆使することで、優位を確保することが可能だからである。台湾野球の場合には、植民地主義の本質的矛盾を露呈させただけでは終わらず、植民地主義を強化し活気づけることにもなった。

「蕃人チーム能高團」をめぐる錯雑した言説でとくに重視すべきなのは、孤絶した港町・花蓮港だけでなく台湾全体の植民地統治をどう機能させたかである。能高のあまりの評判に、一九二四年台湾に来ていた日本の大毎チームも東海岸まで足を伸ばし、噂の元蕃人チームと試合をした（22対4で大勝）[103]。その年の秋、能高は脊梁山脈を越えて新聞に騒がれながら西部を転戦して回った。一行には、選手たちの農業補習學校卒業祝いを兼ねた応援団として（「蕃人宣伝」のタネにもなりながら）六十人の同級生が同行した。十試合戦って能高が勝ったのは五回、負けた試合のうち三回は植民地の首都・台北での試合で、それも途中までは優勢だった[104]。

植民地の成功を印象づけようとしたこの大がかりな催しは大衆受けした。能高と台北商業學校が対戦した九月二十一日の試合は七千人ほどの観衆が観戦し[105]、日本から来ていたセミプロの大正チームとの翌々日の試合には五千人が見に来た[106]。臺灣日日新報がまとめた試合記録を見ると、能高のプレーはエキサイティングだが破天荒な野球で――台北の三試合で能高は盗塁十四、エラー二十――、記者の目でごく好意的に見ても、稚拙と未熟、勇敢と力強さが混ざり合った独特の野球だった[107]。

だがより重要なのは、文化帝国主義的な「同化」のイデオロギー――この場合では未開人の粗野な身体習慣を近代的なチーム・スポーツの形式に馴化させようとする思想――である。先住民族本来の選手名を試合では片仮名で表記（コモド捕手、キサ三塁手のように）して観衆の興味を煽り、また身近な存在にすることを通じて選手をエキゾチックな偶像に仕立てた[108]。試合が終わると選手はファンに取り囲まれて握手攻めになり、当局のお偉方に食事に招待された。観戦に来た台南野球協會會長の荒巻鐵之助［当時の台南市長］は「両眼が熱涙であふれた」と感動を語り、臺灣銀行のある支店長はアミ族と日本人には同じ血が流れていると断言した[109]。臺灣日日新報は、選手たちは「もはや外国人ではなく愛すべき同胞である。文化の発展が遅い僻地に住んでいたために残忍で粗暴だった者が、優れた教育と指導を受けて温和な兄弟となった」と書き立てた(110)。

お祭り騒ぎはなおも続く。翌年夏には総督府や臺灣日日新報社などの企業が出した資金で、能高は日本本土に赴くことになる。十七歳から二十二歳までの選手十五人に江口良三郎と総督府の数人が付き添い、魔術的成功を収めた同化政策の生き証人を見せて歩くのである。

台湾出発に先立ち一行は台北に立ち寄り、総督府で後援者たちに「全島規模の蕃人教育事業」が生んだ嫡出子として引き合わされた(111)。鉄道ホテルで開かれた公開の「蕃人講演会」では、選手数人が内地人聴衆を前に「蕃人の生活」についてスピーチし、「もってこいの台湾宣伝」〔臺灣日日新報の見出し〕をする。大阪朝日新聞社代表の開会挨拶の後、三塁手キサが「私たちの暮らし」についての話とハーモニカ独奏、次に二塁手ローサワイが「私たちの感情と涙」の話と「蕃人ソング」、投手兼捕手のスター選手コモドは「われわれの野球（のタイプとは何か）」を話した(112)。

この情景は、グローカリゼーションにぴったり当てはまるモデルである。一方では総督府が望んだ通りの成果が提示されており、他方では先住民族アミ族が彼らの真の才能、近代への夢、植民地経験に関する率直な感想を、ご主人にあたる人たちに語る二度となさそうなチャンスを与えているからである。

七日間船に揺られて能高團が東京に着くと、その足で三大全国紙の本社、東京府廳、裕仁皇太子の東宮御所、明治神宮に連れて行かれた(113)。臺灣日日新報の記事によれば、選手の霜降りの学生服姿はさほど人目を引かなかったが(114)、それでも「物珍し気な日本人の視線を気にしつつ」――レオ・チンが記した先住民族指導者の招待旅行そっくりに――神社、大学、博物館を見て歩いた。選手たちは「この植民地宗主国でよく見る技術重視のあれもこれも式日程[115]」につき合うほかなかった。雑誌『野球界』に載った能高團東京訪問の連名記事の筆者一人が、総督府警務局の職員だったのも偶然ではない[116]。

あちこち歩いた後の第一戦は、豊島區師範學校の弱いチームを相手に四回28対0で幸先良く圧勝した。能高が「日本の強豪校並みのチーム」だと知った関係者は、次の早稲田中學から後は強力チームを当てた[117]。数日後名古屋での愛知第一中學との試合には二万人の大観衆が集まった[118]。広島にまで足を伸ばした「蕃童」たちは九戦して四勝四敗一引き分けの戦績を残し、「まじめな態度と理にかなった作戦」があらためて称賛された[119]。

バート・スクラグズは、ホミ・バーバの「模造としての植民地」の概念（「はじめに」を参照）を引用しつつ、「植民地主義者が願うのは、植民地化された人たちが自分と似ていてもなお差異を残していることである」と簡明に書いている[120]。日本人が能高の属性を自分たちと対置させて、日本人だが蕃人（蕃人だが日本人なのかもしれない）だと言う場合にも、このモデルが当てはまる。一九二〇年代のアフリカ系アメリカ人とジャズ文化を論じたハンス・グンブレヒトは、アメリカの白人がジャズの「嫡流」であることを熱望しながら幻想に終わったとし、白人がジャズの持つ「異様な力」を認めつつも、それを表現する「ぴったりの言葉を持たない」状況を説明している。その状況は多くの日本人と通じるものがあり、台湾の先住民族は疲弊した帝国の目に「光り輝く豊穣の流れ（をもたらしうる）……新しい無垢の人種」と映ったのである[121]。日本が支配するアジアという夢想と植民地主義を維持し続けるには、その種のダイナミックな（矛盾を含まない）緊張が必須だった。

いったん作り上げた「日本人」「蕃人」のコードはやがて霧消してしまうが、そこから生じた不安定な状況のために、かえって帝国に望みを残す余地が生まれた。総督府内務局長の木下信《まこと》が臺灣日日新報に寄せた文章では、本国に住む同胞の感情を手短に言えば、蕃人だった人たちが日本社会の有用で健全な成員になれる日が来てほしいということだ、とあった。[122] 同じ新聞には、能高の日本遠征が（この新聞社の支援も得て）並外れた成果を上げたという総括記事が載り、台湾の先住民族が日本で侮蔑や嘲笑を浴びることはもうあるまい、と述べた神奈川第一中學校長の言葉が添えられていた。選手たちとたまたまふれる機会があった人たちの目には、彼らは日本民族と似た愛すべき存在に映り、「悪者、奴隷」とされた過去数百年間の既成観念は遠い昔語りのようになった。選手一行が得た「麗しい共感」によって、先住民族は才能もなければ帝国に有用でもないという保守的観念は打ち砕かれた、とも報じられた。[123]

こうして「蕃人チーム能高」はその実績と日本遠征で、植民地人の夢と願望と恐怖を表現するという重たい責務を苦もなく果たした。野球という日本の国民的スポーツの世界に足を踏み入れたことの意味を、先住民族の青年たちはどう受け止めたのか、ここでそれを正確に分析するには材料が乏しい。一つヒントになるのは、臺灣日日新報などに大量に載ったチームの写真である。文明を身につけた帝国臣民だと誇示するように「ＮＯＫＯ」マークを胸につけ、ユニフォーム姿の選手たちは見るからに余裕の姿で写っている。

もう一つのヒントは、能高のスター選手四人——日本名で稲田照夫、伊藤次郎、伊藤正雄、西村嘉造、全員が十七歳か十八歳——が日本に残り、京都の平安中學でプレーすると決めたことである。彼らは平安の主力選手として甲子園の中等学校野球選手権大会に一九二七、二八年と連続出場し、西村以外の三人は法政大学でプレーと勉学を続けることになる。[124] 日本「本国」の学生野球とプロ野球でプレーを続けて成功した台湾人が少なくない中で、彼ら先住民族選手はパイオニアとして記憶されている。彼らはまた、日本本土で学ぶ得難いチャンスを最もうまくつかんだ台湾人臣民として、「同化」能力の高さをも示した。一九二五年現在で日本の中学校に在籍した台湾人二百七十五人のうち、先住民族学生はこの四人だけだったことはほぼ間違いなく、帝国内の真の「日本人」というステータスに、彼らはこうしてやっとたどり着けたのである。(125)

台湾の研究者が先住民族の歴史上のアイデンティティーの問題を論じる場合、社会学者アーヴィング・ゴフマンの著作が援用されてきた。また先住民族の生活に関する研究で、日本人が先住民族を常に「蕃人」の蔑称で呼んだ植民地体制下では、激しい身体的・本能的行動をとる以外に反応のしようがなかった状況を論じた際にも、ゴフマンが拠り所だった。(126)だがそうした研究でも、野球を参照例にして検討すれば、国家、近代性、男らしさに関する日本人の習慣的行為に先住民族が加わっても、それは彼らが日本的な既成観念を受け入れたからではなかったことが、明快に立証できるはずである。

ただし、その際留意しておきたいことがある。それは、日本人が——多くの場合リベラルな植民地当局者の協力を得て——押しつけてくる公平とは名ばかりの「同化主義」の観点と日本的先入観とを、先住民族と漢族台湾人は超克し、打破し、ついには嘲笑することができたこと、またその際に社会経済学で言う非エリート階層の成員には成功への限られた道の一つだった野球が、重要で意味ある手だてになっただろう、ということである。

留意しておきたいことがもう一点ある。八十年を超える台湾先住民族の野球への関わりが、徹頭徹尾歴史的なものだった（明らかに固有のものでも人種的なものでもなかった）ことである。日本人と中国人が思い描いた台湾先住民族像が、ほとんどの場合民族固有の遺伝子からなる身体像で成り立っていることを、二十世紀の残り数十年とその後数年を扱う本書の中で、この後順次見てゆくことにする。

台湾の先住民族選手が野球で成し遂げた数々の成功の物語は――アフリカ系アメリカ人がバスケットボールや陸上競技で見せた「自然のまま」の能力を白人が空想物語に仕立てたのとよく似て――民族の神話の重要な一部になった。どちらの場合も、階級、スポーツ、暴力を社会経済学的に究明し理解するのと比べれば、人種決定論的な推論の方が分析ツールとして慰めがより得られやすかったからだろう。

植民地当局の目には、漢族台湾人は――世紀の変わり目に現れ悪名を負わされたいくつかの反乱集団は別として――容易に再文明化しやすく、日本主導のアジアに取り込みやすくも見えたのに対し、先住民族民衆ははるかに現実的でまさに存在論的な脅威と映った。現在の台湾のコメンテーターや野球ファンにも、これぞ先住民族特有の離れ業、決断力と思い込み、そのプレーを賛嘆する人がいまだにおり、若き野球スターたちを次々に創り出した[127]。日本人は彼らを脅威と感じたからこそ、先住民族の動向に注意を払い、尋問し、彼らを「文明化」するという空想的目標を設定し、失敗の悪夢を繰り返し、「蕃人チーム能高」の着想を思いつき、さらに先住民族の「血の中に流れている」憤怒と猛々しさが野球というはけ口にそれてゆくように仕向けることになる。

日本人でも中国人でもなく――一九二〇年代の漢族野球

日本領台湾の野球は、植民地臣民でもエリート植民地官僚でも、好き勝手に操作できそうな文化装置だった。八十年以上前の野球をめぐる議論では、現代のグローカリゼーションのモデルのように多国籍資本主義を駆動力とする場合と違い、グローバルな文化生産とローカルな受容との間の緊張を指摘したアヴィアド・ラスのモデルがなお有用である。[128] 実際に、「一視同仁」（等しく公正に恩恵を施す）を表看板に先住民族民衆の「同化」を図った日本型植民地政策は、彼我の相互作用が緊張を生む可能性を秘め、他にあまり類例がない。

相手方の身体性と攻撃性、日本による征服、相手方の血筋に起因する「首狩り」習慣への逆戻り、正真正銘の野蛮を仮定するのが、植民地政策の中心的イデオロギーだった。抑制されたスピードと暴力、スポーツマン共通の勝利の追求、上位者と下位者の「公平」な区別、個人の主体性の許容と集団への服従など、近代臣民・市民間の約束事の一つの表現が野球であり、一九二〇年代の台湾では植民地化する側とされる側との重要な接点だった。

一九二〇年代半ば当時では、台湾人同化の試みは――植民地化遂行に不可欠の差異を維持しつつも――上首尾に進行しているように見えた。アメリカの紀行作家ハリー・フランクの一九二四年の観察では、日本人と台湾人の児童は「一見しただけでは誰がどちら人か見分けるのは難しい。登下校時などでよく見かける行列の中に、自信ありげな子と列を乱したりはずれたりしたがる子とがいたら、ようやくそれとわかるという程度だった」。[129] 分離はするが平等であることを建前とした当時の台湾の（支配的な）教育システムのポイントは、フランクの目にもとまったようである。日本人と日本語のわかる少数の台湾人の児童は小学校に入れたが、台湾人児童の大半は「公學校」に行った。[130] 分離制度の下で公學校の野球チーム同士が当たり前に試合を始めたのは、一九二三年だったらしい。

一九二三年五月の臺南新報に、地元の五チームが参加して少年野球大会を開くという予告記事がある。参加したのはほとんど日本人だけ（漢族選手が各一人）の小学校二チーム、台湾人だけの公學校三チームだった。導入されたばかりの同化路線の教育を、みんな同じ日本人だからとおとなしく受けるほかない子どもたちは別として、大会を見に行く気の親や野球好きは、「内地人」「本島人」を問わずこの種の平等に疑念を持ち、「熱戦」に人種意識が持ち込まれることへの困惑をはっきり口にしたという。同じ紙面に、このような差別（紙面表記では「區別」）に不快を感じること、観衆は子どもたちに声援を送るだけにすべきことを――日本人・台湾人間に相互バイアスがあって両方に大きなしこりを残すからというトーンで――主張した記事も載った[131]。日本植民地主義の明らかな矛盾がここにも表れている。ミンチェン・ローの表現を借りれば、それは「植民地化する側とされる側とのヒエラルキーの格差を残したまま、類似性だけを強調する[132]」ものである。

台湾人が野球に馴染んでゆくのは、それが植民地の都会的技能であり、シンボルでもあったからで、どこの植民地の民衆も、ほとんど必ず同じような経験をしている。植民地知識人の生き方に見られる「同調的」な一面を論じたエドワード・サイードは、知識人が「（植民地化する側の）手口を学び、その著作を翻訳し、その習慣を取り込む」能力次第で、解放への長期戦略の姿が決まるとしている[133]。台湾の場合野球に限って言えば、植民地化される側の民衆が植民地権力との関係を交渉で調整する余地はあったが、それも日本人に応じる気がある場合に限られた[134]。

台湾人の子どもたちにとって、野球は日本文明の流儀を学び取る貴重な場であり、野球グラウンドは台湾人が「フェア」にゲームができる得難い場でもあった。言語も教育も文化もすべて日本を標準とした台湾で、日本人が優位に立てたことは当然のことで、日本人以上に日本的になることはまず不可能である。だが野球ではそうとは限らない。さきに記した通り、グローカリゼーションのモデルが当てはまる以上、グローバルな文化的生産とローカルな受容との間に強度の緊張が必ず存在するはずである。C・L・R・ジェイムズの西インド諸島における有名なクリケット研究の著作には、一九〇〇年代初期当時の地元の黒人クリケット選手が傑出したプレーをしたので、白人住民も西インド人に普通考えられない別格の尊敬を払わざるをえなくなった例が書かれている。(135)一九二五年当時の中国語紙・臺灣民報に、同化、平等、スポーツという現代観念がいかに重要となったかを強調した社説が載っていた。台北の最有名校に入ろうとすると相変わらず不平等な扱いが待っていることを取り上げ、引き合いに出した「Fair Play」と英語綴りした概念に「公明正大的競争」という中国語の訳語をあて、さらにあてこすりに近い辛辣さで書いている。

古人はフェアプレーとは何なのか知らなかったはずだから、「武士道」という(日本語の)言葉を使っていたのだろう。……(残念ながら)現代人は古人の流儀から何の進歩もしていない。(136)

この論評は、日本人が持ち込んだ近代ブルジョアの一般的概念を借りて、植民地当局批判という特定の目的を果たそうとしており、示唆的でもある。ここに暗示されているのは、同化が進行していた時期のスポーツ文化を検討するには、グローカリゼーションのモデルの複雑なパターン、すなわち―盛田昭夫の言を再び引けば――台湾という「ローカルな」場にある「顧客の期待感」と、帝国が展開する「グローバルな」「ブランド戦略」との相互作用に目を向ける必要がある、ということなのである。

台湾の社会学者・張力可は、植民地主義とのほぼ同時期の対決例と批判例を列挙し、台湾の野球史には様々な形の「模倣による適合」(中国語で「仿同《ファントン》」)だけでなく「抵抗」も存在したことの確証だとしている。(137)ポール・ディメオには、同じ時期のベンガル地方のサッカーの勃興は「イギリスの倫理体系の認容」を意味したとする研究がある。[138] だが、グローカリゼーションの観点に立つ限りでは、過去に実例があった時代錯誤的な両極端、すなわち底の浅いナショナリズムではしばしば賛美の対象になった台湾の生真面目な抵抗運動、あまりに従順な主観性が批判された安易な消極主義にも、目を向けざるをえない。

植民地台湾における野球の重要性を理解するにあたっては、植民地当局への「抵抗」と協力とが、同じ時期に同じ民衆の間で同時に起きたという事実に着目すべきだろう。この時期の記憶は多くの場合不確かであるのに、台湾史研究で結論的な歴史解釈が追求されてきた［本書執筆までの］八十年の間に、その記憶に歪みも生じている。この場合、スチュアート・ホールのポストコロニアル研究の観点が参考になる。一九九六年の彼の著作によれば、こうした研究でなされねばならないのは、「植民地での長い間の遭遇の中で一貫して読み取れる二元性を読み返すことである。様々な形の文化の移入、文化の翻訳に表れる二元性の必然的結果として、こちら対あちらという文化的二元性に、際限なく混乱を引き起こさずには済まなかったことを再認識すべきである」[139]。本書では、植民地野球が「台湾人」と「日本人」の接合というまぎれもない文化移入の場になったこと、それが単純な二元性とは全く異なるものだったことを明らかにしたい。

日本統治下に育ち伝説的監督になった簡永昌の話を聞き彼の回想録を読むと、台湾野球人の心理的葛藤が納得できる程度まで読み取れる。二〇〇一年から翌々年にかけて自費出版された全六巻の彼の自伝は、日本語と中国語を交互に使って書かれている。たとえば第六巻に収められた戦争中の回顧のタイトルは『人の一生　台灣人の物語』と日本語で、中国国民党の台湾接収と台湾を「地獄」と化したその後の残虐行為を記した第四巻の回顧は、『人的一生　台灣人的小故事』［意味は前記日本語タイトルと同じ」と中国語の題名である。[140] 筆者は二〇〇四年の彼とのインタビューで、新竹県で子ども時代を過ごした一九二〇年代当時なぜ野球に関心を持ったか尋ねたところ、台湾人の子どもたちは「日本人、中国人のどちらでもない」と聞き、それ以来この競技が好きになった、とのことだった。[141]

医師・評論家・政治家で戦前の台湾では著名人だった蔣渭水《ジアンウェイシュイ》は、台湾人が野球をすれば「日本と中国との親善を増進する手段」になると言ったことがある。[142] 簡の応答に見られる野球観や植民地に生きる少年のアイデンティティー感覚と引き比べて、蔣のエリート的感覚を冷笑するわけにはいくまい。また簡の話は、作家・呉濁流が描いた同時代の青年たちの「空虚（で）暗鬱な自己嫌悪」の物語とも通じる点はない。相通じる例を挙げるとすれば、バリー・フォンがその日記を分析した台湾人日本留学生の葉盛吉がそれに近い。葉の日記には「二つの故郷」のことが克明に記され、「精神的に引き裂かれた二重生活」を送りながら、アイデンティティーはまぎれもなく植民地臣民だったことの苦悩が吐露されている。[144]

簡監督の著作から明瞭に読み取れるのは、台湾の青少年のアイデンティティーを二世代にわたり身体面からも二つに裂くための道具として、野球が意図的に利用されたということである。「同化」の狙いが自分たちを上辺だけ平等な帝国臣民に仕立てることにあると、台湾の青少年はよく知っていた。自著とインタビューを通じて簡自らが明らかにしたことは、安直な範疇分けや意味づけができる種類のものではなく（彼の居間には蔣介石と並んでポーズをとる一九六九年撮影の写真が目立つ場所に飾られていた）、それだけに彼の物語には単純でメロドラマめいた抵抗運動や名勝負の思い出話にはない説得力があった。

自伝には、アイデンティティー創出のプロセスが積極的だが流動的でもあったこと、この場合で言えば、彼や彼のような青年たちを日本的な植民地文化の主流にどう取り込んでゆくか、綿密に計算されていたことが示唆されている。この男をどこまで日本人に仕立てるか、どのような種類の日本臣民にするか、同化された日本人かそれとも台湾的な日本人か、さらにはどのような完成像を求めるのか、などが逐一吟味されたのである。哲学者マーサ・ヌスバウムの言う「反逆者としての筋目正しさを見極めようとする不毛な手口」という表現[145]がこの場合ぴったりである。植民地当局者には、台湾人の野球プレーがお粗末ならかえって好都合だった。それだけで「抵抗」の証拠と見なせたからである。

簡永昌が野球と出遭ったのは、一九二〇年代の新竹に日本人の測量隊員がやって来て、休憩時間にキャッチボールするのを見た時だった。彼が通っていた大溪公學校には野球チームはなく、子どもたちはキャッチボールで我慢するほかなかった。ところがこの地方でも野球大会が開かれることになり、簡の担任だった美島行武美《みしまゆきぶみ》がチームを編成し、台湾人の子どもたちも、町の日本人だけの小学校を相手に試合ができることになった（簡の学校が勝ち、その時撮ったチームの大きな写真が別の自費出版書に載っている[146]）。

簡と一九七〇年代までつき合いがあったという当時の監督の美島は、お決まりの植民地主義者観念をはみ出す人物だったらしい。中国の革命家・孫文の叡智と見識を授業で大っぴらに賛美し、子どもたちに人気もあったという（校長は彼の思想に「問題」があると注意しただけでなく、草刈りを装って教室の外からこの植民地統治の問題児を見張っていた[147]）。簡の自伝第六巻には、美島がこの元教え子に送ってきた一九七二年当時の手紙のコピーが、七ページを割いて掲載されているほかに、簡の家で撮った簡一家と美島の写真が添えられており、植民地時代が終わって久しいのに、簡の子どもたちは直立不動の姿勢で写っている[148]。ここでも同化のロジックは見事に裏返しにされている。さらにまた、同化には特有の作用があることを考えれば、台湾の小さな町では野球が家族や学校での人間的つながりを強固にし、息抜きなど種々の意味を持っていただろう。

本節の冒頭付近で、グローカリゼーションの語を使ったアヴィアド・ラスの意図について、「それなりに色彩的で遊び心を刺激するこのテーマ設定で、ローカルな（通常は独特の）消費性向を特徴づける」という彼の記述を引用した。台湾人がどのように野球を「消費した」かを語ったオーラル・ヒストリーには、その種の遊び心をまじえた追憶が頻繁に見られ、植民地臣民としての自己のアイデンティティー形成過程が語られている。

高雄で野球をしながら育った蕭長滾《シャオチャングン》は、当時「タカオ」と［日本語式に］呼ばれていたこの港町の小学校と中学校のチームで監督になり、台湾最良の選手を何人も育てた人物である。ほぼ日本人だけの小学校と全員台湾人の公學校とが参加した野球シーズンは、一九二〇年代当時は春と秋と二回あった。台湾人の子どもたちが公學校に入る年齢は、植民地の常で日本人の子よりも上であることが普通で、二〇〇〇年の筆者とのインタビューで筆者に冗談混じりで語ったところでは、チームの年齢構成が公學校に明らかに有利だったために「日本人は台湾人によく負けて悔しがっていた」。彼自身が被害者だった同化のイデオロギーには明らかに懐疑的で、日本人のコーチや監督は自分や仲間たち全員に信頼が全くなく、正しい教え方をしたかも怪しいと、かなり辛口に語っている。[149]

中国語紙・臺灣民報も、台湾在住日本人の気風に揶揄調の論評を残している。一九二九年八月に台北で二日間開かれた全島少年野球大会には、五チーム――日本人小学校四、高雄の公學校一校――が出場し、三、四千人の観衆が見に来た。『民報』は「内地人がどんな場合にも絶対有利になるように仕組まれているこの台湾で、結局優勝するのが五校の中の高雄第一公學校だと予想した人が、何人いただろう」と結果を報じ、記事の脇見出しで「内地人観衆の不満、野次、罵声で場内騒然」とだめを押した。[150] 植民地の教育制度で台湾人が喜びそうなことはおそらくたった一つ、公學校児童が日本人より年上（最高で十四、五歳）で、野球チームがその分たぶん強いことだった。大方の日本人にとっては肝心のヒエラルキーの維持に差し支える恐れもあり、我慢ならなかったはずである。

ほとんどの選手たちは若くて「同化度」が高かったから、何とも思わなかっただろうが、主要新聞に発言の機会を持つ台湾人インテリにとっては、野球は――日本人ファンの「恥知らず、救い難さ、情け容赦のない言葉遣い[151]」をやり玉にあげて――植民地主義の不公平に公然と異議を唱える場にほかならなかった。現実には、近代スポーツは――必然的に比較、優越度、力を尺度とする以上――傷口に塩を擦り込むような言説の格好の場になりかねない。一九二九年の臺灣民報には、台湾に来たフィリピン人水泳選手の優れた能力に関する論評もある。台湾では優れた水泳選手が育っていないことにふれつつ、フィリピンの「白人支配」を論じ、「善良で屈託のない気風、くつろぎと余裕のある心身」が育まれたことが「外部の羨望の的になっている」というのであった。[152]

白人植民地の民衆のこととなるとこうした「羨望」論になるところを見ると、台湾では反植民地的「抵抗」の概念がロマンチックな観念にとどまり、一九二〇年代に盛り上がった帝国臣民としての尊厳と平等を求める運動には、あまり影響を与えなかったことを間接的に示している。また一面では、遊びであろうと大まじめであろうと、近代スポーツに接すれば体力向上や健康増進の役に立つだろうと、台湾人も意識していた傍証にはなるだろう。

第二章

台湾野球と人種間の調和

一九三一—四五年

現今の朝鮮人・台湾人と雖《いえども》、将来悉《ことごと》く我が忠勇の国民となし得られることがわかるであらう。

一九二〇—三〇年代の教科書から。小熊英二の引用による。

植民地統治が始まり三十五年経った一九三〇年初めには、台湾は安定、平和、繁栄を誇る日本領に姿を変えていた。人口の九五%がなお農山漁村住民だったとはいえ、日本本土に食料と軽工業品を供給する「砂糖壺」「穀倉」として、それなりに機能していた。ある研究者の記述では、都市に住む数千人の台湾人大学卒業者は「日本人(知識)階層の一部を形成し、一見したところ本土人とほとんど変わらなかった」(1)。一九二九年の総督府公式文書には、「いまでは武器を持たずに一人で旅行しても、まだ完全には馴化《じゅんか》されていない首狩り族が潜む山地のごく一部は別として、蕃人や盗賊に危害を加えられることはなくなった」と誇らしげに記されている(2)。

総督府は台湾の文明化と近代化が順調に進んでいると見て、「文化三百年紀念全島中等學校野球大會」を台南第一中學校で開くことにした(3)。台湾全土から強豪九校を選りすぐり、一九三〇年十月二十六日から三日間開かれたこの大会は、日本領だけでなく世界的に植民地制度が確立されたことを祝いたいという独善の産物だった。

ある台湾人歴史家の記述では、台湾に「文化」がもたらされたのはオランダ人が台湾南西部を占拠した一六三〇年であり、オランダの統治は八年続いたとされ(4)、また当時の人口は平地に住む先住民族が約七万、中国人滞在者と貿易商人が一千、文化と呼べるものはおそらく存在しなかったとされる(5)。言うまでもなく、歴史学とは無縁のこの種の観点は、日本および同時代の西方諸国が、その富と権力によって築き上げたグローバルなシステムを信認し、当然視するものでしかなかった。

だが自画自賛の野球大会のまさに当日、植民地主義者の成功物語は打ち砕かれることになる。毎年恒例の学校対抗運動会が中部台湾山間地の模範集落・霧社で開かれる一九三〇年十月二十七日が、「その日」と決められていた。日本の国旗が掲揚され国歌斉唱が始まったのを合図に、タイヤル族系セデック族の壮漢三百人が会場になだれ込み、日本人警官が侮辱行為と暴力を繰り返してきたことへの報復を叫びながら、集まっていた日本人を刀と銃で襲った。日本人百三十四人が虐殺されたこの事件は霧社事件の名で知れ渡り、日本軍が爆撃機や毒ガスまで使った残虐な鎮圧作戦を敢行した末、やっと収拾した。

レオ・チンの巧みな筆致による著作には、この流血の反乱で「日本の統治は深刻な打撃を受け、しばらく安定を失った」こと、その後数年間に日本の文化演出者たちが種々の物語や映画を制作し、植民地当局と「蕃人」の関係の再建を図ったことが記録されている。

そうした演出の一例が、先住民族の少女を主役にしたお話で歌にも映画にもなった「サヨンの鐘」である。サヨンは日本人教師（地元警察官を兼任した）を助け荷物を背負って険しい峠道を下りる途中で、事故死したことになっている。イギリス人が神話化したポカホンタスの物語［アメリカ先住民族の娘が白人入植者を迫害から救ったとされる話。映画にもなった］と似通ったこの言説には、「霧社事件後に先住民族が暴徒から愛国的臣民へ」変貌したという含意があった。[6] 日本側の文化工作に関するチンの着眼の鋭さは認めるが、霧社事件と文化工作との間にはタイム・ラグがあり――たとえばサヨンの映画の公開は霧社事件から十三年後の一九四三年だった――、直接の因果関係を求めるには無理がある。

当時の日本では、近代性とナショナリズムの観念を定着させる上で、野球がきわめて重要な役割を担うようになっていたこともあり、流血の霧社事件がえぐり出した問題を、野球という文化空間を利用して早いところ処理してしまいたいという機運が、植民地主義者の側にも台湾人臣民の側にも生じてきていた。

嘉農野球と霧社以後

「歴史の物語で局面を一変させる」「大事件」とは、目の前にある日常世界の仕組みを覆す可能性を秘めてはいても、そのこと自体の中には解明の手がかりも解釈の手だても得られない出来事のことである。

ハンス・ウルリヒ・グンブレヒト『一九二六年——危険な時代を生きる』、一九九七年(7)

大阪近郊西宮にある甲子園球場は、日本では全国中等学校野球選手権大会が開かれる聖地とされてきた。一九三一年八月の大会は、わずか十か月前に起きた霧社の惨事に区切りをつける象徴としては、またとない場だった。日本植民地主義に力で反抗する事件が起きたことの衝撃から抜けきれていなかった日本人大衆には、台湾南部からやって来る台南州立嘉義農林學校（略称「嘉農」）チームは、想像を膨らませるには格好の存在だった。

嘉農がこの時代に特別視された理由は、三人種の混成チームだったからである。大会の先発九選手のうち先住民族が四人、漢族台湾人二人、日本人三人であり、台湾人選手（先住民族、漢族を問わず）を擁するチームが台湾大会を勝ち抜いて甲子園に出場するのは、これが最初だった。さらに、日本植民地主義は機能しているはずであり、だから国家の文化儀式をともに演じられる植民地臣民を生み出したはずであり、それを印象づけるシンボルが嘉農だった。いくつかの新聞は選手たちの「はだし精神」をことさらに持ち上げ、「その勇敢と闘争心はライオンのようだ」と煽り立て、うまくいってい

る植民地で新たに文明化された者たち（数はわずかでも）という刻印を彼らに押そうとした。(8)

こうした報道からうかがえるのは、多くの日本人の頭の中では、「蕃人」の男らしさが台湾人は「放埒」だという妄念につながっていたことである。日本人入植者を虐殺した残忍も勇気も、正しく誘導すれば野球のプレーに役立つはずだということになり、さらに台湾人選手（とりわけ先住民族）は極端に原始的にも、同時に極端に近代的にもなりうる、という想像につながった。このバイタリティーなら、疲弊した近代帝国を意気阻喪から救い出すことも望めるだろう、というわけである。

嘉農は決勝戦で強豪の中京商業に4対0で敗れはしたが、この大会は文明が台湾に及んだという植民地主義の徳育物語の筋書き通りに進行し、それから八十年経った今に至るまで、ノスタルジアとポストコロニアルのイデオロギーがたっぷり塗り込められた「三民族協調」の成果として語り継がれることになる。そうした物語とそれを生み出した神話体系を注意深く読めば、日本による台湾支配がどれほど長くインパクトを残したかを知る格好の材料になるはずである。

嘉農という学校は、植民地当局に与えられた二つの狙いの下で一九一九年に創設された。肥沃な嘉義・台南平原をいずれ灌漑、開発、利用すること、この重点事業（最終的には東南アジア全域の植民地化もにらんでいた）に必要な近代的人材を育成することがその狙いである。開校に先立ち五年間の入念な土地調査もなされた。(9) 生徒の構成——ほとんどが漢族で少数の日本人とごく少数の先住民族——には、前章でふれたように、ウィルソン米大統領時代以後に導入された同化政策が反映していた。重要なのは、日本植民地当局の開化政策がこの段階ですでに同化への意図を含んでいたことである。先住民族児童を教育する「蕃人」小学校の開設から二十五年後の一九二二年、この特殊な学制は廃止され、公學校に統合された。(10) 公式調査によれば、日本当局は一九二五年時点で先住民族が「蕃人とは言

[写真1] 1928年に創立された当時の嘉農チーム。近藤兵太郎が監督に就任する以前と思われる。（蔡武璋氏提供）

えなくなり、『台湾人』と呼べる程度まで『馴化』された」と判定していた[11]。

第一章で見た通り、植民地台湾の野球は改造と同化の一つの手段になった。野球が南部で隆盛の十年を経験した後の一九二八年、嘉農で野球チームを作ったのは代数教員として赴任した安藤信哉《しんや》である（写真1参照）。創設時の選手は日本人四人、先住民族三人、漢族二人だった。数年後にもてはやされることになる「三民族混成」のユニークな選手構成は、チームの第一歩からこうだったのであり、嘉農がエリートとは無縁の職業学校だったことによる。知名度の高い学校では台湾人はごく少数、先住民族は（旧制中学から転入した少数を除き）皆無だったから、嘉義のような地方都市の非エリート校でなければ、嘉農ストーリーが生み出される余地はなかった（一九二九年に台湾全土の職業学校六校に入学願書を提出した三千人のうち先住民族は六人、入学したのは二人だった[12]。

嘉農の野球選手たちが傍流的立場にあったことは、他のさまざまな面にもはっきり表れていた。日本人生徒が多数を占める他の中等学校と違い、嘉農には自前の練習場がなく、街の中心部にある市営野球場まで毎日出かけて練習した[13]。一九一七年にできたその野球場は、嘉義の街を見下ろす丘の中腹にあり、興味深いことに嘉義神社の隣だった[14]。どちらも姿は変わっているが遺構は現在も残っており、野球場だったところは一九九七年に新形式の公園になった。台湾各地の神社が一九四五年に中国国民党政府の手でほとんど取り壊されたのに、嘉義神社だけはなぜか残されて忠烈祠〔国民党革命で斃れた烈士を顕彰する祠〕になり、一九九八年に台湾独立派の民主進歩党市長が史跡資料館に改造した。美しい丘をしばらく歩いたところに、日本人だけが通う嘉義中学が一九二四年に建ち、地理的位置とヒエラルキーとの相互関係、日本統治下での嘉農の傍流としての地位が一目瞭然である。

嘉農の卒業者がこうした傍流的立場を刺激的な回想として語ることはよくある。中部台湾・斗六出身の劉金約は、一九二〇年代末から三〇年代初めまで嘉農に在学した。一九九三年の彼の思い出話によれば、同じ街のライバル嘉農との野球試合に負けた嘉義中学の日本人生徒たちが、嘉農びいきの多い台湾人群衆を相手に「悶着を起こそうとした」ことがある。劉の自慢話では、仲間を語らい寄宿舎付き顧問の指図を受けながら、その夜敵と一戦交えて「決着」をつけた。男臭い自慢話は試合にも及び、嘉農の選手のプレーが相手より格段に上だったので、地元の女の子たちは嘉義中学のプレーはそっちのけで嘉農側のスタンドに集まり、お気に入りの選手を応援したという[15]。植民地支配という制約の中で独自のアイデンティティー感覚を育てようとする場合、台湾人生徒がこのようにジェンダー関係を巻き込んだ手法を使うことがあるという一例である。

往年のスター選手・拓弘山の八十三歳当時の回顧談でも、嘉農野球の意義は台湾人アイデンティティーに求められるとしている。彼がまだ白河公學校［現在の台南市北部所在］に通っていた一九三〇年代初期には、嘉農と嘉義中学とのライバル関係は「台湾人対日本人」のそれだと、子どもながらにはっきり意識していたという。(16) 彼の嘉農経験もやはり傍流にある者としての経験――多くの場合魅力と信頼に富んだ傍流意識――だった。仲間としてだけでなく対戦相手として、「彼ら日本人」とプレーする時の緊張が解けるのは、男らしさの垢抜けした表現が共有された時に限られたであろう。

それはさておき、嘉農も最初数年の試合成績は（たぶん地元女子生徒の期待に反して）さっぱりだった。一九二八年全台灣中等學校野球大會の大事な試合では、台中商業相手にたった三安打、エラー七の13対0で負けた。体面をつくろいたがる校長たちが当時十数年間ずっとそうしていたように、嘉農の樋口孝校長は早稲田大学の卒業生を物色し、ほぼうってつけの監督を探し出した。近藤兵太郎《ひょうたろう》がその人で、中等学校チームを率いてアメリカに遠征した経験があり、たまたま嘉義商工専修學校で簿記を教えていた。(17)

近藤は校内のテニス部、陸上競技部にも手を伸ばして選手を集め、野球部を地方でも高いレベルまで引き上げようとした。台湾の青少年を同化するのに適した近代文化のもう一つの重要分野と見なされたのは、テニスだった。一九二四年には嘉義で全台湾テニス大会が開かれ、二百人以上の選手が日本本国の大会に出場する台湾代表の座を争った。(18) 同化政策と帝国の恩顧の甲斐あってか、二年後には男子六人、女子四人の台湾代表選手の一人に嘉農から元代表の弟が入り、明治神宮招待大会の神聖なコートでプレーしている。(19) だがエリート臭があり狭いスペースを使うテニスは、「野性的」で人気のある団体競技の野球とは違い、帝国化と同化の強力なイデオロギーの道具としては発展しなかった。

近藤監督に関しては、そのスパルタ式練習や、野球の技に優れていれば人種の違いは問題にしなかったブランチ・リッキー［米大リーグの元選手・球団経営者。アフリカ系選手と積極的に契約を結んだ］流の神話が、数十年にわたり広く流布されてきた（比較的最近になって行政院體育委員會が発行した公式野球史も、「国籍を分かたず、族群《ズーチュン》［エスニシティ］を分かたず」という表現で近藤の指導方針を称賛している。ここで使われた用語や分類は植民地台湾の日本人に当てはまるはずのない時代錯誤的なものである）[20]。嘉農チームに先住民族選手がいたことをこのように解釈するのがこじつけであり目的論であってみれば、それら選手の日常にあっては何の意味も持たず、またほとんどの先住民族がこのレベルの教育しか受けられなかったことは指摘するまでもなかろう。

現在の台東県の山奥で十人の子の長男に生まれたアミ族の拓弘山は、一九二八年嘉農に入学し、できたての野球チームの一員になった。二〇〇一年インタビューで語ったところでは、発足当初の選手構成は先住民族九人、日本人三人、漢族二人だったといい、歴史の記録で全選手十二人中に先住民族は三人だけだったとされるのとは食い違っている[21]。おそらく彼の記憶違いだろうが、先住民族がどのようにチームに受け入れられたか、重んじられている感じがあったかの答えにはなっている。彼は嘉農では真山卯一の日本名を名乗り、卒業後の日本留学をもちかけられたが、誘いを断って郷里に戻り、後に小学校の校長になった。中年を迎えたころ教員を辞してキリスト教伝道者に転じている。山岳地に住む先住民族でこうした曲折に満ちた人生経験を持つ者が何人もいるとはもちろん思えず、それだけに、嘉農野球が何を残したかを知るには貴重な事実である[22]。嘉農チーム独特の「三民族」構成を政治的意図から肯定的に評価する言説も、一九九〇年代以後の台湾人による「多文化主義」（アレン・チュン[23]、エドワード・ヴィッカーズに批判論がある[24]）の中に現れることになるが、台湾人青少年にとって野球は、例外的に平等な「競技するフィールド」で優れた能力を競える場だったとは言えるだろう。

大勢の元選手がオーラル・ヒストリーや回顧録で残している近藤監督のもう一つの神話は、――植民地以後の台湾でも通用する言葉で言えば――「日本的」な誠実、正直、犠牲的精神を重んじたとされることである。彼のチームでは雨が降らない日はひたすら練習、教室にいる時はルールや戦術の復習だった。筋力と視力を落とすというので、選手は映画を見るのを禁じられ、野球は闘争であり遊びではないと教え込まれた。近藤は自らに最高の指導基準を課し、指導の水準は常に高いまま落とさなかった。休暇中にマラリアにかかった時は、担架に乗せられてでも練習に出ると言い張った。近藤の下でプレーした台湾生まれの日本人・佐々田利雄は、近藤が自分で書いて選手によく復唱させた次の詩のような文句を、数十年経っても憶えていた。

球は魂なり
球正しからずんば
魂正しからず
球正しければ、魂正し(25)

嘉農の正センターだった蘇正生は、後に台湾で「わが国の野球にとって百戦錬磨の大兄貴」と称された人だ。その彼は一九九七年に嘉農野球の気風を一口に「分け隔てがなく賞罰も平等」(「一視同仁」)と評し、「昭和」年号の原意通り植民地人を「公平」に遇したと語っている。それを証明する出来事として引き合いに出したのは、ある先住民族選手が犯したミスの話だった。その選手は打席で「待て」

のサインを見落として三塁打を打ったところ、近藤監督に散々叱られ、結局チームを辞めてしまったという。[26]

往年のスター・スラッガー洪太山も、近藤の指導をしぶしぶとだが評価する一人だ。彼は、兵庫県警察官が本職の西脇良朋《よしとも》に、一九九五年当時（日本語で）インタビューを受けた。西脇は日本統治下の台湾野球にぞっこんで、二巻からなる大部の著作もある。インタビューによれば、「鬼監督」近藤の流儀は、「これはスパルタなんていうもんじゃない。……今の選手だったら、一日でダウンでしょう」というほどだった。[27]

歴史学者・謝仕淵《シエシーユアン》の二〇〇三年のインタビューには、スパルタ式についてもっと具体的に語っている。当時チームを支配していたのは先輩・後輩の秩序だった。新入りは初日から頬を張り飛ばされ、その後もいやな雑用や殴打が待っている。洪が自慢げに言うには、乱暴を受けるのは「日本人だから、台湾人だから」ではない。それが年齢の秩序だからだ。練習中にエラーすると、台湾人なら「シナに帰れ！」、先住民族だと「山に帰れ！」と怒鳴られた。[28]それもこれも、洪からすれば監督への褒め言葉のつもりなのである。この種の苛酷な体験の記憶が「公平」の婉曲表現として語られるのは珍しいことで、暴力行為を挙げて植民地文化を笑い飛ばしたケースと言うべきだろうか。

近藤の指揮下でこうした二年が経ち、嘉義農林学校のチーム力は一九三一年にはほぼ最高と言えるまでに上がっていた。先発ナインは先住民族四、日本人三、漢族二人になった（写真2）が、日本人選手の打順は下位の七番以下であり、五人の控えのうち四人が日本人だったことにも注意しておきたい。[29]ベンチウォーマーが白人ばかりだった最近までの全米プロ・バスケットボール・リーグ（NBA）を思わせる。

[写真 2] 甲子園に出場した時の嘉農の伝説的クリーンナップ。左から上松耕一（アカワツ、陳耕元）遊撃手、呉明捷投手、東和一（ラワイマキサン、藍徳和）捕手。(蔡武璋氏提供)

この年七月の第九回全台灣中等學校野球選手権大會で、嘉農は優勝した。蘇正生の一九九七年の回想では、決勝戦の日本人主審は、全員日本人の台北商業を勝たせようと偏った判定を繰り返したというが、それでも嘉農は勝った。当時を語った蘇の話で複雑微妙なのは、延長十一回の接戦を制した時、選手全員が声を上げて泣いたという個所である。「わがチームの伝統は日本チームの引き写しだった。甲子園の（選手権）大会をテレビで見ると、試合後に泣くのはいつも負けた方で、鼻水を流して号泣したりする。だが嘉農の選手は負けても泣かない。泣くのは勝った時だけだ[30]」。

日本人と似ていても、同じではない。「はじめに」と第一章で、筆者はホミ・バーバとバート・スクラグズを引用しつつ、植民地化を進める当局者の行為がこのような形でイデオロギーの定着を促し、植民地主義者が駆使する同化の入り組んだロジックを、見えやすくもすれば見えにくくもすると指摘した。ところが「日本人ではなく中国人でもない」制約（第一章参照）の中でアイデンティティーを形成した簡永昌のような場合を考え合わせるなら、このような対処の仕方をすることが、台湾人の植民地体験の重要な一部だったとも言える。繰り返しになるが、台湾人の傍流意識は、様々な形の男らしさ表現を通して示されることが多かったから、台湾を「未開」と見なした植民地主義の言説に、ぴったりはまってしまうのである。

一九三一年ころには、台湾の中等学校野球は日本本土に劣らない大衆的人気を集めるようになった。朝日新聞社が発行する『野球速報』は、台北の書店や新聞売り場二十二個所のほか、台湾全土の九都市五十個所の店頭で買えた[31]。それ以前は、台湾最大の野球イベント全台灣中等學校大會に出場したのはほとんどが日本人で、西脇の辛苦の収集記録によれば、一九二三年以降八回の大会に出場した四十六校中三十八校が純日本人チームであり、全五百三十六選手中台湾人は二十八人（五・二％）に過ぎない（純台湾人チームだった一九三〇年の台中一中十四人、三回出場の嘉農十人、台南一中、台北商業、台北実業が計四回各一人）[32]。嘉農が日本人主審のえこひいきをはねのけて四戦全勝で優勝し、日本の野球少年が夢見る甲子園出場を成し遂げたゲームは、一万五千人ほどのファンが見た。

優勝した翌日には、嘉義市長以下の公務員、嘉農の島内庸明《つねあき》校長と生徒団体、数千人のファンが駅頭でチャンピオンたちを出迎え、祝賀会が催された嘉義中心部まで、全員一緒にパレードした。それまで学校間で様々なやり合いがあったにしても、嘉農の誇りを分け合ったのは南部人や台湾人だけではなかった。嘉農が日本本土に向かう前の数日間、チームは台北一中の歓送会に呼ばれ、数校の純日本人チームから選抜された選手と三回の「壮行試合」をして、甲子園での激戦の足慣らしをした。入場券（大人二十銭、学生十銭）を買った数千人のファンは、入場料収入が日本への旅費の足しになったと聞いて喜んだともいう[33]。

すでに記した通り、歴史として見た一九三一年には種々の重要な意味がある。帝国と植民地支配のロジックの下で、台湾の日本人居住者は（漢族、先住民族からなる）台湾人臣民との間に共通性を見出し、体験し、実現し、肯定するよう促されたが、この共通性なるものは現実には複雑な内容を含んでいた。本章に記してきた種々のエピソード類は臺灣日日新報にも載り、そこから「台湾人」アイデンティティーと結束を読み取ることもできたし、多くの場合――戦後語られた回顧談の一部に例外もあるが――この植民地に住む日本人がそれを共有していたことがわかる。そのことから同化の植民地政策は成功したと単純に見なすことはできないにしても、野球という日本の「国民的スポーツ」が、親和と競争を通じてすべての帝国臣民を結束させる重要な手だてになったことは無視できない。

言うまでもなく、民族が――漢族、先住民族、内地人のように――異なれば親和への関心にも大差があった。この場合見落とせないのは、フイユー・キャロライン・ツァイの所論である。彼女によれば、「同化」の概念と政策の有用性は、もっぱら「日本人の相対的優位を確保し、結局のところ従属者が異なるイデオロギーを持ち、異なる生活様式を維持することを認めない」点にあった[34]。だが日本人居住者にとっては、霧社の悪夢を経験した以上、同化の約束ごとは可能な限り政治的に裏打ちされ、常に意識にもとどめておく必要があった。台湾で平穏無事に暮らすためには、帝国による監視付きの友愛と平等を強調し続けることが、現実的な絶対条件だったのである[35]。

甲子園準優勝が意味したもの

嘉農が二十二地区代表中の一校として到着した甲子園には、日本植民地の朝鮮と満洲からも、京城（ソウル）商業と大連商業が来ていた。この二校は日本帝国の植民地支配が波乱を含んでいた地域の代表だったために、万が一への配慮から選手は全員日本人であり、それが大会に参加することのイデオロギー的意味を殺していた。嘉農は対照的に、先発選手のうち四人——レフト、ショート、キャッチャー、サード——が、霧社の蜂起と血なまぐさい鎮圧を生々しく思い起こさせる先住民族であり、全帝国六百三十一校が甲子園行きを争って勝ち抜いた二十二校の中でも、ひときわ目立つ存在だった。

この年に太田政弘総督が発表した「理蕃政策大綱」によれば、政策には若干の変更があっても、「一視同仁の聖徳に浴せしむることを以て目的とする」ことは一貫した基本精神だった。[36] 太田は非協力的な植民地民衆の処置に通じた専門家とされ、霧社事件を受けて中国東北部の関東廳の長官から台湾総督に転任した。この大綱が強い調子で貫かれていたことから、台湾の植民地計画がきわどい状態にあったことがうかがわれる。

毎年開かれる甲子園大会に日本人がどれほど熱狂するか、アメリカ人にわからせるのは簡単ではない。スーパーボウル、「マーチ・マッドネス」とも呼ばれる全米大学男子バスケットボール・トーナメント、「アメリカン・アイドル」〔フォックス・テレビの視聴者参加型の人気番組〕を混ぜ合わせて日本化したような大衆文化の中心イベント、とでも言えばいいだろうか。甲子園大会（観客席七万）を毎日見に来るファンが百人以上いたそうだ。[37] この年の開会式は例年の人気に嘉農出場という特別な要素が加わり、嘉農が全校の最後に入場すると、球場は大喝采に包まれた(38)。朝日新聞は嘉農の「苛烈な攻撃力」と「奔馬のように（ベースを）駆けめぐる」走力をエキゾチックに書きたて、このチームへの好奇心を煽った(39)。

大会が始まっても嘉農は大衆を魅了し続け——二年後に出た日本の体育史書の表現では「名声を日本全國に轟かせ(40)」——、最初の三戦合計で得点32、失点9と相手を圧倒した。嘉農は決勝まで勝ち進み、中京商業と対戦することになる。戦績は臺灣日日新報の一面で派手に報じられただけでなく、東京朝日新聞は三面で特集を組み(41)、「恐るべき嘉義の猛気」という根拠不明の観測記事や、「猛勇嘉義農林」と題する批評を載せた(42)。先発した四人の先住民族選手はチーム全体、学校全体、未開の台湾全体を象徴する存在なのであり、その意味で先住民族への日本人の理解力を——さらには真に文明化できる可能性をも——推し測る有益な材料でもあった。一九二〇年代のアメリカ白人がアフリカ系アメリカ人のジャズ文化に惹きつけられたように、日本人大衆は台湾先住民族が「超原始的であると同時に超近代的でもある」というイメージ、彼らが「無気力」で疲弊した近代日本に緊張と興奮をもたらすかもしれないという期待感に、夢中になってしまったかのようだった(43)。

台湾では、興奮した民衆がラジオ店の内外に群がり、中継放送に耳を傾けた(44)。だが球場では、膨らむだけ膨らんだ嘉農の評判に、中京商業選手が怖じ気づいた様子はなかった。雑誌『野球界』に載った決勝戦直前の写真で見ると、中京の一番レフトの大鹿という選手は、嘉農の先発投手・呉明捷《ウーミンジエ》（漢族）を見下すようにして握手し、嫌悪の表情でカメラをにらんでいるのに、大鹿より四インチほど背の高い呉の方が明らかに低姿勢で、雌鹿のようにおどおどした視線で相手を見ている(45)。七日間で四回目の先発になる呉には元気が見られず、相手の威圧に耐えられそうになかった。

試合が始まると、呉はいつものような絶妙のコントロールを欠いて八つの四球を与え、打線も「大車輪」と称された中京の吉田正男投手に歯が立たず、4対0でシャットアウト負けした。吉田は甲子園で翌々年まで三連覇する投手であり、皮切りの相手が嘉農だった(46)。

嘉農が準優勝に終わったことは、日本の野球界にとっては申し分のない結末だったはずである。作家の鈴木明は、エキゾチックで刺激的な新しい帝国臣民を褒めそやし、日本のファンが遠来の臣民との結束を確かめた好例のように書いている(47)。先住民族、漢族、日本人の一体化と協力を強調する自画自賛イデオロギーでは、日本主導のアジア「諸民族との協調」に成功した見事な例なのだった。漢族と先住民族が日本の文化儀式にすすんで加わったことで、三民族「同化」の植民地神話が目に見える形で「証明」されたというわけだ。

かつて早稲田大学チームの伝説的主将として活躍し、当時から数えて二十年前から「学生野球の父」と呼ばれていたスポーツ・ライターの飛《とび》田《た》穂洲《すいしゅう》は、数ある評論家の中でも嘉農ストーリーを悲劇のように描いた最初の人物である。決勝戦翌日の朝日新聞の総評で「經験ある諸チームを尻目にかけての奮闘」を称賛し、嘉農が「三人種混合」を体現するチームだったことを強調しつつ、名調子で描いている。

［先住民族の外野手］平野［保郎］の走塁、その強肩、少年［日本人二塁手］川原［信男］の好守、台灣健兒は多くの印象を残し優勝戦出場を土産に南に歸り去る。吾等は中京の優勝を贊美すると共に、この健氣なる嘉軍選手の前途に隨喜して夕陽の甲子園に少年勇士を見送りつつある。

アメリカのグラントランド・ライス〔二十世紀半ばまで新聞などで活躍し数々の名フレーズを残した記者〕を思わせるモラリスト風ライターだった飛田は、「無私道の野球」「魂の野球」など長文の評論を残している。(48) 日本の野球史に占める飛田の地位と、彼が朝日新聞の一面に書いた熱烈な肯定的評価とを考え合わせると、嘉農が霧社事件後の野球を帝国主義イデオロギーの中に感動的な姿で決定的に取り込んだことを思わせる。著名な劇作家で映画界の巨頭でもあった菊池寛も、同じ日の朝日新聞寄稿で、嘉農のプレーに魅了され感動したことを告白し、「内地人、本島人、高砂族といふ変はった人種が同じ目的のため協同し努力してをるといふ事が何となく涙ぐましい感じを起こさせる」(49) と書いている。日本のメディア・エリートが競って強調したのは、大会が植民地主義と嘉農にとって精神的大勝利だということだった。

嘉農の主力選手四人は、日本に残ってプレーを続けるよう数校から誘われ、植民地上層部もそれを勧めた。断ったのは先述したアミ族の拓弘山三塁手だけで、(50) 漢族の呉投手と蘇中堅手、プユマ族の上《うえ》松《まつ》耕一遊撃手（民族名アカワツ、後の中国語名・陳耕元）はそれぞれ日本残留を承諾した。蘇と上松は横浜商業専門學校に入ってプレーした後台湾に戻ったが、呉は早稲田大学に進んで卒業し、セミプロ数チームでプレーした後日本の実業界に転じ、一九八三年に死去するまで五十年間日本に住んだ。漢族、先住民族選手のこうした人生遍歴も、台湾野球という植民地型の覇権構造の枠内にいてこそ可能なことであった。

一九三一年の嘉農人気と好対照だったのは、毎日新聞の前身・東京日日新聞が主催して毎年開いていた都市対抗野球大會である。一九二七年に始まったこの大会は、明治天皇・皇后の霊を祀った神道の聖地に隣接する明治神宮スタジアムで開かれていた。三一年の大会は嘉農の甲子園デビューの直前で、海外植民地の大連、ソウル、台北代表を含む全帝国十五チームが参加した。台湾の首都代表は台北交通局で準決勝まで勝ち進み、優勝した東京代表に敗れた[51]。

だがこちらの台湾代表は、台北在住の純日本人チームだったために、日本の大衆にはそっぽを向かれた。都市対抗野球と言えば（現在も続く）日本の野球文化の重要イベントなのに、この（非蕃人）内地人チームに東京の大衆がそれなりの関心を示した形跡はない。植民地代表の台北交通局がソウルの龍山《ヨンサン》鉄道、全大阪に圧勝しても、大衆の目には社会と植民地の重大事とは映らず、嘉農の快進撃の中に問題性や危機を見出した時のようには遇されなかった。嘉農のプレーが完璧に内在化され、評論として言説化される動機を生み出し、当時の植民地の危機に終止符を打つ文句なしの結末だったのとは対照的に、台北交通局のゲームは平凡な野球試合にすぎなかったのである。

仮に、半蕃人チームの嘉農が日本中部愛知県の看板ボーイらを負かしていたら、植民地化の激烈な推進者もやり過ぎと思っただろう。だが力の限りを尽くして決勝で負けたから、日本人が重んじる犠牲的精神とチームワークを台湾人が発揮したとして許せたのであり、選手たちは「ヴァーチャルな日本人」（第一章既出バート・スクラグズの表現[52]）なのである。リアルな日本人には勝てなかったのだから、霧社事件後最初の大会としては大満足の幕切れだった。

一九三一年の嘉農チームが日本で今なおノスタルジアのこもった大衆的シンボルであり続ける理由は、そこにある。霧社虐殺の恐怖の経験からわずか数か月後に、日本国家が用意した近代の舞台で、「同化された」漢族・先住民族と日本人からなるチームが、帝国臣民に改造されたことを証明して見せたのである。言うまでもなく、先発した六人の台湾人選手の側に立てば、それはアイロニーである。自分たちがかち得た勝利は（「中国人でも日本人でもない」漢族と先住民族からなる）台湾人の意思と能力

［写真 3］1936 年甲子園に出場した嘉農選手。写真左：手前は奥田元三塁手、後ろ楊元雄左翼手。写真右：手前は園部久補欠、後ろ児玉玄右翼手。（蔡武璋氏提供）

によるものであり、日本の植民地権力もそれを否定できなかったのだから。だが、嘉農の成功をそのように全く異なる意味に解釈できること自体が、植民地台湾の野球が持つ多義性の証しなのである。

イギリス植民地のクリケットがこの場合も有益な対照例になる。嘉農の成功から二年後の一九三三年、西インド諸島のクリケット・チームが、ケンブリッジ大学出の白人選手をキャプテンにイングランド各地を転戦した。その時チームに絶えず浴びせられたのは、マナーが劣悪（「ブラック」）な上に植民地人的気後れが明らかだとする猜疑混じりの悪評だった。さらにイギリス人記者には、投手が「ボディーライン」――打者の技術を封じるために体を狙う投法―

―を使うのはスポーツマンらしくないと批判された。わずか数か月前にオーストラリアとの試合でイギリス・チームが同じ戦術を使って勝っており、それを棚に上げた悪質な偽善的報道としか言いようがない(53)。

日本人と同じ臣民のはずの台湾人が、全く別のイデオロギー的目的を遂げたことを重視するあまり、日本の言う高級ブランドの――アジアの植民地民衆との間にある当然の「人種的」類縁性をことさらに強調する――植民地主義の空虚な言説が肯定されるはずもない。一九三一年を危機とするのは、日本人が台湾人をもはや見下し続けられなくなったからである。さらに、上首尾の結末で幕を閉じたこの年の甲子園のように、絶えず結束の演出を繰り返さない限り、誰もが帝国の命運を憂慮し続けねばならなくなっていた。

嘉農が植民地当局による同化の公式言説に自覚的に、ほとんど自暴自棄的に同調して見せたことを、日本領台湾に関する近年の歴史学文献で再点検することも必要だろう。植民地主義イデオロギー――元来愚かな台湾人を日本の臣民・市民として同化せねばならないとする使命感――に関するレオ・チンの解釈は的を射抜いている。彼は「同化が行き着く先は不可能性だけであり、永遠に繰り延べてゆくしかなかった」と断言する。言い換えれば、当時のリベラルたちから日本的なるものの「エッセンス」を他者に移植しようとするのは不合理だと釘を刺されても、日本人特有の能力で台湾を（いずれは全アジアを）植民地化するという目標には、諦め難い魅力があった、ということである。さらには、同化のイデオロギーはチンが指摘する通り「植民地主義者の見果てぬ夢」でしかなく、同化政策に何度失敗しても、日本当局は挫折を繰り返すほかなかったのである(54)。

野球という「国民的スポーツ」の重要な場で、一九三一年に成し遂げられた嘉農の偉業の中に透けて見えるのは、霧社蜂起の流血の中で日本人大衆が重度の脆弱性を自覚した時、日本帝国が覚えた恐怖の深さである。(55) せめぎ合い、人種対立、日本帝国の命運の危うさが現実になる中で、野球は安全が保証された特殊な場だった。はるか遠くの嘉義から甲子園にやって来る青年たちが二番手に甘んじてくれれば、とりあえず同化政策が上首尾に進んでいると信じられ、真に安堵できる例証になるのである。

その後の嘉農は、一九三六年までの六年間に甲子園大会に五回出場したが、三一年の偶像的チームのような文化的インパクトを残したチームはなかった。アミ族ピッチャー東公文《ひがしくもん》（後の中国語名は藍徳明）が率いた三五年のチームだけは、成功に近い戦績を残している。東がチームに入ったいきさつについては、二つの通説がある。あっさりした方の説は、三一年のチームで正捕手だった兄の東和一《かずいち》（藍徳和）の足跡を追って加入したのだとする。台湾を［南部を東から西へ］横断して嘉義まで行くための旅費や授業料など少なからぬ出費は、台東廳当局が奨学金でまかなったとされる。もし事実なら、この場合にも野球が日本の国民的スポーツとされるに至ったことに、東部地方当局が全面的に関わっていたことになる。

一方、日本人や漢族の筆で書かれたロマンチックでノスタルジア混じりの説は、彼の人生は植民地主義者が喜びそうな小説仕立てになっている。それによれば、東の変則的「アンダースロー」投法は、漁民だった父親の網の中を狙って寄って来る鳥に、石を投げつけていた子ども時代に磨かれた。やがて地元の製糖会社のチームから声がかかり、彼のまれに見る能力に目をとめた日本人の旅館経営者に付き添われて島を東から西まで旅し、強豪嘉農を擁して野球熱が高揚した嘉義にたどり着いたという。(56)

［写真 4］1936 年の全島中等学校野球大会で優勝した嘉農チーム。おそらく甲子園出場を決めた試合の後。（蔡武璋氏提供）

東＝藍の物語が悲劇調で語られることが多いのには、いくつか理由がある。彼はチームでも突出した選手、主戦投手——日本のメディアには「怪腕」（文字通りの意味は「異様な腕」だが通常「優れた能力」を指す）と称えられた——として一九三五年大会で準々決勝まで勝ち進んだ。(57) だがどうしたことか、この伝説的ピッチャーが準々決勝戦の九回にホームスチールを許した上に、延長十回にはボークで決勝点を与え、チームの命運を断ってしまった。(58) 翌日の朝日新聞に寄せた評論で、著名ライター飛田穂洲は不滅の名投手東のボークを嘆き「ただただわれら観衆のため息を誘った悲劇的な結末」と評した。この結果は「天の意思」であって「嘉農には慰めの言葉しかなく」、「東投手の闘争心ばかりが責められるが、チーム全体の抜群の技量を愛した観衆は同情の涙に暮れた」と結んでいる。(59)

東の悲劇的人生の物語にはおまけがある。東京ジャイアンツが甲子園での彼の活躍に目をつけ、二度も代表を台湾に送って翌一九三六年の入団を打診したというのである。その年に日本でプロ野球が発足することになっていたのに、東はそれが名声と富につながる道だとわからず、話はそれきりになった。結局彼は故郷の台東県に戻って働き、それまで受けてきた声援にお返しする道を選んだ(60)。

四十年後、作家の鈴木明は『高砂族に捧げる』という先住民族の歴史物語を書くために東（当時はすでに藍）にインタビューし、その第七章で「甲子園の栄光、東投手のいま」を描いている。鈴木が強調しているのは、日本統治下の若き先住民投手として日本全国に名をはせた東公文と、国民党支配下に生きる藍徳明の現実との間にある悲劇的ギャップである。インタビュー当時台北の小学校で用務員をして得ていた彼の月収は二万五千円相当額でしかなかったという。藍と結婚したての妻は、結婚のはるか前からずっとこの元スター選手が憧れだったそうで、「あの人はアミだけど、台湾一のハンサム男だったから」と鈴木に話している。にもかかわらず、藍はここに至ってもなお悲劇の主人公だった。国民党支配下の台湾で送った失意の三十年の後、植民地臣民時代を振り返ってもらした彼の苛立たしげな一言は、（たぶん鈴木の狙い通り）「畜生、俺はいつだって日本人だったさ」だった(61)。

こうした例に漏れず、日本領台湾の歴史が歴史学とは明らかに無縁の「悲劇」として語られることが間々ある。ハンス・グンブレヒトの優れた著作『一九二六年』を借りれば、悲劇の言説に見られるのは「罪悪感も責任も根本から徹頭徹尾拒否しようとする意志にほかならない(62)」。この場合問われねばならないのは、日本人だけでなく台湾人の手でも書かれた過去数十年間の数々の著作が、イデオロギー的意図の濃厚な観点にばかり固執してきたのはなぜなのか、という点である。よく知られた例では、右翼漫画家・小林よしのりのような歴史修正主義の作品——五十年の日本植民地時代に台湾人が感謝の念を抱いているというイメージを強調し、ナショナリストの立場から現在の弱い日本を問題にしようとするもの——がそれである。[63] 現代の台湾人にも同様のノスタルジックな言説をもてはやす向きがあり、こうした言説の持つ意味を以前にもまして複雑にしている。

一九九七年、嘉農の後身・國立嘉義大學の同窓会誌が創刊され、さっそく野球部の誇るべき伝統に関する寄稿を満載した。同窓会理事長も一篇を寄せ、日本の新聞やテレビが嘉農チームに今なお好意的関心を持っていること、「若い世代が苦難に耐え厳しい練習で鍛えられた例」を取り上げていることを満足げに記している。[64] テレビ東京とMBSテレビが一九九六年に番組を制作した時は、かつての嘉農のスターで野球をやめてから教員に、さらに宣教師に転じた拓弘山を、山奥の隠棲先にまでクルーが訪ねていった。放送された画面には、八十八歳の拓と八十四歳の元チームメート蘇正生が、拓家前の土の道で傘をバットに見立ててバッティングの構えをとり、客人にサービスする姿が映された。[65]

結局のところ、台湾人と日本人との相互作用の中で創り出された種々の言説——日本の台湾統治中に起きた「悲劇」、植民地の主だった者が島民に膝を屈した時のプライドのありかといった類いのもの——は、一九三〇年代の傑出した嘉農野球チームを語るのみではなく、現在の台湾の「本土主義」や「反中国」政治まで広く対象とすることになる。だが日本統治時代にどのような評価を下すにしても、コロニアルのイデオロギーがポストコロニアルの台湾を決定的に規定していることは、確認しておかなければならない。

行政院の體育委員會［二〇一三年教育部體育署に改編］が、嘉農と日本時代の野球のドキュメンタリーを二〇〇二年に制作している。「伝統と栄光」と題する作品の冒頭に、ポストコロニアルの台湾で「台湾的」「日本的」の概念がどう認識し直されたかを示すわかりやすい場面が出てくる。八十九歳になった蘇正生が真新しい「ＫＡＮＯ」のユニフォームを着て、二〇〇一年当時の母校の行事で野球部の部歌を歌っている。七十年前のようにリズムに合わせて腕を振り、母校で学んだ通りに誇りと勤勉を誓う歌を力強く歌い上げるシーンである。

ところが歌詞の最後二句のところに来て、日本語の複合語を蘇が中国語の発音に置き換えて二回歌ったように聞こえた。漢族のプライドがあって植民地当時憶えた通りには歌わなかったのかと思わせたが、彼が他の元選手より先にコーダを歌った瞬間、そうではないことがわかった。かつて「嘉農、嘉農、プレー、プレー、プレー」と叫んだ最終句を、たしかに「ダーフー、ダーフー、プレー、プレー、プレー」と歌ったのである。「ダーフー」は日本語の「大和」の中国語読みである。大和は第二次大戦中に使われた時には人種観念濃厚な語になり、軍国主義下の純粋な日本国民であることの表現だった。[66]

蘇はかつて日本臣民としての成功者だった――その記憶は彼にとって貴重に違いない――のだが、植民地時代に憶えた歌詞から脱線してしまったのだから、部歌も、彼が享受したステータスも、また今となってはばか臭い大和人の使命も、すべて過去のものになったのだろう。フイユー・ツァイが言う日本流の「均一であることを強いる帝国主義」[67]は、いまなお過去と同じく強力なイデオロギーの構成概念であるにしても、単に一時的なものなのかもしれず、そこに秘められた力に期待したことへの恥辱とノスタルジアを後に残しただけかもしれない。

昔の野球部歌を歌った二〇〇一年の蘇が見せたもの、そこにはしなくも表れた拭いようのないハイブリッド性には、台湾のポストコロニアルとはどのようなものかがまざまざと指し示されている。日本植民地下の台湾人がなめた経験をこれ以上に説得的かつ複雑微妙に演じて見せるのは難しかろうし、また歴史に占める野球の複雑だが重要な役割を、これ以上感動的に表現するのも難しいだろう。

野球と日本帝国領・台湾

有名チームが数々の功績を残したのとは別に、一九三〇年代の台湾の野球には、「台湾の日本人」としてのアイデンティティーと願望をより深く理解する材料が少なからずあり、植民地当局が唱える同化の呪文をあからさまに拒否した例さえある。第一章でふれた通り、南部の高雄には、一九三一年に漢族台湾人の数チームからなる「高砂野球リーグ」が結成された。このリーグの選手らには学校、企業の公認チームに迎えられる道は閉ざされており、統合の帝国主義レトリックに背を向け、冷笑的で暗示的な態度を取り続けることを存在意義にしていたようなリーグだった。[68]

多くの場合、野球は近代的アイデンティティーと文化に関する台湾人の観念を統御する覇権主義的手段としての実質を、一貫して具えていた。アイルランドの「ゲーリック・スポーツ」文化のように、イギリスのスポーツとの違いに広く価値を認め、反植民地主義団体のゲーリック体育協会が、十九世紀末という早い段階でアイルランド固有の競技に指定したような例を、植民地台湾に期待できるはずもない。[69]「ゲーリック・スポーツ」を制度化するということは、イギリス植民地主義に見られる男らしさの流儀とは別に、アイルランド的な男らしさに意味を認めるということだから、[70]台湾では問題外なのである。

日本による支配は近代性、効率、進歩の動機づけがあまりに徹底していたために、日本の支配下で漢族や先住民族に固有の男らしさを表現する手だては、野球のような日本的スポーツ以外にはどこにもなかった。南京時代の国民党政府（一九二七―三七年）が中国大陸で「國民的競技（武術）」として導入した「國術《クオシュー》」も、帝国主義者を敵に想定して中国人の心身を鍛錬する独特の技とされたが、やはり台湾向きではなかった[71]。

むしろ想起すべきなのは、アイルランド人や大陸中国人が強力な敵に対抗する手だてとして民族・人種を身体化することに執着したのに対し、台湾人は同じようにはしなかったということである。戦間期の台湾で最も重要な大衆運動は独立運動ではなく、日本人臣民・市民として満足できる地位を獲得する運動だった。日本統治下でそうした活動に従事したエリートたちは、まさにフランツ・ファノンが言う意味での「新しい秩序……を目指すパルチザン」なのだった[72]。同時期の「台灣覚醒運動」の担い手も、ほとんどが日本帝国の台湾臣民を自認する人たちだった[73]（タイシェン・ワンの説では、総督府が一八九八年の非常事態令第24号と「匪賊《ひぞく》刑罰令」を振りかざし、日本人の統治に正面から刃向かいそうな人たちを脅して沈黙させたためでもあった[74]）。それぞれ独自に男性的身体能力を追求した大陸中国やアイルランドの流儀は、植民地台湾で通用する余地はなかったのである。

一九三〇年代の台湾野球に刻み込まれたコロニアルな特性を跡づけてゆくと、この文化領域の全体像が具体的に見えてくる。彭明敏《ポンミンミン》は、野球ミットをペンに持ち代えてから、戦後の国民党時代を通して台湾の自決と独立を求める闘争の指導者になり、限りなく犠牲を払い続けてきた人物である[一九九六年三月の最初の総統直選では野党の候補者になった]。その彼も、少年時代を高雄で送った一九三〇年代には、寝ても覚めても野球というどこにでもいる台湾人生徒だった。一九九九年に筆者とのインタビューに上機嫌で語った思い出話では、毎年春になると兄弟二人ラジオにかじりつき、甲子園の中等学校野球の植民地放送に耳を傾けたという。彼の回想録『自由の滋味』にはこうある。

　あのころの私は野球狂だった。ベーブ・ルースが日本に来た時、思い切って手紙を書いたら、肉筆のサインが送られてきて、それが私の宝物になった。……野球のためなら全精力を注ぎ込む気になれた。学校の校長はみんな野球に対してひどく生真面目で、軍事教練の授業のように取り組んでいた。打つ方はさっぱりだった私も野手としての守りはなかなかで、全市の大会に出場して優勝したこともある。ベーブ・ルースのサインを持っているのでクラスメートが私に一目置いていたことは、言わなくてもわかるだろう。(75)

　宝物のサインは一九四五年の東京の空襲でなくしてしまったというが(76)、彼のような野球狂は若い植民地臣民に何十万人もいただろう。

　野球を通じて帝国の統合を図る重要な場の一つに、前節でふれた明治神宮スタジアムでの都市対抗野球大会があった。一九二七年の第一回大会に出場したのは十二チームで、ソウルの代表、中国から租借した大連の代表で後に優勝もした滿鐵黒獅子チームが含まれていた。甲子園に嘉農が登場する前年の一九三〇年には、台北交通局チームが台湾代表で都市対抗大会に初めて参加している。その時のエースだった日本人投手が一年前にはソウルのチームにいたことを見ると、野球熱がある植民地から別の植民地へ、ほとんど間断なく伝わり、植民地統合の意図に奉仕していたことがはっきりわかる(77)。

　帝国全域レベルの大会に出場するほどでなくとも、有名選手以外の社会的エリートも、同じように野球を足がかりに、植民地の使命を担う要員としてのステータスをつかもうとしていた。一九三三年刊行の竹村豊俊編『台灣體育史』には、植民地の近代的職業をベースに結成された野球リーグが列挙されている。八チームからなる台北印刷野球連盟、金融人野球連盟、鐵道野球中部リーグ、全島郵便局野球リーグなどがそれである。変わったところでは、エリート職と近代的職業人が協力して三二年に作った自由人野球連盟があり、医師、記者、弁護士、薬剤師、歯科医師のチームが参加していた。[78]

一九三五年十月から十一月にかけて、総督府は台北で始政四十周年記念台灣博覧會を盛大に催した。博覧會の特徴は、防疫活動、遊覧飛行、森林開発、パイナップル産業、製糖業、樟脳産業をはじめ朝鮮人の風習、無線仕掛けで動く桃太郎の物語に至るまで、植民地と近代性のシンボルを網羅した点にあった。先住民族選手が野球で優れた能力を示した過去数年の経験を経て、植民地台湾を「同化」させた人種的ヒエラルキー下の治政状況が「蕃人參考館」に展示され、六千四百五十人の先住民が訪れたという。[79]

博覧会に欠かせないスポーツ・イベントとして、台湾・朝鮮・満洲の野球対抗戦も開かれた。[80] 傀儡《かいらい》国家・満洲の代表は、日本がスポーツ工作の拠点にしていた港湾都市・大連のチームだった。[81] 臺灣日日新報はこのチームの来訪を意味ありげに報じ、名高い東京ジャイアンツとも福岡で対戦したばかりのチームで、著名な法律家、気象学者、天然ガス専門家が「蓬莱丸」に同乗してやって来ると伝えた。[82] 朝鮮、満洲から来た二チーム（選手全員日本人）は、博覧會で台湾代表も加えて総当たり戦を戦ったほかに、台湾各地を巡回し、全島の野球ファンに帝国の成功を印象づける役割を演じた。帝国にとって野球は、同化と競争と適合を続けてゆくのに不可欠のテクノロジーだというわけである。

統合の理念を具体像で示した別の例に、一九三〇年代初めの法政大学チームの台湾来訪がある。法政は東京六大学の一つで野球の伝統ある強豪であり、木々の緑豊かなキャンパスは、戦没者を祀った国営の靖国神社に隣接していた。臺灣日日新報が一九三一年この名門チームを招き、台湾の学校、官庁チームのほか台湾選抜と対戦させている。法政の選手の中にアミ族の伊藤次郎、伊藤正雄兄弟がいたことは、本国と植民地の結束を印象づける（利益もあげる）にはうってつけだった。二人はかつて名をはせた台湾東部の「蕃人チーム能高團」の選手として、一九二五年当時話題になった日本遠征に加わり、その後他の二人とともに日本に残っていた。台中選抜、鐵道局、名前の売れ出した嘉農が、日本帝国のスポーツを代表するチームと直接対戦できるだけでなく、台湾が帝国と多面的、実質的に一体化したことを確認するには、こうした大衆的な場が必要とされたのだろう[83]。

台北の建功神社に奉献する公式行事として、一九三三年から四二年まで開かれた全島アマチュア野球大会と学校野球大会は、帝国の大義の成就を祈る厳かな儀式だった。台湾全土に日本当局が様々な神、天皇、皇族、戦没者を祀った神社は二百を超えた中で、一九二八年広大な敷地に建てられた壮麗なこの神社は、それまで三十年ほどの台湾征服の途次に斃れた一万六千八百五人の日本人の霊を祀るために特設された最初の神社だった[84]。植民地平定の記憶と「天皇の下での平等」の空想との間には明白な矛盾があったから、野球やラグビーの大会（後者はこの神社建造の年に台湾で初めて開かれた[85]）が持つ大衆性によって、軍神が醸し出す緊張感を中和するのに効果的だったのである。

建功神社の敷地には巨大な建物、粛然とした通路、鳥居、広壮な庭園、いくつかの池と橋が配置されていたが、それらに見合った運動場を設けるほどのスペースはなく、大会そのものは、裕仁皇太子を台湾に迎えるため台湾神社の近くに一九二三年に新設された圓山球場で開かれた。台湾神社は島内最高位の神社であり、一九〇一年創建時の祭神は北白川能久親王（台湾親征中の一八九五年に赤痢とマラリアで死去した）と開拓三神で、後に女神アマテラスが増祀されている。米海軍士官で学者でもあったジョージ・カーの表現では、「日本帝国による支配の政治的シンボルであり……台湾民衆から見れば嘆かわしいまでの巨費を投じて建造された『征服者』の聖堂だった[86]」。

この神社に隣接した球場で、一九三三年から四二年までに開かれたどの野球大会にも、手を変え品を変えて、それとなく植民地の文化支配を徹底させようとする意図が込められていた。高雄選抜のような無名チームから嘉農、台北商業などの有名校までが毎年参加した野球やラグビーの神聖な大会は、一方では戦時下の「皇民化」（字句通りの意味は「帝国臣民化」）計画の矛盾をさらけ出す場にもなった。[87]
文化に——それが征服する側の国家宗教であれ、またアメリカ人教師が明治の日本に持ち込んだ競技［ホーレス・ウィルソンが東京の中学校で初めて日本人に野球を教えたことを指す］であれ——台湾民衆を真の日本帝国臣民に変容させる役割は、期待できるのか。一九三七年［日中全面戦争の起点となった盧溝橋事件の年］当時の状況からも明らかな通り、全面戦争下の同化計画が圧倒的多数の中国系民衆に「正しい」選択肢として支持されることは、ありえないのではないか。北白川親王の霊や建功神社に鎮座した一万六千八百五十人の元兵士の神々にお出まし願うことが、帝国の採るべき妥当な方策と言えたのか。

皇民化、全面戦争、帝国のスポーツ

開けや正義の勝どきを
仰げば道の月桂冠
我等は立てり、矛取りて
混濁の世の救うべく

台南第一中學校の野球部歌、一九三四年［一〜三番中の三番］

一九二〇年代から三〇年代にかけて公式に導入された「地方自治」制度の下で、日本植民地当局と台湾人エリートの支配は、より下のレベルにまで及ぶことになる。一九三五年の地方選挙では、五円以上の税金を納め、投票したい候補者名が書ける者にまで選挙権が拡大され、人口（日本人と台湾人）の三・二%が投票できるようになった(88)。

日本臣民としての台湾人の権利が拡大されたのに伴い、また一九三七年日本が中国との全面戦争に突入したこともあって、台湾人に負わされた責任も重さを増していった。植民地当局は、台湾で多数民族の漢族に日本帝国の純粋文化を強制して非中国化する方針の下で、帝国臣民を創出する強力な運動（皇民化運動）を発動した。真の日本精神を発揚して戦争動員につなげるため、「国語」の強制も厳しくなった。新聞から中国語ページがなくなり、バスの中で中国語方言の台湾語を使うことが禁じられ、政府の指示で「日本語が話せない者の根絶」キャンペーンも展開されることになった(89)。

皇民化運動では、「非日本的」な文化慣行が抑圧の標的になった。台湾風の仏教寺院は日本式の神社に改造され、台湾伝統の人形劇は上演禁止になり、中国風の衣服も人前で着られなくなった(90)。レオ・チンの著作を借りれば、皇民化とは「意図にとどまっていたものを強制力によって植民地行動として具体化すること、理念を現実に変えようとすること」であり、自己改造の責務を負わされた台湾人臣民は「植民地化される側である以上、日本人になる以外にその責務を逃れる術はなかった(91)」。

皇民化運動の発動と前後して、一九三六年日本にプロ野球リーグが創設されたことも、植民地の新しい現実の一部と見ることができる。戦時下で一斉に叫ばれ始めた「一億火の玉」のスローガンは、日本人大衆のパワーを意味したが、日本本土の人口は当時七千万だったから、台湾と朝鮮の三千万人が真の帝国臣民に自己改造してくれないと困るのである。(92)帝国臣民に自己改造したことの証しが台湾人に求められたちょうどその時期に、絶好のチャンスを提供したのが日本のプロ野球リーグだった。

すでに記した嘉農野球の偉大な伝統を築いた一人・呉波《ウーボー》は、最も偉大な火の玉ボーイだった。若き天才選手と謳われていたころ、陸上競技のオリンピック金メダリスト南部忠平に有名校の早稲田大学留学を勧められたが嘉義にとどまり、一九三五年、三六年の甲子園大会で活躍した。嘉農卒業後の一九三七年になって、栄光の野球チーム東京ジャイアンツと入団契約を結んだ。まさに皇民化の帝国主義計画が実行に移された年である。呉波《ごは》の日本語読み名で知られた彼は、ジャイアンツに七年間在籍し、スピードとパワーにあふれたプレーで「人間機関車」という尊敬を込めたニックネームをもらった。一九四三年以後は中国姓を残して呉昌征《ごしょうせい》を名乗ったが、日本式に呉《くれ》と訓読みされることには（日本の戦時ナショナリズムの圧力下で）抵抗し続けた。

日本で呉は得点、安打数、打率のタイトルを取り、一九四三年の最優秀選手に選ばれている。ところが彼はそのシーズン限りでジャイアンツを去り、このチームで再びプレーせずに終わった。予想外の退団について、ある著作家は皇民化の制約が原因だったように書いている。高正源が一九九四年に記したところでは、四三年のシーズン終了後ジャイアンツが日本軍慰問で満洲を巡回した時に同行を拒み、中国人だからこういう非常識な不作法ができたのだと関係者に受け取られたという。(93)だが筆者が知る限りこのストーリーには裏付けがなく、種々の事実に照らせばありえないことである。ジャイアンツは一九四〇年にもリーグの他の八チームと満洲に渡り、広大なこの傀儡国内を回って七十二試合の夏季リーグを戦った。(94)このツアーには呉もジャイアンツの外野手として最初から参加しており、三年後の類似ツアーに同行を渋ったとは思えない。日本兵のための戦時献血活動にもすすんで協力したということであり[95]、またジャイアンツ退団から戦争が終わるまでの間は、石井昌征《まさゆき》というもっと日本的な姓名を名乗った。

高の著作には、第二次大戦末期に日本が危地に陥った時期に、台湾人選手がどのような役割を強いられたか、種々の可能性が歴史記述の形で鮮明に描かれてはいるが、呉がジャイアンツを去った原因については、筆者には他の材料は発見できなかった[96]。原因が何であったにしろ、彼の退団が呉自身や日本野球界にしこりを残した形跡はない。ジャイアンツを去った後、呉は阪神タイガース、毎日オリオンズでさらに十三年間プレーを続け、引退後も生涯日本にとどまった。一九九五年、台湾人選手では初めて（偶然にも「巨人」と称賛されつつ）日本の野球の殿堂に迎えられている[97]。

やはり嘉農で育った呉新亭《ウーシンフン》＊も、本名を日本語読みした「ごしんきょう」の名で、後には皇民化の趣旨に沿ったより「本物」風の日本人名・萩原寛に変えて、日本でプレーした。大和軍、東京（読売）ジャイアンツに在籍した九年の間に、オールスターに三回選ばれている[98]。日本のプロ球界では先住民族の選手も活躍しており、日本の野球ファンにとって台湾先住民族は、そのころ十年以上の間にこの日本国民文化の一部になっていた。有名な「蕃人チーム能高」出身の伊藤次郎（羅道厚）は東京セネタースで一九三六年から三九年まで、アミ族の岡村俊昭（葉天送）は南海軍で一九三九年から四九年までプレーした。

＊［「亭」は中国語発音は「フン」、日本語読みは本来「こう」「ほう」だが、慣用に従った］

皇民化運動期に総じて重視されたのは――姓名の日本化や日本語能力だけでなく――身体訓練の方法だった。フイユー・キャロライン・ツァイが戦時動員に関する著作で指摘している通り、それは「帝国臣民に仕立てるため」の軍隊式身体訓練（「皇民錬成」）だった[99]。一九四一～四三年の総督府文書には、当局が先住民族民衆に相撲を奨励したこと、日本の精髄をより正しく理解させるのがその狙いだったことが明記されている。[100] ただし野球の場合、ひたすら指示に従わせる軍隊式が試合で通用するわけではないから、日本的野球の特質と精神を観念としてたたき込もうとする傾向が明らかに強く、そうした観念は試合の中でしか身につかないものだった。

全面戦争期には、台湾野球界も手ひどい被害と困難に耐えねばならなかったが、球界内部に大きな変動は起きていない。前記した全島都市対抗大会には各都市の代表が参加して（新たに台湾人選手も一部に加わって）一九四二年まで開かれた。[101] セミプロ・チームの活動は戦争中もほとんど途切れず、一九四三年には十九歳の嘉農出身選手・洪太山を擁した専売局がセミプロ大会で優勝している。専売局は優れた才能を持つ彼をつなぎ止めるために月六十八円の当時としては高給を払った上、彼の家族にたばこと酒の販売権を与えた。[102] 護國神社奉納中等學校野球大會をはじめ様々な神社がからんだ大会は、一九四二年まで続いた。[103]

野球は新しい形のナショナリスティックな用途にも使われた。一九四〇年、神話を根拠とする日本の建国二千六百年を帝国全域で祝う行事の一環として、中部の都市・台中で開かれた八チームによる紀元二千六百年奉祝全島中等學校野球大會がそれである。[104] この種のイデオロギー的裏打ちをすることで、この国民的スポーツをより荘厳で厳粛なものにしようというのである。戦争の進行につれて、野球は民族的大義の道具という性格を一層濃厚に帯びるようになった。一九四三年ころになると、メディアが野球を取り上げるのは（大衆レベルでは相変わらず人気があったものの）傷病兵のための慰問大会を開く時だけになった。この年の台湾の新聞には、台北、台南、南西部の屏東などの軍の病院で療養中の「白衣の勇士」を、選手たちが野球のプレーで「慰問」したといった記事が載った。[105]

だが野球界の状況は、帝国の命運と同じく暗さを増すばかりだった。台北随一と言われた圓山球場は一九四三年に軍の緊急医療センターに転用され[106]、台南市営球場はサツマイモ畑になった[107]。翌年臺灣日日新報が載せた最後の野球記事は、屏東市当局が球場を農地に変え、三万一千キロほどの穀物を生産することにしたというものだった[108]。戦時下の台湾はいよいよ追い詰められ、野球を同化と帝国化の手段に利用しつつ、社会の要求をも満たすという目論見は果たされないままに、住民は戦争と植民地主義と二重の重荷を背負ってゆかざるをえなくなっていた。

「平等な処遇」が残したもの

植民地下のアイデンティティーと疎外を描いた呉濁流の古典的小説『アジアの孤児』の幕切れは、精神に異常を来した主人公の胡太明が、居合わせた人に向かって（明らかに呉濁流自身に対して）叫ぶ場面である。

馬鹿！
同胞だ、同胞だと言って
お前は走狗だ。
皇民ボーイだ。
模範青年だ。
模範保正＊だ。
賛成先生だ。

なんだ
馬鹿！[109]
＊［保正は、日本植民地時代に住民の相互監視・連帯責任の任務を負わされた台湾人百戸ごとの長］

日本が台湾を占領した時代が、物質的にも精神的にも社会的にも末期症状を呈し、あげくに惨めな終わりを告げて、日本植民地下での生き方が、以前にもまして自責の物語として語られることになった。平等を約束した皇民化運動には、「文化の差異の抹殺」[110]をもたらした「邪悪」な運動という烙印が押された。植民地で保護者だったはずの者が台湾の民衆と国土を貪っていたことへの憤激から、島の住民は凱旋する中国国民党に期待した。だが次章に見る通り、台湾人にとって野球という分野は特殊であり、五十年間の日本支配期の寄与を大っぴらに認めて継承してゆける例外的領域だった。

植民地支配の前半二十五年間の野球は、日本人による独占と優位の象徴でしかなかったのに対し、一九二〇～三〇年代には、近代性と日本臣民観念を植え付ける重要な媒介になった。傑出した選手のエリート層が形成されたばかりでなく、全階層に野球が浸透し、日本本国と同じように植民地台湾でも大衆の関心が最も高い競技になった。エドワード・サイードが別の状況に関して論じた「生え抜き知識人」の例のように、植民地下の台湾の野球は、制度的な制約を受けつつも、「自分たちを生み出した抑圧的文化の母体からエネルギーを奪い取った[111]」のである。

言うまでもなく、野球はさまざまな緊張と矛盾を内包した身体領域だった。日本の「国民的スポーツ」に関与すれば、植民地秩序に加わって文化変容をすすんで受け入れることになると同時に、そこで成功者になって植民地秩序を覆す存在にもなりえた。[112]野球は一種の境界領域であり、もし日本人が野球のチームや試合から台湾人を排除し続けていたとしたら、植民地化の企てそのものが虚妄であることを、言わず語らずのうちに証明することになったはずである。

中国系人であろうと先住民族であろうと、台湾人臣民は日本人から習い覚えた野球の技能や慣行を逆手に取り、国家の枠組の中で平等な処遇を求めることもできた。さらにオーストロネシア語族系先住民族の場合には、植民地主義イデオロギーによる「理蕃」政策の核心的対象だった——野球を通じて植民地主義の野望と恐怖を暴き出す存在でもあった——から、自分たちは（人口は少数でも）日本領台湾の野球の歴史にまぎれもなく不可欠の存在であることを明示することもできた。資源豊かな山地にもし彼らが存在しなかったなら、台湾の野球はラグビーやテニスのようにありふれた一競技でしかなかったことは、ほぼ間違いない。

ノスタルジアとイデオロギー的意図とを込めて現在まで語り継がれてきた嘉農の「三族共和」の伝承に関して、章の最後に若干コメントしておきたい。

嘉農は日本統治時代の台湾野球そのものだというのが、今日でも常識のようになっているが、「三民族」構成自体は、当時決して典型ではなかった。学校野球チームの圧倒的多数が日本人だけの小学校か、台湾人だけの公學校かのどちらかであり、十数校程度の中等学校チームにやっと一人くらい台湾人選手が混じる、というのが普通の姿だった。しのぎを削り合う中等学校の有名チームに、漢族や先住民族の選手が大勢いることはありえなかった。

東アジア諸民族協和のスローガンは、結局のところ流血と不平等を隠蔽する方便でしかなかったことの方がはるかに多く、特殊な場合にしか達成されなかった。平等な入学が保証されたわずかな例を根拠に、帝国主義イデオロギーを補強していただけのことである。虚実入り混じった伝承が示すのは、戦後半世紀間続く国民党による抑圧の下で、台湾の「国技」の歴史に関する記憶のあちこちに歪みが生じ、結果的に日本植民地当時の「古き良き時代」へのノスタルジアを生み出したということである。一九四五年から現在に至るまでの間に、天皇の臣民としての「平等な処遇」を評価しようとする感情が、日本でも台湾でもさまざまな政治状況の下で息を吹き返し、利用されてきた。この章を閉じるにあたり、日本領台湾の国技となった野球が、現実に接着剤の役割を果たしたことを示すエピソードを紹介しておこう。

二〇〇六年のことだが、今野忠雄という八十二歳の日本人が、一九四一～四二年以来嘉農チームに抱き続けてきた長年の愛着を形に表してみようという気になった。そこで東京放送（ＴＢＳ）に手紙を書き、かつてヒーローだったスラッガーの洪太山がどこにいるか探してほしいと依頼した。今野は台湾で生まれ育った人で、自分が学んでいたのはやはり野球が強かった台北工業學校だったにもかかわらず、当時話題の中心だった（植民地イデオロギーでも重要視された）嘉農に憧れを抱き続けた。ＴＢＳが八十二歳の洪太山を飛行機で日本に連れてきてくれたので、今野はかつてプレーを目にした憧れの洪太山と、六十四年ぶりに顔を合わせ、「涙の再会」（台湾紙「自由時報」[113]）を果たしたのである。

今野が若いころ崇拝した選手と会えたこと自体には、再会物語以上の意味はなく、筆者がハンク・アーロンやジム・ライス［ともに米大リーグのかつての大打者］に会えたというのと同じようなものである。だがエリートたちは——老野球ファンが子ども時代のヒーローをほとんどいつでも脳裏に呼び戻せるのと似て——台湾野球を愛し続けた数十年が依然として持つパワーを想起させる存在であり、その意味で文字通りのエリートなのである。

第三章

国民党支配の初期——「野球は中国語にならない」

一九四五——六七年

日本人が悪いのはなぜか。彼らが武装しているからである。ならば、武装を解いて元通りの国家に戻ったら、日本人は少しも悪くないことになる。兵器などに頼らなければ、文化を伝達する好ましい役割を果たすことができるはずである。世界中の文化作品の多くが日本語に翻訳されているからだ。……日本語に訳された文化は必ずしも日本文化だとは言えない。

呉濁流「日本人であることをやめることに関する意見」、一九四六年

台湾における野球の始まりは、実質的には一九四六年である。

自由中国レビュー、一九九二年

一九四五年半ば過ぎ、中国国民党は台湾の支配権を手にした。中国人による真の「光復《グアンフー》」（字句通りの意味は「栄光の回復」[1]［日本語の慣用語では「主権回復」等］）を成就するために、国民党は台湾文化から日本の痕跡を剝ぎ取りながら、台湾民衆が半世紀の間熱望し続けてきた不朽の「中国性《チャイニーズネス》」の本質を取り戻す作業にとりかかった。「中国的伝統」なるものが、現実には国民党が新たにひねり出した――したがって一九四五年以前の台湾覚醒運動には含まれるはずのない――概念だったことなどには、ほとんど誰も目を向けなかった。

その種の改造がどれほどの難事かを知る者は、ディアスポラ風移住者として台湾にやって来た国民党支配者の中には、ほとんどいなかった。台湾で名コーチとして知られた簡永昌が自費出版した自伝には、五十五人の元生徒たちがまだ慕い続けていた日本人教師と一緒に撮った写真が載っている。日本の降伏から二か月半後の十月二十八日に撮ったものである。[2] 教師、友人、隣人としての日本人にまだ敬意や好意を捨てていなかったこうした台湾人には、打ち負かした敵の日本人に国民党がどれほど深い怨恨を抱いているか、想像できなかったにちがいない。「非台湾化」政策が進められる中で、台湾人独特の習慣は公式にはすべて頽廃的とされた。非植民地化の公式政策に従って街路名や地名がごっそり変わり、公会堂の全部が孫文にちなんで中山堂と改められ、日本式の下駄を履くことも学校で日本語を使うことも違法ということになったと、徐宗懋は記している。[3]

こうした政策の意図は、植民地台湾と日本とのつながりを断つだけでなく、文化的に独自性を持つ台湾が政治的に分離に傾いてゆくという望ましくない事態を避け、早いうちに危ない芽を摘んでしまうことにあった。[4] そうした意思は野球の領域にも浸透していたから、国民党政府の目を気にする学校の幹部らは、一九四〇年代後半になってもまだ日本の痕跡が目立つことがないように腐心し、校内に野球チームを置くことも渋った。[5]

日本が持ち込んだ近代的な「国民的スポーツ」と台湾の日本帝国臣民との間には、数十年の複雑な弁証法的相互作用を通じてグローカル化された関係が成り立っていたのだが、国民党式の一面的な公式言説しか持ち合わせない者に、それがわかるはずはなかった。台湾に乗り込んで来た国民党政府要員や、党の手づるでそのころ移住してきた人たちは、我らこそ日本を打倒した「勝者」であり、言ってみれば台湾に対する勝者でもあるのだと、何かにつけて吹聴した。彼らに言わせれば、台湾民衆などは我らとは真逆の恥を知らない対日協力者、大陸同胞のような英雄的資質を欠く「堕落の民」[6]、中華民国本国の才覚に富んだ民衆とは比べようもないただの「子ども」なのだった。[7]

政府系メディアは台湾人スポーツ選手について、過去半世紀の間すすんで「奴隷生活」に甘んじて錯乱し、目標を見失っていると評した。[8] 一九四五年に党の台湾調査委員会が公表した提言は、「光復後の文化政策は、民族覚醒の推進と奴隷根性の根絶を主眼としなければならない」という平板なものだった。[9]

台湾の知識人の中にはこの種の決めつけに反発し、中華民国の再統一をやっと成し遂げた中国人新政府が、ばかげたヒエラルキーを作り上げてしまったと批判する人もおり、日本の統治下で資本主義的民主主義とは何かを知ったことを正当に評価すべきだとする勇ましい主張まで現れた。[10] だがそうした言論で新政府に太刀打ちできるはずもない。国民党の大局観を構成したのは、勝者としての驕慢と、中国文化には本質的に同化力が具わっているとする歴史的理解とを混ぜ合わせた観点であった。[11] この観点に立つ限りでは、マーティン・ショークフェルドが示す「植民地システムが残した刻印はあまりに深く……仮に独立宣言のような政治行動に訴えたとしても、その刻印を消し去るのは容易ではあるまい[12]」という観点は、理解不能だろう。

統治権移行後一年間は、日本語紙・臺灣日日新報の社屋と印刷設備を引き継いだ政府系紙・台灣新生報も、読者の便宜を考えて全四面のうち一面だけ日本語版を残した。もっとも一九四六年四月のある日のように、中国人国家の将来にとってスポーツは有用だと説く記事を日本語で読まされた読者は、怒りはしなくとも奇異に感じたにちがいない[13]。一年すると、国民党政府は日本語刊行物の発行を禁止した[14]。日本語で教育を受けた世代を丸ごと抹殺するに等しい処置だったが、日本の影響を「根絶やしにする」ことを使命と考える政府は、さらに日本語の記録、刊行物、旗類の没収を始めた[15]。一年間の猶予期間を設けたのは一連の禁止措置の効果を確認するためで、一般台湾民衆の不評などにはとり合わず、一九四六年末を期限に、問題含みの植民地の残滓一掃措置を断行した。

だが、「光復」の実務担当者の目で見ても、野球には十分な利用価値が認められたはずで、敗戦国日本の文化はすべて排除する原則から外すこともありえた。それ以前の二十年間、国民党政府は強壮な中国人の民衆と国家を育てるというスローガンの下で、中国本土で体育文化の振興を図っている。それが近代的民族意識を育てるカギであり、「(民族)絶滅の危機から永遠に決別する」道だという趣旨だった[16]。ほどなく野球は「中国化」すべき重要な大衆文化領域だと公式に認められはしたが、植民地的な思考と慣行を内包するパンドラの箱であることに変わりはなかった。

政府が催したスポーツ・イベントに、野球を除外するケースがあったことは意味深長である。一九四六年十月一日、二日の新聞・民報の広告欄で見ると、南部で開かれた二つのスポーツ大会(台南県と高雄市岡山が会場。後者は元神社前の広場だった)では、野球は外されている[17]。それでも台湾人民衆の多くは、国民党政府が意図する野球像をとりあえず黙って受け入れた。前章でしばしばふれた嘉農の元スター蘇正生も、台湾が国民党の支配下に入るとあっさり方向転換し、三民主義青年團棒球大會の組織委員に名を連ねた[18]。

一九四六年十月國立臺灣大學で開かれた第一回臺灣省競技大會では、野球も競技種目に入った。メディアが派手に報じたこの時の野球競技には県、市、大学、政府機関の二十チームが参加し、嘉農の元強打者・洪太山が率いる澎湖《ポンフー》縣が優勝している。光復一周年を期に来訪した国民政府主席の蒋介石、宋美齢夫人も大会に姿を見せた[19]。一九三七年日本との全面戦争が始まって以来、中華民国で省単位のスポーツ大会は一度も開かれなかったから、政府にとっては大会を開くこと自体が重要だったのである。

大会開催には種々の意味があった。民報は「大会の目標は台湾全同胞に民族[20]の健康の重要性を理解させることにある。選手たちが各競技を曲芸のように演じるだけでは無意味だ」と書いている[21]。省の警備司令部には巨額の資金が与えられ、金換算で二百万台湾ドル（約九千米ドル）が費やされた[22]。（大会の事務担当者で筆力自慢の人物が三十三年も後に書いた文章では、国民党がいずれ大陸の政権を奪還して同様の大会を開く場合、どの程度の予算規模が適当かの検討材料にする気だったという[23]）

蒋介石の大会演説は、日本帝国主義の残酷な圧政の下で五十一年間（原文のまま）苦しんだ台湾が、自由で平等な祖国中国に復帰し喜びに堪えないと歓喜の表明で始まるが、全体に厳しい調子で貫かれていた。台湾人民はいまや国家の主人公であることを肝に銘じてほしい。特権は責任を伴わねばならない。その責任とは、三民主義の強国を築き、中国人民の伝統的徳義を再建することである……[24]。

ところがそれからわずか六日後には、サッカー競技場で「醜悪」な乱闘が発生したことが、チーム名を伏せて新聞に載った。この種の暴力事件は台湾社会ではいつでも起きうることだったが、スポーツ関係者にそれを収拾する力はなかった。選手の一人が相手チーム選手の股間を何度も蹴ったのがきっかけで二チーム選手間の乱闘になった。それに観衆が加わって騒ぎは広がり、警備の兵士が空に向けて発砲するまで収まらなかったという。民報はこの騒ぎを中華民国のスポーツ文化に残した大きな「汚点」だと書き、国民党が言う新秩序を強調しただけだった。求められるのは絶対の服従、正しい振る舞い、審判の絶対的権限を認めることだというわけである。(25)

二・二八事件の陰影下での野球

野球は国民党による台湾支配にも適合し、有用だという認識は、それなりに広まっていった。台北市政府は初めての市長杯野球大会を一九四七年三月に開くと発表していたが、(26)直前になって延期せざるをえなくなった。二月二十七日の夕刻、路上で闇たばこを売っていた四十歳の女性を、国民党の要員数人が殴る事件が起きた。話は広まり、台湾人の間に鬱積していた党当局への怒りが爆発した。大陸から来た役人や兵士の横暴に抗議する組織的なデモや計画的な暴力行為が発生した。デモ隊は役所や商店の張り紙から「中国」の文字を破り取り、「軍事独裁を打倒せよ」と日本語で書いた横断幕を掲げ、「台湾人は今こそ復讐を」「大陸人をやっつけろ」「豚は殺せ」「台湾を支配するのはわれわれだ」「新しい民主主義を実現しよう」などの台湾語スローガンを叫んで行進した。それから三月四日までの四日間に、台湾全土の都市に騒乱が広がっていった。街角で起きた一つの暴力への報復が、国民党統治に反対する本物の都市蜂起に転化したのである。(27)

国民党政府はその後数か月の間に数千人の台湾人エリート——大学教員、医師、弁護士、専門家、大学生、中等学校の生徒まで——を体制にとって危険な人物として逮捕し、処刑した。二・二八事件として知られるこの殺戮事件は、国民党政権下で数十年続く「白色テロ」時代の始まりでもあった。

野球の世界でさえもテロの恐怖を免れなかったのは衝撃的である。プユマ族の陳耕元は、一九三〇年代前半に上松耕一の日本語名で「三人種混合チーム」嘉農の主力選手になって活躍し、その後横浜に留学した。嘉農の校名は一九四六年に台灣省立嘉義農業職業學校と変わり、陳耕元は人種構成も一変した母校チームのコーチになったばかりだった。二・二八事件が起きて嘉義を脱出せざるをえなくなり、遠く離れた台湾南東部の故郷・台東に逃げ帰って死ぬまでそこに住んだ。嘉農チームは日本の遺産として罪人扱いされたが、誇りある「KANO」の名は、毎年秋に開かれたどの大会でもユニフォームに縫い付けられて残り、プライドは健在であることを示した。[28] 一九二〇年代を代表したアミ族の「蕃人チーム能高」で監督だった林佳興の場合は、陳耕元ほど幸運に恵まれなかった。台湾人の指導者と見れば一世代を根こそぎにした苛酷な弾圧の中で、一九四七年八月一日殺害されている。[29]

一九四七年八月には、政治的殺戮が進行中でも野球大会は開かれた。上海の復旦大學パンダ軍が海峡を越えてやって来て、台北、台中、台灣電力、台灣製糖、台灣煤炭（石炭）のチームと戦った。流血の中でも中華民国は盤石だと言わんばかりだった。[30] その秋には台湾石炭チームが上海に行った。日本的競技を借り、台湾は祖国中国の不可分の一部だという宣伝だった。[31]

だが、野球を中国化し国民党化することは、国民党が予想したほど容易ではなかった。この競技の公式呼称が「野球《やきゅう》」から、語意がより明確でイデオロギー色の薄い標準中国語の「棒球《バンチウ》」へ、実質的に一夜で変更されても、プレーする人たちにとってはほとんど何も変わらなかった。台湾語を使う人たちの間では「野球《イアキウ》」と台湾語読みした呼称がいまでも生き残っている。試合用語も日本語化した英語の直輸入でピッチャ、キャッチャ、ホムラン、ストライク、アウトが相変わらず使われ、野球のグローカル化の歴史を変えるようなことは拍子抜けするほど起きなかった。二〇〇四年夏、元コーチの簡永昌にインタビューした際、筆者は中華民国初期の台湾野球のことを質問してみた。野球で標準中国語を使うことになって困ることはなかったか、野球チームをかかえる大手銀行が競技用語に注文をつけなかったか尋ねたところ、彼は無表情のまま子どもを教え諭すような口調で答えた。「野球は中国語にならないからね」(「棒球沒有國語」)[32]。

一九四九年台灣省棒球協會が発足し、後に副総統になる謝東閔《シエトンミン》会長の下で、レベル別の全省野球大会を毎年開くことになった[33]。謝は台湾生まれながら、かつて学生、ジャーナリスト、最終的には日中戦争中の宣伝・政治工作の重要人物として、大陸中国で二十年を過ごした[34]。こうした経歴の持ち主——大陸の政権寄りの台湾人という含みで台湾では「半山人《バンシャンレン》」と呼ばれる——の常で、野球のように少々危険な分野を担当したので国民党べったりになり、その上大陸生活が長かったために野球はほとんど知らないと言われた。

この時期の野球界でもう一人の名士は張我軍である。台湾生まれの学者で、一九二〇年代から四〇年代まで北平(北京)の文筆界で活躍し、一九四〇年代末になって台灣合作金庫の人気チームを任された。彼は日本文化全般に精通し、日本支配下の北平で八年暮らして詩、左翼リアリズム文学作品、人口学、社会学、マルクス主義の日本語書籍や文献を十数種翻訳した。張のように敵国日本の占領地域に長く暮らした中国人は、憎むべき日本人の協力者としての過去を疑われた。その種の負い目があり、また野球というスポーツとは何の接点もなかったにもかかわらず、彼は「半山人」でありながら、反逆も起きかねないこの競技の世界で管理者の地位を手に入れたのだった[35]。野球があれこれの政府機関の監督下に押し込まれてしまったのは、国民党のお気に入りになって露骨に幅を利かせた張のような台湾人がいたからであり、それが台湾人知識階層と専門家の怒りを買うことになる[36]。

国民党政権が戦争直後の時期に野球をそれなりに遇した理由は、中華民国で野球の長い伝統を持つ省は台湾しかなかったからにすぎない。一九四八年上海で開かれた第七回全中國競技大會で、台湾省は野球競技で優勝したが、参加したのは台湾人選手がそれぞれ大勢混じった警察と空軍、それにフィリピン華人の三チームだけだった[37]。台湾の新しい支配者になった中華民国政府の意図は、野球を全中国のスポーツとして奨励することにあったが、こうした状況ではそれを達成するのは不可能に近かった。この競技独特の人気を横取りして利用するという手口は、台湾でしか使えなかったということである[38]。

その後台湾で流行したバスケットボールは、台湾北部に多い中国大陸出身者（「外省人」）の間でもてはやされたにすぎない[39]。台湾人民衆が国民党の「非台湾化」政策に異議を唱えようとした時に、成功の見込みがあり、報復を恐れる必要がなく、しかも自分たちに必要な真の中国文化だと言い張れるのは、依然として野球という領域だったのである。

「自由中国の中国人」――冷戦期の野球

非植民地化、「光復」、白色テロという一連の歴史経験は台湾戦後史の始まりにすぎず、力を増したアメリカ帝国主義が冷戦期の台湾とアジアの問題を支配する現実の中で、台湾民衆は新たな格闘を覚悟せねばならなくなった。台湾の野球の歴史にもそのプロセスが見て取れる。

一九五一年、マニラでフィリピン・チームとの一連の試合に臨むため、初めて全台湾チームが結成された。「自由中國台灣棒球隊」を名乗るチーム、とりわけ嘉農出身のホームラン・バッター洪太山の怪力は、マニラのスポーツ好きを魅了した。朝鮮戦争で負傷しマニラの病院で治療中のアメリカ人兵士のために、台湾から来た若者たちが献血を「志願」したというので、チームの評判はまた上がった。(40)この作り話のようなエピソードは、冷戦に翻弄されるアジアの小国の日常を指し示す深遠なメタファーだった。結局のところ、最も華々しい成果が期待できるのは（野球のように）アメリカの許しを得てお膳立てされた活動に限られ、施しをするか貪るかはアメリカ次第でなければならず、また戦後出現したアメリカ帝国のどこかから日常が奪い去られることも覚悟せよ、ということなのである。

一九五三年四月から五月にかけて、台湾チームはもう一度フィリピンに遠征した。一行には体育教育の「専門家」、政治家、東南アジア華人と関係を深める機会をつかみたいビジネスマンなど、百人以上が同行した。この遠征では――アメリカ帝国が冷戦で築いた反共の枠組そのままに――地元チームと五試合、スービック湾基地駐留の米海軍チームと二試合、日本のセミプロと一試合をすべてマニラで戦った。(41)同じチームが翌々年韓国に赴いたが、この時目立った違いが一つだけあった。「台湾」の呼称のままだと、中国が台湾と中華民国の分治下にあるように誤解されるかもしれないというので、「自由中國中華棒球隊」という語呂の悪い名称が使われたことである。(42)

一九五四年にはフィリピン、韓国、日本、台湾が加盟してアジア・ベースボール連盟を結成する話が出たが、日本と野球熱の高い元日本植民地それぞれの間にかつて確かにあったつながりは、（話題にはなったとしても）表向きには無視された。(43)それにしても、中華民国にとって野球がまだなじみの薄い競技だったことは、当時の聯合報［外省人系の新聞］の記事で一目瞭然である。その記事には、「自由中國」と韓国軍との試合のスコアが「一回は2対3、二回は0対0、三回1対1、四回と五回0対0、六回0対1、七・八・九回0対0」と表記されていた。[44]

冷戦に野球が有用であっても、国民党政府にはこの競技に多額の予算を使う気はなかった。資金面ではるかに優遇されたのは、一九三六年すでに中華民国の国民的娯楽（「國民遊戯《クオミンヨウシー》」）に指定されていたバスケットボールとサッカーである。[45]それに引きかえ野球は、ある台湾独立論者が一九六九年に語ったところでは「中国人（大陸出身の国民党当局者を指す）にはわからない競技だから、いつも冷や飯を食わされた」。[46]台湾が中国人国家になったばかりの一九四〇年代後半から五〇年代前半ころ、野球がどれほど冷遇されたかについては、選手やコーチがいろいろな逸話を残している。

一九五〇年代に海軍でスター選手だった黄仁恵の思い出話では、試合で韓国に向かう途中日本に立ち寄った時、政府支給の遠征費が涙の出そうな額しかなく、「食料の差し入れをお願いした」。[47]また台北新公園の練習グラウンドがひどいでこぼこで、ある二塁手はゴロが飛んできたら背中で止め、エラーを防ぐ技をおぼえた。[48]台湾きっての球場だった圓山総合競技場（かつて圓山球場と台湾神社があったところ）が当時米軍の管理センターに転用されて使えず、それでこういう笑い話にもなったのだった。[49]

戦後の台湾は、米軍が来て以後――政治、経済、社会、文化とも――がらりと様子が変わった。一九四九年当時、トルーマン米政府は国民党による残虐な台湾支配と共産党による中国大陸制圧を目にして、蔣介石の「民国チャイナ」（ChiNats）に見切りをつけ、共産党の台湾「解放」を容認する方向に傾いていた。ところが一九五〇年六月北朝鮮軍が韓国に侵入し、冷戦下で最初の熱い戦争が始まると、共産中国に対抗するには台湾という「不沈空母」を確保することが必須になった。ソ連と中国が相手の世界規模の戦いを勝ち抜こうとしたら、反共同盟国がどれほど残虐で不人気でも、敵の手に渡すわけにはいかなかった。対中国作戦の基地として台湾を守ることが米軍の至上命令になり、中華民国は再びアメリカの手厚い庇護を受け、その圧政が二十年以上の間黙認されることになる。[50]

一九五〇年代を通じて台湾に――軍事目的に使途を限定した以外の通信、運輸、農工業開発援助若干額を含む――数十億ドルの政府援助を注ぎ込んだアメリカは、台湾改造の推進役を自認することになる。野球という「アメリカの」スポーツへの支援はその一部だった。毎年開かれていた全省野球大会の一九五三年九月大会では、アメリカの公式野球機関が台湾に「本場流」を伝える趣旨で優勝トロフィーを寄贈し、[51]翌年五月には米軍事顧問団（ＭＡＡＧ）派遣二周年を記念して、台湾の軍・政府機関、米軍の九チームによる大会が台湾新公園で開かれ、観衆に無料開放された。[52]

翌々年開かれた華南銀行主催の十二チームの大会には、アメリカ人チームも参加した。それを撮影した一分半のニュース映画を見ると、試合前の様子がわかる。まず女の子の一団（説明では「応援ガール」）が出てきて内野に引かれた線の上を行進する。それが終わると、銀行のロゴが入った直径六フィートの巨大な野球ボールから、鳩が一斉に飛び出す演出。さらにＭＡＡＧのスミス団長が挨拶のスピーチをし、ボールを投げ入れる始球式をし、それからやっと試合になる。[53]押しつけがましく、見え透いたこういうアメリカ野球の移植シーンを見せつけられたら、台湾人選手は便乗して利得につなげたくもなる。黄仁恵の回想では、第七艦隊台湾駐留軍との友好ムードの試合で野球用具を紛失したふりをし、弱くはなくても貧乏な自分たちに、立派な用具を進呈させたことがあるという。[54]

林華韋《リンホアウェイ》は、一九七〇年代のリトルリーグで活躍した後、八〇年代に日本の実業団でプレーし、九〇年代には台湾代表の監督だった人である。彼がまだ小学生だった六〇年代に郷里の町にあった米軍野球チームの記憶を、筆者とのインタビューで語ったことがある。野球少年だった彼が一番うれしかったことで、自分の将来を変えることにもなったのは、台南の自宅の筋向かいにあったグラウンドで米軍主催の試合があり、そこで初めてコカコーラを飲んだことだという。[55] この発泡性飲料が台南や高雄など南部野球の世界で呼び起こした反応については、台湾の歴史学者・謝仕淵が何度も論じている。缶入りコークを何個か手に入れ、チームメートや家族と一緒に飲みたいという衝動は、多くの台湾人選手の場合本能に近かった。アメリカ人がこの甘たるい飲み物をくれるのは勝った時だけだったから、コーク好きの台湾人はわざと負けたりした（お金がほしい時のGIからたばこやアルコール飲料を買うなら、野球の試合が一番だというのが民衆の常識だった）。[56]

コカコーラに言及したので、少々分析的観察をしておきたい。アメリカ文化帝国主義がもたらした精神的破壊の決定的な例として挙げられるのは、現在ではマクドナルドとスターバックスばかりだ。だが、一九六〇年代にポストコロニアルの野球が経てきた複雑なプロセスから目をそらしてはならない。台南という市の歴史はそのいい具体例である。林華韋宅の目の前にあったグラウンドは、第二次大戦の最末期に米軍機の集中爆撃を受けた場所だったことに注意しておきたい（そこは日本時代の台南の主力飛行場に進入する航路にあたっていた）。

もう一つ注意しておきたいのは、台湾南部の野球は日本の決定的影響をすでに受けていたことであり、台湾民衆にとっての野球を単に「西側の影響力の力強いシンボル」として論じるわけにはいかない、ということである。もちろん、幼いころの林が初めて味わった一口のコークとその記憶は無視できず、一九五〇～六〇年代のいくつかの野球場では、それが野球の一部だった。それ以前の半世紀間に日本の手でコロニアルとポストコロニアルの刻印が押され、そこに冷戦期の産軍共同体とその延長としての企業活動が重なり合い、アメリカ帝国の拡張をもたらす米国製飲食物への欲求を生み出したのである。

台湾に住むアメリカ人が、台湾に「自分たちの」スポーツを広めたと自慢した[57]としても、歴史的根拠のないそうした言い分に、国民党政府は反対したりはしなかっただろう。野球という競技から日本人の痕跡を消し去る効果的な手だてなどありえないのである。

一九五三年十一月の聯合報は、野球の歴史について千八百華字の特集を載せた。長い四段落分を割いてアメリカ・ベースボールの発展史を記してから、台湾の野球のルーツは日本時代には求められないようだ、と書いている。記事の筆者が強調しているのは、植民地時代の野球がエリートの競技にとどまり、国民党時代になって以後とは反対に平均的台湾人の生活とは無縁だった、ということである。戦後になってから「雨後の筍のように勢いよく成長」しチームも増えた、というのだ[58]。台湾の近年史を歪曲したこの荒唐無稽な記事は――アメリカの特権的役割を強調したかったにしても――国民党が徹底した「中国化」を意図していたことの一例である。

二〇〇四年八月筆者が簡永昌にインタビューした時、彼が自慢げに見せてくれたのは、アル・キャンパニスの有名な著書『ドジャースの戦法』を自分で翻訳し、一九六〇年に出版した書物だった。原著は一九五四年に刊行され、ブルックリン・ドジャースの「ブランド」と野球感覚を宣伝する先駆けになった本であり、原著の発刊からちょうど半世紀後に、三百六十ページに及ぶ労作を見せられたわけだ。ベースボールという複雑な競技の標準をあらためて示しておきたかったらしく、訳書には公式ルールの翻訳が併載されていた[59]。

筆者が興味を覚えたのは、この訳書はまぎれもなく文化帝国主義の対象にされた者の手で書かれた書物だ、ということである。ただし、以下三点については留保しておかねばならない。第一に、彼のアイデンティティーが忠実な日本臣民としてのそれであり、中国国民党にとって許し難い敵でもあるという、込み入ったものであること。第二に、彼自身が訳書につけた書名が『棒球のやり方』（『怎様打棒球』）となっており、ドジャースもアメリカも書名にないこと。第三に、彼が翻訳したのはキャンパニス本の日本語訳からの重訳だったことである（第三点はことに含蓄に富む）。

翻訳作業について彼が率直に話してくれたところでは、台湾が国民党の支配下に入ってすでに十五年経っていたのに、本当に中国語で文章を綴れるのか自信が持てなかったという。[60] このように言うこと自体が、戦後期のアメリカ＝国民党の覇権に対するそれなりに手厳しい批判になっている。さらに彼が嫌悪を込めて言うには、国民党当局がこの訳書の随所に不満を示したともいう。たとえば、ホームランの訳語に日本語直訳の「本塁打」を使うのはよくなく、もっと中国語らしく（せめて日本語は避けて）「全壘打」に変えるように注文をつけられた。台湾野球に与えたアメリカの影響の「証拠」を追求してゆけば、あらゆるレベルの深いところを流れる日本野球の底流にぶつかるのは、必然なのである。

バスケットボールを「自由中国」の国民的競技に仕立てようとした国民党当局の目論見——一九七九年政府制作の宣伝映画では、一九四五年の国民党による接収以前の台湾で野球をする者はほとんどいなかったことになっている[61]——には、何の手応えもなかったようだ。これに対し［中華民国時代の］中国大陸では、政府のバスケット奨励策は四十年に及び、中華民国の「國民遊戲」の普及活動はもっと徹底していて熱意も見られた。一九二一年上海で開かれた極東選手権競技大会では、後の一九五〇年に中華民国陸軍総司令になる孫立人選手を擁したバスケット代表チームが、金メダルを取っている。[62]

台湾のバスケットボールに関する下記二つの優れた著作にも、当時はほとんど大陸出身者しかプレーしなかったことが明記されている。『時のトンネル』（一九九九年刊）の共著者・劉俊卿は、一九四五年山東省に生まれて子どものころ台湾に移住し、バスケットの選手、コーチとして活躍した有名人で、この著作で何よりも目を引くのは、日本時代が黙殺されていることである[63]。また歴史学者の陳嘉謀の研究では、バスケットボールがより中国的・アメリカ的であるため、野球のように植民地時代の遺産として重荷になることもなく、スポーツを通じて「共産主義と戦う」国民党にとってより有効で操作しやすいシンボルだった、と論じている[64]。

ところが一方では、一九六〇年代の台湾文学を代表する一人・陳映真の小品「最初の職場」では、この競技は全く意味の異なる記号として描かれている。彼が破壊活動で投獄される二年前の六六年に書かれたこの作品は、中国大陸出身の二人の孤独な中年男が空虚で退屈きわまる日常の中で、バスケットボール活動を通じて親しくなるというストーリーで、一人は息子を失った悲しみと、かつて上海でサッカーの全国大会に出た記憶にだけ生きるようになり、もう一人は自殺するという結末である。二人はバスケットを通じ「中国人」意識と人生経験を確かめ合うことで親密になるが、一九六〇年代の台湾に身を置けば、二人ともしょせんは時代に取り残されてゆく存在だった[65]。

台湾のスポーツのうち野球を扱った文学作品には、一九六〇年代当時の漢族台湾人と大陸出身者のサブエスニックな緊張を描いたものがある。台湾生まれの満州族作家・苦苓《クーリン》（本名・王裕仁）の作品で、台湾に移ってきた国民党軍要員とその家族専用の暫定居住区「眷村《チュエンツン》」を扱った「眷村の兄弟たちを想う」（一九八五年）がそれだ。屈託のない子どもの間でも、作者のような「外省人」が台湾人に誘われてする野球でも、階層間、エスニシティー間の感情の対立があったという話である。暗くなるまで一緒に野球をしていても険悪ないさかいがしょっちゅう起き、本省人と外省人との間の人為による分け隔てが受け継がれてゆく様を描いている。(66)

国民党当局は、野球を意図した通りには利用できなかった。現実には、国民党による台湾支配の初期二十年が、野球の世界に後々まで残したものと言えば、「白色テロ」の惨禍だけである。テロが吹き荒れた一九四七年だけでも、殺害された者、国外逃亡を余儀なくされた者が有名コーチの中に一人ずつおり、政治暴力はその後もやまなかった。近年の調査によれば、一九五〇年代に政治犯として蔣介石政府に処刑された者は千十七人にのぼり、(67)蔣介石の秘密警察が反共の名の下に抹殺した人命の数はカウント不能である。

台湾中北部・苗栗《ミャオリー》出身の謝欲發は、中国石油会社の野球チームで中堅手を任されたこと、リベラルな勉強会に参加することを生き甲斐にしていた青年だった。一九五二年のある晩、彼のことを密告した者がいたらしく、仲間と野球の祝勝会をしていたところを秘密警察要員に踏み込まれた。彼は素早く逃げたが、キャプテンの陳嚴川ら三人がその場で逮捕された。陳は、謝が熱心だった左翼系勉強会とは無関係だったのに懲役六〜十二年の刑を受け、自分が開いていた写真館は閉鎖され、妻はその後監視と迫害を受け続け、弟は國立臺灣大學を放校になった。(68)少なからぬ台湾人がかつての植民地時代を懐かしむようになっても、国民党員はなぜそうなるのかわからず、不思議がるだけだった。

国民党統治下の野球と日本人アイデンティティー

（早稲田大学チームの台湾来訪は）わが国の野球チームにとっては、主催者として外国チームを迎える初めての機会であります。

台灣省棒球協會秘書長・謝国城、一九五三年

一九五三年十二月、強豪の早稲田大学野球チームが「中日親善友好棒球大會」で十試合を戦うため、台北に着いた。三十六年前の一九一七年にも早稲田チームは台湾人と同じ日本人臣民として来ているが、今度は形を変えた（敗戦）国を代表しての来訪だった。その日の華南商業銀行主催の歓迎会で挨拶した外岡茂十郎《とのおかもじゅうろう》監督は、自由中国を訪問する日本で最初のスポーツ・チームになれたことは光栄だと、礼儀正しい挨拶をしている[69]。

台湾野球の伝統が日本支配の産物であり、中国とは何の関わりもないことは、ふれるまでもない——外岡もチームを台湾に連れてきたのは単に「学ぶため」だと挨拶でふれている——。だがこの来訪に隠された意味は明々白々だった。当夜の宴会には、チーム関係者に混じって台北に住む早稲田の卒業者が出席しており[70]、二十四日にはさほど遠くない桃園、新竹、苗栗からも卒業生が集まり、翌日新竹での試合のために夜遅くまで打ち合わせをした[71]。かつての宗主国に向けられたあからさまな熱狂は、局外者を戸惑わせた。聯合報のコラム「白黒記」の筆者も、一行到着の日の騒ぎにはいささかの食傷を覚えたらしく、国家統制主義者並みの外省人的威圧を込めて書いている。

日本から早稲田大学野球チームが一昨日台湾に来訪し、それを松山空港に出迎えた人たち――少なからぬ数だったという――が興奮して、空港の調度品を倒したりしたと聞く。年配のファンが純粋に野球を愛し、お隣の同盟国から来た有名チームを歓迎することを、悪いとは言わない。それにしても、地元社会や政府機関で上に立つ人たちが、「早稲田の同窓生」だからといってお祭り騒ぎをし、一行のご機嫌を取ろうとするのはいかがなものか。

親善友好は無論結構だ。だが市民外交のような場で自分の社会的地位や年齢を忘れ、一介のファンとして外国の賓客をお出迎えするようでは、自尊心などいずれはないも同然になる。見苦しいと感じた人は大勢いただろう。(72)

一九五三年当時の台湾では、「われわれ」と「お前ら」とを峻別する感覚が行き渡っていた。台湾人と日本人が友人同士として再会したというだけで、中国人国家の一部になりきっている人たちが――国民党政権の正統性や光復の主張を実質的にすべて拒否するかのような光景を見て――どれほど困惑したか、よくわかる記事である。

早稲田チームは台湾西部を北から南まで五都市で十回戦って九勝し、七戦目の全台湾チームにだけ負けた。その負け試合を見ても、台湾野球が受けた日本の影響は疑いようがなく、嘉農の元スター蘇正生が指揮した台湾チームは、犠牲バントという最も「日本的」な作戦を四回敢行して二点稼いだ。(73)さらに遠征の最後には、感傷満載の演出が用意されていた。台北での最終戦で早稲田、全台湾の混合チーム同士が対戦し、二十一人の元日本人「火の玉ボーイ」による結束ショウを繰り広げたのである。

一月六日のこの試合では、台湾人六人と日本人四人が「赤組」、日本人七人と台湾人四人が「白組」に振り分けられ[74]、あからさまな単一社会的雰囲気の下で、平等と同化の日本的イデオロギーへのノスタルジアを呼び起こす仕掛けになっており、ふだん目にできない大胆不敵な光景だった。

一月八日、帰国する選手たちを見送りに出た行政院長・陳誠の頭にあったのは、もっと異様な状況になって国民党当局が失点を重ねることがないようにしたい、という思いだっただろう。日本人一行が「自由中国をより深く理解した」ことを望むというのが彼の歓送の言葉だったが[75]、外岡監督と配下の選手たちが台湾をどんな意味で正しく理解したのか、退役軍人で反日・反共の戦争を二十年間も戦った勇敢で慎み深い彼には、知る由もなかった。

台湾の野球は、国民党メディアや政府当局者の思惑がどうあれ、日本の影響を数十年間受け続けた文化領域であり、今でさえそうだ。体制の側は一九四七年の政治的殺戮と「白色テロ」を敢行し、日本式教育を受けた医師、教員、知識人、専門家の影響を抑え込むことには成功した。だが野球の分野にだけは、日本の支配下で育っただけでなく「イアキウ」を通して日本のこの文化的置き土産と強固な一体感を持つ多くの男性（と少数の女性）がいた。

光復後しばらくの時期に活躍した選手やコーチには、洪太山をはじめとして日本支配下の野球でスターだった人が大勢いた。本章ですでにふれた通り、第一回台灣省競技大會は、台湾を再中国化・国民党化する重要なスポーツ・イベントだったはずなのに、競技を独占したのは日本時代の野球、ことに嘉農野球の遺産だった。嘉義市チームは選手十六人全員が嘉農のＯＢと現役、競技の運営担当者も全員が嘉農出身、台東県チームの選手中九人が一九四五年以前に日本で甲子園大会を経験していた[76]。

国民党時代初期の強豪の多くは銀行チームで、銀行リーグで最強の台北市銀行協会（「台北市銀行公會」）は、日本時代の企業丸抱え方式をそのまま踏襲していた。孟峻瑋《ユージュンウェイ》、曾文誠《ゼンウェンチェン》の年代史に従えば、この時期の台湾野球は――六チームからなる銀行リーグを代表格として(77)――ノスタルジアの再生と商品化とが同時進行した「黄金時代(78)」、いわゆる「たらふく食べながら野球を見る」（台湾語で「食飽看《チアパコア》野球《イアキウ》」(79)）時代だった。

だが筆者は、台湾野球のそうした「大衆性」や「由緒」の議論には当面関心はなく、日本の影響と国民党の「中国化」とが台湾野球を特徴づけるようになったことの方に、より興味を覚える。スチュアート・ホールは、ポストコロニアルの時期設定について記している。

> 年代的な「段階」を基礎に『ポストコロニアル』の時期を設定できるはずはなく、ある瞬間に旧来の関係がすべて永遠に消滅し、新しい関係に取って代わるということはありえない。植民地化の結果は概して永続性を持つこと、同時に植民地化した者とされた者の関係が非植民地化社会そのものに内在化してゆくこと、それが（ポストコロニアル期の）特性である。……「コロニアル」は死滅するのではなく、「後遺症」として生き残るのである(80)。

野球は――時には国民党の反日イデオロギーを超越する力があったために――活力を持ち続けてコロニアルな場として生き残り、一九四〇年代後半～五〇年代にこの競技をプレーし楽しんだ人たちの手で、まさしく内在化されたということである。

台湾合作金庫は一九四八年結成当時から強力チームを持ち、「行員選手」四人の中に張星賢《チャンシンシエン》がいた。張に関しては興味深い話がある。彼は日本時代の台湾でおそらく最も優れたスポーツ選手で、一九三二年、三六年のオリンピックに「張星賢《ちょうせいけん》」の名前で日本選手として出場した［出場種目は陸上競技の四百メートル］。そのために日本に協力した裏切り者の汚名に甘んじていたのだが、後に数人のライターが「台湾最初のオリンピック選手」として彼を「救出」した。そうした報道の一例では、彼は日本名を公式に使ったことはないのだから、「中国人」としてオリンピックに出たことを誇りにすべき二選手中の一人だとする。[81]だが、日本名を一度でも名乗ったことがある台湾人は七％にすぎなかったから、そのこと自体は何かを立証する根拠にはならない。ただ、確認できる事実が一つある。国民党支配の六年目にあたる一九五一年、リベラル系誌『旁觀』の三月号に、張が国民党のスポーツ政策を批判した一文を寄せ、権力者に直言したことがそれである。[82]

合作金庫の初代監督は、嘉農出身で横浜商業専門學校に四年間在籍してプレーし、その後郷里の台南で地方公務員になっていた李詩計だった。[83]彼のような監督は、日本人臣民だった数十年間に習いおぼえた文化と生き方を、そのまま続けることが自分の務めだと考えていた。そのころ選手だった簡永昌の四十年後の話では、合作金庫など六チームの銀行リーグは、台北の文化のシンボルだった点が東京六大学と「そっくり」で、[84]合作金庫と華南銀行の試合は日本の早慶戦並みに騒がれたという。[85]合作金庫はその後も日本と強いつながりがあったらしい。ある編年史によれば、高雄を本拠地とする有力チーム台灣電力も、この編年史が書かれた一九九九年当時、なお日本コネクションを維持し続けた数少ないチームで、ことに明治大学と関係が深かった。[86]

それはともかく、銀行がチームを持ちその本拠が台北に集中したのは、国民党による権力再構築の重点が北部の首都に置かれたためである。簡は筆者とのインタビューで「野球は中国語にならない」とあっさり言ってのけたが、試合以前の組織づくり段階では、万事が国民党当局と企業の態度次第だった。選手の調達先を南部（とりわけ台南）に絞り、高校の試合にスカウトを送って銀行で「働く」選手を発掘しようとしたのは、合作金庫に限らない。若い選手でも高給と銀行員としてそれなりの優遇が保証され、オフィスで短時間過ごした後は、もちろんひたすら野球の練習をし、試合をすることが任務だった。

形だけ銀行員になった彼らが台北で外省人ばかりの銀行の世界に入ると、やはり形だけのエスニシティー間の平等主義を体験することが多かったらしい。簡の場合では、同じ職場に配置された二十五人の行員のうち、本省人は彼一人だった。当時導入された標準中国語推進運動（「國語推行運動」）に参加させられたのは銀行では彼ら台湾人野球選手だけ、彼らが酒好きであっても（超過勤務が当たり前だったのに）台湾人の習癖だからと大目に見られ、さらに業務成績が行員としての評価と無関係（評価の基準は試合成績だけだから）なのも、彼ら以外にいなかった。(87)

人類学者ウィリアム・ケリーによれば、戦後日本が東京圏を単一の中心とする方向に転じた結果、大阪ははっきり第二都市と位置づけられ、戦前の「二極型」都市秩序が崩れた。(88)台湾野球界の構成には、日本型の引き写しのような台湾的戦後状況が見られ、港湾都市として重んじられた高雄《たかお》は、——かつては東南アジアへの「南進」を図った日本の力も生気もあったイデオロギーでは枢要な結節点だったのに(89)——高雄《カオション》になってからは中国人国家の主役になった台北に遠く引き離され、脇役に追いやられている。セミプロとユースの世界で後に伝説的監督になった方水泉は、台南の三崁店《サンカンディエン》製糖工場チームでプレーしていて合作金庫に誘われ、二十一歳で北部に転じた一人だ。父親が日本時代に同じ製糖工場で働いていて幼いころから野球に親しみ、やはり日本の影響と無縁ではなかった。(90)

日本の文化的影響と国民党の組織上の影響との混合現象が典型的に見られたのは、台湾のセミプロ球界だった。そこでエリートになった彼らは、はるか後の一九八〇年代になって日本のプロ野球で、九〇年代には台湾のプロ野球で、それぞれスターになる。スラッガーで鳴らした洪太山もそれと似通ったケースで、高雄の台灣電力から台北の彰化銀行チームに迎えられている。[91] 一九四五年に国民党の下でばたばたと編成された台湾石炭チームには、南部に散らばっていた嘉農出身選手が大勢呼ばれた。[92]

日本統治下で彼らがどれほどまで臣民化されていたかは、戦後台湾の野球スターでも世代によって大差があった。監督として台湾で最も声望が高かった一人の曾紀恩は、戦後の台湾に日本的野球の経験を再び持ち込んだ異色の人物である。台湾南部・屏東の客家《ハッカ》の村に育ち、柑橘類や龍眼の実と石ころをボール代わりにして野球をおぼえたという彼は、当時「台湾少年工」と呼ばれた八千四百十九人の一人として十九歳で広島に行き、帝国海軍で飛行機整備の訓練を受けた。[93] 後に台灣電力、海軍、合作金庫のショートで活躍した陳潤波も、一九四三年の徴募でやはり「志願工」になった。[94]

　フイユー・キャロライン・ツァイは、こうした労働力徴募とそれが戦後史に残した結果に関する研究の結論部分で、「（植民地下で）形成されたコロニアルな臣民性は、皮肉にも新体制への文化的、政治的批判に転化することになった。コロニアルな近代性と呼ばれるものがそれである」[95] としている。曾が国民党政権下で中国人としてキャリアを積む時に、日本での生活体験がどんな意味を持ったかを評価するには、ツァイの所論がぴったりである。

　曾はその後フィリピン海軍の飛行機整備士として働き、台湾に戻ると一九四五年以後は中華民国空軍に同じ職を得た。やがて台中の空軍第三工場で野球チームをつくってキャプテンとコーチをつとめ、敗れた日本の航空隊が一年前に残していった野球用具を活用したりした。チームの主戦投手、監督として挙げた功績で、一九五八年に總統二等特別技能賞をもらった。だが彼がいつも力説していたのは、日本帝国海軍にいた経験を通じて独自の「軍隊式の監督スタイル」を体得した、ということだった。[96]まさしくツァイの言う「新しい体制に対する文化的、政治的な批判」であり、負けた日本軍の統制システムまで利用した巧妙な国民党政権批判だったのである。

　簡永昌のように日本人として「イアキウ」をプレーした人たちは、国民党体制下で試合を評価するのにも植民地時代の物差しを使った。洪太山も、その後数年しても相変わらず台湾人選手のプレーを日本的基準で比較していた[97]。黄仁恵の回想では、一九五〇年代には彼も同僚選手も日本製のグローブやバットを持ちたがり、台湾で普通に手に入る粗悪品は敬遠したともいう[98]。高校とプロの野球で名コーチとして有名になった呉祥木が、一九四八年台南の小学校時代に野球を始めたころになると、洪太山のように日本時代の強豪チームでプレーした名選手を、崇拝するようになっていた[99]。

　国民党時代初期にはすでに最盛期を過ぎていた選手たち――一九三〇年代半ばの嘉農でスターだった藍徳明（かつての東公文）ら――の記憶でも、植民地期は台湾野球の黄金時代だった。国民党が台湾の支配者になった時、藍は二十九歳になっていたが、何とかプレーを続けたくて台湾石炭などいろいろなチームを渡り歩き、四十六歳まで現役だった[100]。同じ嘉農の元選手でまだしも幸運だったのは、「本物」の日本人選手である。捕手の今久留主《いまくるす》淳《すなお》は（「嘉農でバッテリーを組んだ」藍には悲嘆と羨望の種だっただろうが）日本の西鉄クリッパーズなどでプレーを続けている[101]。

　ポストコロニアルの臣民性が具体的な形で姿を現すのは、生身の日本人選手と日本チームが台湾に来たような時である。かつて日本帝国の「平等」な臣民に「野球」と呼ばれた競技が、「自由」な資本主義反共国で「棒球」と呼ばれるようになっても、試合で共通の経験を確かめ合うのに差し支えるわけではない。好みとイメージによって好きな呼称を選べばいいのである。

一九五五年末、中華民国政府は「中国」、日本、韓国三チームの元旦野球大会を台北で開く計画を発表した。[102] 冷戦思考そのままのこのイベントが韓国の不参加表明で流れると、日本の明治大学チームによる十三試合の台湾ツアーに、そっくり差し替わった。明治一行は何事もなかったように台北に来て、それぞれ一万人、二万人の観衆を集めた合作金庫、全台湾との試合に連勝した。[103] ツアーは絶対トラブルがないように、また「中国」の顔が立つように手配りされ、日本人貴賓二人の台湾招待旅行の日程と組み合わされていた。貴賓の一人の日本大使は、台湾南部の史跡のうち「中国」ゆかりの場所に案内され、もう一人の賓客で明治大学学長の小島憲《あきら》博士は、中華民国政府による中国文化財保護政策のすばらしさを称賛し、[104] さらに一行の滞在最後の日には、チーム全員が蔣介石総統と会見して「スポーツについて語る」栄誉に浴した。[105] 嘉義——一九三〇年代の日本で名をはせた嘉農の地元——の試合会場は、いみじくも「孫中山球場」［中華民国の「国父」孫文にちなむ］だった。[106]

ところが非日本化がさほど徹底していなかった南部では、ツアーのムードは違っていた。最南部の屏東県で一行は製糖工場と「蕃人集落」を見学した。[107] 言うまでもなく、どちらもわずか十年前まで半世紀続いた植民地時代の建築学的、文化的、イデオロギー的遺物そのものである。日本人が台湾の砂糖を口にし、先住民は「野蛮」だという植民地的認識を創り出した日本帝国時代を、学生選手たちはまざまざと想起しただろう。全屏東、全台湾チームと対戦した場所は、屏東市の台灣製糖主力工場のグラウンドであり、選手たちがポストコロニアル的ノスタルジアに打ち震えないはずはなかった。

一九五〇年代から六〇年代初めにかけて、日本チームは頻繁に台湾に来た。一九五三、五七、六二、六四年と続いた早稲田大学の来訪は、そのたびにニュースになった。台北都心の南京東路に建設され、その後四十三年間使われた市営球場は、五七年の早稲田の遠征に間に合うように新築工事を急いだという［完工は五九年］[108]。六三年の遠征では、伝説的ライバル慶應義塾大学が同行したために、さらに輪をかけた大騒ぎになった。そのことを報道した聯合報は、台湾人読者の知性を見くびった記事を、少なくとも二回載せている。早稲田と慶應のライバル関係をボートのオックスフォード対ケンブリッジ、フットボールのハーバード対エールの関係になぞらえたこじつけ記事がそれだ[109]。

記事がそうした余計な注釈をつけたのは、日本的な野球に通じていない大陸出身の読者へのサービスのつもりだったのだろう。台湾育ちなら、「早慶戦」の歴史とそこに込められたノスタルジアがどのようなものかくらいはすぐわかるはずで、台湾で対戦するのは初めてだということも承知だっただろう。一九〇三年に始まった歴史ある早慶戦は、台湾でも常にビッグ・ニュースだったから、多くの台湾人にとっては国民党中国の領土で日本時代を追体験するに等しい機会だった。

台北の第一戦の主催者は、国民党の信任厚い台湾人政治家で、一九四九年以来野球官僚のトップに座っていた謝東閔だったのだが、このショウ的イベントは、早稲田と慶應を卒業した大勢の台湾人にハイジャックされてしまった。目についた限りでも、何度も宴会を催し、応援席の大半を占領し、政府系紙の聯合報にお決まりの親日ノスタルジア批判記事を書く気を起こさせた[110]。台湾各地での試合は合わせて六回、台中と台南では（何しろ初めて見る早慶戦なので）それぞれ二万五千、四万人という前代未聞の大観衆が見に来た[111]。

別の意味で騒がれたのは、地方から台北に戻って来た両チームに、台湾海軍と土地銀行（植民地時代の勧業銀行の後身）が挑戦したことだった。海軍は、セミプロの世界選手権大会で優勝したこともある熊谷組と前年九月に高雄で戦い、堂々の勝利を収めており、日本の有名チームが相手でも戦える自信があったらしい[112]。台湾人選手のほとんど誰もが、植民地時代に体験した野球をそのまま教えてくれるコーチに、無条件で従っていたことを思えば、日本の伝説的チームと試合ができるというだけで、彼らがどれほど素直に喜んだか、容易に想像がつく。海軍と土地銀行は早慶両チームと合わせて四回戦い、台湾チームは結局一度も勝てなかった。どのゲームもいい勝負だったのにスタンドは半分しか埋まらず、早稲田対慶應の試合に比べ、内容が明らかに薄く、得られたものも少なかった。(113)

聯合報など政府系メディアは両校の来訪を冷淡に扱いたかったらしく、同じ時期に台湾に来ていた韓国農業銀行のバスケットボール・チームの動向の方を優遇し、早慶チームのニュース価値はその下という位置づけだった。(114)だが、植民地時代を記憶にとどめている数多くの台湾人、あるいは植民地時代が忘れられない人たちの元で育った台湾人にとって、この一連の日本人学生野球試合がエキサイティングで、体制批判を媒介する意味を含んでいたこと、そこにカタルシスを覚えただろうことは、ほとんど疑いようがない。

一九五〇年代、六〇年代前半に来訪した日本チームで、これら以外に野球ファンの嗜好に応えた例に、日本の女子野球数チームの遠征がある。招待したのは台湾企業で、日本の女子野球が秘めているはずのポストコロニアルの新奇な価値を利用することが、スポンサーの狙い目だった。一九五七年、華南銀行の主催で毎年催す重要イベント「金像奬招待大會」の第二回大会には、東京女子野球クラブが参加した。目を引くのは、女子チーム以外に華南オールドボーイズなど男子チームとも対戦していることだ。(115)三共製薬女子野球チームが翌春台湾北部を転戦した時も、全台北、全台湾女子チームのほか、開南職業學校の男子チームと対戦した。(116)

アメリカの歴史家スーザン・カーンは、女子スポーツに対する一九二〇年代のアメリカ人の態度を、「既成のジェンダー関係をそっくり逆転させた……お祭り騒ぎ的出し物」と表現している。(117)右記の女子野球イベントにも、この表現がほぼ当てはまるだろうが、単純にとらえられないのは、日本植民地統治の記憶が当時なお生々しかったことである。これらのチームが女性だけで構成されていること自体が、体制にとって危うさを含んでいたと言えないだろうか。あるいは、女性チームが象徴していたのは、台湾人が見てきた以上に「ソフト」な日本人の一面であり、さほどの危うさはなかったのか。あるいは、そうした曖昧さやとらえにくさが女性チームの性格だということか。

一九五九年には久光製薬のサロンパス女子チームが来訪し、島内の男子チームを相手に二週間で十一試合戦った。最初数試合を連勝した後一回だけ負けた時は、国民党系メディアは日本チームが「開南（職業學校）の前に惨敗を喫した」と、喜色のにじんだ報道をした(118)。

ところが、台湾人の男らしさを台無しにしたサロンパスが、それから一か月後、聯合報の衝撃の報道でうまくやられてしまう。キャプテンの田澤早苗が、台湾銀行の行員選手・陳超鎰《チエンチャオイー》と恋に落ちたというのである。彼はサロンパスが負けた南部の学校・開南職業學校の選手でもあった。でき過ぎた話であり、カーンの言葉を借りれば、女性選手は試合で抜群の働きをしても、結局「『仮面』を取れば女性本来の姿に戻り……男性の愛を追い求めるものと見なされる」(119)。たまたまそのような形になったために、男性チームの一選手が田澤のハートをつかんだことの方が重要で、彼女が率いるサロンパスが男どもに勝ったのはどうでもよくなってしまい、国民党と台湾人が珍しく「男を上げる」ことになった(120)。

日本女子野球の妖怪が台湾を蹂躙《じゅうりん》しても、国民党メディアはやはりこぞって評価したりはしなかった。三共チームが前年新竹で「爆竹で歓迎」された時も、聯合報はばかばかしいと言わんばかりのコラム記事を載せた。コラムの筆者は、「つまらないことで騒ぎ過ぎる」という新竹住民の感想を引用した後、こう書いている。

光復以来十年以上経ったにもかかわらず、この独立主権国家では日本崇拝や日本のご機嫌取りをしたがる集団心理から、いまだに抜けきっていない。日本語を話すことを恥とする韓国人と比べれば（台湾民衆は）あまりに軟弱と言わざるをえない。球技のチームが一つ来たくらいで、主催者は望外の恩恵を受けたかのようにはしゃぐべきではない。(121)

日本とのつながりを想起できるもの——とりわけ女子野球のように一見卑小な存在——に対して、台湾人が熱狂するのを目にしたとしても、本来反日的な大陸出身者と植民地下で奴隷的境涯にあった台湾人との間には、サブエスニックな反目などないかのように装うつもりだったのに、コラムの筆者はそれを忘れていたのだろう。

この章では、戦後台湾の野球に関する議論と現実の背後にある多様な意味を検討した。中国国民党は、一九四五年台湾の支配権を掌握して以後、日本領台湾の重要な象徴だったこの競技を改造し、中国化し、非植民地化しようとした。野球大会が「中国的」な公式記念行事として催されることは当時でも珍しくはなく、たとえば一九五三年には孫文生誕八十七年記念大会が台湾最南部の屏東で開かれている。(122)だが、ナショナリズムと反共主義を表看板に掲げてきた国民党が、植民地主義の遺産である野球とまともに関与するようになったことで、野球にさらに重い意味が加わった。

一九五五年台湾の「自由中国」チームによるソウル遠征は、その第一歩だった。台湾代表と会った韓国の李承晩《イスンマン》大統領は、両チームは「決意と栄光に満ちた先進的反共国家の代表であり、共通の敵と戦うために友好と結束を固めなければならない」と臆面もなく言ってのけた。[123] 冷戦下にあった一九五〇年代の野球の意味を、これほど単刀直入に語った要人はほとんどいない。だが誰もが知る通り、野球は台湾人（「イアキウ」と呼んだ）と韓国人（「ヤグウ」と呼んだ）の共通の遺産であるだけでなく、両者に植民地の時代を強要した日本人（「やきゅう」を両国に持ち込んだ）も加えた三者共通の遺産でもあった。

さらに台湾の場合、戦時下から非植民地化への目くるめく移行期を経て、「光復」の名による新たな抑圧を経験する過程でも、野球は重要な位置を占め続けた。エドワード・サイードが予告したモデルに従えば、非植民地化のプロセスで知識人が負うべき責務は「帝国主義下で抑えつけられてきた植民地民衆の過去を再発見し、再起させること」のはずである。[124] ところが、一九四七年二月二十八日を経験した後の台湾では、台湾人が中国人としての伝統を「再発見」するという観念そのものが成り立たなくなった。

寝具をかついでやって来たみすぼらしい国民党軍兵士、官僚、その取り巻きら数万数十万人の背信行為で、中国人自身の手による統治への台湾人の期待は力で無残に打ち砕かれ、「中国の台湾」の到来を待ち焦がれた解放感と熱狂は霧消し、古き良き植民地時代の文化所産への懐旧の念に、あっという間に取って代わってしまった。野球はそのような文化所産の一部であり、日本人が去って年月を経ても野球が人気を保てた主因は、日本人と国民党との間で途方に暮れる台湾の複雑な境涯の中に見出すことができる。

国民党が野球の表だった庇護者になったことで、野球は当分「安全」な領域だという意識が台湾人に残った。かといって、日本的伝統で色付けされた野球が、抑圧的な国民党の時代に大衆文化の重要な一部になるはずもない。国民党政府の文化・教育機関の中に、野球を管轄する部門はないに等しかったのはそのためである。だがこの競技はレクリエーションの形で、また記憶として、生き延びた。多くの台湾人が日本人民衆に対して抱く親密感、日本文化に対する愛着が消え去ったわけでもない。日本の野球チームと台湾との接触がすぐさま再開され、一九五〇年代後半から六〇年代にかけて早稲田大学や明治大学のチームが再び台湾に来るようになった。日本に帰った教員、隣人、友人たちから送られてくる新聞記事や雑誌を通じて、台湾人は日本のプロ野球や高校野球に強い関心を持ち続けていた。光復期台灣の社会と文化にあっては、野球は日本の影響をほとんどそのまま生々しく再生できる数少ない領域だったのである。

国民党には野球を追放してしまう気が多少ともあったことは、ジョーゼフ・アレンの力作に書かれている台北公園の例を見てもわかる。いま二・二八平和公園と呼ばれているこの公園は、日本時代の一九〇六年ころ創建され、最初は日本風の庭園で、東部の一角に野球グラウンドがあり、一九六〇年まで数十年間台湾野球の中心だった。六〇〜七〇年代に野球場はなくなり、そこに池と亭を配置した「北の宮廷庭園」［北京の北海公園を指す?］スタイルの見るからに「中国式」の庭園が出現した。(125)

国民党が野球のあり方を変えようとしたらしい形跡もある。一九六二年二月、中華民國棒球協會はアメリカ野球の「盟主」ニューヨーク・ヤンキースを、この年十月十日の国慶節［中国の国慶節とは別の辛亥革命記念日］に合わせて「自由中國」に招待すると、自慢げに発表した。(126) 台湾の野球にアメリカ的な枠をはめてしまおうとするそれなりに大胆な試みであり、そうすることで日本の痕跡をこの領域から消し去ろうとしたことは言うまでもない。野球を反共冷戦思考の中に取り込み、ノスタルジアもポストコロニアルもひとからげにして片づけたかったのである。

ところが、ミッキー・マントル〔当時ヤンキースの外野手でスイッチヒッターの伝説的強打者〕とチームメートに、蔣介石と中華民国のために祝杯をあげさせてうれしがろうとしたこの計画は、二か月後頓挫してしまった。この遠征は問題ありと見たヤンキースが、三万米ドルの特別ギャラを要求してきたからだ(127)。困った謝國城〔当時の棒球協會秘書長〕は、ヤンキースに「理解を求める」と苦しい言い訳をしたが、聯合報にさえアメリカ野球の「盟主」相手の交渉は見込みなしと見離されてしまった。(十月十日はヤンキースが出場したワールド・シリーズ第五戦と結果的に重なることになり、明らかに棒球協會の勇み足だった。)

当局は、前年のアメリカン・リーグでヤンキースに次ぎ二位だったデトロイト・タイガースなら安く上がるだろうと考え、招待チームを差し替えようとした(128)。結局台湾にはどちらも来ないことになり、政府系紙聯合報は当局の体面を取り繕うのに余計な細工をさせられている。このことを伝えた記事は、アジア大会のバレーボール競技に出場する台湾代表の選抜試合より小さく、スポーツ面五番目の短信で載った(129)。

茶番に終わったこの一件は、冷戦とポストコロニアルのジレンマに落ち込んだ国民党の姿そのままだった。戦後のアメリカの覇権に相乗りしつつ、日本領台湾の生々しい記憶と忘れ難い慣行を捨てさせねばならなかったのだが、そうした意図を持つ国民党の策動に同調することは、アメリカにも現実には不可能だった(130)。日本による「苛酷だが平等」な台湾統治の記憶は、小さなつぶやきや、それとわかる行動(野球の試合もその一つ)の中に生き残り、四十年後の一九九〇年代になると、無遠慮に語られることになる。

ところが、国民党とは関わりのないところで、野球のあり方を国民党の意図通りに変える契機が生み出され、大勢の台湾人を巻き込んでゆくことになる。一九六八年、先住民族ブヌン族のチームが、日本のリトルリーグの強豪に劇的な勝利を収めたことがそれである［その詳細は第五章］。

第四章

王貞治と一九六〇年代台湾の中国人意識のありか

ホームラン・キング王貞治が尊敬されるのは、誠実、勇敢に加え、愛国心を貫き自らのアイデンティティーを決して譲らなかったからだ。そのことが日本の民衆すべてを感服させた。……中国人民衆の血に流れる愛国精神、修養、人生観を尊ぶ心が、王を介して日本の民衆を感化したのだ。

鈴木洋史『王貞治　百年目の帰郷』（李淑芳訳、台湾国家図書館所蔵、二〇〇五年）に貼り付けられていたメモ

八百六十八本のホームランを打ち、一九五九年から八〇年まで読売ジャイアンツの一塁を守った王貞治（中国語読みワン・チェンジー）は、日本の野球史上最も優れた選手だ。父親の王仕福は、青年時代の一九二五年中国の浙江《ツェージアン》省から日本に移住し、母親の當住《とうずみ》登美は富山県で生まれた日本人である。彼の球歴、人生、日本と国外でのイメージ形成に特別なインパクトを与えたのは、王のそうしたエスニックな出自だった。

日本で偶像になった（アメリカの野球ファンにも礼賛された）王は、一九六〇年代半ばの台湾と日本をきわめて明示的、効果的、複雑に結び付けた。かつての植民地の主が去った直後の台湾の二十年間は、五十年に及んだ日本支配の歴史が当局の手で根こそぎ否定され、抹消されようとした時代だった。蒋介石が終戦に際して「徳を以て怨に報いる」という有名な宣言を発表してほとんど間を置かず、中華民国は徹底した「祖国化」計画にとりかかった。日本語と日本的な文化慣行を禁止し、日本統治時代の街路や建物の名称を中国風に書き替え、教育と文化に孫文の三民主義を遮二無二吹き込んで、「日本支配の根深い害毒の征服」（ある地方の教育委員会が実際に使った表現）を図り、台湾人であれば誰彼かまわず日本時代に旧主の「奴隷」として奉仕したというレッテルを貼ることに腐心した(1)。

社会的人格としての王《おう》――彼がその一員になった中華民国の公式文化では中国人「王《ワン》」――は、台湾人、大陸中国人、日本人の間の疑念と憤激がからみ合った民族政治史でも、超越的存在だった。一九六〇年代半ば以降の台湾では、王は台湾人にも大陸出身者にも真に愛されるヒーローになり、彼の輝かしい業績と温和で洗練された挙措を男も女も、大人も子どもも、野球ファンも素朴な老ナショナリストも同じように称賛し、どのような立場の人にとっても何かしら特別で、同じように力に満ちた意味ある存在だった。

二〇一一年夏、鈴木洋史《ひろし》が書いた王とその父の評伝の中国語訳書（二〇〇五年刊）[2]を、筆者が台北の国家図書館から借り出した時、表紙の裏に八センチ四方の黄色いポストイットが何枚か貼られ、そこに長いメモ書きがあるのを発見した。王の偉大さ、彼の民族的アイデンティティー、台湾人と大陸出身者との間のエスニックな緊張に与えた影響などを書き込むために、この本を借り出した人は（後から読む人の目を意識して）わざわざ時間を割いたのだろう。六枚ものポストイットには、道義を重んじ自由で民主的な中華民国と、「四十年にわたる無駄な闘争」に明け暮れた中華人民共和国との比較、第二次大戦中に中国人がいかに勇敢に戦ったかという見てきたような話、杜正勝《ドゥーチェンション》・元教育部長［陳水扁政権二期目の閣僚］への虫眼鏡的で安っぽい中傷なども綴られていた。お手軽な文化批評のようなメモだが、偶然読み手になった筆者はある種の感銘を受けた。第一に、王が生涯最後のホームランを打ってから四半世紀以上経ち、「不滅の読売ジャイアンツ」が昔語りになっても、王は相変わらず台湾人の心に熱情の火をつける存在であること、第二に、どんな民族政治的な議論の中でも、王はやはり重要なイデオロギー的位置を占めていることだ。

　読売ジャイアンツでスパースターになった王は、中国国民党と主として大陸出身者からなるその支持者にとって、日本人の差別に打ち克った在外華僑のアイドルであるだけではない。多くの台湾人民衆にとっては、中国的伝統を乗り超えた、あるいはそれとはもともと無縁の元日本帝国臣民の仲間なのである。

中国人意識の第一歩

台湾で王が伝説的人物として人気が高く、また彼が中華民国に愛着を示したために、王は台湾人だとよく言われるが、それは事実ではない。彼は一九四〇年日本で生まれ、「日本人以上の日本人」[3]を自覚しながら育った。愛郷心の強い父親が、いずれ中国の浙江省に帰ると日ごろはっきり口にしていたことは、彼の中国人としての自己認識を育てただろう。貞治を電気技師に、兄・鉄城を医者にしたら、最後には祖国・中国のお役に立ちたいというのが父親の早くからの口癖だった[4]。王が中国人としての生まれを幼いうちから意識していたことは確かだろうが、ひどく遠い国だという隔絶感はあったはずである。彼自身の後の言葉を借りれば、「もう半分の中国人の血も完全に日本人化していた[5]」。

早稲田実業学校十一学年目にあたる一九五七年は、高等部二年生の王少年にとって転機だった。主戦投手兼クリーンアップ打者として、彼は伝統の選抜高校野球大会（春の甲子園大会）で初優勝し、チームメートに推されて栄誉の優勝盾を受け取った[6]。ところがそのわずか五か月後、民族・国籍上のアイデンティティーに関わる問題が、この少年スターの観念を超えた形で突きつけられることになる。早稲田実業は静岡県で開かれた国民体育大会の野球競技に出場権を得たのに、王だけが日本国民ではないというしごく簡単だが残酷な理由のために、出場できないと告げられたのである。

最も優れた選手を国体から締め出そうとするこの一件はニュースだった。早稲田実業の父母の会が、文部大臣として国体名誉会長をつとめ、早稲田実業ＯＢでもあった松永東《とう》と会い、国体の冷酷な規定に例外を認めるように申し入れたと、読売新聞は二日続けて報じた[7]。要求は通らず、選手たちは全員出場を辞退しようとしたが、王の父親に説得されて思いとどまった。(選手らは開会パレードだけでも全員出場を望んだが、結局王はユニフォームだけ着てスタンドに取り残された。[8])

選手たちの父親には第二次大戦中に中国で戦った人もいたはずである。チームメートの人間的で勇気ある行動は、王少年にとって痛切な意味があったにちがいない。それでもやはり、こうした力ずくの呪わしい排外的手段を通じて、(王《ワン》としての)アイデンティティーを噛みしめた体験は、彼と家族にとって六十年後にまで尾を引くことになる。

王は過去に(王《おう》として)日本国籍を取得したことはない。父親が浙江省南部の山地から日本に渡った一九二五年当時、中国全土を支配していたのは中華民国だったから自然にそうなったのであり、民国が一九四九年以降台湾を支配するだけになっても、(王《ワン》名義の)中華民国パスポートで通している。日本でローマ字名を使う時は、"Sadaharu Oh" ではなく "C. C. Wang" または "Chen-Chu Wang" と書く。[9]

彼が中国人としてのアイデンティティーを、あるいは少なくとも日本人でないなら何者なのかをはっきり意識するようになったのは、国体から締め出された時だったようだが、それを明言するのは二十四年の時を経た後である。一九七六年公刊の自伝『飛べよ熱球』東京・講談社」には全くないこの一件が、八一年の回想録にはごく短く感情を抑えて書かれている。それだけでなく、「中国という言葉、日本という言葉、そして、祖国という言葉を聞いただけで、私の瞳はうるみ、胸の底から熱いものがこみ上げてくる。祖国、という言葉は美しい言葉だ。中国という言葉、日本という言葉と同じように。[10]」という漠然とした表現で、日本に愛国的心情が持てなくなったことをほのめかしている。

自分はどの民族の人間なのかを自問する真情を明かす気になったのは、一九八四年に出版された英語版の自伝が最初である。そこにはこうある。

傷ついた、悩んだと言ったところで詮ないことだ。人生であの時ほど傷つき、悩んだことはない。日本人だった私に起きるはずのないことだったから。父は中国人で私はたしかにその息子だが、私は日本人として育った。……あの時、よくわかった。「よし、彼らは正しい。私は日本人ではないんだ」。当然のことだが……自分の感じたままを通すことにしよう。その場で心に決めた。[11]

だがやがてはっきりする通り、王の方から何も言い出さなければ、またスター選手になりさえすれば、差別がなくなるわけではなかった。一九六〇年代当時ジャイアンツ担当記者だった高橋大陸は、王が二重の人種的アイデンティティーを意識していたとしている。初めてホームラン王になった一九六二年当時、ルックスに恵まれ有名にもなった自分が、都電の中で会った見知らぬ人たちに「半中国人」として軽くあしらわれたことの衝撃を、打撃コーチに打ち明けたともいう。それは単なる自己卑下による苛立ちではなかっただろう。傑出した（半）日本人選手としての名声を手にしてからも、対戦相手のファンの残酷な差別的野次に耐えねばならなかった。一九六九年名古屋での試合で、中日ドラゴンズのファンに野次を浴びた日の夜、王は高橋に尋ねている。「おれ、そんなに変か？」[12]。

こうして見る限り、苦悩をかかえつつも名声を得た若き王は、自分のエスニックなアイデンティティーに新しい自由な自己表現を求めるようになった。みんなが自分を中国人だと見るのなら、自分からそのように振る舞ってもいいだろう、というのである。

「世界の中国人」の「里帰り」

一九六四年は、王のジャイアンツ入団から六年目だった。彼の活躍もあって、チームはすでに日本シリーズを二度制し、六二、六三年の二シーズンには、セントラル・リーグの打撃部門で王は十三のタイトルを取った。日本の野球に詳しい台湾のファンは彼の活躍をよく知っていたのだが、国民党系の新聞・聯合報は一度も記事にしたことはなかった。この年四月、日本の若者に「王《ワン》ちゃん」と呼ばれる選手が圧倒的人気だという記事が、やっと紙面に載った。王に好意的な記事を載せると、日本をまだ敵視していた国民党員読者に文句を言われると心配したのか、記者は王が中国的な美徳の持ち主だと書いた上に、女優の淡島千景が王のことを「日本的な中国人であるだけでなく世界的な中国人」と言ったとも付け足していた。（聯合報の読者層の大陸出身者が野球という明らかに日本的なスポーツには疎かろうというので、ホームランとは何かの説明付きだった。[13]）

この年夏の日本プロ野球は、王の一人舞台だった。三度目のホームラン王を（シーズン五十五本の新記録で）取り、その後九度取ったリーグMVPに初めて選ばれてからは、台湾の政府系メディアも、英雄的中国人の血を引く二十四歳の大選手のことを書き立てるようになる。九月には、彼が二、三年以内に「日本に住む女性同胞（「旅日華僑」）と結婚することを望んでいるとも報じ、[14] 王《ワン》は誠実で人柄も優れているとされるようになった。

翌六五年三月、中華民国政府はこの年の在外華僑優秀青年（「天涯何処《ティエンヤーフーチュー》」賞）*の一人に王を選び、本人に直接伝達した。[15] その年末、二十五歳の彼は大騒ぎの中を成功者として「蒋介石総統に挨拶するため」に「祖国に帰った」(「返祖國」という国民党メディアの表現は厳密には誤り)。彼にとって初めての台湾だった。[16][*「天涯何処」は「世界のどこにいても」の意味]

彼が滞在した八日間、台湾は興奮と緊張の毎日だった。台湾人は、王が日本野球界のヒーローとしてやって来るというだけで胸を躍らせた。彼らは野球というスポーツを熟知しており、植民地時代の野球にどんな意味があったかを生々しく思い出すこともできた。かつての植民地支配者が去ったのがはるか昔であっても、日本的野球の影響は依然として強く、台湾野球の指導者の文字通り全員が、あれから二十年間植民地時代の野球の門下生であり続けた。彼らの大部分が日本人臣民として数十年間に身につけた文化と生活様式はなお生き続けていることを、台湾人はよく知っていた。それに台湾の野球ファンには、日本の新聞記事や雑誌を読むチャンスがいくらでもあった。日本に帰った教師、隣人、友人が、「自由中国」によく送ってきていたからである。[17]

一方、大陸出身者たちから見れば、自分たちと同じように外国に一時的に住む中国人(の息子)の王を迎えることになる。野球には全く無知ということとは無関係に、それはやはり喜ばしいことにちがいなかった。彼らが台湾に移住してからすでに二十年が経ち、中国本土との痛切な隔絶感覚を賓客と共有できるばかりでなく、[18]野卑で破壊的なマオイズムに毒されていない正統中国文化の守護者を演じられるからである。

彼らには、ステファニー・コーカフの言う「異境生活者の両義的感覚」[19]——地理的に中国から切り離されていても、そのためにかえってイデオロギー的に「真正な中国」を体現していると思える感覚——が身についており、王のように必ずしも純正とはいえない中国人であっても、彼がスーパーマンなら受け入れられるのである。浙江省というはっきりした出身地があるのに中国の文化や言語には疎遠な王ならば、世界的に偉大な中華民国というイメージの鋳型にぴったりはまるからである。

日本のプロ野球でMVPを取ったばかりの王は、十二月四日大騒ぎの中を台北の松山空港に着いた。報道では、台湾で「宝島の宝玉」（「寶島玉女《パオタオユーニュー》」）［「宝島」は台湾の美称］と評判の美貌の映画スター張《チャン》美瑤《メイヤオ》が王に花束を贈り、公式の歓迎行事を一段と盛り上げた。この日朝の聯合報三面には、ほどほどの長さの背景付き予告記事が載っており、(20)細かいことまで記事の通りに進行した。

台湾中部・埔里《プーリー》出身で二十四歳の張に、公式の歓迎パーティーの引き立て役を頼んだのは、日本で組織されたファン・クラブ「王貞治選手華僑後援會」の幹部らだった。国民党員が多い駐日大使館員やジャーナリストらが会員になり、官製色が濃厚なこの「ファン・クラブ」には、彼らなりの狙いがあった。王とすでに五年の交際があった日本人ガールフレンドの小八重恭子を彼から引き離し、よき妻になれそうな中国人女性に引き合わせようというのである。(21)貞淑な女性が王《おう》を王《ワン》らしく変えるのに手を貸してくれさえすれば、この華僑の息子を中華民国体制が生んだ世界的に有名なチャンピオンに改造できるのではないか、というわけである。

美人の張は、期待された役割をとりあえずそつなくこなし、翌日の聯合報の三面は、張が王を温かく迎えたという四つの記事で埋め尽くされた。王の首に花輪を掛ける時、張が彼の胸に手を置いたとか、(22)歓迎の晩餐会が始まり、音楽のアトラクションが終わるまで二時間二十分の間、彼女は王の脇に座り続けたとかがそれだ。(23)ついでに、小八重が最近別の男と婚約したという、虚報まがいの冷酷な希望的記事まで載せている。(24)王と張を「時の人」に仕立てた聯合報など政府系メディアは、彼の「帰国」に何かもっと重大な意味があるかのように見せかけようとしていた。

この種の仔細な報道を見ても、男女に固有の役割を与える男性中心的語法が、台湾に来た王《おう》／王《ワン》の物語によく表れている。王を迎え入れた「祖国」とは中国人男性の意図に忠実な世界なのであり、王《おう》を家父長・王《ワン》に仕立てる戦略の補助役になれる時にだけ、女性に重要な影響力を認める。王《おう》／王《ワン》の物語に登場する女性はごく少数に限られ、愛情の対象でいずれ中国人の子孫を残す母親としての小八重と張、息子の情愛の対象としての母・當住登美、これに（間もなく）結婚仲介者として特別指南役を買って出る総統夫人・宋美齢という飛び入りが加わるだけである。国民党特有の手法で念入りに方向づけされたこの訪問には、こうした男性中心主義的前提に文句をつける余地はほとんどなかった。

来訪初日の別の場面では、中華民国の息子・王《ワン》がやっと戻って来てくれたという、彼のアイデンティティーの核心にふれるスピーチがあった。公式ファン・クラブの副会長で同行団の責任者だった劉天禄が、王が着いた時報道陣を前に述べた明らかに弁解調で大げさな挨拶がそれだった。台湾に脱出してきている同胞に、王がひたすら忠誠を表明するのはわかりきったことで、王《ワン》であることを本質とする王《おう》は「祖国（台湾の中華民国）を愛し気配りのできる好青年である」。だからこそ「共産匪賊《ひぞく》（中国共産党）による恥知らずな誘惑を断固として拒絶し」、大陸訪問の招待を英雄的気概ではねつけたのである。[25] そういう趣旨のスピーチだった。

王の栄光の「帰国」が台湾でどう受け取られたかを見る時、大衆受けの問題のほかに反共主義という重要な要素も考慮しておきたい。国民党機関員は、王に同行した日本人記者らについても――家族まで含めて――綿密に調べ上げた。共産党シンパが報道陣にまぎれ込み、この来訪を台無しにしようと企むかもしれない、という大げさな想定である。[26] もっとも、台湾の敵・中国共産党からの誘いに王が乗ったことはなく、彼はやっぱり台湾の味方だったから、社会的人格としての王への台湾側の評価は、その後数十年全く変わらなかった。

鈴木洋史が書いた王の伝記に、中国共産党の「誘惑」を王が拒絶したという話の根拠を検討したくだりがある。劉天禄がスピーチ材料にしたのはごく些細な一件で、それをわかりやすい話に膨らませただけだ、としている。鈴木によれば、一九五七年当時高校野球で天才児と騒がれた王は、父親と一緒に質素な食堂で中華人民共和国系の東京華僑会報の記者と会い、「将来祖国に戻って中国野球界の発展に尽くす気はないか」と言われた。王は父親の祖国を思う熱い心情はわかっていたが、大して知識もない危うい世界と関わりを持つことに気乗りがせず（共産中国でも野球が盛んだとは思えず）、十七歳ながら頭の回る王少年は、「大学を卒業したら中国に帰りたい」と当たり障りのない返事をしたという。[27]

おそらく麺でもすすりながら交わされた冗談めいた会話を、劉天禄が「共産党の誘惑」と誇張したのには、二つの動機が考えられる。一つの単純な動機は、国民党の台湾の肩を持って反共の実績を積む気が王にあるようなら、もっと確かな中国人的愛国者にしてしまおう、というものだ。だが、より説得力があるのはもう一つの動機の方である。

父・王仕福の祖国思いの対象は、「中国」国土の三％ほどの台湾しか支配していない中華民国ではなく、大陸を支配し、自分が実際に生まれ育ち、二十年以上暮らした中華人民共和国の方に傾斜していた。息子の王が初めて台湾を訪れるよりも前に、父の王は郷里の浙江省青田県にすでに三回里帰りし、飢餓禍直後の一九六二～六五年には、一時的な開放期だったことを幸い郷里の村に電気を引こうとし、それ用の援助資金も持参している。[28] 中華人民共和国への里帰りは結局六回に及び、中国大陸の主権を回復することが絶望的願望でしかなくなった中華民国よりも、中国に実際にある中華人民共和国の方に好意を持つことを、隠さず正直に口にしていた。[29] さらに、息子の王が六八年二月ジャイアンツ一行と一緒に台中でシーズン前のキャンプを張った時も、母・登美は公式後援会一行十数人と一緒に台中を訪れたが、父・仕福は行かなかった。仕福が熱心な会員だった東京華僑総会が、中華人民共和国支持の路線を鮮明にしたことを受けてのことだった[30]。

国民党の公式メディアが創り出した中国人ヒーロー王《ワン》の物語では、息子としてのイメージが強調されており、それは何十年もの間国民党の公式言説の核心でもあった。一九八九年中央電影公司が制作した王の伝記映画の題名も、『感恩歳月』（直訳すれば『恩に報いる日々』［この映画での「恩」は「父の恩」を指す］）である[31]。ところが、一方で仕福の息子としての王を強調しながら、他方で前記したような王自身の反共的態度も同等に強調すれば、明らかに矛盾が生じる。党と国家が表裏一体をなす国民党政権は、主権が中国に及ぶとする主張を補強するために、［忠と並び孝を重んじる］儒教的な観念と行動規範を利用してきた。国民党と共産党の内戦で、近い肉親同士が引き裂かれる悲劇を身近に見てきたのに、それでも反共主義を振りかざすなら、反共の息子・王と中華人民共和国支持の父・仕福との間に、わざわざくさびを打ち込むようなものなのである[32]。

王の伝記の著者・鈴木洋史は、父親への孝と「国家」への忠との間に生じるこうした矛盾を評して、中国人なのに日本人的な王の人生を、ある種の「悲劇」と見ることもできる、としている。野球で名声を手中にしただけでなく、中華民国を愛国心の新しい対象にしようとしている王と、日本で異邦人として苦難の数十年を過ごしてきた父親とは、互いに逆方向に引き離されてゆき、いずれは二人とも繰り返し難問にぶつかることになる、というのである[33]。だがこうした文学的観察に関心のない中華民国メディアや、新しい神話を編み出そうとする人たちは、日本人的中国人の王が持つ得難い利用価値に、はっきり気づいたようだった。王の生まれ育ち、野球の技、立ち居振る舞い、容貌は、国民党人士にとっては、文化の領域で国際的に通用しそうなきわめて重要な資産と映ったのである。八日間の中華民国「里帰り」は、王と彼を迎え入れた人たちが特異な国民党的中国人性《チャイニーズネス》を共有していると印象づけるには、絶好の機会だった。そのことをおそらく最も生々しい形で示しているのは、政府直属機関の情報局が制作したニュース映画『祖国の土を踏んだホームラン王・王貞治』である。

この映画は、空港に迎えに出た美貌スター張美瑤と、共産党の欺瞞に打ち勝ったという空想的宣伝の空港記者会見で始まる。愛国者・王は翌日には孫文博物館［「国父紀念館」］でかつて中国から運ばれてきた古文物を見物し、続いて台北県［現在の新北市］に赴き、この年春死去した中華民国元行政院長、元副総統の陳誠の墓に詣でて花輪を捧げる様子を映し出す。この後台北市営球場で注目のバッティングの模範演技があるはずだったが、それは数日先延ばしにして、中華民国棒球協會會長の謝東閔を表敬訪問し、王からサイン入りのバットを贈呈する。[34] ただし、この飛び入り行事が気まずくなったのは、謝がバットはどう振るのか全く知らず、まともに構えることもできなかったことだった。何とか振ろうとする謝の痛ましい姿——台湾中で上映された——を目にして、著名な客人は明らかに困惑したようだった。この時ばかりは、自分が「ワン」であるよりも「おう」だと痛感しただろう。[35]

三日目の六日は、中華民国空軍の戦没者の誰彼について学び、「祖国」の景勝地を初めて観賞し、総統府と外交部［外務省］を訪ねた。[36] 新聞・雑誌記者との会見では、台湾にいる間に誰か女性の友人を見つけ、張美瑤とも新しい関係を作りたいと、また言わされている。[37] 完璧な中国人・王《ワン》のアイデンティティーを獲得するカギは、セクシュアリティーと男らしさにあるという一点に、国民党メディアがいかに執着していたかがわかる。

王に結婚のことや、中華民国の栄光のため国民党体制下で大打者の血統を残す気はないか、などと

［写真5］台北市営球場で一本足打法を披露する王貞治（中央通訊社、潘月康 1965年12月7日）

尋ねたのは、国民党べったりの記者たちだけではなかった。王と会った国民党秘書長［幹事長相当ポスト］の谷鳳翔《グーフォンシアン》は、愛情問題に口出しするのも党の仕事だという態度だったし、日程の一つのヤマだった反共の大立者・蔣介石との十二月十日の会見でも、わずか二十分の会話の間に、蔣夫人の宋美齢が「お嫁さんを紹介しましょう」と口を挟み、切り抜けるのに苦労させられた(38)。王が中国人としてのアイデンティティーを求めようとしても、彼を「国民党化」しようとする政府の策略が逆効果になり、そこには自ずと限界があると悟らせるような結果になりはしなかったか、疑いたくなるほどだった。

鈴木洋史によれば、後援会の差し出口を封じるために、王が妻となる女性に望んでいるのは家庭に専念できることであり、映画スターではないと言わねばならなかった。実際にも、台湾から帰ってからわずか二十六日後の翌年一月六日、東京のホテル・ニューオータニでの記者会見で、長く交際のあった小八重恭子と婚約したことを公表している。[39]

王がやっと野球の世界に戻れたのは、四日目の七日だった。最初の予定から二日延びたこの日のバッティングの模範演技を見るために、二万人までしか入れない台北市営球場に三万人を超えるファンが押しかけて超満員になり、王が来る前から大混乱だった。

ヒーロー本人が、国民党本部の二部門主催の長い昼の宴会に出て、そこを何とか抜け出そうとしているころ、待たされて苛立ったファンはグラウンドにあふれ出して喧嘩を始めた。警官隊が騒ぎを鎮めたところに、ようやく王が平服で現れ、独特の一本足打法の模範演技が始まった［写真5］。それでも不穏な空気はなお収まらず、ホームプレートを取り囲んだカメラマンに、「よく見えないぞ」とファンが罵声を浴びせた。悠然と構える王を相手に空軍チームのピッチャーは焦ったのだろう、最初十球ストライクが入らず野次が飛んだ。四十スイング終えたところで、ユニークな打法のあれこれを、王が（通訳抜きの日本語で）解説した。国民党がお膝元の首都で権威を見せつけようとしたのを――大観衆と暴力騒ぎの圧力を借りつつ――しばらくの間だけでも巧みにはね返したわけで、その意味ではこのイベントに日本語を持ち込んだのは、むしろ効果的だったかもしれない。[40]

だが、この日を国民党一色に塗りつぶそうとするホスト側の意志は不動だった。この後空軍と第十信用合作社との試合を観戦した王は、すぐさま映画スタジオへ、政府情報局へと連れ回され、情報局の昼の宴会に出席し、さらに蒋介石の息子で秘密警察と中國青年反共救國團の元締めを兼務する蒋經國に引き合わされた。王は公式通訳を入れて日本語で話し、最後にメダルを一個もらった。

数々の栄誉にあずかったかわりに、主催者が組んだ苛酷な祖国凱旋スケジュールに、王はその後も延々とつき合わされる。自称「文化都市」の台中とその近郊で終日過ごした九日も、台湾省議会の審議を見学し、議事堂の外に造営された中国庭園を一回りし、やや山寄りの人工都市・中興新村にある省政府［一九九八年末に実質的に廃止。省議会も同様］を訪れ、そこで台湾の地質と中興新村の近代的都市設備について説明を受け、最後に台中球場でもう一度打撃のデモンストレーションをこなした（「水も洩れない超満員」の観衆二万三千人を前に、台北の球場とは違い先に通訳付きで説明した）。ところが、これでもまだ完璧ではなかったらしい。王が日本に帰った後の新聞報道では、王の父親の出身地・浙江省の寧波《ニンポー》同郷会の幹部から、歓迎宴会くらいは開きたかったという苦情と不満が出たという。（同郷会が宴会を申し込んだ二時間の時間帯は、駐中華民国日本大使の宴会に回された。[41]）

王来訪に示された当局の執着には、台湾の大陸出身者にとってまだまだ馴染みの薄いスポーツの野球を、国民党がどう見ていたかがよく表れている。国家そのものでもあった国民党は、結束が固く義務を重んじ健康な市民を育てる手段として、近代スポーツをかねて重視していたが、その中心競技はサッカー、バスケットボール（どちらも一九三〇年代以来中国の「国技」扱い）、それにオリンピックで必ず騒がれるいくつかの競技だった。[42] 王が来たからといって、すでに台湾人の身体性の一部になっていた野球の扱いが「格上げ」されたようではなく、野球に対する国民党の関心が高まったわけでもなかった。

例をいくつか挙げておこう。王の来訪と同じ週にマニラで開かれた第六回アジア野球選手権大会には、中華民国も参加していたが、王のせいでひどく影が薄くなった。十二月四日付け聯合報で見ると、王関連の記事が合計千百九十四華字だったのに、隔年で開催される重要大会のアジア選手権の開幕記事はわずか八十二華字。[43] このマニラ大会で最終的に優勝した日本に台湾代表が勝った時でさえ、やはりマニラで開かれた自転車競技大会の中華民国選手団帰国のニュースと合わせて、一本の記事になっており、王の女性関係に関する二日前の記事（コラム）と比べ、半分以下のスペースしか割かれなかった。(44)十二月前半十五日間の聯合報の合計記事数で比較すると、王の八日間の台湾滞在に関する記事は三十五本、十日間のアジア選手権関係の記事は短信ばかり九本だけ。これらから見ても、当時なお日本的スポーツだった野球は、国民党統治下の台湾における中国人性の神話と直接結び付かない限り、当局にとってはどうでもいい競技だったのである。

この台湾初訪問で、王が中国人としてのアイデンティティーをどれほど意識したのか、正確にはわからない。中国人「王《ワン》」を演じることに、心地よさを覚えたらしい場面もあった。蒋介石総統の徳行話を聞かされ、自由中国の指導者と会う機会が与えられたのは、確かに名誉だと思った節もある。しかし蒋に「祖国に移住する気はないか」と露骨に聞かれた時は、日本で育ち日本で超一流の野球選手になった以上、自分はやはり「ワン」であるよりも「おう」だと思い直さざるをえなかっただろう。標準中国語を話せないことを蒋にたしなめられ、東京生まれの自分が真の「中国人」になるには、決定的な限界があることも自覚しただろう。（会見の席では、次に台湾に来る時までに標準中国語をしっかり勉強しておくと確言したが、口約束に終わった。恭子の方は結婚後何年間も中国語を習い、三人の娘にまでそれぞれ家庭教師をつけて勉強させている(45)）

もっとも、王が中国語を勉強する気を起こさなかったのは、父親の代からの「祖国」に忠誠心がなかったから、というわけでもなかった。スター扱いされるようになり世界のあちこちに出かける機会が増えると、中華人民共和国を承認する大多数の国で、彼の中華民国パスポートはほとんど無意味になり、中華民国籍へのこだわりが種々の不便を生んだ。日本と台湾の間を行き来するのでさえ厄介で、華僑の身分のままだと台北では特別の入国手続きをする必要があり、日本に戻るたびに「外国人」として指紋の押捺を求められた(46)。彼が中華民国の国籍を数十年間あえて持ち続けた——日本と中華人民共和国が国籍変更を何度も働きかけ、王の父親は結局中国国籍を取った(47)——のは、台湾の民衆と政府に対する忠節と敬意、またプロ野球選手になった自分を応援し、その後も長く熱意と関心を持ってくれる保証への感謝の表れでもあったにちがいない。

「王《ワン》ちゃん」と「名無し犬」——国籍、悲劇

王はその後一九六〇年代に二度台湾を訪れている。六六年十二月一日明治神宮で華やかな結婚式を挙げた後、恭子を伴っての新婚旅行がその一回目だった(48)。王が新婚旅行で台湾に来るという第一報が伝わったのが、大中華主義と反共主義に貫かれた中華文化復興運動の最中だったために、台湾では二重の吉報として騒がれ、国民党系各紙は恭子が「王恭子《ワンコンズー》」の中国語名で中華民国の国籍を取ったことを、歓喜を込めて報じた(49)。興奮をさらに煽ったのは、このハネムーンが共産主義者の誘惑を英雄的精神で振り切ったことの証しだ、と報じられたことである。新婚の二人に中華人民共和国の国籍を進呈するという誘いが——それもプロレタリア文化大革命のまっただ中に——王の父親のところに来たが、新たに中国（中華民国）に仲間入りした大選手ということにされた王は「峻拒した」というのだ(50)。

新婚旅行中でも話のわかる王のことで、二人は日月潭観光の多忙な日程をやりくりし、近くで開かれていた台湾合作金庫と日本石油の試合に顔を出し、湖畔の涵碧楼《ハンピーロウ》山荘（日本時代の一九一六年創建）に蒋介石・宋美齢夫妻を訪ねている(51)。この時も、王が相変わらず中国語がだめなことに総統夫妻から

小言を言われたが、恭子の方は台湾に永住したい希望を述べて、ホストを大いに喜ばせた。その際の印象的な情景として新聞・微信新聞報〔台湾全国紙・中国時報の前身〕が伝えたところでは、ほどなく四十回目の結婚記念日を迎える蔣夫妻に向かい、王夫妻が立ち上がって深々とお辞儀して祝意を表したという。客人の帰り際に、蔣介石が自分の八十歳の誕生日記念コインを二枚進呈し、ホテル代を負担してやろうと言ったという、少々品格を欠く話が付け足されていた。[52]

翌日も王は新妻に少し我慢してもらい、副総統、教育部長〔閣僚〕、中華青年反共救国團主任と面会した。[53]こうして台湾ハネムーンを終えホノルルに発つ間際に、パスポートを中国語通訳に預け放しだったのに王が気づき、二人が台北の空港で立ち往生したことがもう一度記事になった。彼は記者に向かい、台湾料理の味や台湾人の親切を礼儀通り褒めただけでなく、そのうち暇を見つけて妻と一緒に中国語を勉強すると（また）約束した。[54]

ほぼ一年後の三度目の新「祖国」訪問は、台湾野球界への影響という意味では重要な出来事だった。一九六八年二月、日本シリーズ三連覇を成し遂げ、「V9」の全盛期に入っていた読売ジャイアンツは、台中で春のキャンプを張った。世界的有名チームの目を意識して、省政府は台中市営球場を大急ぎで改築した。[55]球場に隣接する省立体育學院の優良学生六人も、雲の上の選手に混じって練習することが許され、日本のプロ選手たちが「気さくで愛想がよく、つき合いやすいことを知った」。[56]演出家で野球もできた陳嚴川は、王とチームメート長嶋茂雄のキャンプの練習風景を8ミリ映画にした。テレビの野球中継がまだなかったころの苗栗〔台湾中部の県、小都市〕では、その後何年間も上映されている。[57]

このころ王が口にした一言がきっかけで、台湾の歴史学者・曾文誠はこのスター選手をあえて「彼の世代では最も偉大だが悲劇的な人物」と評した。(58) 一九五〇年代に嘉義農林のスター投手だった蔡《ツァイ》炳昌《ビンチャン》を夫にする日本人女性で、王の知り合いでもあった人が、王に国籍のことを尋ねたことがある。「日本に帰化するつもりはありません。幸い、僕には息子がいませんから」というのが、悲しみのにじんだ返答だったという(59)（三人の娘はいずれ結婚すれば日本国籍を取れるが、息子がいれば王が中華民国籍を持ち続けることが国籍選択の負担になるという意味）。自分は息子として両親に孝行するという儒教的義務を人並み以上に果たせても、中国人のもう一つの責務——跡継ぎ息子を残すこと——は果たしようがない。それが曾や伝記作家・鈴木洋史の目には、節操を貫こうとする王へのあまりにも残酷で衝撃的な応報と映ったのである。

世界に知られるホームラン王として通るようになって以後も、王は日本では差別的な侮辱や屈辱に出遭い、鉄の意志でそれをはね返さねばならなかった。一九七七年九月、王はハンク・アーロンの通算ホームラン世界記録を塗り替える七百五十六本目を打った。その翌日、福田赳夫首相は国民栄誉賞を設けて王を最初の受賞者にしたいと提案した。ところが福田の予想とは逆に、すぐさま批判されることになる。外国人にそのような賞は与えるべきではない、というのである。(60)

王が現役を退き、一九八四年から八八年までジャイアンツの監督をしていた間も、長くチームメートでライバルでもあった長嶋に近い選手たちから、嫌がらせを受けた。彼らは長嶋を「純血主義の象徴」と見ていたのである。当時長嶋派とされた主力選手は、王を陰では「ワン公」と呼んでいたという。王という姓の中国語読みと背番号の1番をかけた語呂合わせだが、「名無し犬」「怖い犬」とも取れ、その場合は悪口の響きになる。(61) 一九九七年に「新しい歴史教科書を作る会」が、会の趣旨に賛同する「著名人」名簿に王の名を日本人扱いで載せた時、彼が「自分は日本人ではないので、日本の歴

史教育に口を出す立場にない」と気色ばんで削除を求めたのも、球団内のそうした事情の反映かもしれない。(62)

感謝の日々——選手引退後

一九七七年八月三十一日、王が七百五十五本目のホームランを打ち、アーロンの世界記録に並んだ時、国民党系の聯合報でも保守的で知られたコラム「黒白記」——日本が残した野球を何年間も罵倒し続けた——は、王が両親に尽くし世の青年の力になったことを認めつつも、「取るに足りない成績をあげたからといって、自分の祖先や出自を忘れるようでは、成功を遂げ意味ある成果をあげることなど絶対にありえない」と辛辣な論評を載せた。(63)

世界タイ記録達成の翌日、リトルリーグ機構のシニア・リーグとビッグ・リーグで優勝した台湾チームが、たまたま帰国の途中東京に立ち寄った。王も小ヒーローたちと会う機会があり、選手団が勝利のために払った犠牲と勝ち取った成果に祝意を述べている。その昼食会に出席した中華民国の実質的な大使［台北駐日代表処の代表］馬樹禮のスピーチは、古参の国民党員にしては珍しく王の努力を率直に称賛し、彼の精神は「（共産党支配下の）八億同胞に救いの手を差し伸べ、本土の山河を取り戻す最良の手だてになる」と述べた。(64) 王は中華民国には忠誠で、台湾民衆の応援に感謝もしていただろうが、大仰で古風なこの種の言説を受け入れられるほどには、王《ワン》になりきってはいなかったはずである。

王は現役選手を退いてからも台湾に精神的、技術的支援を続け、台湾野球の発展に重要な役割を果たし、見込みのある選手と日本の球団を結び付ける手助けもしている。その方面では功績があったにしても、台湾での認知度では、彼が残した遺産のイデオロギー的意味の方がはるかに大きかっただろう。ある人たちから見れば、日本人による差別に打ち克った中国人の闘士であり、また別の台湾人にとっては、中国人の血統の束縛から逃れられた日本人臣民の仲間だったにちがいない。

台湾で国民党の一党支配が終焉に向かっていた時期には、王は苦境に陥った権威主義者たちに、またしても偉大なヒーローに祭り上げられた。一九八五年夏から、彼の母親の回想が国民党系のタブロイド紙・民生報［聯合報系のスポーツ・芸能紙］に七十九回かけて長期連載され(65)、それに続き、国営映画会社が王の半生を題材にした映画を作る計画を公表した。『感恩歳月』と題するこの映画――子としての恭順を建前とする独特の中国的価値観を強調した題名［前々節を参照］――の意図は、中華人民共和国の改革政策が成果を上げ、台湾の非合法野党が合法化に向かっていた中で、国民党の精神的拠り所を再確認する点にあった。中国や日本も伝記映画を製作しようとしたのを、このスターは「にべもなく断った」といった聯合報の宣伝記事には、かつての反共ヒロイズムの復活さえ思わせた(66)。

映画は結局、一九八九年に国営の中央電影事業公司からリリースされた。王と父と弟が日本で耐え難い差別を受けながら、それを克服して勝利を収める、という筋書きで、このスラッガーを中国人のヒーローに仕立てることを意図した映画の決定版である。王の個人的打撃コーチだった荒川博だけは高潔な日本人として描かれ、王と絶えず協力し合い、しまいにはすばらしい中華麺の作り方までおぼえてしまう。ところが荒川以外の日本人は、みな人格不明で影の薄い憎まれ役であり、ファンにへつらうだけの人物か、ファン嫌いからおべっか使いに鞍替えした人物のどちらかに描かれている。歴史上のこの時期は、国民党の「中国的」性格なるものに正統性がないことが暴露された時期に当たり、その渦中にあった国民党が王をどう評価していたかが、映画によく表れている。王は人種としての中国人を代表する聡明で慎ましいヒーローである、というのが彼の位置づけだった。
こうした認知の仕方は、王を日本的伝統の担い手と考える台湾人政治家によって、近年はっきりと（決定的根拠を欠いたまま）否定されるようになった。国民党陣営も対抗して、彼を「中国人」のヒーローとして再々認識しようとした。野球を再び政治化するこうした顕著な趨勢の中で、王は満座の中に引き出され、一九九九年以後は二大政党の両方から貴重な賓客扱いされ、頻繁に誘いがかかることとなる。
二〇〇一年、新任総統になって八か月の陳水扁が王に「三等大綬景星勲章」を授与し、中華民国無任所大使に任命すると、[67]国民党の台北市長（後に総統）馬英九も黙っておらず、監督になった王が率いる福岡ダイエーホークスの台北での主催試合に出てきて、始球式をした。[68]二〇〇三年には、中国による台湾統一支持を隠さなくなった国民党と親民党が組んでホークスの試合を主催し、総統の陳水扁がＶＩＰ席に呼ばれなかったことがニュースになった。[69]
それから二年後の二〇〇五年、与党の民主進歩党が地方選挙で大敗して窮地に陥ると、陳水扁は王の台湾招待をとっておきの切り札に使った。さらに四年後の二〇〇九年二月、次の総統になっていた馬英九は、王を再び国民党支援者に仕立て、彼を台北に呼びつけて「二等大綬景星勲章」を授け、「生涯最大の名誉」と言わせて優越感を満足させた。[70]
王が他の有名人と異なるのは、日本人と世界の中国人の両方に最も人気があると同時に、台湾人と大陸出身者の両方に、出自やイデオロギーに関係なく感銘を与えた点である。愚劣な政治的誘い――国民党からは「中国人である」方向へ、民主進歩党からは「日本好きな台湾人である」方向へ――はおそらく一生続くだろうが、目先の種々の政治的思惑を自力ですべて乗り超えてゆけるだけの品位と謙虚を、彼は身につけているだろう。

王貞治が、短時日の間に台湾の偶像的人物になってほぼ半世紀経った二〇一二年、台湾から遠く隔った場所で、台湾人スポーツ・ファンの注目と好意をかち得たもう一人のスターが、突如現れた。米プロ・バスケットボールリーグ（ＮＢＡ）ニューヨーク・ニックスのポイント・ガード、ジェレミー・リン（林書豪）である。このハーヴァード大学卒の台湾系アメリカ人は、この年二月彗星のように現れて大活躍し、ＮＢＡに「林狂《リンサニティー》」〔「リン」姓と「狂躁」を意味するinsanityをつなげた造語〕現象を巻き起こした。両親の母国・台湾でも、アメリカに輪をかけたメディアの狂乱が起きた。

リンの場合、一九六〇年代の王とちがい、台湾との血脈的・文化的結び付きがはっきりしているが、熱狂現象は二人ともよく似ていた。台湾・東呉大学の政治学者・劉必榮がＡＰ通信記者に語ったところでは、「ジェレミー自身は自分が台湾人だとは思っていないようで、彼の活躍も台湾とは無関係だが、台湾人から見れば彼は同国人なのである」[71]。「中国もこの人がお望み」式の物語も、案の定現れた。この前年の台湾の中央通信社によれば、中華人民共和国は国際バスケットボール連盟主催のアジア選手権大会に、中国代表の一員として参加しないかと、リンに打診したというのである[72]。

リンの競技実績は王のそれとは違い、ＮＢＡの世界で突出していたわけではなく、過去最優秀の選手だったのでもない。リンにもアジア人として人種差別的な目を向けられる不愉快な経験はあっただろうが、アメリカでの生活はそれがすべてではなく、王が社会通念に根ざした人種や国籍に関わる差別を受けたのとは異なる。王には自分の民族文化的アイデンティティーを独力で築き、それを磨き上げる余地はなかったが、リンはその点自由だった。二〇一〇年代の台湾のバスケットボール文化は、アメリカ文化に歴史的なルーツを持つことが明らかであっても、国民党支配下の一九六〇年代の野球文化のように、頑迷な台湾人の好む日本的スポーツ文化だと見なされて、正統的ではない愉楽の扱いに甘んじることはなかった。王は半世紀かけてようやく台湾で広く愛される名選手になったのだが、二〇六〇年になった時に、リンが同じような評価を受けているとは思えない。

それにしても、リンが台湾である時突然大衆的名声をかち得たことを見ても、この「美麗島」の営みが壊れやすく、緊張をはらみ、外国の目を気にし、さまざまな願望と恐怖をかかえ込んでいることを、あらためて思い起こさせる。日本、アメリカ、中国と向き合った場合の国家としてのステータス、台湾人と大陸出身者が対立するエスニック政治、台湾／中国文化では理想でしかなかったスポーツの重要性、さらにエリート選手が台湾の外でしか名声をかち取れないという事実に見る通りである。すでに日常化しているようでもやはり見逃せないこうした状況を、日本文化とアメリカ文化の側から見る限りでは、長く国民党が支配したこの元植民地では、中国人的であろうとしてもやはり限界がある、としか言いようがない。

王貞治《ワンチェンジー》が台湾に印してきた足跡を点検すれば、一九六〇～七〇年代を通して激しく揺れ続けた台湾、中国、日本の文化とアイデンティティーのつながりが、どれほど複雑かを見る一助になる。大方の台湾人が王《おう》あるいは王《ワン》を愛するのは、この島国の二十世紀を規定しているはずの日本的近代性と進歩の物語を、彼がそのまま体現しているからだ。野球という日本的スポーツは、器量に富んだ王が父親の質素な中華麺店の一隅から身を起こす手だてになった。多くの台湾人が抱くイメージの中では、中国人に忘れ去られていた台湾が日の目を見たのは、日本支配の半世紀だった、ということになっている。一方、中国大陸から比較的新しく台湾に移住し、国民党の台湾支配を正義と信じる人たちは、日本人の次には中国共産党と、続けざまに敵を退ける信念に燃えていたから、中国人スパースター王貞治があげた明々白々な勝利に、胸のすくような興奮を覚えたのである。

この島が持つ意味と将来をめぐって、台湾人と大陸出身者との間で闘争が繰り返され、そのために二十世紀の東アジア世界は様々なトラウマをかかえ込んだのだが、王という人格の根底にある品位、虚心、思いやりには、そのトラウマを解きほぐすだけの効能があった。台湾が日本領ではなくなった後、植民地時代にノスタルジアを覚える人たちも反共主義者たちも、無条件で彼をヒーローと認め、理想の野球人として受け入れたからこそ、何十年も続いた中国国民党一党支配の下でさえ、ほとんど類例がなかった文化的一致点を見出すことができたということである。

第五章

チーム台湾――「中華民国万歳！」

……………………一九六八―六九年のリトルリーグ野球

余宏開は、台中金龍の選手として、アメリカで開かれた世界リトルリーグ選手権大会に出場した。チームは優勝し、余は「金持ち将軍」の名誉あるニックネームをもらった。

「先住民族の快挙――一九五一～一九九八年」、行政院原住民族委員會、一九九八年

台湾（フォルモサ）は、自由でもなければ中国でもない。……台湾人は野球を愛するが、台湾の中国大陸人はちがう。

米ペンシルヴェニア州ウィリアムズポートで配布された全米台灣獨立聯盟のビラ、一九六九年

一九六〇年、ローマ・オリンピックの陸上競技で十種競技の銀メダリストになった楊傳廣（C・K・ヤン）は、戦後の台湾五輪史上で最初の偉大な選手とされる人だ。カリフォルニア大学で親友だったアメリカ人選手レーファー・ジョンソンとの死闘は、オリンピックの歴史で最も感動的で記憶に残る戦いとして語り継がれている。「アジアの鉄人」の異名で世界に知られた彼は、一九六三年に十種競技の世界記録を樹立し、アメリカの雑誌『スポーツ・イラストレイテッド』で、この年の「世界のベスト・アスリート」に選ばれた(1)。中華民国オリンピック委員會委員長の郝更生《ハオゲンション》は、楊を「近代中国人のお手本」と評したが(2)、生まれ育ちはこの評よりも複雑だ。彼は台湾東部・台東県出身のアミ族で、スポーツ選手として名を上げてから、国民党の支配下に入った先住民族の存在に再び目を向けさせることになる。

台湾野球史の書物で重視されてきたのは、一九四〇年代末当時台東農業學校に学んでいた楊を指導したのが、三〇年代の嘉農のスター選手で二・二八事件の後嘉義から台東の故郷に逃げ帰っていた陳耕元だったという事実だ(3)。このことは、嘉農や先住民族に固有の何かが、台湾のスポーツ精神の精髄になっていることを示すのかどうか。それはともかく、近代台湾の支配者から見れば、先住民族は日本や中国の「文明」を際立たせるために好都合な固有の身体能力の持ち主、あるいは補助的な存在でしかなかったことを、あらためて思い起こさせる。国民党政権が実行したことの多くは、「山地を平地化する」という、先住民族を頭から見下した家父長的政策であり、台湾の複雑性などはイデオロギーで平準化してしまえばよいと割り切った、近代中国の「同化主義的」観念に基づく無思慮なアプローチでもあった。

ダリル・スタークの指摘に従えば、体制に従順な大衆文芸の中には、先住民族地域を処女地に見立てたジェンダー語法の作品があり、人も住めない山地から先住民族を救い出してやろうという中国版「救済者幻想」の標準になっていたという。(4) だが一九七二年の『ニグロ教育学会報』に香港在住研究者が寄せた衝撃的な論文には、台湾の山岳部から平野部まで広く見られた不平等の悲惨な実例や、三十年近く国民党支配を経た後も先住民族の間に残っていた自虐的諦念の物語が紹介されている。(5)「山地を平地化する」ことは体制が予想した以上の難事だったようで、政府の宣伝文書「台灣山地改良行政について」は、「原住民の貧困の原因は彼ら自身にある。怠惰、迷信、アルコール依存、経済観念の欠如、守旧的気風、頑迷、進歩への意欲の欠如などがそれである」と片づけてしまっている。(6)

先住民族には天賦の身体能力が――災いの種も――具わっているという観念は、やはりスポーツ界には濃厚にあった。一九六七年、中華全國體育協進會［アマチュア・スポーツの全国組織オリンピック国内委員会を兼ねた。中華民國體育總會の前身］は、翌年のメキシコ・オリンピックで好成績をあげるために、「山胞《シャンパオ》」［山地先住民族の当時の公用総称］の生来の才能をとくに陸上競技とボクシングで有効に生かすことを決定し、「山地建設協會」の新設と、十一月十二日（孫文の誕生日）に屏東で山地競技大会を開催することを決定している。(7)

この種の公的機関が会議で使っていた用語とロジックは、ぎくりとするほど露骨だった。事業目的を表現するのに、十九万「山胞」の隠されたスポーツ能力を「掘り起こす」（「發掘」）(8) という決まり文句を充て、「陸上競技の才能の宝庫」である東部台湾が「産出するスポーツ選手」（「生産運動員」）をもっと活用するという比喩表現を使っている。(9) 埋もれている貴重な「資源」を「掘り起こす」という意味で「発掘」という表現を使うのは、国民党が最初ではない。それまでの一世紀を思い起こせば、先住民族地域に豊富にあった樟脳の原材料や大理石に日本植民地主義者が目をつけ、それを端緒に日本が台湾に野心を抱くことになった。先住民族の才能を「隠されていた」——先住民族にしてみれば才能は台湾最初の居住者として住みついた時から使ってきた——とするのも、過去三世紀の間彼らが力で追い立てられ、搾取されてきた事実を、全く無視した不当な表現である。

體育協進會の新方針発表からわずか三か月後の十一月、協進會は結局——オリンピック選手級の原石は何一つ掘り出されていないのに——山地競技大会に資金は出さないことを決め、国民党政権の新方針による恩恵など、あてにならないことがはっきりした。その決定の理由にも矛盾がある。最初のうちは、身体能力に優れた先住民族の青年が兵役で大会に出られないから、としていたのが、後になると、十五年間の国民党による「山地を平地化する」政策で、山地に住む先住民族の青年の状態が改善されたから、とすり変わった。この齟齬《そご》は問題にもされなかった。聯合報は、この新決定につき「発掘」政策は継続すべしと主張したが、[10]結局一九八八年まで、この種の競技大会に政府は一度も金を出さなかった。[11]

ところが、「山地」軽視に逆戻りする決定から数か月後、台湾のスポーツ界は、野球の才能に恵まれた「豊かな鉱脈」を偶然のようにして探し当て、歴史を変えることになった。

レジェンドとしての「紅葉」——一九六八年

先住民族にも誇りとするものはいくつもある。

『師友月刊』、一九九五年

人生には想像したくもないアイロニーがたくさんある。たとえば、どんな人にとっても致命的な不幸でしかないことが、人間社会の片隅に生きる少数の人にとっては決まって恩恵として働くことがある。そうであっても、人間社会の片隅に生きる人になることは想像したくもない、というアイロニーである。

フィリップ・ロス『偉大なるアメリカ人の物語』、一九七三年

一九六八年五月、台湾少年野球のチャンピオンを決める第二十回全省学童選手権大会が、台北で開かれた。優勝したのは、台東県にある児童数わずか百人、選手全員がブヌン族の紅葉小學校だった。紅葉のこの勝利は、この後記す通り、台湾リトルリーグ野球の伝説が作られる最初の一歩になった。一群の先住民族の少年たちは、この瞬間から（ある場合には中華民国政府が設け、またある場合には台湾人民衆が生んだ）想像を絶する困難を乗り超えたという意味で、中華民国の（立場によっては台湾人資本主義精神の）独自性を象徴する偶像となった。[12]

一九六三年、貧しくちっぽけな紅葉村に校長として赴任した林珠鵬は、子どもたちが喜んで学校に通うようにするにはどうすればいいか考えた末、地方で野球大会は人気があるから、野球なら子どもたちも興味を持つだろうと思いついた。[13]何かしようにも彼には予算がなかったが、子どもたちは校長が用意した粗末な設備や用具でも文句は言わなかった。立木に釘で打ち付けたタイヤ目がけて、棒きれを振り回す（もちろんはだしで）のが練習だった。一九七〇年代に台湾が繁栄と成功を謳歌するようになってから、この練習風景は「経済の奇跡」のシンボルとしても語られることになる。[14]

それにしても、村の貧しさはみんなが考えなければならない現実問題だった。二〇〇〇年放映のテレビ番組で、林はチームを運営する時に出遭った様々な困難を回顧している。チーム初めての遠征試合で南隣の卑南郷に出かけた時、選手の何人かが帰ってきてから下痢をした。親たちは怒り狂い、卑南とは昔からずっと戦いを繰り返してきた仲だから、向こうのまじない師が子どもたちに呪いをかけたにちがいない、と言い張った。近代教育を受けた林は、腕白どもが帰りのバスでさんざん間食をしたせいなのだと、親たちに（三十五年後のテレビ視聴者にも）懇々と言って聞かせた。[15]

　チーム全体の貧しさに解決策を考えてやるのも、林の仕事だった。聯合報は一九六五年の「小さな小さな飢え、大きな大きな温情、みんな力を合わせて」と題する短い記事で、紅葉のこと――村、学校、チーム――を初めて報道した。十七回目の小学生カップに出るチームに、旅費を出してやろうという情け深い人たちが大勢現れた、というのである。チームがはるか遠くの宜蘭《イーラン》［台湾北東部の県、市］にたどり着けるように、自家用車を持つ人、警察官、レストランのオーナーたちが、親切心から手間暇をかけ、お金、食料、寝泊まりする場所を用意してやり、おかげでチームは大会で四位（出場十三チーム）の成績を上げて無事戻って来た。[16]この記事が言おうとしたのは、台湾の先住民族児童のほとんどが経験してきた極限の貧困などではなかったことは明らかで、一九六〇年代の台湾で台頭してきたブルジョアジー――宜蘭市で食堂を経営していた大陸出身者もちゃんと入っていた――を正しく評価してやりなさい、ということだったのである。

　翌一九六六年の学童選手権大会で紅葉は初優勝、六七年には二位になり、聯合報は六八年再び紅葉を記事にした。だがそれは、またしてもお金がないという話だった。台南の大会に出たので借金があり、五月に台北で予定されている小学生カップに行けそうにない、というのである。[17]この時に援助を申し出た人たちの中には知名人が何人かいて、悪名高い緑島の刑務所から帰ってきた元政治犯三人も含まれていた。その中の一人・蔡焜霖《ツァイクンリン》は、好ましからざる研究会に出ていたとして緑島に十年間投獄され、その後『王子』という子ども雑誌を発行する仕事をしていた。[18] 彼の政治犯としての経験と政治方面の嗅覚から推して、蔡は紅葉を支援することの反体制的意味、国民党が口にする「山胞」救済のレトリックに抵抗することの正当性が、よくわかっていた台湾最初の人だったかもしれない。

紅葉の苦境を新聞で知った蔡は、紅葉小学校の胡學禮校長と連絡を取った。校長が言うには、台北までの旅費と一日二食分の食費を雑誌『王子』が負担してくれれば、必ず優勝してみせるとのこと。[19] 蔡はその言葉を信じて、一日二回の食事を用意し、選手たちの足として雑誌社の車を提供し、選手を事務所に泊めることを承諾した。[20] こうして紅葉に投資し、一九六八年に紅葉の物語を初めて出版した蔡は、出版社の発行人として大いに儲けた[21]のだが、この一件の政治的意味もまたそれなりに重要だった。

何とか台北に着いた紅葉チームは、学童選手権大会で優勝した。強敵の垂楊《ツィヤン》小学校（嘉義代表）を相手に雨中の決勝戦を戦い、劇的なサヨナラ・ホームランで勝った試合は、五千人のファンが雨に濡れながら見た。[22] だがこの大勝利も始まりでしかなかった。数か月後、中華民國棒球協會は、リトルリーグのワールド・シリーズ優勝チームを出した日本の和歌山からチームを招待した。（和歌山から来るのは世界チャンピオンとは別のチームだと、聯合報ははっきり報じたが、[23] 台湾のほとんどのファンには、そのような違いはどうでもよかった。それを承知してか、聯合報は同じ日の同じ面で、今度来るのは「昨年のリトルリーグのチャンピオン」だと書いている。[24]）

和歌山は、第一戦で台湾の準優勝チーム垂楊を相手に1対0で勝ったが、[25] その後四日間の試合では紅葉の子らが三勝した（うち一勝は全台湾選抜チーム）。三勝目が本当に紅葉の勝ちだったのか、記録でもはっきりしない。試合会場が混乱したためのようだ。五千人程度しか入れない新竹の建國中學の狭い球場に、三万人ほどの野球狂がすし詰めになったから、会場は「新竹で過去二十年で最大の興奮状態」に陥り、警官とボーイスカウトが会場を鎮める間、試合開始が四十分延ばされた。ところが一回裏に紅葉のトップバッター古進財がホームランをかっ飛ばすと、喜んだ観衆が一塁線と三塁線を越えて内外野になだれ込み、その後も同じような混乱が繰り返されて、試合は何度も中断した。統制と規律にやかましい国民党に遠慮したのか、新聞はその詳細をほとんど載せなかった。[26]

だが台北市営球場であげた最初の二勝は、まさに伝説だった。どちらの試合にも二万人のファンが押しかけ、切符を買った人以外にテレビでも大勢の島民が観戦し、テレビ局は最初の一勝を十三時間以上かけて放送した。[27]その試合は7対0、和歌山走者は二塁にも行けない紅葉の完勝だった。子どもの野球試合が社会を活気づけるなどは前代未聞で、台湾資本主義イデオロギーの成功を初めて可視的、明示的に印象づけた日になった。

ファンを狂喜させた試合だったにもかかわらず、翌日の新聞は「猛暑を恐れず日傘をさし、懸命に声援する上品な女性ファンがいた」といったピンぼけ記事しか載せなかった。聯合報によれば、イニング途中に「雑誌社の人らしい人物」が広告板をまとった若いサンドイッチマン数人を連れてグラウンドに現れ、紅葉の選手数人に現金入りの赤い祝儀袋を手渡した。記事は「外国人選手の面前」であつかましい宣伝をするのはよくないと文句をつけたが、[28]催しで金品を進呈するのは台湾民衆の間ではよくあることであり、それを見過ごしていたのか。この記事はさらに、勝ち試合に浮かれたファンがグラウンドに入り込み、十元、五十元、百元紙幣を空中にばらまいたとも書いた。この試合の捕手・

江紅輝が二〇〇〇年当時たどたどしい中国語で話したところでは、彼が六回に満塁ホームランを打ち「ベースを一周する間、お金がたくさん飛んでいるのが見えた」そうだ。

子どもながらに有名になった記憶の中で選手たちの印象に強く残ったのは、大都市でいい成績をあげれば物質面でいいことがたくさんある、ということだった。江によれば、選手時代の忘れられない記憶の一つは、台北に行った仲間と一緒に腹一杯食べたことで、「山ではサツマイモかカボチャしか食べられなかった」のに、町では気前のいいビジネスマンに好きなだけ食べなさいと言われ、「江萬行［この試合の投手］はご飯を十一杯食べた」[29]。

勝った日の翌日、チームは総統の息子で中國青年反共救國團主任の蔣經國と面会し、いずれ台東の子どもたちを訪ねたいという言葉を頂戴した。それ以上にチームが喜んだのは、教育部から十万台湾元（二千五百米ドル）が支給されると、台東県長の黄杰《ホアンジエ》を通じて言われたことだった（和歌山に負けた垂楊小学校にもスポーツマンシップ賞二千元（五十米ドル）が出ることになった）。聯合報には読者から八千八百元（二百二十米ドル）の寄付があり、貢献度に応じ選手一人に百〜千元を配ることにしたという得意げな記事が載った[30]。

その次の日、子どもたちはまた蔣經國に呼ばれた。テレビの有名人や台北市議会議員が待っていて、「困難を乗り越えて戦った並外れた敢闘精神」に対して市民からのささやかな記念品を贈り、紅葉の物語の引き立て役を演じた[31]。和歌山相手に二勝目をあげたのは中華民国選抜チームだったが、先発九選手のうち（また満塁ホームランを打った江紅輝を含め）七人までが紅葉の選手だったので[32]、紅葉がまた勝ったとよく間違えられた。台北県の私立清傳高級商業學校からも、紅葉だけ百万元（二万五千米ドル）の寄付をもらった[33]。

こうして、紅葉村から出てきて数日の間に、ブヌン族の少年たちは台湾の中間階層が手中にし始めた経済的成功のメタファーになった。国民党政権は、日本人が残していった教育程度の高い（統制のとれた）労働力、安定した通貨システム、強力な電力・運輸インフラに依存しながらも活用し、大陸時代に遂げられなかったことを台湾で実現しようとしてきた。輸出指向型の経済成長を実現させる計画も、一九六〇年代末以前から有能な経済官僚の手で進められていた[34]。現実に、公平な所得分配と所得水準の底上げでは、台湾は日本に次ぐ実績を戦後二十数年間であげた[35]。国内でもどん底の貧しい子どもたちが野球で成功を収めたことで、国民党支配下の台湾資本主義は、他の分野でも成功の可能性を語れる資格を手にしたのである。

紅葉フィーバーに批判がなかったわけではない。北京出身で国民党の熱烈な支持者だった聯合報コラムニストの何凡（夏承楹《シアチェンイン》）は、野球は中国のスポーツではないし、紅葉をもてはやすのは青少年アマチュア・スポーツの理念に反すると（一回だけ）書いたことがある[36]。だがこうした批判は多くはなく、このコラム記事と同じ日に、聯合報の「黒白記」欄に載った次のような肯定的評価が一般的だった。

> 紅葉の勝利は「奇跡」ではなく、厳しいトレーニングと奮闘のたまものである。……資金に恵まれなくとも、地元政府の熱心な支援と、選手自身のたゆまぬ練習があったからこそ（の成功）である。最低限の用具しか持たない彼らは、棒きれをバットにし、石ころをボールに使って終わりなき練習に励み、絶えず前進を続け、今日に見る優れた成績をあげた。紅葉チームの精神と勝利が、すべての人に刺激と感動をもたらすことを望む[37]。

こうして、ブヌン先住民族少年たちの信じ難いほどの貧困は、そのまま蔣介石国民党政権の成功物語の中に取り込まれてしまったのである。

誰もが目にした一九六八年の画期的で誰の目にも明らかな勝利が、「野球の新時代」の起点になったことは否定できない。この勝利を契機に起きたもう一つの重要な変化は、政府が何の実質的支援も与えなくても、少年スポーツには濃厚なナショナリズム感情を生み出す力があることに、国民党政権が気づいたことである。一九六八年八月は、日本植民地主義と深いつながりを保ってきた野球が、国民党支配の二十年を経て、中華民国の政治体制との明示的な真の一体化を実現してゆく転換点になった。

だが、紅葉をめぐる興奮が台湾ナショナリズムの勃興を物語るものだったとしても、またことに中国大陸で十年に及んだマオイズムの失敗がその背景になったにしても、それで紅葉現象のすべてが説明できるわけではない。台湾の男子野球チームが日本の強力チームを破ったことは前にもあり（第二、三章参照）、戦後間もない一九五〇年代、六〇年代には、反日ナショナリズムが十分意味を持ったはずなのに、日本チームに勝っても大きな社会的興奮は起きなかった。

紅葉の場合、チームを取り巻く経済状況は以前と比べ一変していた。身を削るような貧困にあっても――善意の第三者の正しい導きがありさえすれば――驚くような成功に到達できることを証明したことで、少年たちは工業化の途上にあった資本主義台湾の新しい可能性を指し示す存在になった。どんな障害も乗り越えて成功を手にしたいなら、自分自身と管理者の力を信じなさいと教える資本主義イデオロギーの教条に、このチームはぴったり適合したのである。紅葉の子どもたちの貧しさも、野生的な一面も、都会的洗練を全く欠いたことも、彼らの成功を（台湾民衆の中で最も非日本的であることをも）一層引き立て、成功の現実的必然を納得させるにはかえって好都合だった。

この少年たちとその成功を表現する時、「不受拘束、自由自在」という成句がその後数十年間繰り返し使われた(38)。紅葉が持つ集団としての性格の一面と、資本主義的創造性を制約する「束縛」の観念とを一口で表現したこの成句は、一九六〇年代後半の台湾という変容の激しい新しい世界を、資本主義イデオロギーで規定しようとした表現である。台湾民衆はこの成句を通して、資本主義の神話が内包するもう一つの面を確認したはずである。それは、成功か挫折かを決めるのは、結局はそれぞれの能力、欲求、忍耐力であり、愛する家族と美しい（けれども貧しい）故郷を捨てる覚悟もまた必要だ、ということだった。紅葉を台湾でまれに見る「奇跡」のシンボルとする理解は、その後の政治的転変と民主化の中でもほとんど変わらず、国民党が持ち込んだイデオロギーの力のほどを物語っている。

日本の少年たちに勝ったことは、中国人ナショナリズムの勝利を意味しただけではなかった。大衆が当局の与える恩恵と「庇護」をおとなしく受け入れさえすれば、生活水準の底上げなどは（一九五一〜六五年の米政府援助四十億ドル(39)の効果も合わせれば）いつでも可能だという大衆向け物語でもあった。総統の息子・蔣經國が紅葉チームと再三会ったことは、その解釈の正しさを裏書きしている。この年九月の週刊誌『新聞天地』の表紙は、鷹揚に構えた蔣經國に向かい、紅葉の選手たちが深々とお辞儀する写真で飾られていた(40)。

国家と歴史に組み込まれた「紅葉」——一九六八年以後

資本主義体制下の勝者として公認された紅葉の記憶は、今日に至るまで五十年の間途切れることなく受け継がれてきた。紅葉の勝利から十一年目の一九七九年、アニメ映画『紅葉少棒』が制作された。その主題歌「紅葉故郷」を、ツインテールの双子姉妹がこう歌っている。

故郷、故郷、いまぼくは　この美しい故郷を出て行く
別れ、別れ、ぼくたちは別れるが　きっとまた会えるだろう
少しでも甘い再会にするために　みんな懸命に生きよう
成功と勝利をめざして　懸命に生きよう
新しい希望を創り出すために　いつまでも一緒に(41)

「経済の奇跡」の賛辞は耳に快いが、資本主義の展開とともに社会的再配置が起きることは必然だった。曲で歌い上げられるのが成功、勝利、希望であっても、紅葉村のような寒村は、残念ながらしょせん見捨てられるだけなのである。

一九八八年、制作計画だけは二十年前からあった野球少年の映画『紅葉小巨人』が、やっと世に出た。『がんばれベアーズ』［弱い少年野球チームの奮戦を描いたアメリカのコメディ映画］タッチのこの映画は、台湾野球界のあれこれの事情にはさほど踏み込んでいないかわりに、練習風景の映像はたっぷり取り込まれており、また無意味な動物虐待シーンがやたらと多い作品だが、資本主義の物語を確認するには格好の内容である。

日本から来た「世界チャンピオン」との試合のために、ある少年野球チームが台北にやって来る。

宿舎のホテルでは、先住民族なら必ずやりそうなマナー無視をやらかしてホテルの経営者をてこずらせる。ところが奔放で愛すべき少年たちは、あふれるエネルギーでホテルの従業員を魅了してしまう。部屋にぎゅうぎゅう詰めになった少年たちが大騒ぎをするのでマネジャーが注意しに行くが、天真爛漫な少年たちを目にしては、笑いをこらえきれない。マネジャーは諦めて頭を振り、（そこだけ台湾語で）つぶやく。「やつらのガッツは気に入った。子どものころの俺と同じだよ」(42)。

成功への堅固な意志を持つ台湾への賛歌は、さらに「大一番」の場面に引き継がれる。特別扱いされていい気になった日本チームの監督は、紅葉の選手たちがはだしで試合をしようとしていることに文句をつける。そこで場内アナウンサーは場内放送で、紅葉の選手たちは貧しいけれどもどうしても勝ちたいので、靴を履かずに試合に出ます、と説明する。試合が紅葉の勝利で終わると、お札が乱舞するあのシーン。大勢の台北市民がグラウンドになだれ込み、野球少年が技で一九六八年八月の偉業を成し遂げたことを祝福し、そのイデオロギー的勝利を再度力強く謳いあげて、映画は終わる(43)。

紅葉の成功が台湾にとってどのような意味があったか、その全体像を描き切るのは簡単ではない。勝利感で台湾社会全体が活気づけられたのはその通りだが、アメリカのスポーツ史にはこれに相当する実例は見出しにくい。一九三八年ジョー・ルイス［プロボクシングの当時の世界王者］がマックス・シュメリング［ナチス・ドイツ時代のボクシング選手］にノックアウト勝ちした試合か、それとも一九八〇年のオリンピックでアメリカのアイスホッケー・チームがソ連を破った試合が、それに近いかもしれない。

台湾の女性作家で大学教授の平路《ピンルー》は、公共テレビ局のドキュメンタリー番組『野球をする子どもたち』（二〇〇〇年）で、紅葉の勝利の年であり、解放と民衆による世界的な権利運動の年でもあった一九六八年を回顧している。彼女によれば、少年野球の勝利が残したものは、実質的に「同じ年の解放運動の成果とは正反対のもの」だった。世界中の市民が同じように尊厳と権利を獲得するために戦い、戦果を手にしたのと対照的に、台湾の民衆は「別種の神話」の陥穽にからめ取られてしまった、というのである。[44]

紅葉が和歌山チームからあげた勝利は、それ以後現在まで、台湾ナショナリズムの歴史を変えた大事件だとされている。二〇〇〇年に台湾で発刊された二巻セットの刊行物の広告を見ると、二十世紀の中国の五大事件として写真付きで列挙されていたのは、一九一一年の辛亥革命、四五年の日本の降伏、六〇年代前半に中国で起きた「大躍進」による飢餓禍、七一年の中華民国の国連脱退、それに六八年の紅葉野球の勝利だというのである。[45]

これほどまでに騒ぎ立てる理由は単純明快である。台湾の都市中間階層は、自分たちがここまで到達できたことを自ら祝福したかったのである。紅葉の子どもたちが家ではろくに食べられず、台北に来ると大食いすることを、彼らはほとんどポルノグラフィーでも見るように知りたがった。[46]紅葉の勝利を記録した政府制作のニュース映画は、選手たちの故郷・台東の村の美しい原初的風景を長々と映し出す。映画を見る人たちは、紅葉村に通じる石ころと埃の道をてくてく歩いた気分になる。先住民族の若い女性が小川で洗濯をし、伝統のかぶり物をした年配の女性がパイプをくゆらせ、民家の室内に質素な家具とライフル掛けがある様子を、人類学者の目で観察させられる。[47]

この映画の数週間後にリリースされたサイレントのニュース映画にも、同じようなシーンがあり、そこではイデオロギー宣伝の効果が上がるように工夫されている。最初二分間ほどは紅葉村の貧しさの説明、次に少年たちが素晴らしい山容を背に静謐な谷間で練習する風景。そこでがらりと画面が変わり、超満員の台北市営球場で紅葉チームがプレーしている場面。[48]そこは、台湾の市民が苦労の末にやっと手にした名声と富裕を象徴する場所である。紅葉小學校チームはこの試合に勝ち、数日後に中華民国教育部長の閻振興《ヤンチェンシン》から、ご褒美として全校児童百五十人分の学校給食費用の支給を約束される。[49]こうして、絵に描いたような「救済者幻想」の最新版が再生産される（貧しい児童の援助の求めがよそから来ても、野球の上手なクラスメートがいなければメディアは無視するだろう）。和歌山との最後の試合から三日後に、中央電影社［当時は国民党営の映画社。後に民営化］が感動の物語として映画化する台本作りに入ったことを見ても、紅葉イデオロギーの力のほどがわかる。一週間もしないうちに、映画の題名は『少年魔球』に決まった。当時の分類では「健康芸術」だった。[50]

勝利の翌週、聯合報に「紅葉選手の身長と体重は同年齢の日米児童に負けていない」という記事が載った。宜蘭県にある博愛病院の医師たちが選手の成長記録、尿検査結果、歯科検査記録、X線検査結果をまとめたところ、子どもたちの身長・体重、健康状態とも日本、アメリカの子どもたちに（一九六八年の台湾の指標を使ってのことだが）実質的に劣っていなかったという喜ばしい結果が出た――数週間前までは紅葉選手の食生活がいかに貧しいか強調されていた――というのだ。[51]紅葉の成功物語なるものがいかに根拠薄弱だったかを証明したような記事である。

残念なことに、紅葉の勝利が生んだ歓喜も驕りも、不都合な事実が明るみに出て、間もなくしぼんでしまう。紅葉が登録した出場選手十一人のうち九人までが年齢制限を超えており、監督、校長、事務長が用意した偽名でプレーしていた、というのである。さまざまな疑惑は、和歌山チームとの試合の前からあった。この年の学童選手権大会で三位に甘んじた台南・立人小學校の選手のうち八人が、二年続けて六年生だった疑いで八月から調査を受け、問題を起こしたとされた保護者が優勝校の紅葉、準優勝校の垂楊も替え玉（「槍手《チアンショウ》」）を使っていたと訴えていた[52]。（一九六八年の官製ニュース映画を見ても、紅葉の選手たちがこの夏対戦した台中の選手よりずっと背が高く、年齢超過が一目でわかる[53]）

秋になると、自分たちの優秀チームが詐欺まがいの手でしてやられたらしいというので、日本のリトルリーグ団体が調査団を送ってきた[54]。十月には、紅葉の主力選手数人が秋に中学生になる前に偽名を使っていたことが次々に新聞に載り、もう細工の余地もなくなった[55]。一年後、紅葉の校長、事務長、野球チームの監督の三人が、台東地方法院で一連の違法行為により懲役一年を言い渡された[56]。

先述の『野球をするこどもたち』のドキュメンタリー・ビデオが制作されたのは、それから三十年後である。ドキュメンタリーの中に、元紅葉選手の一人がカメラに向かって当時の経験を話すシーンがある。少年の面影を残したその顔は、まぎれもなく強打の捕手・江紅輝《ジアンホンフィ》だったが、名前まで記憶の底から探し出せた人はいなかっただろう。一九六八年台北で歴史的勝利をあげた時は（本名と発音が似た）胡勇輝《フーヨンフィ》の名だったのだから。チームに英雄的勝利をもたらした屈辱の真実を語る時、四十代半ばでも十分男前の江の顔は、苦渋に満ちていた。

彼の語りによれば、試合で偽名を使うことを決めたのは村の大人たちで、偽名を自分で書けない子、使うのを忘れる子もおり、しぶしぶ使うので仲間をつい本名で呼んでしまうこともあった。不正がばれてはいけないと、結局子どもたちの発案で、選手同士ではブヌン語の名前を呼び合う――一九二〇年代の有名な「蕃人チーム能高」のやり方をそれと知らずになぞる――ことにした。画面の江は苦い微笑を浮かべながら、自分が汚辱にまみれたレジェンド紅葉の一員だったことを、あれ以後口にしなくなったと告白している[57]。

彼らの勝利の物語は、結局は欺瞞、疑惑、困惑の物語にすり替わったのだが、それでも勝利の物語としてやがて台湾人ナショナリズムの一部になる。そこには重要な意味があった。陳水扁は総統に就任した二〇〇〇年の年末スピーチ「新世紀への架橋」の結びで、「打席に立つはだしの原住民（紅葉チーム）の少年」の伝説的写真にとくにふれた。打とうとしている少年の「懸命な姿」とチームメートの真摯な声援風景を、「二十世紀の台湾を完璧に表現したこの美しい場面は、忘れられることのない記憶として残るだろう」と称えたのである。[58]

屈辱と当惑の中にプライドと連帯を見出そうとするのは、一見して明らかな逆説――本書でこの後記す通り、伝説として記憶されている台湾のリトルリーグ事業にそうした例がいくつもある――だが、それを解き明かすために、筆者は人類学者マイクル・ハーツフェルドの提示する枠組を有力な手がかりにした。彼の著作『文化的親和性《カルチュラル・インティマシー》』によれば、ナショナリズムの最も強固な紐帯が結ばれるのは、ある民族が「秘密の空間」を共有した場合であることが多く、そこから「民族的恥辱」の動機とイデオロギーが導き出される。[59]ことにスポーツとナショナリズムが作用し合い、「勝利」と民族的プライドに安易に直結させてしまうのが一般的であるのに対して、ハーツフェルドは民族的、文化的な「親和性」に着目し、「外向けには恥辱の原因と見なされるようなことが、民族の内部者にとっては社会性を共有する保証になる」とする。[60]

これと対比させて吟味しておきたいのは、宗教史家エルネスト・ルナンが提起し、しばしば引用もされる「民族のエッセンス」は「忘却すること」にある、とする所論である。この説では、本書で見てきた様々な集団的挫折や恥辱の例は、必ずしも十分に説明できない。ただし、さほど注目されてこなかったルナンの所論、「共通の受難が共通の歓喜以上に結束を促すことが確かにある。民族の関心事として価値が認められるのは、勝利よりも不幸である。なぜなら、不幸に遭遇したら何か処置しないわけにいかず、共通の努力が求められるからだ」[61]という観点は、偶然の一致だとしても確かに認めることができる。

こうしてみれば、陳水扁が抱く紅葉の記憶も、恥辱と誇りは逆説の関係にあるのではなく、現実には表裏一体なのである。紅葉の一件で、少年選手の個人公文書を改ざんし有罪の屈辱を受けた三人の大人は、台湾の少年野球への貢献が配慮され、結局減刑になった。[62]恥辱とナショナリズムが結び付き、「欠陥を持つ者同士の一体感」[63]を作り出すとするハーツフェルドの指摘通りの進行であり、その意味で減刑はむしろ自然の成り行きだった。

一九六八年の紅葉以後は、これといった成功例は少なくなったが、法的にはともかく道義的に問題のある話はなくならなかった。一九七一年台北でリトルリーグの東アジア最終予選があり、台南巨人軍が勝ち抜けた時も、その準備期間中に、中華日報は台湾のリトルリーグには「一歩間違えば地獄の問題が多い」と書いた。雑誌『國民體育季刊』は、リトルリーグ界で発生した問題の新聞記事十三例を列挙している。入場券の闇売り、入場料つり上げ、練習時間が増え授業がなおざりになったこと、試合中の大人同士の喧嘩、入場ゲートの実力突破、球場の混乱収拾に軍隊が出動したこと、さらに、大事な試合に負けた嘉義のあるチームはこっそり町に戻り、ホテルに隠れていたともいう。[64]次の号にも、敗戦で頭にきた保護者が監督を殺すと脅し、怯えた選手が大勢出場を辞退した話が載った。[65]

メディアがユース野球の問題にこれほど執着するのは、もちろんそれなりの背景があったからだ。たとえば、台北の大陸出身者からなる中間階層知識人と、メディアが批判対象にする南部の台湾人労働者階層との間の階層的、地域的、民族的な差異もその一つだ。確かに、草創期の台湾リトルリーグ界の状況は深刻だった。一九七一年のユース大会で優勝した台南巨人軍にも、負けたチームの監督の母親が声高に文句をつけている。巨人軍から息子のところに、試合に負けてくれれば金を払うという誘いがあったというのである。台中で開かれた全島大会決勝戦の直前には、両チームの監督に脅迫状や脅迫電話が何度も来て、五百人の武装警察官が市営球場に出動して警戒した[66]。

それでも、台湾メディアの報道にはプライドを誇示しようとする響きが疑いなくあった。先に挙げた『國民體育季刊』は、一九六九年のリトルリーグ世界チャンピオンになった台南金龍チームを称え、「外国人の技術的支援を一切受けず、中国人の手で育てられたチームが天下を取り、世界に衝撃を与えた」だけでなく、中国（中華民国）は「将来野球の支配者」になれることを証明したと書いている[67]。

ところがその後、ユース野球で台湾があげた好成績を、不名誉と恥辱の物語と読み変える新しい言説が現れた。先述した二〇〇〇年制作の紅葉ドキュメンタリーもその一例であり、和歌山に勝った場面で流れた音楽は、ビートルズの叙情曲「ヘイ、ジュード、そうへこむなよ。悲しい歌で元気が出ることだってあるさ」だった[68]。再びハーツフェルドを援用すれば、台湾の民衆が自分らの「国民性なるもの[69]」——既存システムを巧妙に操作する知恵、息子たちへの息苦しいまでの愛、郷土や地域や国家への愛着など——に「誇り」を持つが故に、かえってユース野球が悪用され、社会問題を生み出す温床になってしまう。ユース野球で繰り返し再現されているのは、そうしたアイロニー込みのプライドなのである。ドキュメンタリーに出た紅葉の元捕手・江紅輝の話では、かつてのチームメートにはアルコール依存や病気で若死にした者が多く、元気な仲間と会う時だけは「痛飲する」そうだ[70]。

台湾東部・花蓮出身の作家・李潼《リートン》に、架空の紅葉選手の人生と回顧を扱った一九九九年発表の小説がある。作品の主人公は「民族的」欠陥を受け継ぐ類型の人物で、「私は名前を失った控え選手だった」というどきりとする一文で始まる。やや感傷的だが、ノスタルジアと切実な喪失感とが交錯する場面は魅力的である。書き出しの後にこう続く。
　正式のチームになる前が本当に懐かしい。練習グラウンドは石ころだらけ、でこぼこだらけで、グローブなど誰も持っておらず、バットはたった一本、ボールも一個だけだった。バットを振り、ダッシュし、滑り込み、それを繰り返して汗まみれになった。紅葉村の谷で石ころボールを打っていたあのころは、みんなが本当の名前を使っていた。(71)

同じ年に発表された張啓疆《チャンチージアン》の短編小説「胡武漢と私」は、紅葉の選手が成人した後どんな精神生活を送ったかという話である。主人公は一九六八年当時紅葉のエースだった江萬行の偽名「胡武漢」を自分の本名にしている男。三十七歳の時肝臓病で若死にした実在の江と違い、野球をやめた後町の平凡なサラリーマンになるが、「自分は何者か」を自問して悩む。

　父は私を「胡武漢」と呼び、チームの胡武漢もそう呼ぶ。自分は胡武漢にとっても胡武漢なら、同じ男が二人いるわけだ。名前への愛着は永遠のはずだが、最初からないようなものだ。私の運命も魂も、すべて故郷の山々の中に埋められてしまったのだ。(72)

紅葉の全盛期から三十年経っても、なお多くの台湾人が近代化の生んだトラウマから抜け出せず、共通のノスタルジアを鬱積させ、それがこうした悲痛な叫びになるのである。
同じような悲哀と敗北感が、台湾のポップ・ミュージックにも見られることは、大衆文化の研究者の手で明らかにされている。ナンシー・ガイによれば、失われたものへの嘆きを歌った台湾語歌曲の源泉は、植民地時代と戦後最初期であり、その後の一時期（一九七九〜二〇〇六年）に反政府運動の中でそうした曲が再び歌われるようになったとし、失恋を歌う地味な曲「補破網《ブーポーワン》」「雨夜花《ユーイェーホア》」を例に挙げている。(73) そうした曲が三十年もの間政治的な意味を保ち続けられたということは、未曽有の経済成長の時代が生み出したトラウマの物語に、それなりの訴求力があったからだろう。

ジェレミー・テーラーにも台湾語歌曲――ことに日本歌曲の伝統を受け継いだ曲――に関する論考があり、そうした曲は、台湾の電波メディアを独占していた標準中国語のポップスよりも濃厚な政治的含意を、最初から内包していたとする。「バーの女」「酒の歌」は何かを失った者の歌であり、台湾のポップ・カルチャーの中で「台湾人であること」を最も正直に表現しているともいう。(74)

野球が台湾独特の文化の代表であるとは、すでに言い古されたことである。その通りだと言ってもいいのだが、国民的「長所」として台湾文化の中心に据えるべきものが（野球のほかにも）あるという異論も想定でき、その点には留意しておきたい。

紅葉の伝説が生み出されてからほとんど間を置かず、替え玉問題で台湾そのものが恥辱にまみれたにもかかわらず、その後もこのチームは台湾文化の偶像であり続けた。それはなぜなのか。陳水扁は紅葉を恥さらしだと責めたりしなかったばかりか、「二十世紀台湾を完璧に表現した美しい場面」の創造者として称賛した。それはなぜなのか。

台湾でリトルリーグ野球（「少年棒球」、略して「少棒《シャオバン》」）事業が公式に始まったのは一九六九年であり、紅葉の勝利はその契機となった。それまで四半世紀の間、野球に資金支援をする気がほとんどなかった国民党政府も、国際試合で勝てる実力を具えた野球には、国内政治面で十分な利用価値があることに気づいた。紅葉の経験の中で形成された「欠点付き」の中華民国ナショナリズムには、住民が共有するある種の犠牲者意識が反映していたように見える。その犠牲者意識は、台湾人は日本人によって、大陸出身者は共産主義者によって、台湾人と大陸人はお互い同士で、それぞれに傷つけられた過去が生み出したものだったから、勝利も欠点付きの方がかえって受け入れられやすかっただろう。

この島に住む民衆の様々な集団は、近現代台湾で与えられた地位もその意味も異なっていたにもかかわらず――植民地主義、文化の喪失、戦争、未知の場所への移住、抑圧、白色テロなどによる――苦悩と受難と屈辱を表現してくれるものを、無意識のうちに共有しようとした。結果的に、野球という文化領域こそがそうした欲求を満たしてくれる格好の場であることを発見し、皮肉な形で差異を克服できた、ということであろう。[75] それは結局「欠陥を持つ者同士」であることを認め合うナショナリズムであり、また庇護者であるはずの国家やコミュニティーを批判する強力な原動力になったのも、その種のナショナリズムだったのである。

アメリカへ――金龍軍、一九六九年

一九六九年、アメリカ・リトルリーグ・ベースボール（ＬＬＢ）国際本部がペンシルヴェニア州ウィリアムズポートで毎年開いているワールド・シリーズに、台湾は初めてエントリーした。この初出場の年以降、台湾の小学生たちはほぼ全チームを楽々撃破し続けることになる。優勝は一九六九～八一年の十三年間で十回、[76] 一九九六年までの二十八年間では十七回を数え、国際スポーツの歴史にもほとんど類例のない破天荒な記録である。この時期は、頼りとする同盟国アメリカが台湾を少しずつ遠ざけ、中華人民共和国に接近し始める時期にあたっており、外部の関心をつなぎ止めたい台湾は、何としてもこうした成功を収めておく必要があった。

スポーツで成果をあげておくことは、空想的目的、現実的目的の両方で意味があった。中華民国政府にとっては、一九四九年に退去を余儀なくされた中国大陸を奪還する権利を明示できるだけでなく、四五年以来の台湾支配の有効性を確認する証しにもなった。さらに、台湾の野球文化が複雑に入り組んだ民族的・人種的緊張をあぶり出す場である以上、この時代の台湾社会をより深く理解するには、野球の研究が必須になる。

第三章に記した通り、日本による植民地統治の重要な手段だった野球を、国民党政府は一貫して冷遇した。二十数年間非公式に「國民遊戯《クオミンヨウシー》」とされたのは、大陸時代の一九三〇年代を受け継いでバスケットボールとサッカーだった。一九六六年発刊の『今日の中華民國』蔣介石生誕八十周年記念号には、中国化された蔣の後裔たちがスポーツ――バスケットボール(「男子学友のプレーを見守る女子学生たち」)とサッカー――に興じる写真が二枚掲載されているが、野球の写真はない[77]。紅葉の勝利の年だった六八年の『今日の中華民國』にもスポーツ記事はあるが、やはり野球の写真はない[78]。誰もが自慢できるナショナリズムの感動的勝利を一夜で成し遂げた紅葉でさえ、何も変えられなかったのである。

一九六九年、教育部のスポーツ年間計画で、初めて野球が重点事業の一つに織り込まれた。だが、この年の国家予算でスポーツ予算は二〇%削減され、今度こそという期待はあっさり裏切られた[79]。こうした資金的な制約を承知の上で、中華全國棒球委員會幹部は国際リトルリーグの世界に飛び込んでいった。この年七月日本で開かれた太平洋地域選手権大会に派遣されたのは、「台中金龍」を名乗る台湾選抜チームである。

そのわずか三週間前、急進的な反国民党活動家で台湾独立を主張する人物が「台風」の筆名で書いた激烈な文章が、『獨立台灣』という刊行物（国民党の検閲を避けて東京で発行）に載った。「蔣介石獨裁政権」が台湾人民のものであるはずのスポーツを破滅させたと非難したこの一文は、スポーツ、民主主義、市民的権利に関する国民党の過去四十年間の言説を厳しく糾弾した後で、こう書いている。

ある社会が繁栄しているか停滞しているかは、その国と民衆のスポーツの状況を見ればわかる。……国民党に言わせれば台湾は繁栄する社会の好例だそうだが……、現実には「蔣犬党」が台湾人民のスポーツを抹殺し、人民の体力を以前よりも一層弱めた。……そのように仕向けたのは、ほかでもない蔣父子である。(80)

国民党攻撃はさらに続く。野球への公費支出はゼロに等しいのに、青年反共救國團に加入させられた少年たちが手投げ弾を投げる練習には、毎年六億台湾元（千五百万米ドル）も使う。野球に多少とも関心を払うようになったとしても、それは蔣政権が日本の「歓心を買う」気を起こしただけのことである。(81)

最後の一点――政権の対日イメージ改善――は、国民党政権の急所を突いており、台湾の野球ボスがリトルリーグ事業に手を染める気になった大きな要因だった。一九六九年夏に日本で開かれるLLB太平洋地域（予選）大会に備え、台湾当局は四月に日本から一チームだけ招き、二回練習試合をした。ところが前年の「紅葉」とは逆に、全台湾のトップ八チームから精鋭を選りすぐったチームは日本に簡単に負け、保護者は「悔し涙を流す」ことになった。もっとショッキングだったのは、試合前の宴会に出席した日本人選手たちの体格が、台湾人選手よりはるかによかった（身長は平均七インチほど高かった）ことだった。「黄色い顔のやせっぽち」（ある新聞記事の表現）ばかりでは、日本に勝てるはずはない[82]。前年の紅葉の勝利に欺瞞があったことが露見して半年後に、また屈辱を味わったことで、最高の選手を集めて中華民国を代表するチームを編成し直すほかなくなった。

リトルリーグのワールド・シリーズは、国の代表が集まる大会ではない。毎年夏にウィリアムズポートで開く大会に出場できるのは、最大でも人口一万五千程度のコミュニティー（町や村）の代表でなければならない。しかし中華全國棒球委員會は、当時千五百万ほどの島民の間を探し回り、才能がありそうな数百人（とくに身長145センチ以上の者）を見つけ出し、技能をテストし、強化練習をし、新聞記者が見守る中で練習試合もした[83]。ところが、国民党のありがたい配慮の下で種々の準備を重ね、結束を固めたはずなのに、台湾のリトルリーグ計画を担当した大人たちによる別の形の不正行為の方に、注目が集まる結果になってしまう。

七月、太平洋地域大会を戦うために日本に着いた十四人は、確かに台湾で最も才能に恵まれた選手ばかりだった。だがチームは六県市の選手の寄せ集めであり、この編成そのものがLLB規定に著しく違反していた[84]。数か月かけて徹底的に練習した選手の中には、余宏開（前年まで紅葉の選手だった）や郭源治（台東の貧しいアミ族の家に生まれた小柄な投手で、後に日本のプロ野球で活躍する。七月の練習試合で連続二十イニング二百六十四球投げたことで当時有名になった[85]）もおり、チームが「台中金龍」を名乗っていても、台中の選手は二人だけで、南部の嘉義や台南から加わった選手が九人もいた。チーム名に「台中」を入れたのは、日本大会に備えた強化練習の費用を持った陳慶星が、台中の市議会議

員だったからで、それも出発直前に決まったことだった。(86)

台中金龍の副団長は、第一章、三章の台湾野球への日本の影響に関するくだりで筆者が引用し、インタビューもした簡永昌だった。簡は自費出版した別の著書で、彼とチームが日本で経験したプレッシャーのほどを記している。チーム一行が滞在したのは浦和の米軍施設だった。戦後二十五年経っても、アメリカの文化力が保護者のように振る舞えるほど圧倒的だったことが、こんなところにも表れている。だが彼には快適な宿泊環境を楽しむ余裕はなく、よく眠れなかった。試合に負ければ台湾国民に顔向けできず、かといって勝ってしまえば、ウィリアムズポートまで行く資金がなかった。(87)

結局金龍は全試合にシャットアウト勝ちし、余裕の優勝を遂げた。国民党の新聞・中華日報は、「石ころと竹の棒で鍛えた台東の山里・紅葉村のはだし軍団が勝ってわずか一年で……アジアの野球王国・日本を蹴散らし」、再び大勝利をあげたと報じた。(88) もっとも、この優勝を政府がどう受け取ったかを見るには、次の記事の方が勘所をとらえていただろう。

日本から帰国したチームを空港に出迎えた〈中華民国行政院〉體育委員會の年配の幹部は、野球の試合を一度も見たことがないことを認め、「試合については何も言うことはないが、すごいことだと思う。中国にとって素晴らしい一日だった」と語った。(89)

こうした気のない賛辞にも、国民党政府がどうしようとしているかがすでに表れていた。だがウィリアムズポートでのワールド・シリーズは翌月に迫っている。棒球委員會と台湾LLB協會の総幹事を兼務していた謝国城は、立場上仕方なく自腹を切って百七十万台湾元〈四万二千五百米ドル〉を負担した。蔣介石時代の国家予算は八〇～八五％までが軍事費で、この種の事業に支出する余裕はなく、この年のスポーツ予算が減らされたばかりでもある。ワールド・シリーズを過去二度制している日本のLLB協会は、台湾が案の定資金で苦しんでいるのを見て（飛行機の切符を早手回しに買ってしまったこともあり）、金龍に行けない事情があるなら、代わりに出場しようと申し出ていた。(90)

謝は地方政府や経済界の心当たりに働きかけ、台北市政府と台中市議会から十万元（二千五百米ドル）ずつ、スズキ自動車のディーラーから二十万元、各地のライオンズクラブや企業からもなにがしかをかき集めた。最も実入りのよかった寄付先は、当時文化冷戦体制を支えた場所だった。米軍基地内で催された公認の特設「ギャンブルの夕べ」に出向いた謝の寄付の呼びかけに、出席者は気前よく応じ、七千五百八十九ドルのキャッシュがあっという間にギャンブルのテーブルに積み上げられたのである。（米軍の輸送機で金龍一行をペンシルヴェニアまで運んでくれという謝の頼みはアメリカ人軍事顧問に断られた。(91)）

アメリカへの旅は、選手たちにとって想像を越えた経験の連続だった。貧しい家庭に育った選手にとっては、台北に出て行くだけでも大旅行だったから、嘉義出身の内野手でキャプテンだった陳弘《チェンホン》丕《ピー》は、機中で隣の席に座った仲間に、夢を見ているような気がする、と言ったという。

ウィリアムズポートというところは、行儀よくしていても元来腕白な子たちにとって、刺激に満ちた未知の場所だった。陳弘丕はキスしに来るアメリカ人少女の一団に追い回され、余宏開は蜂の巣を棒でつついて顔じゅう刺された。アメリカ人少年と遊び（ピンポンをし、台湾のお金とアメリカのお金をただ損同然のレートで交換し合い、へたな漢字でサインし）、逆に何もできずに逃げ帰り（LLB構内のプールで泳ぐ勇気のある者はほとんどいなかった）、生まれて初めてハムエッグも食べた。大勢の華僑からしょっちゅうお褒めのキスを頂戴して閉口した郭源治は、頰に唐辛子粉を擦り込んで撃退した。[92]こうした経験ができるのも、自分たちが他の人とは違う特別待遇の台湾人であり、考えられないほど遠くまで来たからであることは、みんなわかっていたようだった。

試合では少年たちは図太く、気丈だった。郭の後の話では、「黄色い」選手への野次に最初のうちは仲間が苛立ち、欧米の大柄な選手に気圧されもしたが、北米のリーチのあるバッターにはカーブを多投して打たせなかった。[93]陳弘丕の話でも、チームには必ず勝ち続ける強い自信があった。二〇〇〇年のテレビ番組ではこう話している。

どこが相手でも勝てると思った。こっちは全台湾のオールスターだから、もっと強いチームがあるわけがないと信じていた。何しろあれだけ練習したのだから。……戦場の兵士のつもりで試合をした。[94]

このチームのまとまりのよさと技術の高さがこれほどだとは、どのチームも予想していなかったようである（唯一の例外は金龍に負けた日本ＬＬＢで、わざわざ監督を送り込んで金龍のチーム編成の規定違反を訴えて回っていた）。[95]白地に赤のピンストライプ、胸に英語で「中華民国」と縫い付けた（一人のだけ China が Chian に間違っていた）[96]ユニフォームのこのチームは、オンタリオとオハイオのチームに楽々勝ち、「日本からアメリカまで、すべての人を驚かせた」。感心したスポーティング・ニュース紙は、優れた技を持ち熱狂の連鎖を引き起こした「東洋人たち」をこう描いている。

ウィリアムズポートでは中国（中華民国）チームの人気が高く、（決勝戦で）スタンドのファン数千人が鐘を鳴らして激励と声援を送ったのも中国チームだった。

ことにファンの目に止まったのは（陳智源）投手である。アウトを一つ取るたびにボールを頭上に突き上げ、野手を振り返って何か叫ぶと、野手も中国語で叫び返す。「さあ、いこうぜ！」と言っているらしかった。[97]

地元紙の表現はもっと大仰で、ハリスバーグ・ペイトリオット紙は陳智源を「世界最高の投手」と評し、ウィリアムズポート・サンは、国民党の四十年来のプロパガンダそのままに、野球で見せたような金龍の才能をもってすれば、「アジア人が恥辱を受けることは二度とないだろう」と賛美した。[98]

数千人の台湾人ファンが中華民国の旗を振って熱狂的に応援したことも、少年たちの自信を後押しした。アメリカ、カナダに住む中華民国市民の応援団が十以上でき、ペンシルヴェニア州周辺に住む留学生は「ゴー、チャイナ、ゴー、ウーノ［スペイン語で『1』の意味］」のボードを振り、「われらはナンバーワン！」を歌って[99]金龍を盛り立てた。中華民国政府はリトルリーグ事業に（在外中国系人に配る国旗を三千枚作っただけで）[100]ほとんど資金援助しなかったが、金龍がこれほどの熱狂を巻き起こしたのを見て、民衆のナショナリズム感情をかき立てた予想外の効果に気づいたにちがいない。ＡＢＣテレビの決勝戦放送は台湾時間では未明だったが、政府はそれでも中継させた。試合冒頭の始球式では、打席に立ったニューヨーク・メッツの功労者ウィリアム・シェイに、周書楷・中華民国大使の代理が最初の一球を投じた。[101]

国民党が及び腰ではあっても野球と関わりを持つことにした意味を問う時にも、先述したマイクル・

ハーツフェルドの「文化的親和性」の議論が理解を助けてくれる。彼によれば、「抑圧された市民なら誰もが持つ感覚を察知しようとする時には……国家は様々な文化的兆候に非常に敏感になる。……種々に取りつくろっている市民の日常の中にも、市民が破壊活動の能力を持つことを示す何らかの徴候が表れるはずだからである」[102]。

現実には、国民党政権が新しい言説空間として野球を利用することにしたほぼその瞬間から、その言説空間を国家の敵に利用されることになる。この場合の敵は、中国人によるいかなる支配からも独立することを主張する台湾人集団だった。彼らは、日本的スポーツとしての野球は台湾社会の主要な一部だと公言し、国民党による台湾支配の正統性を否定する個人の集まりであり、大挙してウィリアムズポートに行くと明言していた。

チーム台湾——二つのナショナリズム

ＬＬＢワールド・シリーズが始まる前、ウィリアムズポート市民の元に「台湾の自決を求めるキリスト教徒」と名乗る団体とその指導者ソン・チャオンセン牧師の名で、四ページの文書が送りつけられてきた。文書は、台湾の独立を支持し、リチャード・ニクソンの中華人民共和国接近政策と国民党の両方を批判する趣旨のもので、国民党が「ワールド・シリーズを見に来る台湾人は共産主義者にそそのかされている」と宣伝しているが、とんでもないことだ、と書かれていた[103]。

一方、金龍とカリフォルニア州サンタバーバラのチームとの決勝戦が始まる直前、ウィリアムズポートの台湾独立活動家たちを小躍りさせるような小事件があった。中華民国国歌の演奏中に、ＡＢＣテレビのカメラがスタンドに掲げられた横断幕をアップで映し出したのである。横断幕には、「台湾チームは中華民国チームにあらず」、とあった（金龍の選手たちが複数の民族からなることを指す）。この試合を国民党ナショナリズムの国外宣伝に利用させまいとするテレビ局の巧妙な着想であり、蒋介石政権の反対者たちは、夜明け前の台湾のテレビ中継でこのシーンを見て狂喜しただろう。しかもアナウンサーのジム・マッケイが、中華民国チームは「台湾、別名フォルモサ」の代表だと中継放送の中で強調し、この着想の効果にだめを押した（視聴者の立場によっては余計なお世話だった）。

全米台灣獨立聯盟のメンバーは、「台灣リトルリーグがんばれ」と書いたビラ数千枚をファンに配っていた。その本文には「台灣（フォルモサ）は自由でもなければ中国でもない。（出場する）チームは台灣チームであり、中華民国チームではない。……台灣人は野球を愛するが、台灣の中国大陸人はちがう」とあった[104]。第三文は修飾関係の文法が怪しかったが意味は通じていた。「中国大陸人」は台湾に移って来てから二十四年間、この日本的スポーツに馴染んだ経験がない――野球好きの台湾人には信じられないことだが、ウィリアムズポートに来ていた「大陸人」は金龍が「得点した」と言うところを「タッチダウンした」と言って喜んでいた[105]――のに、リトルリーグに口を出し始めたために、野球への愛を公言する絶好のチャンスを（中国大陸人にではなく）台湾人に与えたのである。以後数年間、ウィリアムズポートは国民党の支持者と台湾独立を叫ぶ者との「新しい戦場」[106]になり、野球を通して同じ国の者同士が異なる民族的アイデンティティーを表明し合うことになる。

ここに垣間見えるのは、台湾史のこの時期にも、野球がグローカルな領域として機能していた、ということである。台湾支配の最初二十年は、国民党は台湾の野球がグローバルでコロニアルで日本的な文化の流れにどっぷりつかり、記憶されていく現実を、あからさまには認めたくなかった。ところが台湾の野球が国際舞台に再登場したことで、蒋一族支配下の体験を具体的に語る多様なメッセージと見解を、ペンシルヴェニア州に観戦に来たファンの目と耳に、大量に届けることが可能になった。もっとも、ウィリアムズポートに押しかけてきた反国民党分子も、「反体制的見解」を無条件でばらまけたわけではない。決勝戦翌日のニューヨーク・タイムズは、金龍が優勝した直後に乱闘が起き、「中国語を話すファンが二つの集団に分かれ、棒きれとメガホンを手に渡り合った」と報じた。事件の原因については、「台湾チーム」のプラカードを自慢げに掲げた一団を見て、国民党擁護者たちが怒ったらしいと、漠然とふれただけだった。[107] この一件は、金龍優勝の記事を載せた国民党メディアが、次のようにやや詳細に伝えている。

国外に住む中国人で、この優勝の喜びを分かち合おうとしない者は一人もいなかった。……ところが、観客が球場を出ようとしているところに、プライドのかけらも持たない「中国人」を称するやから数人が「台灣チーム」の旗を持って現れ、正気とは思えない破廉恥なやり方で民衆を困惑させ、乱暴を働いた。座視できなくなった何人かの愛国的在外同胞が、一致協力して彼らの非を諭し、その場から追い払った。だが外国人の目には、「二つの中国人集団が内輪もめを起こした」ように見えただろう。彼ら「台灣獨立」分子は、自分からアメリカに逃げ出した連中であり、外国人の面前で台灣同胞を侮辱して物笑いになっている。いまわれわれは、在米同胞全員に対し、(中華民国)政府と自らの良心にのみ従うよう呼びかける。[108]

中華民国政府にとっては、台湾支配の成功に異議を唱える者を追い詰め、中国大陸を共産党支配から取り戻す資格を手にするのが至上命令だった。そのためには、金龍勝利の余波がどのような形で国内に及ぶのかを（厳しい検閲で）見極める必要があった。国民党政権にとっては、台湾支配の正統性だけでなく、やがて中国も支配することの正統性をも裏付けるという意味で、この優勝は重要だった。わずか十二日後、金龍に関する書物が出た。その冒頭は重々しい文章で飾られている。

まことに素晴らしい栄誉である。一般人から政府官員に至るまで、老人も青年も、女性も児童も、さらには野球に通じていない人たちも、涙また涙の一日であった。民国五十八年（一九六九年）八月二十四日早暁三時二十分、「無敵の金龍軍」は中華民国のために第二十三回世界ユース野球選手権大会を制覇し、世界のスポーツの檜舞台において前例のない栄光をもたらしたのである。(109)

三十年後にラジオのディスクジョッキーが、次のように回想しているところを見ると、この公式論風の記述はまんざら誇張でもなかったようである。

この夜の台北はほとんど沸騰状態でした。試合が午前三時に終わると、通りで爆竹がひっきりなしに鳴らされ、一般市民は窓を開けて夜の空に向かい、『中華民国万歳』を叫んだものでした。(110)

民衆の反応が実に素早かったことは意外なほどで、体制側の反応の鈍さをあざ笑っているかのようだった。中華民国政府の鈍感は過去に例があり、中国の大躍進政策の失敗で三千万人とも四千二百万人とも言われる民衆が餓死し、さらに文化大革命によるテロと破壊の三年が続いたにもかかわらず、蒋介石の中華民国は世界市民の「魂と心」をつかむ戦いで、実質的に毛沢東の中国に負けた。金龍の優勝はこうした過去の失地を挽回する絶好のチャンスだったのであり、政府はこの好機を最大限利用しようとした。

　政府にとって好都合だったのは、国内で特別なことは何もしなくてよかったことである。過去二十年間、国民党が力ずくで「中国人であること」を民衆に押しつけねばならなかった――国民党式の教育制度に標準中国語を持ち込み、「大陸反攻」を唱え続けた――のが嘘のように、いまや台湾民衆は野球という日本的スポーツの試合に勝ったことを自ら祝い、自分の意思で中華民国の旗を振るのである。孫文が築いた共和国への忠誠を叫んで街に繰り出し、民族的・政治的緊張は忘却の彼方に去り、十二歳の少年たちの勝利を「中国人」国家の優越性の象徴だとさえ考えたようなのである。

　この勝利に関する国民党メディアの記事は総じて不自然、単純、陳腐だった。民衆向けのプロパガンダ記事によれば、リトルリーグの優勝が世界に示したものは「中国人民衆の能力が強力かつ世界一流であること、もはや『東アジアの病める民族』（「東亜病夫《トンヤービンフー》」）――清王朝以来スポーツ言説の常套用語――ではないこと[111]」だというのである。ここに表れた驕慢は、紅葉の勝利に酔いしれた一年前と全く変わらず、陳腐な上に節度を欠いていた。（棒球委員會の見え透いた欺瞞まで忠実に再現されている。）

　たとえば『國民體育季刊』の記事にはこうある。金龍の優勝は古来の伝統と漢方の力によるものだ。選手の体位体力は欧米人にも決して劣らず、智力では中国人児童が優るのは嘘ではない（「外国人」児童の愚かしく緩慢な動作を見よ）。記事は、成果についてはさらに楽天的で、台湾人選手は「アメリカ人みんなの注目の的」である。「世界のどこから来た人たちでも、中国人少年の活力を見直したにちがいない[112]」。

金龍優勝の直後に発行された雑誌の駆け込み記事では、この優勝で初めて「中華民国の名が優勝指輪に刻まれた」とあった。ベースボール発祥の地での金龍人気に、ほかの出版物も自慢を並べている。わが国の少年たちはアメリカの子どもや記者の目を独占した。ビジネスマンは選手の技を広告に使って儲けようと知恵を絞った。LLB国際本部のピーター・マクガヴァン理事長は、金龍の捕手・蔡松輝をデトロイト・タイガースのオールスター選手ビル・フリーハンのようだと褒め、金龍の総合力はリトルリーグ過去最高だと言っていた[113]……。

さらに国民党直系の雑誌『新聞天地』の記事。この優勝は一年前に導入した九年制義務教育の確かな成果だ。この政策で政府の英断がなかったら、選ばれた者しか行けなかった中学に入るため、この少年たちも詰め込み式の試験勉強に追われ、「持って生まれた野球の才能は九天の彼方へ消え去っていただろう[114]」。（この奇怪なロジックは、数年後の国民党の――政策と野球技術とを関連づけるのに四苦八苦した――メディアにも散見される[115]。）

優勝して勝ち誇った国民党の傲慢の極致は、若きチャンピオンが台湾各地を凱旋して回り、疲れ果てた後の行事だった。九月十八日、チームは金門島に赴く。そこは、共産中国福建省の海岸から一マイル半しか離れていない中華民国軍の「反共の砦」である。社会史学者マイクル・スゾーニの表現では、「国家再興と反共を誓う政府の（強力な）シンボル」という役割を担った[116]。当時は民兵の訓練を受けた六万人の住民のほか八万ほどの中華民国軍隊が駐屯しており、一九五八年の台湾海峡危機の後も、中国の人民解放軍が一日おきに砲弾を撃ち込んできていた。

政府が用意したのは、中華民族の優越性を証明するために、蔣介石が別々の戦線で戦わせている少年の一団と青年の一団とが顔を合わせるという、日常ではありえない演出だった。舞台はすべて手順通りに事が運ばれた。金城鎮中正小學校の女の子が金龍に最敬礼して歓迎の花束を贈り、世界チャンピオンがお返しに野球用具一式を同じ学校の男の子に進呈し、「野球場と戦場」という駄じゃれのような題のスピーチがあり、その後「小さなヒーローたち」を称える酒付きの宴会が延々と続いた。[117] 少年たちの勝利を利用して、中華民国の団結と力量を、知恵を尽くして飾り立てようというのである。

金龍の金門来訪の象徴的意味を一層際立たせるために、二つの特別な工夫が施されていた。まず、金龍の蔡松輝捕手の兄・松川が金門駐留部隊の最前線に配置されていた偶然を利用して、蔡兄弟に劇的再会の一幕を演じさせたのである。中国奪還のためにともに戦う政府の決意を感動的に示したというので、国民党メディアはここぞと書きたてた。[118] だが蔡兄弟の再会は、ほとんど（台湾独立活動家以外は）誰も口に出さない現実の象徴でもあった。国民党体制の政策や軍事活動を支えていたのは、ほかでもない台湾生まれの貧しい民衆であり、国民党が「勝利」したとしても、彼らが手にするものは大陸生まれの同胞にはるかに及ばない、という現実がそれである。この矛盾は、過去四半世紀間の体制と野球の関係の核心だったのであり、その後数十年の関係を複雑にすることにもなる。

もう一つの演出は、中国本土に最も近い島の北部・馬山観察所に、金龍の少年たちを連れて行ったことである。ピッチャーの陳智源が観察所の塔の上から海峡の向こうを眺め、「大陸は本当に近いんだね。ボールを投げてみたくなった」と言うのを聞きつけた軍人が、アイデアを出した。君たちが勝って本当にうれしい。この喜びを「あちらの（中国）同胞」とも分かち合おうじゃないか。大きいスピーカーを使って呼びかければ、福建省の海岸にいる人たちにもきっと聞こえるだろう。以下、特大の音声で流した特別放送の中身。

こちら中華民国。わが少年野球チームはこのたびアメリカに行き、第二十三回ユース野球世界大会に参加しました。そしてカナダとアメリカのチームを破り、優勝しました。中華民国の国民一同、喜びに堪えません。太平洋地域のすべての国々にとっても、光栄かつ偉大な成果であります。大陸同胞のみなさん、中華民国少年野球チームが世界チャンピオンに輝いたことは、わが（中華）民族のスポーツ史上の盛事でありましょう。そしてまた、優れた教育制度の成果でもあります。わが中国人民衆は、いま全国民挙げて栄光を噛みしめています。みなさん、そちらの子どもたちがいまいかなる境遇にあるか、考えてみて下さい[119]。

いつもの露骨な統一宣伝だったが、金龍は南京、北平（北京を公式の首都と認めない中華民国側の呼称[120]）などの少年チームとも試合をしたい、という一節もついでに押し込んだ。

一方、金龍優勝の「反体制的な解釈」が、すぐさま現れた。その「解釈」は、南部出身選手たちの優れた技を中国統一工作に利用しようとする国民党政権の意図とは、ほとんど正反対だった。ウィリアムズポート大会の終了直後、台湾人ファンは国民党の宣伝と権威主義を非難して「金龍選手は全員台湾人だ！　台湾は立ち上がった！」と叫んだ[121]。海外の台湾独立運動団体が共同発行する雑誌『台灣青年』の一九六九年九月号は、この勝利の意味を論じた三篇の主張を載せている。

「台湾少年の栄光、台湾人民の勝利」という簡明な題名の一篇は、「黄帝・炎帝［中国上古の伝説上の皇帝］の真正の子孫」を自称し、「五千年の文化」という陳腐で尊大な語――どちらも国民党好み――をありがたがる中国人「ギャング、ごろつき」をやり玉に挙げた。それによれば、ウィリアムズポートの勝利は、台湾人が三世代かけて努力を重ねた成果である。日本時代に野球を学んだ年配者、金龍の旅費を負担した人たち、チームのコーチらは、みなそうした台湾人だ。台湾人知識人にとって我慢ならないのは、何かにつけて「中国」と中国人のプライドだけを強調する国民党の自己否定の言辞だ。アメリカ人ファンの中には、金龍が中国の共産政権を代表するチームだと思った人がいたほどだ[122]……。

この雑誌の別の文章は、台湾民衆が何のために必死で戦うのかを知らないウィリアムズポート市民や野球ファンに、どのようにアピールしたかを特記している。それによれば、国民党当局が「事情に疎い（地元の）公務員や治安要員」を動かして、独立派の掲げる「台灣チーム」のプラカードを撤去させようとした。それを知った全米台灣獨立聯盟のメンバーが、「憲法にうたわれた自由と諸権利はアメリカに住むすべての人民に与えられるべきだと強く求め」、プラカードの撤去を阻んだ。台湾人民を冒瀆し、プラカードや横断幕を引き裂き、乱闘を引き起こした「中国人」とは正反対の正義の行動だ。われわれは台湾の地図を刷り込んだ小旗数千枚、「台灣リトルリーグがんばれ」と題するビラ（先述）を配った。そのようにして、「（金龍の）選手、コーチ全員が台湾で生まれ育った台湾人であり、中国人ではない」ことを強調し、問題の本質を明らかにする努力をした。とりわけ重視したのは、蒋亡命政権の正統性の問題である。「この政権は被支配者の同意を得ていない亡命政権」であるのに、アメリカは周知の通りこの政権を支持している……。結びはなかなか印象的だった。

台湾の子どもたちには、アメリカの子と同じように夢がある。だが、国民党の中国人政権による抑圧と洗脳の政治が続く限り、その夢が実現することは決してない。子どもたちの夢をかなえるには、読者諸兄姉の助力がどうしても必要なのである[123]。

台湾ナショナリズムのこれほど積極的な活動は――アメリカの大学や大都市では当たり前のことで、金をもらった国民党の手先が暴力で反撃することがよくあったにしても――、権威主義の抑圧下にあった一九六九年当時の台湾国内では、およそ考えられないことだった。国内で抑圧に抵抗し、「大陸反攻」のイデオロギーに野球を悪用するのをやめさせようとしたら、これよりもっと巧妙な戦術が必要だった。

この年に撮影された知る人ぞ知る一枚の写真。そこには世界チャンピオンになった金龍の少年たちと監督・コーチが、総統府で蔣介石総統、宋美齢夫人と一緒にポーズを取る姿が写っている。週刊誌『新聞天地』は、この年九月下旬の号でこれを表紙に使い、南部の貧しい少年選手たちが指導者夫妻に謝意を表明したことを、次のような長いキャプションで説明している。

「生涯で最も栄光と興奮に満ちた一日だったと語る(金龍の)人たち。この日のことは大きな励みとして永遠に記憶され、全力を挙げて進歩を求める決意を生み出すだろう。[124]」

だが金龍の副団長だった簡永昌にとっては、記憶はそのように単純ではなかった。生涯「野球人」だった彼は――第一章に記した通り「日本人でもなく中国人でもない」アイデンティティーを表現するために野球をし――魅力と活力に富んだ人物だが、豊かで錯綜した歴史の記憶の持ち主でもあった。二〇〇四年、筆者は台北にある彼のアパートの居間で語り合う機会があった時、思ったままを話す彼の性格と、台湾人アイデンティティーを国民党政権の利益に使ったという悪評を考慮しながら、例の有名な写真を額に入れて、居間のソファーの真上に飾っている意図を尋ねてみた。答えはいつも通り鮮やかだった。

チームが頭抜けて強かったからこそ、蔣介石も野球という「日本の」スポーツを重視せざるをえなくなったのだ。それに、この写真を撮るのに一時間ほどかかり、総統が朝の祝勝ゴルフをする時間を減らした。だから自分にとって自慢の写真なのだ[125]。

話の後段が事実かどうか怪しいが、それはどうでもいいことで、筆者が印象を深くしたのは前段の方である。リトルリーグでプレーしたのは台湾人の選手なのに、一九六九年に世界の選手権を手にしたのは「中華民国」だったという、いつもながら入り組んだ関係性が雄弁に語られていたからである。

金龍の凱旋の数日後、新聞・雑誌記事、各種記録、選手の経歴などを集めた際物本が台北の東西圖書社から出た。一人一人の選手に親近感を持たせる狙いからか、選手たちがウィリアムズポートから家族に送った手紙の原文が、何ページか割いて掲載されていた。そこには少年たちの関心事が具体的に語られている。

蔡松輝捕手と荘凱評遊撃手の二人は、学校に欠席届を出しておいてくれと両親に頼んでおり、郭源治投手は、旅行中のことを心配することはなく、遠い台東から台北の空港にわざわざ迎えに来なくていいと親に伝えている。余宏開三塁手は、蜂に刺されて病院にいた間漫画が読めてよかったと書いた。黄正一一塁手は、父親用にカメラを買ったこと、兄弟たちには鳩の世話を忘れるなということのほかに、チームが帰途東京に立ち寄った時の感動的な出来事のことを書いている。

一行が飛行機を乗り換えようとしていると、父親の教師だったという日本人男性が挨拶に現れた。家族全員を引き連れてきており、四半世紀前の教え子の息子に一目会いたくて、みんなで空港まで来たという[126]。束の間のこととはいえ、親子二代にわたる心温まるエピソードだというので、中国語のこの本に載ったのだった。台湾が蒋介石の中国人国家になっても、台湾人の読者にとっては日本植民地時代が重い意味を持ち続けていたことの一つの証左だろう。

　日本人が台湾に残した痕跡は至る所にあり、少年選手の野球帽章もその例だった。長く嘉義随一だった垂楊小学校チームの帽章は「CY」二字の組み合わせで、東京読売ジャイアンツの「YG」に酷似している。台湾代表チームが付けていた「C」（チャイナ）のデザインは、アメリカ人にはシンシナチ・レッズのロゴを真似たと思われてきたが、字体と歴史的つながりを考えれば、日本のプロ野球で長く権威への挑戦者だった広島カープのやや平たいロゴに近い。

　一九七〇年代、八〇年代の台湾のリトルリーグ野球が世界に知られ、恐れられ、また疑惑を持たれるようになることは、次章に記す。何十ものチームよる栄光と恥辱とが交錯する状況を解明するために、本章ではマイクル・ハーツフェルドの所論を最良の手がかりとした。日本的野球の根源は、植民地経験に由来する台湾民衆の「隠された空間」にしか求められないのである。昨日の恥辱が「今日の矜持」に転じることが多いのはさほど不思議ではなく、歴史の記憶、ノスタルジア、苦悩、反国民党運動を総合したところにその源泉を求めるべきなのである。(127)紅葉や金龍の野球少年には想像がつかなかっただろうが、彼らよりも前の世代の人生では、ある場合にはコロニアルな、またある場合にはポストコロニアルな遺産とは、何よりも野球の優れたスキルだったのである。

第六章

「中国人」の野球

一九七〇―八〇年代

中国人はどんな競技も好きにならなかったが、サッカーだけは大勢見に行く。

中華民国情報局長・魏景蒙、一九七二年

台湾ではどこへ行っても野球、野球だ。

AP通信記者レナード・プラット、一九七二年一九六九年に優勝した翌年以後も、台湾リトルリーグはウィリアムズポートで勝利を重ね、十二回出場して九回チャンピオンになった。リトルリーグ国際本部が台湾に、インディアナ州ゲアリーで毎年開くシニアリーグ、フロリダ州フォートローダーデールでのビッグリーグの世界選手権大会にもチームを送るよう要請したのは、アメリカの野球少年にとっては、苦難のだめ押しをされたようなものだった。台湾の新しい二つの十代チーム――最年少チームと同様基本的に全国から優秀選手を選抜した――は、出場した大会でさらに圧倒的な戦績を残すことになる。シニアリーグ（十三～十六歳、台湾での略称「青少棒《チンシャオバン》」）では一九七二年から八〇年まで九連覇し、二十一年間に十七回優勝した。ビッグリーグ（十六～十八歳、「青棒《チンバン》」）では二十三年間に十七度世界チャンピオンになった。(1) 一九七〇年代には毎年夏になると、台湾の少年や青年がその年の世界大会でタイトルを取ったことを祝う大騒ぎ――大パレード、奨学金授与、テレビ出演、大統領訪問――が繰り返された。

こうした大会で台湾チームが勝ち負けを重ねることで、かつて日本的スポーツだった野球の人気と価値が確かめられ、「自由中国」体制のスポーツと認められるようになった。紙数の関係で、そうした物語は逸話類に詳しい盂峻瑋《ユージュンウェイ》の著作に譲り、(2) 逐一言及はしない。この章では、第五章でもふれた次の二つの歴史的要素に絞ることにする。野球を通して国民党と反体制集団との間に見られた（外向けのイデオロギー的な）緊張と対立、それに、球場で際限なく続く勝利によってかえって増幅された挫折と恥辱の文化的葛藤がそれである。

日本的スポーツとして出発した台湾の野球は、植民地主義、戦争、文化の喪失と結び付いていたために、一九七〇年代が終わるころには、台湾人にとっても大陸出身者にとっても、受難、頽廃、苦悩を表現する有力な場になった。台湾人の集団としてのアイデンティティーの核心だった苦悩を表現しようとして、知識人たちはミラン・クンデラが好んで使った「リートスト」の語*にヒントを求めた。

*［Litost。チェコ語で「突如発見された自分たち自身の悲惨の光景から生ずる悩ましい状態」。『笑いと忘却の書』西永良成訳、集英社文庫、二〇一三年十一月、201ページによる。本章第四節に再出］

一方、経済が未曾有の成長を遂げたこの時期には、台湾というダイナミックな社会に起きている競争、リスク、挫折をテーマに、全く新しい物語が生み出された。十九世紀アメリカの価値ある敗者の歴史に関するスコット・サンデージの『生まれながらの敗者たち』［邦訳書『「負け組」のアメリカ史』鈴木淑美訳、青土社、二〇〇七年二月］は、「ペシミズムの隠れた歴史」の参照例として、また繁栄を謳歌しているかに見える社会が「満たされない自我」を抱えていた先行例(3)として有用である。野球にはつきものの敗北と勝利の物語は、新しいビジネス世界台湾で常に起きうる失敗と成功の物語と同種のものとしても関心を集めた。

本章では、マイクル・ハーツフェルドの「文化的親和性《カルチュラル・インティマシー》」の着想を引き続き援用する。トラウマを伴う近代化経験の一部として、また一九七〇、八〇年代の様々な物語の場として、野球が重要な位置を占めたことを明らかにするには、「外部の目に恥辱と映ること」が内部者にとっては「共通の社会性」の保証にほかならないとする彼の所論(4)が有用だからである。

リトルリーグ野球と国家

ペンシルヴェニア、インディアナ、フロリダ州の少年野球世界大会で、台湾が毎年圧倒的な戦績をあげ続けても、野球を日本的スポーツとしか見ない国民党政府にはさほどの重大事とは映らず、公的支援は相変わらずほぼゼロだった。国民党メディアも親政府知識人も、台湾チームが世界を席巻したことのイデオロギー的重要性だけはここぞと持ち上げたが、国民党政権が野球を後押しする気になるとはまず思えなかった。一九七六年、国際ベースボール協会（ＩＢＡ）が台湾チームの実績を認め、第二十四回ＩＢＡワールドカップの台湾開催を持ちかけた時も、中華民国にはその種の大会に金を使う気はなく、結局コロンビアで開催された[5]。この年には台湾から陸上競技、サッカー、水泳、ハンドボール、ボクシング、体操のコーチが四か月間の海外技術研修に派遣されたが、野球は外されている[6]。

公費をどうしても使いたくない根本的理由は、野球が歴史的（日本的）遺産であることへの無理解という一語に尽きるだろう。それでもなお野球の好成績にもし価値を認めるとしたら、その根拠はどこに求めるのか。国民党系歴史学者が著作で繰り返し記すところでは、日中戦争中の一九四二年に蒋介石が四川省で書いたスポーツの日に関する所感がそれだという[7]。一九七一年台南巨人がリトルリーグのワールド・シリーズに出発する時、蒋介石が与えたアドバイスは「公明正大な中国人（「堂堂《タンタン》正《チェン》正《チェン》的中国人」）であれ」の一言だった。

台南巨人がウィリアムズポートでこの年のチャンピオンになった試合は、早暁午前二時から五時までテレビで中継され、台湾人口の三分の二にあたる一千万人ほどが見た（巨人コーチによると、蒋介石は観戦しなかった少数の一人だった。初回にホームランを打たれて三点取られたところで、怒って寝てしまったという。夫人の宋美齢は関係者と一緒に最後まで観戦し、延長九回［リトルリーグは六イニング制］まで戦って勝ったのを見届けてから蒋を起こし、優勝を知らせた[8]）。ゆっくり眠った後で知らせを聞いた蒋介石のコメントは、「リトルリーグ巨人軍の活躍で得た感動と喜びを各自励みにし、全国同胞が大陸を奪還して祖国の栄光を一日も早く取り戻してくれると信じる」[9]というものだった。
このコメントを、国民党メディアはさまざまに敷衍して論評した。巨人軍が延長戦の末粘り勝ちしたことを、膠着状態にあった台湾海峡の状況にこじつけた「勝利の啓示」と題する以下のコラム記事はその一例。

台湾、澎湖、金門、馬祖を防衛している国民党軍将兵の状況は、六回の巨人軍と同じである。やがて［延長］九回になれば捕虜を取り戻し、首都を落とし、失われた領土を遠からず奪還する自信がわれわれにはある。……わが国が必ず勝つのは無比の仁愛を持つが故である。すべての国民、在外華僑、全軍将士が勝利の時を心待ちにしている。[10]

少年たちが野球の国際大会で勝ち、民族的な（ひいては人種的な）能力を祝う気になれたことでは、知識階層も例外ではなかった。『大學雜誌』（英語名『インテレクチュアル』）は、台南巨人が一九七三年のワールド・シリーズで再度優勝した時の記事で、中国人に欧米人を圧倒する精神力、固有の身体能力、リーダーにふさわしい技能があることが証明され、「白人の優越感を粉砕した」とし、その勢いを駆って次のように続けている。

わが国家と民族は全世界に卓越している。……リトルリーグ野球の優勝は、中国人による世界制覇の第一歩である。……中国人が世界の歴史を書き変える輝かしい時代が、いま始まったのである。[11]

さらに、同じころ発行された政府系誌『中央月刊』の論評は、次のような断定調の勇壮な詩で始まる。

わが国家を熱烈に愛するが故に、
審判団の判定に進んで従おう。
聴け、聴け、新しい世代の堂々の誓い、魂の声を。

ここに書かれているのは、権威主義政権に恩寵の虚飾を施した空想物語であり、人種としての中国人と中華民国の命運への懸念が数十年経ってもなお払拭されていないことには、一切目をつぶっている。感傷とプライドとをこね合わせた詩はさらに続く。

中国なる国家、中国人なる人種に敵はない！
中華民国こそは　一流の強国　なのだ！
……
黄帝の血を引く者の心は一つ！
中華民国は、そして中華人種は、必ず蘇る！
世界の巨人となる者は、われわれのほかにはいない！(12)

こうした種々の論評やことに歌詞類では、二つの点がことさらに見過ごしにされている。第一に少年選手たちが持つ具体的な野球技能、第二に中華民国の復権と中国統一のために、選手たちにどれほど重要な役割を期待していたかである。後者についてとくに留意しておくべきなのは、熱心な一部国民党員にとって「大陸奪還」は口先だけの目標ではなかった、ということである。マオイズムが支配したそれまで二十年の中華人民共和国が残虐行為、失政、人災の連続だったことが、そうした確信の背景になっていた。チャンピオン金龍の金門訪問（前章参照）も、わずか数マイル先の大陸に向かって叫んだ宣伝も、最終的な勝利に効き目のある方法と見なされたのである。ただし、少年チームのめざましい勝利に台湾の開明的な「同胞たち」がどう反応するか、彼らも警戒はしていただろう。

金龍、巨人、後の台北勇士軍の選手たちが、いずれ現実に中華民国の「将来を背負って立つ」と思われていたわけではないにしても、彼らの世界制覇は、中華帝国再建の夢想を補強するにはうってつけの材料だった。またネーション・ステートの姿を具体的に思い描かせるのにも役立った。こういう少年の役回りは、社会史学者ロバート・ダーントンの著作に書かれている猫の話と、よく符合する。ダーントンは、近代初期のヨーロッパでは、猫に（牛や羊にはない）「儀式的な価値」が具わっていると考えられ、「儀式の執行」のために猫を血祭りに上げるケースがあったことを記し、さらに、猫と同様に少年も、「観念の垣根をやすやすと飛び越える存在」と見なされた、としている。[13] 少年は市民の再生産を追求した結果であると同時に、そのほとんどが将来男性市民そのものになるのであり、その意味で労働と征服のイメージを膨らませる存在だった、というのである。またカルチュラル・スタディーズの思想家ジョナサン・ラザフォードの所論によれば、大英帝国は一種のマザー・コンプレックス社会であり、その文化では保守的な内向性と帝国主義的な空想とを結び付ける「少年らしさ《ボーイッシュネス》」が、異常に尊ばれたとしている[14]。

中華民国を帝国として再建するという夢想の中で、台湾人少年がどのような位置を占めるかを知る上で、こうした議論は有力な手がかりになる。義務感、統制のとれた労役などの禁欲的な産業倫理における「男らしさ」に関するポール・ホックの所論[15]も、一九七〇年代、八〇年代台湾の野球選手が経験した圧迫感、願望、幻想の全貌を理解しようとする際に――ことに工業化信仰全盛の当時にあっては――借用できる。

雑誌『中央月刊』の一九七三年十月号に、台南巨人の野球技能、強靭な身体、さらにその「洗練された態度」は、中国三千年の文化を体現する「麗しい最新例」だという趣旨の論評が掲載されている。「野球運動、国家運動」と題したこの論評によれば、リトルリーグ野球の好成績には、中国人が長年熱望してきた二十世紀の夢がかかっているという。民族の結束と、最終的には「年齢と地域による分断の消滅」が、その夢だというのである[16]。だが、リトルリーグ世界大会の成果にそのようなイデオロギー的意味付けをし、あらためて喜びを噛みしめるような雰囲気は、台湾民衆の間にはほとんどなかった。

台湾チームがリトルリーグ、シニアリーグ、ビッグリーグで栄光の勝利をあげ続けた一九七〇年代は、二つの状況の激変が同時進行した時期にあたる。「経済の奇跡」が台湾を潤す一方で、中華民国は国際舞台で孤立を深めていた。台湾は自力で経済強国になり、何十億ドルものアメリカの援助はもはや不要と豪語するようになった。それと並行して、国民党による台湾支配の道義性、人道性はもちろん、正統性さえ否定する国々が急速に増えていった。最大の恥辱は、一九七一年の国連の議席放棄である。台湾はその後四十年以上ほぼ全面的な外交的孤立に陥り、挽回は望めなくなった。

十歳前後から十八歳までの台湾野球少年が、世界最高レベルの優れた技能と規律で好成績をあげたことは、国連脱退の打撃と屈辱を多少とも緩和する効果はあった。文化の他の分野で、台湾の青少年が国際的栄光を勝ち取る可能性など、あるはずもない。台湾人の一団が毎年のようにホワイトハウスに招かれ、ニクソンやアグニューやフォードに会う機会を与えられるようなことは、他にはありえないことである。それでもなお国民党政府が野球を優遇しようとしなかった理由は、台湾の野球が複雑に入り組んだ歴史を持つこと、野球の本質に「中国的」な伝統や営みを持ち込もうとする機運が全くなかったことにある。（唯一の例外は台北市営球場だろう。LLB極東地区大会を開くために一九七一年に改築され、「中国の宮殿風の壮麗な外観を具えた世界唯一の球技場」[17]になった。）

それにしても、暁のリトルリーグの祝勝が毎年繰り返され、民衆が「千年万年の中華民国！」といった調子の旗を振ってくれるのを見せられては、大陸中国人主導の政権もまさに渋々とながら、日本人の遺産としての野球にいずれ自ら反りを合わせざるをえない。だがそのようにした結果、反体制勢力にも、反抗的なスローガンを国家のシンボルに重ね合わせて掲げる絶好の機会を与えた。その経緯は前章に見た通りである。

台湾生まれの詩人で元政治犯の林華洲は、政府のこうしたイデオロギー的便宜主義を痛烈に風刺した詩「リトルリーグ野球」を書いた。

リトルリーグ野球！　リトルリーグ野球！
民族の若き救いの星、国家の新しい希望。
リトルリーグ野球！　リトルリーグ野球！

現代のチンギス・ハーン、若き義和団。
君らがいてくれて、どれほど民族の恥辱がすすがれたことか、
君らがいてくれて、どれほど面目が保たれたことか。[18]

詩の含意が読み手の誰にも伝わったか定かではないが、どう伝わるか思い悩むまでもなく、台湾人少年がウィリアムズポートを毎年のように制するたびに、反体制の言動は際限なく繰り返された。ほぼ台湾人だけのチームが日本人に教えられた通りプレーしても、それは当たり前のことである。台湾独立を叫ぶ反国民党活動家の狙いは、そのチームが「中国人」国家の代表であることの矛盾をつくところにあった。彼らの行動は年々大胆になり、敵意も露骨になっていった。一九七一年ワールドシリーズで、台南巨人がプエルトリコ、ハワイ、インディアナ州チームを相手に三試合トータル30対3で制覇したのは、アメリカ人チームにとっては悪夢だったが、台湾独立勢力は勢いづいた。飛行機を雇い「台灣獨立万歳　Go Go Taiwan」と中国語と英語を並べた垂れ幕をなびかせて、球場の上を無遠慮に飛び回らせた。[19]

この年はそれだけでは終わらなかった。独立派が掲げたスローガンの中には、当時台湾ではご法度の中国式簡体字で書いたものまで現れている。挑発が反応を呼び、独立派と国民党支持者の間にこの年も激しい乱闘が起きて、球場一帯の混乱を収めるために州の警官隊がヘリコプターで増援に駆けつけた。翌年三たび台湾チームが優勝した試合の後には、左翼フェンスの後方で双方が野球バットを手に渡り合った。[20]

台湾独立団体が様々な旗や横断幕（「台湾の兄弟よ、君らが好きだ」「蒋一族を倒し台湾を興せ」「台湾の

戒厳令を解除せよ」「秘密警察は要らない」「蔣は去れ、毛を入れるな」など[21]を掲げると、親国民党の大陸出身者は対抗して中華民国の国旗を振り「ゴー、ゴー、チャイナ」を叫び、台湾チームが出場する試合では、ファンは種々の政治スローガンにつき合わされた。だが国民党が金で雇ったスパイ[22]やニューヨークのチャイナタウンの顔役ら数十人が、スタンドの台湾人席でにらみを利かせ、その種の奥の手が使えた親国民党側が有利だった。決勝戦では十人ほどの壮漢がグラウンドに乱入し、英語や中国語で「台灣チームがんばれ」と書かれた横断幕を破り捨てたために、試合が一時中断されている[23]。

台北勇士軍が出場した翌一九七二年の大会では、国民党側は周到な準備をした。ウィリアムズポート周辺数マイルの商用機を残らず借り上げ、台湾独立団体が前年のような空中作戦を敢行するのを封じたのである[24]。アメリカで訓練中の中華民国士官候補生七、八十人も動員されていた。「漢奸は殺せ！」と叫びながら、台湾人の応援団員を男女無差別に棍棒で殴りつけていたのは彼らだった。警察のヘリコプターが来て騒ぎはやっと収まったが、台湾人と大陸出身者のアイデンティティー・ギャップが暴力に訴えるほど深刻であることを、世界のファンに深く印象づけた（東京発行の雑誌『獨立台灣』に、一年後のウィリアムズポートでは銃の携行を考えようと呼びかけた記事が載った[25]）。

台湾チームの優勝に歓喜し、国民党による台湾支配に異議を唱えた台湾人の意思は、蔣介石の「自由中国」イデオロギーを凌ぐレベルだったことが、ここでも確認できる。台湾野球の半世紀が持つ意味を、台湾人ファンはひたすら追求し続けようとしていた。

広い意味での集団的スポーツ暴力の研究で最も頻繁に取り上げられるのは、ヨーロッパ・サッカーのフーリガン現象だが、毎年起きたこうした暴力抗争と対比すると、興味深い違いが読み取れる。後者が「一時的な優位を恒久的な状態に変えようとする大衆行動[26]」の一種と考えられるのに対して、イングランド・サッカーのフーリガンは、ビル・ビュフォードの考察では、大規模な場合でも競技場内と街頭に限定された暴力のための暴力である。それは「高揚感を味わうこと以外に何の可能性も期待しない行動」だから、「行動の激しさ、リスク、自己犠牲への懸念が、無意識のうちに計算されている」[27)」。過激な行動によって新しい社会秩序や新しい状況を作り出そうという意図は、ここにはない。フーリガンにも、相手チームのサポーター、「外国人」、「浅黒い連中」が必要なのは当然としても、そうした相手とはいずれまた戦いを繰り返さねばならない。ところがウィリアムズポートの暴力には、毎年必ずめぐってくる特殊な場を最大限利用して、独立運動活動家が国民党政権に反対を唱えるという、非常に明快な動機があった。独立派の暴力は「一時的な優位を恒久的な状態に変えようとする大衆行動」によって、台湾人主導の台湾を実現しようとする暴力だった。

台湾独立を求める反国民党活動家が、蔣介石の国家に関するメッセージを伝える時使った様々な手段は、「国家の権威に打撃も与えるが長持ちさせもするという両面的効果を持つ斬新な詭計[28]」と言うべきものだった。そうした詭計が中華民国政府を苛立たせたことは疑いない。ある国民党系誌は、「知恵も恥もない『売国奴』ども」は種々の奇抜な手を使って「台湾人民に恥をかかせた」が、そうした破壊活動は「立ち上がった一群の愛国者の非難を受けて撃退され」、結局代価を払わされるだろう、と書いている[29]。

リトルリーグでもシニアリーグでも、台湾チームは年を重ねるごとにますます圧倒的な強さを発揮し、台湾人でなければ達成できない具体的な成果を探し求めてきた反体制勢力と国民党批判勢力を勢いづかせた。ところが彼ら活動家も、やがて国民党の要請を受けたウィリアムズポートのアメリカ人当局者をも相手にせざるをえなくなった。

一九七三年のインディアナ州ゲアリーでのシニアリーグ世界大会では、「台獨万歳」のプリント入りTシャツを着ていた活動家四人が、居合わせた台湾当局者に「テロリスト」として逮捕された。それでも二年後のゲアリーでは、台湾人活動家は同じ独立標語を大書した気球を飛ばしただけでなく、ABCテレビの現場カメラマンの善意と好奇心からその光景が中継画面に映し出され、空高く掲げられた反体制スローガンが歴史で初めて台湾の数百万台のテレビ画面に流れた。ところがそれにも中華民国政府がABCスポーツ部門に文句をつけ、中国語メッセージは以後テレビ画面から締め出されてしまった。(30)

台湾人反体制活動家たちは、不人気の国民党を批判する自由が保証されるのが建前のアメリカで、リトルリーグのチームが「中華民国代表」として出場する機会をうまくつかんだ。しかし彼らが何かにつけて政府にたてつき、要求し、怒らせたことから緊張が生じ、(31)その緊張がウィリアムズポートの物質的・心理的な常態になったことで、地球の裏側にある国民党政権の支配力を、かえって以前にまして強調する結果を生んだようだった。

節の最後にふれておきたいのは、リトルリーグ野球の世界もまた、台湾先住民族の能力とプライドを表現する重要な場になったことである。初期の台湾優勝チームには東部の先住民地域出身の選手が目立って多かった。中国系人の渡来以前の台湾を代表する民族を軽視し、貧困を強いてきた国家が、大きな名誉に恵まれて祝福され、それをほかでもない先住民族の少年選手と大人の支援者が喜び合わねばならないのは、まさにアイロニーと言うほかない。実際にも、先住民族市民が自らのアイデンティティーと台湾社会における立場を確かめ、理解する当面最も有効な手だては、野球をはじめスポーツ全般で成功を収めることだった。(32)

ところが、台湾の最も古くからの住民とその野球能力が毎年喝采を浴びても、残念ながら先住民族大衆が生きてゆく十分な保障が与えられたわけではなかった。台湾から日本の野球界に投じて優れた実績をあげた郭源治と郭泰源は、その印象的な実例である。二人の郭はともに先住民族の血統を継ぐリトルリーグの偶像だった。二人とも年少で台湾を離れ、日本に定住してそこで結婚し、台湾野球界に戻って来たのは日本でキャリアを終えた後の一九九〇年代末だった。

欠陥を持つ者の仲間意識　I　殺人者

一九七一年、台湾に二度目のリトルリーグ世界制覇をもたらした台南巨人軍は、それから数日間アメリカで有名人としての日々を過ごした。ホワイトハウスでスパイロ・アグニュー副大統領と、またヤンキー・スタジアムでメジャーリーグのレジェンドのテッド・ウィリアムズともそれぞれ写真を撮り、ニューヨーク、ロサンゼルス、サンフランシスコのチャイナタウンでは祝宴に呼ばれた。

チーム一行は帰途東京に立ち寄り、数百人の在住中国人の祝福を受け、中華民国大使の彭孟緝《ポンムンジー》に面会した[33]。見たところ優しそうな大使の名前さえも少年たちは知らなかっただろうし、大使が昔何をしたかを知っているませた子がいたとしても、礼儀上口には出さなかっただろう。彭大使はかつて「高雄の殺し屋」「殺人王」の異名を取った男だった。

一九四七年二・二八事件が起きた時、彭孟緝は高雄要塞の司令官だった。部隊を指揮して高雄の市民を容赦なく殺害した張本人として以前からよく知られ、中華民国上層部にさえ、彼の残酷な指揮ぶりに嫌悪を示す人が少なくなかった。しかし蒋介石への忠誠が認められ、この元殺し屋はその後国民党の軍と政府で顕職を歴任した。挨拶に来た南部出身少年たちの両親の教師、医師、地域指導者らは、二十四年前の夏に彭が率いる軍隊の銃弾に倒れ、栄達への道を邁進していた彼の指揮下で、公開処刑と暗殺が南部各地で繰り返されてきた。そのことを、彼自身はここでちらりとも思い起こしはしなかっただろう。

この日を含め、目が回るような毎日が、優勝した少年たちを待っていた。台湾に戻れば、凱旋パレードのほかテレビ出演、記者会見、何回もの宴会、忠烈祠参拝、ささやかなプレゼントの贈呈（蒋介石と国民党中央委員会から奨学金として総額三百万台湾元＝七万五千米ドル＝。毎年蒋の誕生日に支給[34]）、加えていずれ大陸反攻に参加せよという激励（チームの勝利は蒋の希望する「一日も早い大陸奪還」の象徴だった）まで、行事が続く。彭大使からも、山のようなプレゼントのほかに訓話があったが、大陸出身で一風変わったしゃべり方をする彼の話では、野球のことは何も知らないということだった。寒気を催しそうなこの一事について、歴史学者の立場から若干分析しておきたい。

国民党政府が――日本植民地主義の近代的遺産である――野球と関わりを求めることからして、無残なアイロニーである。国民党的価値観では、日本植民地主義による近代化の落とし子である数千、数万の民衆を虐殺した（彭のような）人間が優遇されるのであり、そうした価値観の中に野球まで取り込むことは、さらに無残なアイロニーであろう。このころの政府直系メディア「自由中国レビュー」が主張するように[35]、また台北市営球場に「素晴らしい中国宮殿風外観」を施したように、野球から日本的要素を剥ぎ取るのもそれなりの行き方である。ニューヨークのチャイナタウンでならず者数十人を狩り集めてペンシルヴェニアに送り込み、台湾独立派の活動家を打ちのめしても、さほど驚きはしない。だが、台南巨人の選手たちを「高雄の殺し屋」に引き合わせたのは、どういうことなのか。

一口に言えば、国民党は野球を道具に利用しようとしたのであり、はだしで練習し優勝して喜びに浸る先住民族の少年選手の記念写真を、もっと増やそうということではなかったのである。彭が二十四年前の夏に何をしたかなどもう誰も憶えていまいとは、当局者でさえ考えなかっただろう。良心ある成人であれば、南部台湾の知名人そっくり一世代を葬った殺戮の背後に彭がいたことくらいは、間違いなく記憶しているはずだからだ。

だが、彭の残虐行為や、彼に数々の顕職を与えた国民党の全面的共謀責任を追及するだけでは、東京でこのような対面がお膳立てされたことの意味を見失うことになる。「国民的恥辱が相互の親近感と好意を生み出す基礎になり、欠陥を持つ者同士の仲間意識が築かれるというアイロニー」[36]こそが、この場合認識しておくべきロジックなのである。

中国のロック・スター崔健《ツイジエン》は、一九九一年の力に満ちた曲「赤い布切れ」の最後の一節で、「僕はいつまでもこうして君のそばにいたい。君の苦しみを一番よく知っているのは僕だから」と歌った。[37]崔が向き合ってきた中華人民共和国の現代史と台湾のそれとはもちろん全く別であっても、国民党体制と台湾大衆との間に、一九八〇年代まで四十年間保たれてきた「欠陥を持つ者同士の仲間意識」を、崔は生き生きした言葉で見事に描き出している。国民党政権を覆し「真正」の台湾人国家を打ち立てる、といった定式に終始し、あるいは逆に大陸人政権に「魂を売り渡す」のは重大な誤りだと言い続けるだけでは、戒厳令下の中華民国ナショナリズム、反共主義、国民党支配下で経済の「奇跡」が機能した理由は把握できない。

この場合認識しておかねばならないのは、相手の苦難を熟知する者同士の関係が、結局便宜的な関係に終わろうとも、単純ではありえないということである。東京での儀礼的な対面にも、苦難の言説を共有しようとする意図が（受難の度合いに明白な差があるにしても）観察次第で見て取れる。それは、日本植民地臣民の島から国民党の「自由中国」へという移行プロセスが、トラウマとアイロニーに満ちていたとしても、なにがしかのプライドを見出そうということなのである。少年チームによる「高雄の殺し屋」表敬は、一九七〇年代初期の野球と中華民国をめぐる言説の分裂を意味したのではなく、台湾にとって野球の真の意味とは何かを示した点で、少年たちが凱旋旅行で得た最大の収穫であった。

敗者が勝者になれるか

台湾野球史を研究していると筆者が話すと、勝利と敗北の経験を数限りなく分け合った古き日々の追憶が好きな台湾民衆は、喜色を隠さない。だが困ったことに、彼らが口にするそうした記憶は、家族、地域、国家をめぐる濃厚なノスタルジアの物語になってしまいがちだ。ラジオやテレビの試合中継に熱中して夜更かししたのでインスタント麺を食べたとか、戸外に飛び出して爆竹を鳴らし、国旗を振って楽しんだとかがそれだ。

そうしたノスタルジアに対して口では概して批判的なことを言う人たちでさえも、ノスタルジアをかえって蔓延させるような批判に終わることがよくある。ナショナル・チームの元コーチで大学教授になった林華韋が、二〇〇四年七月総統府で行った野球と集団的記憶（「集體記憶《ジーティージーイー》」）に関する講演もそうした例だ(38)。自ら望んで国家の術策にはまる――近年は国民党時代の「単純」な統治へのノスタルジアも出現している――のは当然望ましいことではない。種々の集団的記憶を解明しようということなら、第五章でもふれたハーツフェルドの「文化的親和性《カルチュラル・インティマシー》」に関する所論によるべきである。

一九七一年の台南巨人の優勝を歴史の中に置くと、ニクソンが中華人民共和国訪問を発表した六週間後、中華民国が国連を脱退した八週間前に当たる。まさに台湾が最大のあからさまな「国民的恥辱」と屈辱を味わった時期だった。蔣介石が「今この時は正義と不正義も見分け難い苦悶の時である。……一部の民衆は道義を守る気力さえも失い……毛沢東の従僕となるのである」[39]と慨嘆したスピーチも、アメリカ人にとっては他人ごととしか映らなかった。だから台湾人は、ヤンキーどもが「マック何とかというゴリラのような大男」（アフリカ系アメリカ人だけで編成されたインディアナ州ゲアリーの主力選手ロイド・マクレンドンのこと。九三年の中国時報に載った未練がましい記事の表現[40]）を擁しても中華民国チームに勝てなかったのだから、この時だけはぜひ悔しがってほしかったのである。

リトルリーグ野球で「屈辱」を味わった時の記憶でも、年代史が記す歴史的重大事件の衝撃以上に強烈なことがある。漫画家・蔡志忠の一九九七年の回想録には、「私が兵役三年目の一九七〇年夏は台湾にとって最悪だった。われわれが国連を脱退したからではなく、（嘉義の）七虎軍がウィリアムズポートでプエルトリコに負けたからだ」[41]とある。蔡が二つの屈辱的出来事を同じ年の夏に起きたと脳裏に刻んでいる（国連脱退は翌年、七虎が負けた相手はニカラグアで、二重の記憶違い）ということは、悲しむべきこの二つの出来事が「親密《インティメート》な」者同士で分かち合った屈辱の記憶だったことを裏書きしている。

一九七〇年のリトルリーグ国内大会で優勝した嘉義七虎隊も、世界大会に出場した時は他の年と同様全国から選手を選抜して再編成されたチームだった。LLB国際本部の調査団がこの年六月に来訪して帰った（アメリカと違い台湾の選手は髪を長く伸ばしていないのが好ましいと語ったピーター・マクガヴァン理事長の談話を聯合報がうれしげに報道した[42]）後で、中華全國棒球委員會は選手の年齢を十二歳以下にそろえようと、あれこれ苦心した。だが七虎には年齢問題以外にも明らかな欺瞞があった。野球狂の町・嘉義の選手は七人にすぎず、台南から五人、高雄から二人を潜り込ませていたのである。

七虎は和歌山チームとの極東地区決勝戦に12対0で勝ち、ワールド・シリーズの出場権を得た。強化練習のため台北に集結した七虎は、国民党式の中国的ヒロイズムを満足させる最新チームとして遇された。台湾の心理学者の雑誌寄稿の表現では、最近の戦績で「(中国人の)民族的・人種的な優越性が再度証明され」、選手たち自身の無知のために克服できなかった臆病、不誠実、無責任、粗野が、有能で意志強固なコーチの指導で払拭されたのだという。[43] 権威主義支配を露骨に称賛したこれほど見え透いた褒め言葉も珍しいが、国家が示す目的の中に野球を取り込もうとする強い意志だけは再確認できる。

官製メディアは十四人の選手全員に「旋風虎」(黄永祥三塁手)、「飛天虎」(黄志雄投手)、「稲妻虎」(侯徳正捕手)など、漫画に出てきそうなニックネームをつけた。スター選手で「伏崗虎《フーガンフー》」こと盧瑞圖《ルールイトゥー》の三十年後の思い出話では、かわいい積極的な追っかけガールから何百通もファンレターが来た。[44] ところが、ウィリアムズポートで最初に当たったのはニカラグアの強力チームで、接戦になった。七虎最終回の攻撃は、満塁のチャンスで打者の強烈なライナーが捕られて終わり、3対2で惜敗。台湾テレビ局のアナウンサー盛竹如は泣き崩れ、スタンドで敵対感情も露わにそれぞれの旗を振っていた国民党支持者と台湾人民族主義者も、涙を流して痛みを分け合うことになった。[45] 敗者組に回ってからはテネシー州、西ドイツのチームに完勝して悔しさを晴らし、何とか我慢できる五位でワールド・シリーズを終えている。

この年のシリーズで敗者になった台湾が経験したものは、屈辱を共有することにより心の奥底で結び合えたという確かな感覚だった。翌日の聯合報のコラム「黒白記」は「申し訳ありません」の標題を掲げ、物語調の書き出しでそのことにふれた。負けたその場で国民に謝った呉敏添監督の潔さを「国民が負った屈辱と痛手の全責任を負った精神は実に感動的だった」と、型通りながら熱を込めて褒めた。(46)二〇〇〇年の公共テレビ局のドキュメンタリーは、スコア3対2のあの苦い敗戦を詳細に追い、バックにビージーズの曲『傷心の日々』「傷ついた僕を、どうやって癒やしてくれるの？　敗者が勝者になるには、どうすればいいの？」を流している。(47)台湾はリトルリーグの世界タイトルを十七度手にしたが、台湾野球の黄金時代としてなお国民的記憶の核心にあるのは、実は敗北の記憶なのである。

この時以来、台湾リトルリーグの物語で――国民党員か台湾独立論者かを問わず――必ずと言っていいほど語られるのは、五位の成績で台北に戻って来た七虎の印象的な帰還風景である。雨の台北松山空港に少年たちを出迎えに出た蔣經國は、「アメリカが好きになったかね？」「新しい友だちはできたの？」と問いかけ、「負けても何でもない。来年がある」と言って聞かせて、彼なりに精一杯少年たちを励ました。総統の息子に深々と頭を下げ、控えめに面目を保とうとする少年たちの姿は、台湾でそれから数十年間繰り返し映像に映し出されることになる。(48)

その後の行事にも印象的なシーンがあった。チームの敗北を再度公開の場で謝罪した呉監督の挨拶の次にマイクを握ったのは、「台湾リトルリーグの父」とされる中華全國棒球委員會総幹事の謝国城だった。彼は眼鏡のフレームを涙で濡らしながら、「七虎隊の敗北の責任は監督ではなく私にある」とスピーチしたのである（ニカラグアの投手が抜群の出来だったことには一言もふれなかった）。(49)

「欠陥を持つ者同士の仲間意識」の強さを示す例に、二十年後に雑誌『中國論壇』に載った「棒球の美と哀愁」と題する論評がある。少年野球が中華民国ナショナリズムの真の一部になってからは、正々堂々戦った結果をどう非難されても、誰もが潔くそれを受け入れられたという。[50]同じことは他のメディアでも確認できる。政府公式サイト「デジタル博物館」の野球のページにアップされた一枚の写真には、敗れた七虎選手の一人で「兇牙虎《シオンシャーフー》」こと李宗洲二塁手が、蔣經國の差し出す雨傘の下でにっこり笑って写っている。[51]

敗者の帰国から三日後、七虎一行は蔣介石総統に会い、メディアはそれを再度大きく報じた。聯合報の記事は、「少年たちはつま先立ちし首を鶴のように伸ばして、日ごろ心中にあった偉大な指導者を目にしようと一生懸命だった」という蔣への個人崇拝を絵に描いたような書き出しだが、この日の蔣の想念はいつもとは別のところにあったらしい。「経済の奇跡」のまっただ中の時代に、聯合報は珍しく蔣自身の失敗を報じている。

総統は指摘した。誰にも、どのような場合にも、成功への過程で必ずなにがしかの失敗に遭遇する。失敗した経験を持つ者のみが勝利の真価を実感できるのである。……常に勝ち続けている者は傲慢になる。それこそ最大の失敗にほかならない。[52]

蔣介石が巨大なリスクを背負いながら中国全土を支配していた二十五年前に立ち返り、当時犯した失敗に公開の場でふれるのは考えられないことだった。また大陸奪還の念願が成就する日が必ず来ると、彼が本気で信じていたとも思えない。だが少年選手との接見の場でもらした謙虚な言葉を真に受けるなら、「欠陥を持つ者同士の仲間意識」が蔣のような人物にさえ芽生えていたという大胆な推測も可能だろう。[53]

大会で勝者にな《ヽヽ》る可能性は誰にでもあるが、敗者になっても気品と真の目的意識を保つことができ、苦悩と屈辱を他者と分け合えるなら、それは台湾人民衆にとっても中国人政府にとってもこの上ない誇りにはちがいない。台湾人にも中国人にも深刻なトラウマを生んだ二十世紀が三分の二を経過する間に、野球の核心とも言うべき恥辱と挫折をもし経験しなかったら、台湾のすべての人々が自らの失敗の歴史を力強く語れるパトスは共有できなかった、ということである。

挫折とリートスト――野球小説と野球映画

台湾の少年野球現象が本の形になったのは、『王子』という雑誌に一九七〇年夏に連載されたコミック『棒球小英豪』［写真6］が最初である。(54) 金虎小学校のスター選手・韋新武の冒険物語で、この少年が見知らぬ隠者に険しい山の中に連れて行かれ、「猛訓練」を受ける話から始まる。山野でしごかれた少年はへとへとになるが、しまいには人間業とは思えない技を身につけ、空を飛ぶ鳥に石を投げつけて撃ち落としたり、暴れる猪を素手で仕留めたりできるようになる。(55)

少年はその後野球の世界に入り台湾各地で活躍する。興味深いのはその第三部、謎の隠者が韋に自分の身の上を明かすくだりだ。隠者は本名を王元選と言い、三十年前（一九四〇年ころ）には植民地本国の日本に留学した大勢の台湾人青年の一人だった。ここからしばらくは現実離れした年代設定もあり、筋の運びがやや不自然になる。王は来日するアメリカ・チームと対戦するため日本選抜チームに加わるように誘われ、台湾で夏のトレーニング中に韋の父親とめぐり逢う。ところがチームの選手九人全員が日本軍の命令で兵隊に取られる不運に遭う。韋の父親は死に、他の八人も腕や足を失って野球ができなくなる。だが負傷した選手にはそれぞれ息子がいた。選手の息子たち八人を探し出してチームを作り、いつの日か試合に勝ってリベンジを果たすことが、王の使命になった。実はそれは、韋の父親が生前王に伝えた遺志だった。（王の山中の隠棲先で手助けしていたのは――雑誌社が当局の目を気にしてだろう――中華民國全國棒球委員會職員の張という眼鏡の男だった！）(56)

中国的なナショナリズム（反日的、時には反米的）と国家主義（韋のユニフォームのマークは「チャイナ」）を自在に取り込み、さらに日本臣民として共同体を形成して戦った時代への共通のノスタルジアをも織り込んで、なかなか巧みなストーリーの組み立てである。さんばら髪（肩まで届く長髪は一九七〇年当時台湾に実際にあった）の王のキャラクター――最後には植民地臣民として同化されるリップ・ヴァン・ウィンクル［アメリカの作家ワシントン・アーヴィングの短編小説の主人公で、米独立戦争直前の善良なオランダ系移民。森鷗外がアメリカ版浦島太郎として邦訳］と反日報復主義的人

［写真6］少年雑誌『王子』に連載された1970年当時の野球コミック「棒球小英豪」。

物とを混ぜ合わせたような人格——は、中国化された台湾のポストコロニアルなパトスを売り物にしたこの雑誌の性格そのままである。

子ども雑誌になぜこのような重たい筋立ての漫画を載せるのか。言うまでもなく、疎外、願望、挫折の物語は野球を通して語るのが最適だからなのである。

一九七七年には野球文学の先駆となる作品が現れ、台湾文学に新しいジャンルが切り開かれる。印象的なのは、下記する二つの短編小説ではともに——それまでほぼ十年間の台湾少年野球がずば抜けた戦績をあげているにもかかわらず——恥辱と喪失感が赤裸々に描かれていることである。

小野《シャオイエー》の『封殺』は、エリート限定の野球大会に出場した貧しい少年のトラウマを扱った作品である。聯合報の文学コンクールで最優秀賞を取り、小野には台湾の中國（台湾）文藝協會からこの年の小説賞が贈られた。野球がこの時期の民族的、個人的想念を表現する格好の場だったことを示す作品として、小品以上の価値が認められたということだろう。

この短編は、阿財《アーツァイ》という少年選手の一打席の間に何が起きたかという、一つの場面だけで成り立っている。試合に出ている阿財の苦痛に満ちた追憶と想念を、読者は主人公と一緒に体験することになる。全島選手権大会で決勝戦に勝ち進んだ阿財の神鷹チームは、最終回の裏にチャンスをつかみ、阿財に打席が回る。彼は頭の中で様々なことを一度に考えねばならない。ここで勝たないとアメリカの大会に行けない。だが父親が相手チームの勝ちに二十万元（五千米ドル）賭けたことも知っていて、重圧を覚える。もっと恐ろしいことに、父は性悪の隣人に賭け事の借金があり、この賭に負けたら姉が借金の肩代わりで隣の性悪男のものになってしまう。姉は自殺するだろう。自分の無力、無念、屈辱、復讐願望が入り混じりパニック寸前の阿財は、フル・カウントになっていることに気づく。

打ったボールがレフト方向に飛んでゆく。阿財がベースを駆け抜ける間も、恐怖が彼を追いかけてくる。「遠くのアメリカに行っても…勝ちまくるんだ」「父さんは孝行息子になる僕を叱ったりしないだろう」「頭が牛で顔が馬の化け物が…死者の霊魂を探して家にやって来る」「死ぬのは恐ろしい。姉さんの小さな頭が切り離されて見える」——そして、ホームでアウトになってしまう阿財。(57)

痛みなしには読み進められない作品である。それに、この島が「経済の奇跡」の恩恵を受けても、運も能力もない人たちがいかに多くの悲惨と屈辱を味わわねばならなかったかを、この作品は野球の場面を通じ、文芸賞を受けるにふさわしい迫力で完璧にわからせてくれる。

二〇〇五年に出たアンソロジーに小野は補注を付け、二十八年前に書いたこの画期的な作品に技術的誤りを見つけたとして謝っている。阿財がホームでアウトになった場面は、「フォースアウト」(「封殺」)ではなく「タッチアウト」と書くのが正しく、それを後で知ったという(不都合にもこの語が作品の題名だった)。打球が地面に落ちるまでランナーはベースを離れてはいけないことも「わかった」と、蛇足が付いていた。(58)少しでも野球を知る人ならばかにしそうな間違いで、筆名「小野」、本名・李遠は、台北出身で生物学を勉強したが野球の知識には乏しいようだ。台湾現代史の恥辱、恐怖、暴力を描くために、この競技の持つ比類のない訴求力に着目しただけだったのだろう。

野球を題材に使ったもう一つ見逃せない短編に、同じ一九七七年刊行された國立臺灣大學中國文學科の著名教授・廖咸浩《リャオシエンハオ》の「侵入者」がある。一生消えない別の形のトラウマを子ども時代に経験した優秀な少年投手の物語である。彼の名は「台湾生まれ」を意味する台生《タイション》。戦後大陸から移住した家の子によくある名前だ。この作品では、後々まで影響を残した日本文化と日本人が台湾にもたらしたポストコロニアルな緊張を、少年の口で語らせている。小説の舞台は一九七〇年(記録に残る七虎敗北の年）の台北の眷村（国民党要員と軍人の居住地域）。そこは「外省人」二世が「本省人」の好きな野球と接触する場所でもあった。

日本の伊勢（神道で最も重要な神社がある町）から日本の野球チームが来て、大事な試合があるというので、台生は練習に参加していた。そこで隣に住む本省人の少女に淡い恋心を抱く。だが練習で肩を痛めてしまい、うまく投げられるようになって隣家の少女・瑛子《インズ》の「目を引く」ようになりたいと、家の中の祭壇に祈る。試合の日、彼女は美しい花嫁のように着飾って見に来たが、台生のチームは負けてしまう。試合後のパーティーで、瑛子は台生には見向きもせず、勝った日本の投手とばかり話す。こらえきれなくなった台生は、瑛子に台湾語で叫ぶ。「お前なんかあいつの嫁になってしまえ！」。間もなく彼の父親の転勤で一家は引っ越し、二人は二度と会えなくなる。(59)

一九九二年には、チェコ語のリートストを台湾野球の歴史評論に援用した文章が現れた。チェコスロバキア生まれの作家ミラン・クンデラによれば、リートストとは「悲嘆、共感、悔恨、その他言葉では説明できない願望からなる諸々（の感情）の総合であり……自分の悲惨に突然気づいた時に生じる苦悩の状態」(60)を指す。日本に親しみつつ反逆もした時代を理解し、選手の中にアルコールと薬物で死ぬ者や自殺が多い原因を解明するには、「力脱死《リートスト》」の概念が有用だというのがこの評論の趣旨である。七虎の監督として知られた呉敏添がその後家族を残し金門島で悲惨な孤独死を遂げたのも、地元嘉義でリートストに悩んだからだという。(61) 雑誌『中國論壇』に載った短評（「アイデンティティーへの新処方」）ではあるが、台湾の歴史、文化、アイデンティティーに関する議論にクンデラの観点を持ち込んだ点は貴重である。

一九八〇年代中期から後半にかけてリリースされた台湾映画で野球を扱った二つの作品のテーマ

は、台湾的リートストと言えるだろう。一九八五年エドワード・ヤン（楊徳昌）監督の『台北ストーリー』（原題『青梅竹馬』）〔日本公開は二〇一七年五月〕は、現代台北の不安の物語である。建築会社をクビになり、「経済の奇跡」に沸く台北で転落の道に踏み込んでゆく女・阿貞《アジン》を、歌手の蔡琴が演じる。暗鬱なストーリーのもう一人の主役は、阿貞のボーイフレンドでかつて少年野球の英雄だったが、野球とはもう縁を切った阿隆《アリョン》（伝説的監督・侯孝賢が演じる）。

ロサンゼルス移住を夢見るだけでほとんど何の取り柄もない阿隆は、日本やアメリカのプロ野球の古いビデオを見て毎日を過ごしている。スター選手だったことをからかわれ、ヤッピー相手に暴れたりもした。たった一人の友人は、かつてのチームメートでカーブを投げすぎて利き腕をだめにした男（映画監督で脚本家の呉念真が演じる）。女房を寝取られたことは公然の秘密で、大勢の子どもを養うのがやっとの暮らしをしている。二人はがらんとしたコンクリートの部屋でむなしいキャッチボールをしながら、昔のことを口にする。「練習、練習、ウィリアムズポートだ！……兵役から後は、やることなすこと裏目だよな」。

侯孝賢が悲哀と疎外をそつなく表現しており（悲しげにバットを素振りするシーンは無様だが）、傷心に沈む蔡琴の翳のある美しさがストーリーとうまく融け合っている。ライトアップされた祝日の総統府。オートバイを飛ばしてはしゃぎ回る若者。ケニー・ロギンスが歌う『フットルース』〔一九八四年アメリカの青春映画〕の主題歌が挿入され、繁栄と充足の都市・台北のイメージと、時流に乗りそこねた元野球選手の姿を浮かび上がらせる。なめるようなロング・ショットを多用した映画の幕切れで、阿隆に突然の死が訪れる。新しい繁栄を謳歌する郊外の一角で、阿貞を追い回していた若い男に後ろから二度刺された彼は、道路の縁石に倒れて血を流し、動けなくなる。たばこをふかしながら死んでゆく阿隆の脳裏には、ごみ集積所に捨てられたテレビ受像器のイメージ。その画面には、リトルリーグの祝勝パレードが映し出されていた。(62)

エドワード・ヤンは台湾生まれではなく［上海生まれの客家人《ハッカ》だから］、野球というスポーツとの関わりは薄かったはずだ。『台北ストーリー』にも野球シーンはほとんどない。ヤンが描こうとしたのは、奇跡の近代化を遂げた台北が抱える挫折と疎外の物語であり、様々な職業の人物と背景的エピソードを駆使し、それを完璧に描いている。野球という「国民的スポーツ」は、ここでは受難の記憶を表現する格好の換喩であり、ヤンと朱天文の脚本は、阿隆という元野球選手を典型的な挫折例に使うことで、彼らの意図を十分に表現している。

最後に、台湾人スター選手・郭源治の自伝映画を検討しておこう。フィクションを交え、ひねった解釈を加えた一九八八年の『奮鬥』がそれだ。郭はリトルリーグの金龍で活躍した後、日本の中日ドラゴンズに入った。この年はその八年目で、映画で「自演」もしている。冒頭の長いショットは、郭が投打で活躍するテレビ画面を、一人の男が苦々しげに眺めるシーン。この男・阿徳は、郭の架空の旧友で長く捕手として相棒をつとめ、中日に解雇されて野球を辞めたという設定。やがて郭は、小学校時代の教師からこの旧友の最新消息を知る。落ちぶれた阿徳が台湾でならず者二人を殺し、死刑を宣告されたという。

全編の大部分が二人の少年選手の友情と苦しい練習のフラッシュバックで占められ、貧しい少年が古タイヤに向かってバットを振り続け、おかげで一足飛びに富と名声を手にするという類いの台湾ドリームが語られる。二人の少年が短気な老コーチに「真の規律」をたたき込まれ、やがて理想のバッテリーとして名を上げる——第五章に記した通り個人の努力と成功の資本主義物語が再生産される—

―というお決まりのストーリーだ。だが最後に悲劇が待っていて、観る者をぎくりとさせる。東台湾に帰っていたあの生涯の友が、当局の銃弾で処刑されたと知らされ、郭は日本の砂浜に膝から崩れ落ちる(63)。

以上数例は、一九七〇年代、八〇年代の野球の輝かしい勝利が現実に何を意味したかを知る手がかりになる。台湾の芸術家とその作品の鑑賞者たちが野球の中に求める物語とは、国家とそのイデオローグが囃し立てるような決まりきった勝利の物語ではない。台湾社会に生きる民衆が数十年間経験してきた――「天皇の下での平等な処遇」「自由中国」「経済の奇跡」、あるいはそれらと正反対の――苦悩、挫折、屈辱の物語なのである。近現代の台湾では、民衆が経験してきた悲哀、悔恨、暴力、驕慢、虚偽を語る物語が真実の歴史物語のはずである。そうした「隠されてきた空間」と民族的屈辱を凝縮して語れる主題が、野球以外にあるとは思えない。

欠陥を持つ者の仲間意識 Ⅱ 詐欺師たち

一九八一年、台湾はリトルリーグのワールド・シリーズで五連覇した。
一九七七年以後ほとんど同じ選手が出場し続け、チーム力が落ちなかったのが勝因である。

「リトルリーグ史上の大記録」、ジ・オニオン紙「パロディを得意とするアメリカの風刺新聞。五連覇は事実」、二〇〇六年一九七一年のリトルリーグ決勝戦に勝ち進んだ台南巨人が対戦したのは、「レジェンドのロイド」と呼ばれたロイド・マクレンドンを擁するインディアナ州ゲアリーのチームだった。五フィート八インチ［一七二・七センチ］のマクレンドンが早い回にホームランを打ち（大会で五打席連続五本目）ゲアリーがリードしたが、巨人軍にも「両歯仔《ングキア》」［台湾伝統の人形劇に出てくる人物。上の門歯二本が際立って大きい］のニックネームで全島に知られた五フィート四インチ［一六二・六センチ］の大型投手・許金木がいた。延長九回まで戦い、結局巨人が勝っている。[64]

許の背丈はチームでも頭抜けており、黒縁の大きな眼鏡をつけてマウンドに立つと威圧感があった。台湾のファンには彼はもう見慣れた選手だった。前年には嘉義の七虎チームの選手としてワールド・シリーズに出場し、その時「降魔虎」の綽名ももらっていたからだ。もともと台南の小学生なので、一九七一年大会だけ見れば出場違反ではなかったが、元チームメートが筆者に語ったところでは、リトルリーグの試合に出場資格があるのかやはり怪しいということだった。台湾に「経済の奇跡」が到来する以前、リトルリーグでの活躍など考えられもしなかった一九五〇年代には、新生児の出生をすぐに届けない親が地方には大勢おり、実年齢が戸籍記録より上の子が男女ともいくらでもいた。国家の規定などにはおとなしく従わないのが地方では普通だったことが、一九七〇年代に少年野球計画を進めるようになった当局にかえって都合がよくなったのである。[65] 許の背丈がリトルリーグ制覇以後あまり伸びなかったのは、出生届の問題とは別に台南の強い陽光の下で早熟に育ったからかもしれない。たぶんそんな事情もあり、彼は工場に勤めるようになってからは目立つのを嫌い、メディアにも全く顔を出さず、自分が一九七一年の英雄「両歯仔」だったことも口にしようとしなかった。[66]

一人の選手が何度も大きい大会に出たケースは、許の前からあった。一九六八年の紅葉で捕手だった余宏開は、翌年には台中金龍の三塁手で出ており、台湾の東西反対側にある二校の選手としてプレーした。念の入ったことに、七〇年には台北の二つの学校で選手になって、嘉義のチームと対戦している。リトルリーグで台湾がオールスター型の選抜チームを組んだことは、アメリカのLLB国際本部で何度か問題になったが、警告を受けても改善されなかった。ずっと後の一九七九年に世界チャンピオンになった嘉義県の朴子小学校旋風隊の場合でも、選手二人を県内他校から潜り込ませていた(67)。

台湾がなぜ無敵の野球王国に成長できたのか、そこが飲み込めないアメリカ人大衆から見れば、こうした台湾チームは大きな疑惑の対象であり、またそうした疑惑は的を射てもいた。だが当時の台湾人大衆にとっては、台湾のリトルリーグ計画が疑いの目で見られていてもどうでもいいことで、台湾の青少年は野球でスターになることをほぼ共通の夢にしていた。一九九〇年代末にプロ・チーム中国信託ホエールズのスター選手で野球を実質的な職業にしていた李坤哲《リクンゼー》は回想している。

私は野球を見て育った。……台湾のナショナル・チームが国際大会に出ると、あのころはみんな真夜中に起き出して国際中継を見た。民族の英雄で、国を代表してプレーするあんなヒーローになりたいと、みんな思っていた(68)。

先述の通り、当時この島国は類例のない特殊な地政学的苦境に落ち込んでいたから、台湾の民衆は台湾チームが国際試合で勝つと狂喜した。民衆の目から見れば、一九七〇年代に入ってから「同盟国」アメリカは中華人民共和国に取り入ることにばかり熱心で、台湾は犠牲になったのであり、強くて自信ありげなアメリカのチームを台湾の少年たちが毎年のように粉砕するのを目にすると、台湾の力と価値を見せつけて仕返しした気分に浸れたのである。中華民国という国家にとっても、野球は、「共産匪賊《ひぞく》と同盟者の華僑が……各国政府、在外中国系人、学者の支持をかき集めようと企んでいる」[69]という主張の正しさを裏付ける限られた手段の一つだった。

台中金龍や嘉義七虎が活躍していたころは、ウィリアムズポートのアメリカ人は台湾チームを熱心に応援した。スポーティング・ニュースも書いたように、この素晴らしいアメリカ的競技が「別の国に根づいた」[70]ことで、自尊心を満たせたからである。中華民国のチームと選手たちの「高貴」な敢闘精神が好感された一因が、アメリカ人の冷戦思考と中国共産党の残酷物語の影響にあったことは、間違いないだろう。[71]ところが一九七一年になると、勝つために技術にこだわる台湾選手に、現地ファンからブーイングが浴びせられるようになった。[72]冷戦の頼り甲斐のある友邦が送ってくるチームが、可愛げのある「東洋」の負け犬（スポーティング・ニュースの表現）であるうちは喜んで応援するが、「黄色い巨大なマシーン」（ニューヨーク・タイムズが台湾のリトルリーグ事業を評した表現）[73]が毎年夏になると十二歳のアメリカ人少年を簡単に負かし続けるようなら、話は別なのである。

翌々一九七三年大会の結果は、アメリカ人の寛容も忍耐も吹き飛ばしてしまった。台南巨人［写真7］の強さは桁外れで、三試合すべてノーヒットノーラン、合計スコア57対0と、ウィリアムズポートを文字通り蹂躙《じゅうりん》した[74]（数日前のゲアリーでも台北華興中学が五試合合計26対0でシニアリーグを制した）。台湾選手が出てくるとアメリカ人からブーイングが起き、アリゾナ州ツーソン、西ドイツ・ビットブルク、フロリダ州タンパのチームはそれなりに戦ったが粉砕された。ツーソンの監督は「彼らがきちんとルールを守っているとは思えない」と語り、LLB関係者も、「台湾のリトルリーグ計画が選手の参加資格、代表地域の規模、練習時間制限に違反していないか調査する」と苦々しいコメント

［写真 7］1973 年のリトルリーグ・ワールドシリーズで圧勝した台南巨人チーム。全 3 試合にノーヒットノーランで勝った。

を残した[75]。

後に判明する事実を見ても批判が出るのは当然で、練習時間が規則を超えていたことを台湾の当事者たちは隠そうともしなかった。一九七一年に台南巨人の監督だった方俊霊は、この年の教育雑誌に練習の概要と所感を記しているが、その簡単な記述でも、毎日の練習が十二歳児童の虐待に等しかったことがわかる。監督が言う理想の練習時間は一日九時間二十分、投球練習は一日三百球（日によってうちカーブ百球）だった[76]。

大会が終わった週のロサンゼルス・タイムズは「米リトルリーグ野球協会」に「メイド・イン・タイワン」のラベルを貼った漫画を載せ[77]、アメリカ野球の不振と無駄遣いを批判した。ＬＬＢの公式調査では、なぜか著しい規則違反は発見されなかったとされたが、後にわかる通り違反は確かにあった。台湾LLB協会は、以後のリトルリーグ計画でLLB規定を「厳格に守る」と誓い、ひとまず処罰を免れている。(78) だが、その後も台湾チームの好成績が続いたためアメリカの疑念は晴れず、違反の指摘が二十年間絶えなかった。フィラデルフィア・インクワイアラー紙は「台湾野球はまるで秘密結社の縄張り争い」というどぎつい見出しのコラムで、アメリカ人の間で流布していた俗説をわざわざ引用し、「蒋介石がプロのちびっ子どもを雇い、アメリカを侮辱したと言われている」とまで書いた。(79)

さらに翌一九七四年には、アメリカの隔週刊大衆誌『ローリング・ストーン』が「チャイニーズの魔力」を特集し、めったに見られなかった「栄光の蒋介石政府ショウ」が、「近ごろは夏の年中行事になった」と書いた。この年も世界チャンピオンは台湾・高雄の立徳チーム（台湾の優勝は五回目）で、ウィリアムズポートでの台湾の戦績は六年間で十五勝一敗（シャットアウト勝ち十三回）、合計得点は171対11と圧倒的だった。LLB国際本部の当局者でさえ、例の「パール・ハーバーの卑劣な奇襲」を引き合いに出し、台湾に裏切られたと言わんばかりの発言をした。立徳と最初に対戦した（選手ほとんどが黒人の）コネチカット州ニューヘヴンを応援した白人は、「あのチンクども［中国系人への蔑称］をやっつけろ」と叫び（結果は16対0で負け）、最終戦を観戦したファンは「踏ん張れ、黄色い連中にやられてしまうぞ」と露骨な野次を飛ばした（12対1でカリフォルニア州レッドブラフの負け）。(80)

『ローリング・ストーン』の記事の筆者は、著名なジャーナリストのアンソニー・ルーカスで、彼はこうした白人の差別言説に批判的な言動の例を探し出し、自分なりの工夫をしていた。たとえば記事によれば、「三十人ほどの地元少女の一群が……神秘に満ちた中国人の応援団に鞍替えし」、台湾人少年たちと一緒になって「台湾、台湾最高、欧米も眼中にない君ら！」と叫んでいた。緒戦で完敗したニューヘヴンのコーチも鞍替え組の一人だった。彼やチームの選手たちに言わせれば、客席で台湾選手を「チンク!」と罵った連中は、自分たち選手を「ニガー」と呼んだのと同じ仲間なのである。決勝戦の観戦に現れた彼は、台湾式の「クーリー・ハット」をかぶり、中華民国の旗を振って応援した。[81] LLBが掲げる国際親善の精神を、皮肉な形で十分発揮したというわけである。

とはいうものの、ルーカスも書いている通り、このコーチのような人は少数だった。アメリカ人選手が受けている健康的な児童教育とは正反対の練習であっても、嘘で塗り固めて「すれすれ規則通り」にしてしまう台湾のやり方は、やはりアメリカ人を困惑させた。[82] 一九七五年、アメリカに本拠を置くLLB国際本部は、ついに外国チームを一年間全面的に締め出し、アメリカ・チームが必ず「優勝」できるようにした。[83]

台湾による欺瞞行為、あるいは暴力を伴ったその他の規則違反には、「中国的野球の世界制覇」の空疎な公式物語では知らん顔で通すのが普通だった。だが、前節に例示した種々の文学、映画作品以外に歴史研究、種々の分析的論考でもしばしば取り上げられ、多くの場合「対外的恥辱の原因を作り出した……にもかかわらず、内部者間では共通の社会性の保証になった」。[84] そうした言説の多くはマゾヒズムと紙一重である。二〇〇二年のあるオンライン書評で、大学院博士課程で学ぶある台湾人学生はこう書いている。

いま博士論文のテーマにしている台湾アマチュア野球の世界は、過重な練習、捏造《ねつぞう》スキャンダル、裏金を使ったあくどい選手集め、教育軽視など、唖然とするようなことばかりだ。そのごく一部を知っただけでも、一般人が野球に抱く美しいイメージは損なわれるだろう。……私が論文を書くのは、そうした暗黒面を暴き出すためだ(85)。

台湾のリトルリーグ野球計画では、外面的には輝かしい時代だったが、痛切な屈辱感と罪悪感を内包していたために、頽廃、虐待と密接に結び付いた記憶を残す結果にしかならなかった。台湾民衆は、二十世紀の二つの権威主義体制の下では、結局被害者としての記憶をとどめることになったのである。

国民党政府が台湾に戒厳令を布いたほぼ四十年間（一九四九～八七年）、台湾民衆、とりわけ南部と東部の貧しい住民にとって、野球は台湾の文化と社会に自らの意思で参加できる重要な領域だった。穏和な親日ノスタルジアを挑発的ながら闊達に口にし、国内の国民党支配と東アジアにおけるアメリカのヘゲモニーに反対を唱え、また先住民族が大陸中国人と台湾漢族による二重の抑圧に抵抗の声を上げるような場合、いずれも野球が言語として使われることが多かった。本章に記した通り、植民地時代、戦時下、冷戦期のトラウマ、挫折、屈辱のほとんどあらゆる記憶を語る時、台湾人だけでなく大陸出身者もやはり野球を言語とした。野球が不満と非難を表現する場にもなりえたのは、近代社会で果たすべきスポーツの役割を、国民党が国民党なりに理解していたからである。

国民党は、中国大陸を支配した一九二〇年代末～三〇年代に、スポーツに関する二段階の規範的な方針を編み出した。まず、民衆をスポーツに参加させることによって、多様な民衆を単一のネーション・ステートに統合してゆくこと、次に、重要な国際競技の場でスポーツ選手に優秀な成績を収めさせることで、変化に富んだ二十世紀世界で国家の威信を高め、共感を呼び起こし、可能な限り同盟者を獲得することがそれである。

この方針を貫こうとすれば、野球は駆け引きのテーブルのようなものにならざるをえない。台湾野球界が独自性を追求したければ、普遍性を多少とも犠牲にせねばならず、親日ノスタルジアを許容するなら、「中国人」としてのアイデンティティーを抑制せねばならず、台湾文化と台湾社会の独立性を強調したければ、戒厳令を布く国民党独裁の国家主義を後退させる必要があったからだ。

アレン・チュンは、国民党の台湾支配に関する論考で、中国的な「民族文化」なるものは、「覇権的政体の存在」を前提とするイデオロギーの産物であり、「国家の権威を永続させるための政治支配メカニズムが現実に機能したか否かが、その政体の命運に直結する」としている。(86) 国民党が言う「中国文化」の基礎となったのは、誰もが民族的・文化的起源を共有しているとする神話、中国を必ず統一するという非現実的な教育と世界像、それに、中国から運ばれてきて〔故宮博物院などで〕手厚く保護されている文化遺物である。ところが、中国文化から派生した分身で、野球文化に集中的に表現されている「台湾的」文化は、より個人的、内面的、時には実存的な性格がはるかに強く、苦悩と屈辱を共有することを力の根源にしてきた。台湾文化を機能させている本質的要因は「文化的親和性」にほかならず、野球文化が——また一世紀以上の間プレーヤーの手で育てられ、最悪の(時には最善の)記憶として回想される野球文化の力が——その好例とされるのは、当然なのである。

少年野球を通じて「中国文化」あるいは「台湾人国家」を実現させるという想定自体が、いずれもともと仮構に近かったのであるが、一九七〇年代の末になると、そうした空想物語はほとんど語られなくなった。毎年夏のウィリアムズポート、ゲアリー、フォートローダーデールで台湾チームが圧勝し続けても、さほど関心を引かなくなった。少年野球の世界最高レベルの大会なら、台湾でいくらでも観戦することができたからだ。(87) 野球選手も民衆も、うちのチームがアメリカで負けはしまいかと、どきどきしたりもしなくなった。その後十年以上経つと、選手たちの記憶に残るのは、練習がきつかったとか、勝ってもあまりうれしくなかったとかになった。(88)

このころになると、台湾に経済の奇跡をもたらしたグローバル化の中で、新たに生じた関心、興味、欲望を満足させる商業的価値が求められるようになり、野球にも新しい場が必要になった。十年前に優れた才能と規律によって数々の名声を手にした少年たちは、一九八〇年代半ばには、全く新しい国際的な成功の場と報酬をほしがる年齢になっていた。

第七章

「ホムラン・バッタ」

――一九九〇年代以後の台湾プロ野球

このリーグがわが国の野球の水準を向上させることを確信している。

李登輝・中華民国総統、一九八九年十月、中華職業棒球聯盟創設に関するコメント

リーグはだめだがピッチャーは悪くない。ともかく、あそこではいい稼ぎになった。

三商タイガースの元選手メルヴィン・モラ［ヴェネズエラ出身で前年一年だけ在籍した強打の三塁手］、一九九九年十月

海外進出――一九七〇~八〇年代

一九八〇~九〇年代は、台湾の才能ある野球選手が日本のプロ・チームに入り、成功を収めた時期である。これ以前の成功例は、一九三〇~四〇年代〔第二章参照〕まで遡らねばならない。日本のプロ・チームが台湾選手に関心を取り戻すまでに、戦後三十年以上かかったのは、国民党の支配下で野球が重視されなかったからだと考えられる。

一九七一年のアジア野球選手権大会〔一九五四年以後二~三年ごとに開かれるアジア野球連盟主催の大会〕、その翌年のワールドカップ〔一九三八~二〇一一年当時の国際野球連盟の大会〕で、陳秀雄投手を擁した台湾は日本代表に連勝した。[1] 二度目の勝利の一か月後、西鉄ライオンズ〔現・西武〕は台北に代表を送り込んで陳の獲得を工作した（日本の野球文化を台湾に根づかせた既出の簡永昌を「野球専門家」として同行させる条件で）。[2] さらにライオンズは翌七三年二月のキャンプ地を台中に決め、台湾で有望な人材を探す足がかりにしようとした。陳のように日本臣民として生まれた世代は当然その対象になった。[3]

陳秀雄の獲得交渉は難航した。台湾の野球が日本的体質を抱えることに反感を持つ国民党メディアや軍指導者が、否定的に反応したからである。反対派の筆頭は、中華全國體育協進會理事長の楊森将軍だった。彼は当時八十五歳、四川省で反清朝軍に参加し、その後華中で日本軍とも戦った人で、陳の日本行きを禁止すると言い張った。かつて台湾のスポーツ選手が同じように日本でプレーして「苦労した」ではないか、というのである。[4] 聯合報は、この獲得工作には裏の狙いがあり、陳は「慎重に考えて」決めるべきだと書いた。日本に行っても「平凡」なリリーフ投手にしかなれず、ライオンズが陳をほしがるのは中華民国チームから彼を引き抜きたいからだという珍説が、慎重論の根拠だった。[5]陳が契約を望んだとしても彼が受けた圧力は並大抵ではなかったようで、聯合報は、陳がライオンズのキャンプに参加するのもやめよと何度も主張した。陳が頼りにしていた簡永昌はこのころ日本に行ったが、陳一件と旅行は無関係だと聯合報記者に言い訳させられている。[6]

野球史研究者・高正源の著作によれば、陳は台南で密かにライオンズのテストを受け、三十万米ドルの契約金をオファーされた。[7]当時記者から聞いたという話を紹介した最近のあるブログでは、陳は日本行きの飛行機に搭乗したのに楊将軍に強硬に説得され、台湾に残留する物質的見返りを約束されたともいう。[8]そのような作り話めいたことが事実かどうか、わからない。結局陳は日本には行かず台湾に残り、後に台湾の二つのプロ球団で監督になった。この一件が台湾野球史を変えるような結末にならなかったのは、台湾野球の核心だった日本との結び付きを（いつものことながら）国民党長老が忌避したからだった。

アメリカ大リーグの球団も、有望な若い選手を輩出する台湾に関心を示した。当時強かったナショナル・リーグのシンシナティ・レッズは、台湾が生んだ最高のバッテリーと今でも言われる高英傑投手、李來發捕手を数年がかりで獲得する工作をした。二人がそれぞれ十九、十八歳だった一九七四年当時の聯合報は、アメリカ人スカウトが「二人をしつこく追い回している」と批判的記事を載せている。[9]二人は嘉義の東亜高等職業學校ころからのチームメートで、一九七五年にいったんはレッズと入団契約を結んだ（ニューヨーク・タイムズは「中国人」選手を獲得したのは「話題づくり」狙いの奇策だったように報じている）。

ところが思わぬことで二人のアメリカン・ドリームは頓挫してしまった。二人とも兵役義務があり、一九七六年まで選手契約は履行できないとのこと。(10)交渉は数か月続き、レッズが何度出国許可を求めても、政府は兵役が終わるまで三年間、または教育・兵役合算して六年間は出国できないと拒み続けた。(11)結局レッズの工作は二年前のライオンズ同様徒労に終わった。スポーツ行政の当局者に言わせれば、二人の優れた技能を活かすなら、よその国に行かなくても空軍チームがあるだろう、ということだったのである。(12)

高英傑と李來發は、最終的には嘉義出身の先駆者にならって日本プロ球界に入り、台湾出身選手としては三十年ぶりに日本でプレーした。二人が一九七九年末に海軍(ほとんどが空軍からの移籍選手だった)で兵役を終えた時には、数十年間絶大な発言力を振るった強硬な反日の長老たちはもういなかった。契約先はパシフィック・リーグの南海ホークスで、八〇年から八三年までプレーしている。(13)二人ともめざましい活躍はしなかったが、人材源としての台湾に再び日本球団の目を向けさせる役割を果たした。(14)またそれなりに注目されたことで、さらに大勢の台湾選手がかつての宗主国で自らの野球技能を——日本時代の野球を教えたコーチが知らない技能も——試す意欲を持つようになった。

かつてリトルリーグのチャンピオンになったアミ族のスター投手・郭源治らは、この時期に日本で成功した台湾選手の第一世代に当たる。郭にはこの世代の象徴になる条件がそろっていた。父は第二次大戦中日本海軍で戦い、息子に日本人戦友の名前をつけた。(15)叔父が濱口光也《みつや》の日本名で戦時下の三民族チーム嘉義農林でプレーした関係で、日本人が台湾先住民族に「優れた運動能力」があると信じ込んでいることを、源治少年は幼いころからよく知っていたらしい。(16)一九八一年、彼が中日ドラゴンズとの契約にサインした時の情景は印象的だった。郭の父親とドラゴンズの代表・大越貫司《おおこしかんじ》が、かつ

［写真 8］ アミ族投手・郭源治と家族。1999 年当時。

ての帝国臣民同士として深々と厳粛な最敬礼を交わす情景は、日本と台湾の絶ち難いつながりの再現だった[17]。

彼の選手生活は、一九八八年の台湾映画『奮鬥』［第六章に既出］に詳細に描かれている。翌八九年には日本国籍を取って佳久《かく》という日本姓に改め、表向きには日本人になった[18]。台湾人ーアミ族ー日本人という三重の複雑なアイデンティティー（［写真8］に雄弁に表現されている）をかかえつつも、優れた投球術を具えていたことで、郭はドラゴンズにいた十六年間に際だった成績をあげ、日本、台湾双方でさまざまな願望と注目を呼び起こす存在になった。

台湾の日本コネクションをさら

に強固にしたのは、西武ライオンズで一九八五年から九六年まで主力投手として活躍した郭泰源である。彼の才能は早くから話題に上り、トロント・ブルージェイズも高校生とは思えない快速球に関心を示していた。だが彼の場合も、野心と願望の対象は少年時代から耳にしていた日本だけだった。まだ十八歳だった一九八〇年、郭はライオンズが派遣したスカウトと会った。日本統治時代の選手で当時中國文化大學のコーチだった陳潤波［第三章に既出］が郭に付き添い[19]、助言もして、郭の兵役（彼の場合は陸軍で野球をするだけだった）が終わったら必ず入団する約束を交わした。旧植民地時代の結び付きが、形を変えて更新されたのである。

ライオンズでのキャリアの第一歩は、日本でもあまり例がないほど華々しかった。投げ始めてすぐの八五年四月に月間ＭＶＰを取り、二か月後にはノーヒットノーランを達成して「オリエント・エクスプレス（東方特快車《トンファントークワイチョー》）」と騒がれた。やがてファンの間でチーム一の人気者になったが、十二年過ごした日本の国籍を取ることはなかった。

「二人の郭」の評判は台湾で知れ渡り、それが誘い水になって日本は台湾の野球選手がプロのキャリアを積む場になり、歴史に裏付けられた関係が自然な形で強化されてゆく。何人かの有名選手のうちボルチモア・オリオールズも関心を示した呂明賜《リューミンツー》は、一九七八年読売ジャイアンツに五千万円の契約金で入団し、数年前に引退した王貞治の後継者として一時期は期待された[20]。優れた台湾選手が一九八〇年代に日本の実業団でもプレーしている。実業団にはプロ並みのチームが多く、知名度は「メジャー」でなくとも、日本プロ野球機構（ＮＰＢ）のチームにも十分対抗できた[21]。（ＮＰＢの規定で外国人出場選手枠が二人までに制限された期間が長く［一九六六〜九三年］、その枠をアメリカ人強打者の獲得に回す球団が多かったため、台湾人選手が日本の有名球団でプレーするのに影響した）

台湾人のポストコロニアルの夢が実現したこうした例があったにしても、かつての二級帝国臣民の息子で豊かな才能を持つ選手たちが、日本で常に公平に処遇されたわけではなく、しこりを残したケースも少なくない。陳大豊は、台北の華興中学、ミッション系の輔仁大學で活躍した後名古屋商科大学に転入学し、その後日本国籍を取って大豊泰昭《やすあき》に改名している（日本姓にとくに中国語名を残した）。中日ドラゴンズ、阪神タイガースに所属した十四年間に優秀な成績を残したのに、ドラゴンズではチームメートで親友だったアロンゾ・パウエルの数年後の話では、陳はアウトサイダーのように扱われ、「身分は日本人でも外国人選手と自覚していた」[22]。先住民族のある文筆家は、郭源治が中日に入団した時のサラリーが非常に安かったという郭自身の話を雑誌で引用し、野球を通じた先住民族搾取の例に挙げた[23]。聯合報はいつもの国民党寄りの記事で、一九八二年当時日本でプレーしていた台湾人選手の中では、郭と熊谷組チームの李志俊だけが別格で、他の七人全員が日本人監督の偏見に遭い、「正しく起用」されなかったと書いている[24]。

単なる軽視以上の不快な経験をした台湾人選手もいる。日本の実業団リーグで一九八〇年代初めに活躍した選手の中に、台湾人選手が二人いた。一人はヤマハの劉秋農投手で、かつての嘉農の主力・劉蒼麟の息子、もう一人は河合楽器の林華韋三塁手［第三、六章に既出］で、リトルリーグから世代が上がるごとに四度ナショナル・チームでプレーした名選手だった。この二人が一九八四年都市対抗大会の注目の一戦で顔を合わせ、劉は河合楽器を三安打に封じた。ところが林が一人で二安打したのを見た日本のメディアは、劉が同国人に「手心を加え」打ちごろの球を投げたと書き立てたのである[25]。その時から二十年後、國立台灣體育學院の教授になっていた林にインタビューした時、筆者はこのことを尋ねてみた。彼は言下に否定し、記者たちが「話をおもしろくした」だけだと答えた[26]。筆者の知る限り最も高潔な人物の一人の林華韋を詐欺師呼ばわりするのは、悪質な中傷と言うほかない。

一九八〇年代末までにこうした経験を積み、それが台湾人の自信になったことは疑いなく、多くの選手が、また企業やファンも、台湾独自のプロ・リーグが結成される日を心待ちにするようになった。すでに一九八五年初めの雑誌『自由青年』には、大勢の台湾人選手が日本の野球界で好成績をあげている――「わが国の人材が他国に雇われている」――のを目にするのは、「喜びではあるが苦痛である」とする記事が載っている。(27) 別の台湾の雑誌『日本文摘』も、台湾の悲喜両面の役割に関する記事を載せ、日本人にとって台湾は「人材の宝庫」なのに、台湾選手という「とびきりの商品が格安で」(「物美價廉《ウーメイジアリエン》」)手に入ることを、少しも感謝していないと嘆いた。(28)

台湾人選手が日本でスターになることが増えると、うれしいが口惜しいという感情が野球好きの台湾大衆の間でも一般化していった。一九八〇年代の末、結局台湾にもプロ野球組織が創設されるのだが、ある雑誌記者は「台湾プロ野球――二十年待った甲斐あって、うちの嫁も立派な母親になってくれた」という書き出しで、ジェンダー関係を織り込んだ少々露悪的なメタファー記事を書いた。台湾の野球界はこれで「日本人に嫁がせるために花嫁衣裳をつくってやらなくてもよくなった」というわけである。(29) まだ大勢の台湾人が日本植民地時代と日本的野球のノスタルジックな記憶をとどめていたにしても、この記事の筆者のように、日本人「占拠者たち」に対するジェンダー弱者として「奴隷のように」服従した、という国民党的植民地観を受け入れ、日本で台湾人選手が成功者になることにほとんど喜びを感じない人たちも、もう少数ではなくなっていた。

一方で、プロ野球創設を目指すことに賛同しない人たちもいた。台湾野球がプロ化すれば――台湾への評価を高めるのに貢献した――アマチュアのナショナル・チームが弱くなり、取り返しがつかなくなるというのがその理由である。雑誌評論にも、野球関係者がアメリカ、日本、韓国に「無原則に追随」し、プロ・リーグ創設を急ぐべきではないとするものがあった。台湾にはプロ・チームは一つあれば十分で、先行三か国リーグのどれかに入ればよい（！）というのである。[30] だが、この「国技」をより明快な形で商業化することに期待が高まる中では、こうした主張は明らかに「保守派」であり、一九八八年当時の大勢を代表していたのは、「プロ化を一日も先延ばししてはならない」という主張の方だった。[31]

世界の中の台湾と野球

一九八七年八月、中華タイペイ・アマチュア棒球協會理事長で中国放送会社（中廣《チョングアン》）社長のP・P・タン（唐盼盼《タンパンパン》）は、インディアナポリスで、中華民国は「野球を通じて国際親善、相互理解、文化交流を推進し……世界の平和と協調に寄与するために、大きな一歩を踏み出すことにした」と発言した。[32] 台湾プロ野球機構創設への準備が始まったのは、その年の末である。[33] この年は、四十年間続いた中国国民党のあからさまな権威主義支配が終わりを告げた年であり、台湾の歴史の節目だった。台湾の「長い一九八七年」の実質的起点は、前年十月蔣經國総統がワシントン・ポスト発行人のキャサリン・グレアムに、台湾には真の民主主義に向かって進む意思がある、と語った時だった。八七年七月、三十八年間に及んだ戒厳令は解除され、翌年一月には蔣介石の息子・蔣經國が七十七歳で死去した。蔣一族が中華民国と国民党を六十年間支配した時代は、突然衝撃的な終焉を迎えた。

台湾が新しい時代に入ったことで、それまで形の上では日本人、中国人、アメリカ人の手に委ねられてきた台湾人のアイデンティティーと歴史記憶の問題を、検討し直す契機が生まれた。一九八〇年代末の段階では、新生台湾には二つの新しい変化の徴候が見られた。第一は、中国人であって実は必ずしも中国人ではないという特殊なアイデンティティーを追求し、定着させようとする方向が出てきたことである。それを踏まえた第二の変化は、外交面で中華人民共和国の発言力が強まる中で、グローバル化が進行する世界秩序のどこかに、台湾独自の地位を確保してしまおうとする動きである。中華職業棒球聯盟の結成、一九九〇年のリーグ戦開始が八八年正式に発表されたのは、そうした二つの趨勢を、一九八〇年代の台湾企業の旺盛な活動が後押ししたからだった。[34] プロ野球推進委員会［準備委員会に相当。一九八七年十二月設置］の初期の発表に、新しいリーグが「日本の球団による一流台湾選手の雇用を抑えることを目標とする」とあったことは興味深い。[35]

台湾のプロ野球がグローバルな力とローカルな文化とのハイブリッドであり、力強く、自意識が濃厚で、しかも弁証法的であることについては、筆者は別の論考で論じた。[36] 台湾を呑み込もうとする中華人民共和国といやでも対峙せざるをえない台湾には、どの国にもましてしっかりした覚悟が必要であり、グローバル化がさらに進行するはずの二十一世紀を前にして、台湾が国家としても社会的にも文化的にも独自の価値を持っていることを、世界に証明して見せねばならなかった。その意味で示唆的だったのは、陳水扁政権が二期目［二〇〇四年から］に公式に使用するキーワードを、わざわざ一覧表にして公表したことである。行政院［内閣に相当］情報局が発表した「総統が使用する重要用語の中国語・英語対照表」には、以下のような例が含まれていた。

中国語＝深耕台灣《シェンゲン》，佈局全球《ブージウチュエンチウ》

英語訳＝［その日本語訳］台湾に実りをもたらすようによく耕し、それを世界に及ぼしてゆくこと。
　台湾のローカル化を進めると同時にグローバル化を促すこと。
中国語＝台灣優先《ヨウシエン》，全球佈局
英語訳＝台湾の利益を第一にすると同時に、国際的大局観を維持すること。(37)

　二十一世紀初頭まで台湾が国家として生き残るためには、グローバル化の観点に依拠するほかない。中華人民共和国の軍事力行使という現実的な恐怖に耐え、四十年間の国民党の権威主義支配をくぐり抜けてきた末に、台湾人は「中国大陸」と対置できる――文化、言語、政治、社会などの――独自性を、願望と情熱を込めて追求する方向にあった。

　台湾文化の独自性にプライドが持て、また自立した台湾が現代世界に独自に寄与できるなら、現代国際社会で台湾が生存空間を確保することは十分可能なはずである。さらに、「国際的であること」を一つの流れ、目標として追求してゆくことで、力ずくで統一を迫る中華人民共和国とは別個の自立した地位を築く可能性も広がるのである。一九九〇年代初頭以降の台湾では、台湾化と国際化（または普遍化）との間のこうした弁証法的展開が、文化、社会、経済、政治などほとんどあらゆる分野に見られる顕著な特徴になっていた。

　野球の歴史もこうした「グローカル化」の問題として検討すれば、日本時代、国民党時代、プロ化時代の間になぜ明らかな継続性が見られるのかも、容易に理解できる。ところがアジアの野球を（現代文化全般をも）分析する場合、「グローバル化」という古典的な範疇の枠内で論じられることが圧倒的に多い。たとえばツヴェトコヴィッチとケルナーの『グローバルとローカルの関連性』では、「日本のような国で野球が好まれるのは、場合によってはその国の伝統的な価値観と組織を補強できるからだ」としている。[38]またゲヴァラとフィドラーは、アメリカ大リーグ（ＭＬＢ）には「ラテン・アメリカの少年たちを収奪してきた」歴史があり、日本と韓国はＭＬＢと協定を結ぶことで、「アジアのプロ野球機構をアメリカの野球帝国主義から（身を守ってきた）」と書いている。[39]

一方クレイグ・ストラウブは、こうした言説には文化帝国主義が持つ力のみを前提としている点で問題があるとし、次のように指摘している。

一方に多国籍企業、エンタテイメント産業、ＣＮＮ、ウェブ産業などが支配する『グローバル』な領域があり、他方に近隣、町、地方、民族など地域的アイデンティティーの基礎となる『ローカル』な従属的領域があるとしよう。後者が資本主義、メディア、ネットワークなどグローバルなアイデンティティーからのグローバルな脅威に怯えながら（時にはかろうじて）生き残っているような場合、両者の関係は一方的になりやすい。『グローバリゼーション』の語が用いられるのは、そのような歴史プロセスを指す場合が多い。[40]

この分析方法を採用した場合、従属的なローカルの領域に対してグローバルな支配力が単方向的に作用するかのように即断されやすく、台湾を分析対象にするには不向きである。台湾の若い人たちは、台湾映画をエキゾティックなだけで野暮ったいと見ることが珍しくないし、所作、服飾の好み、言葉遣いが国際的でもハイブリッドでもなく、自分たちの慣れ親しんだ混淆《こんこう》趣味にあまり合わない時は、相手が仲間や著名人であっても、「タイ」（「台湾的」）、「ローカル」（英語そのまま）と呼んで揶揄《やゆ》する。

台湾の野球を仔細に検討すればわかる通り、野球が一九九〇年代以後の台湾でどのように機能してきたかを的確に把握するためには、ガバーディの言う「グローバルとローカルとが結合した多様で重層的」なグローカル化の展開に注意を向けるべきなのである。(41)

中華職業野球連盟――「阿Q投手」と「忍者捕手」

中華職業野球連盟（CPBL。中国語表記は中華職業棒球聯盟）に参加したのは、味全《ウェイチュアン》ドラゴンズ、兄弟《シオンディー》エレファンツ、統一《トンイー》ライオンズ、三商《サンシャン》タイガースの四球団で、母体はすべて企業だった。食品会社の味全、台北でホテルを経営する兄弟は、それぞれ一九七九年、八四年以来セミプロ・チームを持ち、兄弟会長の洪騰勝はプロ化の主唱者だった。やはり食品産業の統一は選手、スタッフの大半をセミプロの台灣電力から引き継いだ。もともと台南が本拠の企業で、リーグに南北の対抗関係を作るのに好都合だった。洪騰勝は海運コングロマリットの長榮グループの参加を工作したがうまくいかず、デパート、レストランを経営する三商企業集団の共同創業者で、國立臺灣大學の同級生だった陳河東を説得し、四つ目の球団設置に成功した。(42)

各チームのユニフォームには、選手と球団の名前が漢字とローマ字を使いそれぞれの趣向で縫い付けられ、さらに親会社のロゴを貼り付けたところが一風変わっていた［写真9］。四球団は他国でよくある都市の代表ではなく企業チームで、西海岸の台北、台中、高雄を往復し、週替わりで総当たりリーグ戦を戦った。

三市には（毎年数試合ある台南、新竹、屏東にも）四球団のファン・クラブ（日本風に「後援會」）が

［写真 9］ 1990 ～ 93 年当時の CPBL 選手カード。（ⓒ中華職業棒球大連盟 CPBL）

できた。会員の大多数は男子高校生、大学生だったが、女子学生、サラリーマン、労働者もかなりいた。[43] 応援は熱狂的で、時には暴力騒ぎも起きている。怒ったファンが——統一企業集団の本拠地・台南のライオンズ・ファンはことに過激で——瓶、カン、卵、ごみを相手選手に投げつけ、相手球団のバスを取り囲んで騒ぐことが最初数年は珍しくなく、プロ野球をともに盛り上げ台湾の結束を促す趣旨通りとはいかなかった。

プロ化一年目の一九九〇年には「街頭活動」も何回かあった。数十年続いた戒厳令が解除されたばかりで、野党勢力が導入した手法を野球ファンが真似たのである。この年五月、台北市営球場のエレファンツ対タイガース戦が雨で中止になった時は、何も知らずに球場に来た数千人のファンが、どうしても試合を見たいと騒いだ。ファンの喧嘩腰に怖じ気づいた連盟責任者は、結局試合をするほかなかった（騒ぎで球場に入れない選手が何人かいた）。[44] 十日後、台北の試合がまた中止になった。諦めきれない二千人ほどの観衆がエレファンツ選手を実力で足止めし、困った球団は中止の代わりに選手とファンの「親善試合」をすることにした。はだしのファン九人と選手が全員泥まみれでプレーし、球場に呼び戻したドラゴンズ選手とホームラン競争まで敢行して、わがままファンをなだめた。

二つの事件は政府系の聯合報にも載ったが、最初の時は記者には物珍しかったらしく、無理やり試合をさせたファンを伝統演劇のパトロンに見立て、リーグの日程を無視して「好みの出し物で御前試合をさせた」と書いた。二度目の殺気立った騒ぎの記事では、ファンのわがままをジョークに使い、試合日程は「国民投票」で決めようと、皮肉な見出しをつけた。[45] 野党が大衆の支持と共感を集め、国民党支配が危うくなり始めた徴候でもあった。

ＣＰＢＬのグローカル性を示すもう一つの例は、外国人選手（「洋将《ヤンジアン》」）が第一歩から組み込まれていたことだ。そのほとんどは米マイナーリーグ2Aの選手で、(46) 一九八九年末のトライアウトをアメリカ、ラテン・アメリカ人二十三人が受け、十六人が採用された（当初の「洋将」枠は一球団四人まで）。これら外国人選手はリーグにとって国際性の味付けになり、プレーの質を高める刺激にもなった。俊国ベアーズ［一九九三年加盟］の投手だったトニー・メトイアーから九三年当時筆者が聞いた話では、アメリカ流の作戦や練習法を伝授できる外国人選手は、「口やかましくないコーチ」のようなものだった。(47) リトルリーグで強かったころからの手堅い作戦スタイルに、型にとらわれないアメリカ流の大胆な作戦を持ち込むきっかけを作ったのは彼らであり、種々の面でプラスになった。

　どの球団も外国人選手を「中国化」する方針を採り、彼らの本名と発音が（どことなく）似ていて素晴らしい能力の持ち主のように聞こえる「中国名」をつけた。タイガーズのドミニカ人投手エルヴィン・リヴェラは、ありふれた中国人の姓と「偉大」「強力」を意味する中国語をつなぎ合わせて李偉《リウェイ》、エレファンツのドミニカ人スター外野手フレディ・ティブルシオは「帝国の波」を意味する帝波《ティーポー》、タイガースのパナマ人長距離打者ルイス・イグレシアスは「騎士の鷹」の意味の鷹俠《インシア》という具合。彼らに中国「古来」の学者風帽子と衣裳をまとわせた写真が雑誌の表紙を飾り、キップリング［英領インドなどを題材にしたイギリスの作家。「東は東、西は西」の言葉を残した］も想像不能の「東と西」の混淆を創り出して、野球ファンの興味を煽った。

　だが外国人選手の「双方向型同化策」も、親会社商品の粗雑な宣伝でしかないことが多く、企業の見え透いた意図に奉仕させようということだった。タイガースのセサル・メヒア、ラファエル・ヴァルデス投手の中国名「巧福《チャオフー》」「全家福《チュエンジアフー》」は、どちらも三商傘下のチェーン・レストランのメニューにある麺の名前だったし、ライオンズはアグエド・ヴァスケス、ラヴェロ・マンサニーヨ投手に、親会社が経営するコンビニエンス・ストアの商品「聖麥格《シェンマイグー》」（ビールのサンミゲル）、「百威《バイウェイ》」（バドワイザー）という中国名をつけた。後に［一九九三年］加盟した中國時報イーグルズのネーミングはさらに独創的で、サブスポンサーの商品名を使いスティーヴ・ストゥール投手に「美楽《メイルー》」（ビールのミラー）、アフリカ系ドミニカ人ホセ・ゴンサレス外野手には「美楽黒《メイルーヘイ》」（ミラーの黒ビール！）、元メッツのブライアン・ジャイルズ内野手に「愛快《アイクワイ》」（アルファロメオ）を名乗らせた。

　複雑なグローカル化を巧みに表現した名案中の最高傑作は、ライオンズの元アストロズ投手ホセ・カノーに与えられた「阿Ｑ」だった。一九二一年中国の作家・魯迅が発表した古典的社会批判小説の主人公の通称が、一九九〇年代半ばの台湾で統一企業系列が開発した食品独特の「もちもちした食感」（台湾語で「ＱＱ《キウキウ》」）と、表記・発音が同じだから、というのである。歴史、企業活動、文化にまたがるこの横断状況を、「グローバル」「ローカル」と単純に割り切ることがいかに難しいかの好例だろう。

　台湾プロ野球の始動から数年はメディアがプロ野球を大々的に扱ったこともあり、それまで台湾には全く無関心だった国際野球界も目を向けるようになり、それがプロ化事業を後押しした。一九九一、九二年のシーズンオフには、中日ドラゴンズ、[48]サンディエゴ・パドレスの二軍が台湾に来て、プロ・チームとエキジビション・ゲームをした。九三年来訪した大リーグのロサンゼルス・ドジャースは三戦して二敗した。アメリカ、日本の伝統ある球団が台湾の球場に来てプレーしたことだけを見ても、台湾プロ・リーグへの内外の認知度が上がったことがわかる。

　台湾のスポーツと文化の国際連携を促すこうした意図的な試みと並行して、ＣＰＢＬのローカルな性格を強調し、市場価値を高める策も導入された。最も効果的だったのは、一九七〇年代の台湾に栄光をもたらしたリトルリーグのヒーローたちを、新リーグの球団が採用したことである。台湾リトルリーグの絶頂期だった一九七〇、八〇年代には台湾にプロ・チームはなく、優れた選手がプレーを続けたかったら、日本か台湾のセミプロ球団に行くほかなかった。連盟が非常に幸運だったのは、かつて少年選手として活躍した人たちが、技術的に脂の乗りきった時期とプロ化の第一歩とがぴったり一致したことであり、最初数年でリーグの事業化が軌道に乗った最大の要因になった。

選手たちの「中国的伝統文化」の嗜好を強調して見せたことも、リーグの中国的性格を際立たせるのに役に立った。ファンに人気があった味全ドラゴンズの黄平洋投手と統一ライオンズのキャプテン曾智偵（通称「忍者捕手」）は、雑誌の特集記事で中国茶、台湾の伝統人形劇、茶道具、仏画など中国的、台湾的な趣味の蘊蓄《うんちく》を語り合っている。テレビの人気バラエティ・ショウでは、「中国伝来」の科学に基づく数占いや「土占い」〔土を握って地面に投げその形状で占いをする〕で、次のシーズンの順位を予想したりもした。

ＣＰＢＬが順調に滑り出せたのは、台湾野球文化の並外れてグローカルな性格を重視したからである。この戦略は、一九六〇年代末から七〇年代にかけて日本人が抱くようになった自信とパワーの強力なシンボル東京読売ジャイアンツのモデルとは、決定的に異なっていた。人類学者ウィリアム・ケリーは、一九六五年から七三年まで九連覇したジャイアンツの歴史を概観し、「戦後の日本を一流先進工業国の地位に押し上げた数年連続二桁の経済成長の忠実な引き写し」だとしている。ジャイアンツの組織論では日本人の「純血」主義が徹底しており、日系ハワイ人の名選手で三度首位打者を取ったウォリー与那嶺でさえも、ジャイアンツに居場所はなかった。ジャイアンツ教で何よりも守られるべきは、「根性」と「管理野球」戦術からなる「日本的独自性」の教義であり、それは当時目新しかった企業組織原理そのもの、文化的・人種的帰属意識の壁を構築した戦後日本の重要なピースにほかならなかった[49]。

いずれにしても、日本のジャイアンツ教と台湾プロ野球の勃興とは、どこを取っても似ていない。政治的にも民族的にも常に複雑であり続けたこの島には、どのような民族的・人種的ショーヴィニズムも成り立つ余地はなかった。だが、一九九〇年代の台湾で台頭してきた独自の「台湾人」アイデンティティー認識と、台湾的であると同時に中国的でもある文化に野球を組み込もうとした本来「中国的」な策動との間には、緊張があった。CPBLも、「台湾の覚醒」の次の段階では、連盟の誇張され過ぎた「中国的」イメージと反りを合わせねばならず、インターナショナルであると同時にローカルでもあるという連盟の魅力的な混淆に亀裂が生じ、後発の球団はそこに活路を見出すことになる。

助っ人選手と「中国的」野球との緊張

中華職業野球連盟(CPBL)の人気のピークは、観客数を尺度にすれば発足から三~五年目の一九九二~九四年だった。九三年には新しく二球団——俊国ベアーズと中國時報イーグルズ——が加盟し、両チームに前年の「バルセロナ」オリンピックで銀メダルを取った台湾代表の若い人気選手が七人ずつ加わった。この年にはスポーツ・チャンネルのTVIS[「年代MUCH」チャンネルの前身]が向こう三シーズンの放映権料九千万台湾元(約三百六十万米ドル)を払う契約を連盟と結んだ。アメリカの放映権料とは比較にならない額だが、それまで台湾の大手各テレビ局が払っていた一試合三千台湾元(約百二十米ドル)からは大幅な増収だった[50]。これでルパート・マードックのスターTV[TVISの提携先]のサービス圏三十八か国で、CPBLの試合が見られるようになった[51]。一方で連盟は新竹、台南、屏東での試合を増やし、野球熱の高い地方で質の高い試合が見られるようにした。

ところが、種々の力強い前進があったにもかかわらず、一九九五年ころからリーグの人気は予想とは逆に明らかに低下し始め、苦心して築いてきたはずのローカルな魅力は試合から失われていった。リーグに対する大衆の関心を維持するには、ローカルとインターナショナルのバランスをとる必要があったのに、その肝心の点で連盟が判断を誤ったことが不人気の原因だった。球団オーナーは国外から選手をかき集めることにばかり熱心で、そのためにリーグの「グローカル化」は後退し、大衆に背を向けられてしまったのである。

各球団が競って外国人選手を雇ったのは、選手層の手薄を補うためだった。一九九〇年から二〇〇九年までの二十年間に台湾プロ野球でプレーした外国人は八百二十三人を数え[52]、またプロ化一年目の各球団の戦績には、助っ人選手の出来不出来がそのまま反映した。台湾のプロ野球で「すごい外国人」として人気を集めた選手には、タイガースの堅守の三塁手ルイス・イグレシアス、エレファンツの外野手フレディ・ティブルシオ、ドラゴンズの投手ジョー・ストロング、エレファンツの投手ジョナサン・ハースト、興農ブルズ［ベアーズと入れ替わり九六年加盟］の投手オズヴァルド・マルチネスらがいる。アメリカ大リーグで活躍できるほどの才能はなくとも台湾でなら好成績をあげることができ、中国語や台湾語をおぼえる意欲があり長い外国暮らしを厭わない選手もいた。

彼ら「洋将」の中には、台湾プロ野球ファンのハートをつかんだ選手が何人かいる。ライオンズの温和なパワーヒッターだったミルト・ハーパー（[写真10]、故人）はその一人で、巨漢の彼に憧れる子どもたちをいつもぞろぞろ連れて歩いていた。サンディエゴ・パドレス、中日ドラゴンズでもプレーしたジョージ・ヒンショーは、一九九〇年代半ばのイーグルズ在籍時代に同僚選手、台湾人ファンとの間に非常に親密な関係を築き、そのことを「国際的な宝物」と称して後々まで懐かしんでいた（彼の経験談で興味深かったのは、台湾の野球は「試合に熱狂するところは日本のミニ版だ」という感想だった）[53]。台湾職業野球大連盟［後出］の台中ロボッツが一九九八年アメリカ人のロニー・ゴールドバーグ二塁手を解雇しようとした時は、「ゴールドバーグ後援会」の会員からリーグと球団に解雇反対の投書が大量に送りつけられ、結局球団の方が折れて再契約した[54]。

［写真 10］1991 年の統一ライオンズの広告。「大カップドリンクを飲んでライオンズ戦を見よう」とある。選手の中にミルト・ハーパー（後列右から 3 人目）、トニー・メトイヤー（後列左端）、「ニンジャ捕手」こと曾智偵（後列左から 3 人目）ら人気選手の顔が見える。（『獅子棒棒球雑誌』, September 1991 から）（ⓒ中華職業棒球大連盟 CPBL）

それにしても、各球団が選手の調達先として外国のプロ・チームを露骨にあてにし、外国人選手（大半がアメリカ人とドミニカ人）のプレーばかり見せられると、多くのファンは違和感を覚えるようになった。台湾野球は「グローカル化」の雛型を身上としたはずだったのに、現実には一方通行の「グローバル化」だけが際だった。球団が外国人偏重のチーム編成になった原因は、それがチーム力向上の手っ取り早い手段だったからである。技術力に不安のない外国人を金で雇う方が、何年もかけて台湾人選手を育てるよりも確かに簡便ではある。一九九四年、連盟オーナー会議は外国人選手の上限を一球団七人に引き上げ、状況をさらに悪化させた。九五年には枠は十人に拡大され、さらに九七年三月には支配下選手の外国人制限は全廃された(55)。

台湾プロ野球がアメリカ人、ドミニカ人選手依存を深め、「中国的」でも台湾的でもなくなってゆくと、民衆の関心は低下し続けた。一九九五年当時ですでにＣＰＢＬ選手の四四％までが外国人という異常な状態だった。台湾人大衆の期待するように彼ら「洋将」がこの競技の刺激的なハイブリッド性を促すはずはなく、一方通行の「グローバル化」を想像させる存在でしかなかったから、彼らがどんなプレーをしても、台湾野球界がかかえる緊張を強めるだけだった。外国人選手が台湾で求めるものは少しでも高いサラリーだけなのだから、野球という戦場で働く傭兵のようなものだと自虐的になる選手、無思慮、ふしだら、粗暴な言動で台湾社会から疎外されてゆく選手もいた。一九九五年イーグルズに入ったばかりのアメリカ人投手が、当時はやり始めたブログに投げやりな悪口を書いている。

とうとう屏東まで来てしまった。……想像以上にひどいところだ。……戦争映画に出てきそうで、まるで軍の移動病院だ。……土地の人間はビッグ・マックも知らない。……テレビ番組も最悪だ。……英語チャンネルは二つだけ。……一つの局は『可愛い魔女ジニー』〔一九六〇年代後半の米NBC放送のコメディ番組〕、もう一つの局は昔の『ペティコート・ジャンクション』〔一九六三〜七〇年の米CBS放送のコメディ番組〕を再放送している。[56]

外国人選手に思慮を欠く者が出ると、台湾人も以前ほど寛容ではなくなり、かなり手厳しい（表面ではいつも丁重な）態度をとるようになった。一九九五年のペナント・レースがちょうど熱を帯びてきたころ、俊国ベアーズの外国人選手たちが球団に抗議してストライキを起こそうとした事件が起き、野球界は大騒ぎになった。当事者双方とも強硬だったが、事件の発端となった球団側の処置は、台湾人にも弁護の余地はなかったようで、トニー・メトイアー投手の医療費も、怪我で突然解雇された選手の給与の未払いも、球団は知らぬ顔で通そうとした。[57] 一九九七年『外国人野球選手のセックス・スキャンダル』[58]という本が出たことも、世論を敵に回す一因になった。ただしマーク・モスコウィッツの論考では、この本の根底にあるのは「欧米人は頽廃的」という根強い偏見であり、その種の「スキャンダル」の半分は明らかに台湾人選手がしたことだったのを見逃しているとしている。[59]

こうした問題が最も衝撃的な形ではっきり表れたのが、CPBLで三年間プレーした強打の一塁手ミルト・ハーパーの不幸な事件だった。彼はクリーヴランド・インディアンズ傘下のチームから統一ライオンズに入団し、一九九一年のリーグ優勝に貢献した人気選手だった。ところが優勝から二年後、台北のアパートの十四階の窓から駐車場に転落したハーパーの遺体が発見されたのである。

悲劇が起きたのは一九九三年十月だったが、遺体発見の四日間に報道された何人かの記者の記事は、当時の世論に沿ったものであったにしても、にわかには受け入れ難い観点に貫かれていた。「外国人選手を管理することの難しさ」、選手たちに「不適切な言動があり、常識外れの特権が与えられていること」、彼らに「規律」を徹底する必要があること、「コーチやフロントにとって彼らの管理が頭痛の種になっている」こと、だから台湾のプロ球団は「外国人管理の問題」に取り組む必要があり、選手会は「外国人選手管理委員会」を設置すべきだ、というのだ。[60]

命を狙われていることを、ハーパー自身が死の直前家族に漏らしていたにもかかわらず、結局自殺とされた。[61]現実的に見れば台湾人暴漢に殺害された可能性が高いが、遺体の血液から興奮剤のアンフェタミンが検出されたという説、ハーパーの日常生活が「アメリカ人的」に奔放だったという説を信じるメディアは、自殺説を取った。彼はライオンズが一九九一年のリーグ王者決定シリーズを戦った直前にも、台湾人の男にバーで刺されて負傷したことがあるが、[62]メディアにはハーパーの方が悪かったとされた。事実関係はともかく、その時は欧米人は無法で無知で野蛮だという台湾人の心中にあるイメージを膨らませただけで終わっている。歴史にも類似の例は容易に見つかるだろうが、この場合では欧米帝国主義がアジアに残した歪んだ人種観を肥大させ、長い間台湾の野球が育んできたグローカルな相互作用の魅力を後退させてしまったのである。

一九九八年になると、外国人投手がCPBLを席巻したことを自由時報がコラムで取り上げ、中国近現代史上の忌まわしい事実になぞらえて、リーグのピッチング・マウンドは「外国の租界」になってしまった、と書いた。[63]確かに、このシーズンの外国人投手による独占状態はただ事ではなかった。登板した百人の投手のうち台湾人は二十二人にすぎず、優勝した味全ドラゴンズは外国人投手を十二人選手登録していた（シーズン成績は五十六勝四十八敗一引き分け）が、台湾人投手は二人だけ（勝敗引き分けすべてゼロ）。[64]受け身一辺倒の「グローバル化」そのものの姿であり――非人間的組み立てラインさながらに、コスモポリタンな台湾社会とは無縁の「才能ある外国人選手」を際限なく生み出しているに等しく――、リーグが目指す方向とは全く逆になってしまっていた。(65)

外国人選手が台湾のプロ・リーグに君臨する状況を目にした野球界の受け取り方は複雑で、様々な印刷物からもそれが読み取れる。ドラゴンズのスター一塁手からコラムニストに転じた陳大順は、外国人選手が牛耳るＣＰＢＬで「ローカルな（「本土の」）野球文化」を創造するのは至難の業で、不本意ながら結局は「中国的でも欧米的でもない（不中不西）」文化にならざるをえない、と書いている。(66)俊国ベアーズのオーナーだった陳一平は、アメリカの「植民地主義」から脱した後の台湾に「外国人ゼロのプロ野球」の時代が到来したという夢物語を出版した。(67)

野球コミックの人気作家・敖幼祥《アオヨウシアン》は、こうした一見矛盾した悲喜両面的な感情を卑俗な形で表現した作品を描き、コミックに出てくる外国人（ことにアフリカ系人）選手は、肉体を通してしかものがわからないばかな大男のように単純化されている。ある作品では、色の黒い打者（愚かな表情が誇張された「ニグロイド系」の顔をしている）が急所付近に死球を受け、マウンド目がけて突進する。怒った巨漢に台湾人投手が殴られると思った両軍選手はマウンドに駆け寄るが、意外にも黒人打者は普通なら悶絶しそうな激痛を気にする風はなく、投手に向かって言う。「ありがとう、おかげで腎臓結石が退治できたよ！」。(68)

別の作品［写真11］に出てくる黒人選手はアメリカの自称盗塁王。一塁盗塁などは簡単と思われたが、知恵の働く台湾人遊撃手は頭の悪いアメリカ人より一枚上だった。臭豆腐《チョウトウフ》［強烈な発酵臭のある塩漬け豆腐］を手に待ち構えていて、その臭気で俊足走者を一塁に追い返してしまう。(69)利口で理性的な中国人と、身体能力は高いが間の抜けた黒人という対比は、陳腐でばかげたステレオタイプだが、自分たちのものであったはずの野球リーグに裏切られたという多くの台湾人の深い失望感がにじみ出ている。

ファンが台湾人選手中心のプロ・リーグを望んでいたことは、年に一度のオールスター・ゲームの投票結果を見てもわかる。一九九七年はそれまでにもまして外国人が目立ったシーズンだったにもかかわらず、(70) ファン投票で外国人選手は一人も選ばれず、和信ホエールズ［一九九六年ＣＰＢＬ加盟］の何献凡《フーシエンファン》外野手（打率〇・二一八）や黄清境投手（一勝九敗、防御率五・六五）のような（ひいき目に見ても）平凡な選手が、各部門ではるかにいい成績をあげた大勢の外国人を抑えて選ばれた。コラムニスト

［写真 11］敖幼祥の野球コミック。1994 年発刊の『職棒狂想曲』から。以下、各コマの吹き出しの意味。
①「おれ、アメリカ・プロ野球の盗塁王」②「盗塁なんか自由自在」③「お、こ・こ・こ・れ、苦手の台湾食品！」④「ほれー、臭豆腐、食いなよ」「それだけはごめん、ごめん」（ⓒ中華職業棒球大連盟 CPBL）

もコミック作家も一般ファンも、プロ・リーグに関心を持つ人なら、プロ化初期にはあったローカルな味をファンがリーグに望んでいたことは明らかである。外国人の選手、監督たちはＣＰＢＬ初期の数年からプレーの質を飛躍的に向上させ、「洋将」戦略の本来の目的は部分的には達成された。だが、技術水準が上がるのと引き替えに、台湾人野球ファンの関心を失うことになった。

　それだけでなく、リーグの試合の主役になってしまった外国人選手を球団が粗略に扱うようになった。選手に中国語の商品名を名乗らせることは数年間だけ禁止されていたのだが、一九九八年になると一部のチームは公然と、時にはなりふり構わず使うようになった。米大リーグのアストロズ、ドジャース、パドレスでも投げたアル・オスナがこの年三商タイガーズと契約した時につけられた中国語名は、三商傘下のピザ・レストランの名称と同じ拿坡里《ナポリ》であり、彼が先発する試合ではピザ百個が無料でサービスされた[71]。興農ブルズは一九九七年外国人選手数人と契約した時、農薬メーカーから巨大コングロマリットに成長した親会社の主力商品の名前を次々につけた[72]。そのために、オークランド・アスレチックスで投手だったジョー・スルサルスキの登録名はアブラムシ、コナカイガラムシ、コナジラミを退治する農薬の商品名・鉄砂掌《ティエシャーチャン》［日本語名イミダクロプリド］になり、当時から七年前シンシナチ・レッズの内野手で世界チャンピオンにもなったルイス・キノネスには、果樹などにつくコナジラミやビートのヨトウムシを駆除する農薬名・鉄布衫《ティエブーシャン》［日本語名は鉄砂掌と同じ］ということになった[73]。

　別の形で外国の野球組織への依存を強める球団もあり、リーグへのファンの失望をさらに深めた。一九九六年シーズンを二十八勝六十九敗三引き分けの破滅的戦績で終えた興農ブルズの経営陣は、その年の末ロサンゼルス・ドジャース、会長兼オーナーのピーター・オマリーと、正式の提携関係を結

表1：台湾2リーグ外国人選手の出身内訳（1990～2009年）

	CPBL(1990-2009年)		TML(1997-2002年)		両リーグ合計	
	実人数	総数に占める比率(%)	実人数	総数に占める比率(%)	実人数	総数に占める比率(%)
アメリカ	332	46.8	93	59.6	409	49.7
ドミニカ共和国	204	28.8	21	13.5	207	25.2
日本	56	7.9	14	9.0	69	8.4
ヴェネズエラ	44	6.2	1	0.6	44	5.3
メキシコ	20	2.8	0	0	20	2.4
プエルトリコ	12	1.7	5	3.2	17	2.1
オーストラリア	8	1.1	8	5.1	14	1.7
韓国	13	1.8	1	0.6	13	1.6
パナマ	7	1.0	4	2.6	9	1.1
カナダ	4	0.6	4	2.6	8	1.0
キューバ	1	0.1	4	2.6	4	0.5
オランダ	3	0.4	0	0	3	0.4
ブラジル	2	0.3	0	0	2	0.2
コロンビア	2	0.3	0	0	2	0.2
ニカラグア	1	0.1	0	0	1	0.1
南アフリカ	0	0	1	0.6	1	0.1
合計	709	100	156	100	823	100

注：両リーグでプレーした42選手は各リーグに算入した。このため両リーグ合計人数と総計人数は一致しない。

んだと鼻高々で発表した。新しい経営方式を学び取り、選手数人を借り受け、さらにドミニカ共和国のカンポラスパルマスにあるドジャースの有名なアカデミーで、大金（一千万台湾元＝約三十六万四千米ドル）をはたいて春のキャンプを張る特権を獲得したというのである。球団の発表では、一連の改革で経営を立て直し、二年以内にリーグ優勝を目指せるはずだった。[74] 翌年二月には、ブルズとドジャースが協力して中国の厦門《アモイ》に、ドジャースのドミニカ・アカデミーを真似たプロ野球アカデミーを創設すると発表した。[75] その一週間後の夜、台南でCPBLの開幕戦に出席したオマリーは、観衆を前に「一九九七年のプロ野球が世界中で幕を開けた」とまで宣言している。[76]

こうしてドジャースの影響が強まっ

たことは、全米でフランチャイズ事業を展開する側にとっては喜ばしくとも、台湾の野球ファンにはいよいよ危機が迫ったとしか映らなかった。九七年五月ブルズが韓国人監督の金容雲《キムヨンウン》とコーチ陣を解雇し、王俊郎外野手を兼任監督にした時には、間もなくドジャースがコーチ団を送り込んで球団を乗っ取るだろうという噂が、リーグ内で乱れ飛んだ。台湾人がチームを掌握し続けてほしいという大衆の願望が、これほどはかなく見えた例もないだろう。

現実には、ドジャースのブルズ乗っ取りは杞憂に終わった。だが、アメリカ家父長主義と文化帝国主義のまぎれもない象徴としてのドジャース組織がどれほど強力かを、太平洋を隔てた台湾プロ球界にあらためて印象づけた。この時の懸念が絵空事ではないことを示す事件が、間もなく起きた。一九九九年一月、二十一歳の台湾人スーパースター陳金鋒《チェンチンフェン》が、ドジャースと七年契約を結んだ一件がそれである。この契約は、中華タイペイ・アマチュア野球協会の規定に明白に違反していた。(77)

ＣＰＢＬが創設された時期は、台湾の社会、文化、アイデンティティーを描き変える台湾現代史上の重要な節目にあたっており、そうした歴史の趨勢に沿ってプロ・リーグを定着させることは、本来十分可能だったはずである。多くの台湾人から見れば、接触の機会が飛躍的に広がった世界への認識と知識を深め、最終的に「台湾的であること」の真の意味を発見する上で、プロ・リーグは大きな魅力だった。リーグが野球と文化の国際ネットワークと結び付きを確かなものにし、同時に自覚的なローカル・アイデンティティーを確保しようとすることは、当時にあっては全く妥当な戦略だった。

ところが、狭い視野しか持たない球団オーナーたちは、アメリカとドミニカが豊富にかかえる手ごろな人材に夢中になってしまったために、そのような望ましいバランスはそこから崩れてゆき、リーグ創設からわずか五シーズンを経ただけで、リーグの人気も凋落への道に踏み込むことになった。外国に過度に依存した結果、本来リーグがまず注意を払い抵抗もすべきだったアメリカ・スポーツの支配力の虜《とりこ》になり、グローカル化期の一九九〇年代初期に見られた躍動的熱狂は、ほとんどしぼんでしまったのである。

台湾職業野球大連盟

一九九五年十二月、年代テレビ局の会長・邱復生《チウフーション》、聲寶《サンポ》電器の会長・陳盛沺《チェンションティエン》を中心とする投資家数人が那魯灣《ナールーワン》有限公司＊を設立し、九七年に台湾職業野球大連盟（TML、中国語表記は台灣職業棒球大聯盟）のリーグ戦を発足させると発表した。邱復生は九四年以来傘下のスポーツ・チャンネルTVISで中華職業野球連盟（CPBL）の試合を中継放送してきた野球界の大物で、台湾にもプロ・リーグが複数あってよかろうという信念を実行に移したのである。＊［「那魯灣」は最近の先住民族共通語では「みんな同じ一家」「こんにちは」など多様な意味を持つ。元は映画の主題歌「高山青」の囃し言葉］

二〇〇三年にCPBLと合併するまで六年間続いたTMLの狙いは、野球の質でCPBLに対抗するのではなく、メディアを巻き込んだより「台湾的」なアプローチを採り入れ、本書でふれてきたようなグローカル化された野球像を提示しようというところにあった。こうした明らかに政治化された戦略の下でなら、グローバル化とローカルな台湾的アイデンティティーとの弁証法的関係にうまく適合し、現代台湾の社会と文化に大きな刺激になるだろうというのである。

外国の野球組織とのつながりは、CPBLと同じく何よりも重視された。一九九六年四月から五月にかけて、TMLの担当者が日本とアメリカに行き、それぞれのリーグ関係者やオリックス・ブルーウェーブ、西武ライオンズ、アトランタ・ブレーブスなどの球団首脳と具体的な協議を重ねている。[78]

ＴＭＬ球団もアメリカやラテン・アメリカの選手を大勢雇用したが、このリーグの場合「和式風格《フーシーフォングー》」「日本式」と呼ばれる「東洋風《トンヤンフォン》」への嗜好が強く、日本人のコーチ、選手の採用に積極的だった。[79]表１に示した通り、日本人選手の比率は実際にはリーグ全外国人選手の九％にすぎなかったのだが、ＴＭＬ関係者は日本人選手の技術と自制精神をとくに評価しており、ラテン・アメリカ選手より「管理しやすい」と見ていた。[80]台湾と日本は過去も将来も命運を共有する関係だという根拠曖昧な台湾側の認識は、ＴＭＬが持つ独特の国際感覚、二十一世紀には国家を超え地域にまたがるアジア主義の時代が来るという観点の表れであり、[81]また台湾野球文化のコスモポリタンな（人種観念へのこだわりをなお残す）性格を自覚していることの表れでもあった。

ＣＰＢＬの背景が国家主義的な「伝統中国」の鋳型だとすれば、ＴＭＬの自己認識の基礎は、台湾の文化・歴史の独自性そのものだった。ＴＭＬを運営する那魯灣公司の名称も、また加盟四チームの球団名――台中アガン（金剛、別名ロボッツ）、高屏《ガオピン》ファラ（雷公、サンダーゴッズ）、台北ギダ（太陽、サンズ）、嘉南《ジアナン》ルカ（勇士、ブレーブス）――［高屏は当時の高雄県・市と屏東県、嘉南は台南県・市と嘉義県・市を指す］も、台湾野球史で決定的役割を担ってきた先住諸民族の言語に採った。各チームのユニフォームのデザインには、「各国のプロ・チームが使っているデザインと色調」を基調に「先住民族の特性」を採り入れた。[82]「グローバル」と「ローカル」二つの力とを縒《よ》り合わせた、まさにグローカルと呼ぶにふさわしい手法である。リーグが特徴とした台湾中心的性格はこれで十分明らかだが、一九九九年のシーズンでは念には念を入れ、「台灣優先、本土第一」を年間スローガンにした。[83]

大連盟が「属地主義」を大方針の一つに掲げ、球団は特定の市や県、または地域を本拠地とすると明示した点も、(84)中華連盟とは異なっていた。「属地主義」をうたう以上、「地元」との連携には真剣でなくてはならない。最初のシーズン前に各球団は本拠地で新年の式典を催し、市職員の前でそれぞれの県市の忠実で廉潔な代表となる誓いを立てた。一九九七年一月十七日、台中市議会の宣誓式でロボッツが立てた誓いは、次のようなものだった。

一、われわれは台中を愛護し、台中の隣人たちと手を携えて野球運動を推進する。
二、われわれは台中に根を下ろし、台中の隣人たちとともに公徳心を育てる。
三、われわれは虹のように高邁な精神を保ち、この最初のシーズンで台中の隣人たちのために最高の栄誉を勝ち取るよう努める。
四、われわれは満腔の誠意を胸に台中の隣人たちとともに健全な野球運動を推進する。
五、われわれは良心的かつ懸命にプレーし、台中の隣人たちとともに台中を「強力な野球」の新たな拠点とすることに努める。(85)

一九九九年九月に中部台湾を襲った大地震では、ロボッツは即日「被災地球団」を宣言し、球団のバスを動員して震源地の南投県住民に消毒薬、ビタミン剤、医薬品を届けて回り、地域への忠誠を印象づける活動を長期間実行している。(86)

ブレーブス選手もファンとの誓いに沿って、九七年二月末のサンダーゴッズとのオープン戦を一試合キャンセルして北港、新港、朴子、東石の燈会の催し［旧暦一月十五日の元宵節《ユエンシャオ》。戸ごとに灯籠を飾る。四地名は嘉義、雲林県の町］に出た。(87)その年秋の嘉義県長選挙に当時現任の李雅景が立候補した時は、監督の趙士強（大陸出身二世）が公式の選挙事務所役員になり、コーチ陣を連れて嘉義の選挙運動員との飲食や宗教行事に延々とつき合っている。[88] 十一月初めのブレーブス優勝は李の選挙戦に追い風になり、国民党員の彼は大差で再選された。

　こうした例のように、ＴＭＬは地方、中央の政治とはっきり関わりを持ち、それを「真に台湾的」であることの証しにするはずだったが、大多数の台湾民衆を悩ませた国民党一党支配と同じように、かえって国家主義的本質を露呈することになる。一九九六年二月、台灣テレビ局〔台湾最初のテレビ局で長く政府直営だった。略称「台視」〕会長で台湾省議会元議長の簡明景がＴＭＬの会長、行政院副院長の王金平が副会長に指名されたことで、[89] ＴＭＬの政治性はいよいよ明白となり、翌年のリーグ戦以降は総統の李登輝も巻き込み、政治性をむしろ強めてゆく。

　李登輝は、台湾の野球が持つ政治的な訴求力を熟知していた人で、台湾と日本の歴史的つながりを明示したい時には、野球を巧妙に利用した。[90] 一九九六年のＣＰＢＬ開幕の時は、何度出席を求められても黙殺し続けたが、[91] 二・二八事件発生の日を期してＴＭＬが嘉義で催した九七年の「台灣大聯盟開幕の夕べ」では、記念の始球式をした。それから二週間各都市で次々に開かれたＴＭＬ開幕シリーズには、省主席の宋楚瑜《ソンツーユー》、高雄市長の呉敦義《ウードゥンイー》、野党・民主進歩党主席の許信良《シェーシンリアン》ら政界の大物が観戦してリーグ誕生を盛り立て、自由時報に「政治＋野球＝台湾大連盟」と冷やかされている。[92]

　この年は地方選挙の年でもあり、各県・市の有力政治家とＴＭＬとの間にさらに強い共生関係が生まれる。投票日の七か月も前の四月ころから、政治家たちは地元で開かれるＴＭＬの試合を「借り切り」（「包場《パオチャン》」）、数百枚、数千枚の入場券を買い占めて有権者にばらまいた。[93] 野球ファンの票がほしい政治家はこぞってこの作戦を使い、支持者で膨れあがった球場がそのまま景気づけ（「造勢《ザオシー》」）の選挙集会のようになることもあった。優勝決定シリーズでさえ二試合が「借り切り」になり、うち一試合は嘉農野球の名選手アカワツ（旧名・上松耕一、陳耕元。第一〜三章既出）の息子で台東県長の陳健年が買い上げた。(94)

ＴＭＬ独自の台湾的性格を際だたせたのは、リーグの二つの表看板である。その一つは、シーズンの開幕試合を嘉義市営球場で二月二十八日に開くことを恒例化したことだ。台湾の歴史上この日が持つ記念碑的意味はもはや説明不要だろう。一九四七年の大虐殺を私的、批判的に語ることを反国民党的、反大陸人的と見なしたほぼ五十年間の言論抑圧は、ＴＭＬの手であっさり覆され、二・二八は真に「台湾的」なすべてを祝う日になった。聯合報でさえ、明らかに通り一遍ながら、このイベントで「悲劇の二・二八は歓喜の二・二八に転じた」と書いた。(95)開幕セレモニーには、始球式の主役・李登輝総統のほかに、政府が公認した先住民族九族の首長が賓客として招かれた。開幕試合を毎年嘉義で開催する（ブレーブスが自動的に主催球団になる）と定めたのは、この町が歴史上台湾の「野球首都」であり続けたことに敬意を表したからであり、そこに濃厚な意図が込められていた。

ＣＰＢＬが、おそらくは一九八〇年代末〜九〇年代初めの政治環境の制約を受けて、「中国的」リーグを自認してきたのとは対照的に、ＴＭＬはリーグを真に「台湾的」にするために種々の試みを実行した。行事を設定する際には地方政治、地方宗教、先住民族の慣習、さらに台湾現代史上最も神聖な日としての二月二十八日にそれぞれ配慮し、コスモポリタンなイメージだけでなくローカルを大胆に強調することでは、それなりに成果を上げている。先行のＣＰＢＬと比べれば後発のＴＭＬはゲームの質は劣ったが、入場者数ではＴＭＬが終始圧倒した。一九九八年九月の一日を任意に選んで比較しても（差は歴然で）、嘉義で行われたＴＭＬのブレーブス対ロボッツの観客数一万四千三百八十五人に

対し、台北と高雄でのCPBL二試合の観客はそれぞれ六百二十九、千百十三人にとどまった。(96)

TMLのもう一つの表看板は、リーグの公式テーマソング「那魯灣——真の英雄たち」（「那魯灣——正港《チアカン》的《エ》英雄《エンヒョン》」）である。歴史、経済、文化、社会、政治の既成発展モデルにはおさまりきれない台湾独特の歴史的、文化的伝統を巧みに織り込み、現代的で魅力に富んだ曲である。先住部族の歌のリズムと形式がいくつか混合されているという。(97) 以下の歌詞には、標準中国語、台湾語、英語、日本語、先住民族諸語が挿入されている。

雷公ファラの気勢は虹のよう
太陽ギダの闘志は燃えさかり
金剛アガンのパワーは限りなく
勇士ルカは勇猛果敢

行け、行け、行け、行け、風のように速く
K、K、K、パワーは誰よりも強く
ホムラン・バッタ　真の強打者
オー、那魯湾　われらがヒーロー！(98)

［以上、中国語版歌詞で補正。強調は筆者］

応援と商業目的を兼ねたテーマソングとはいえ、曲にも演奏にも、何世紀もの台湾の歴史と文化が

表2：台湾プロリーグのチーム一覧（1990 ～ 2021 年）

チーム名	活動期間(年)	本拠地	活動状況
中華職業棒球大聯盟(CPBL)			
中信ブラザーズ 　兄弟エレファンツ(1990-2013年)	2014-2021	台中市	活動中
樂天モンキーズ 　第一アガン(2003) 　ラニュー・ベアーズ(2004-2010) 　ラミーゴ・モンキーズ(2011-2019)	2020-2021	桃園市	活動中
富邦ガーディアンズ 　俊國ベアーズ(1993-1996) 　興農ブルズ(1996-2012) 　義大ライノズ(2013-2016)	2017-2021	新北市、台北市	活動中 (1996年前期は興農ベアーズ)
統一セブンイレブン・ライオンズ 　統一ライオンズ(1990-2007)	2008-2021	台南市	活動中
味全ドラゴンズ	2021 1990-1999	台北市、新竹市 台北市	中断期を経て活動再開 野球賭博で解散
三商タイガース	1990-1999	台北市	累積損失で解散
時報イーグルズ	1993-1997	台北市	97年シーズン後、野球賭博で1年間興行権停止、翌年解散
中信ホエールズ 　和信ホエールズ(1997-2001)	2002-2008	嘉義市	野球賭博で解散
dメディア・Tレックス 　誠泰ギダ・サンズ(2003) 　誠泰コブラズ(2004-2007)	2008	台北縣	野球賭博で除名
台灣職業棒球大聯盟(TML)			
台北ギダ(サンズ)	1997-2002	台北市	CPBL第一アガンと合併
高屏ファラ(サンダーゴッズ)	1997-2002	高雄縣、屏東市	CPBL第一アガンと合併
台中アガン(ロボッツ)	1997-2002	台中市	CPBL誠泰ギダと合併
嘉南ルカ(ブレーブス)	1997-2002	嘉義市、台南市	CPBL誠泰ギダと合併

注：活動年はシーズン年を基準とした。
　　著者作成の表に 2011 年以降を訳者が追加し、細部を調整した。

きっちり手際よく再現され、歴史の苦渋や追憶の陰影はほとんどない。台湾の複雑でグローカル化された誇るべき歴史を継承するのは彼ら「真のヒーロー」であることを、台湾大連盟はこの曲でも示そうとしたのである。

台湾プロ野球の凋落——一九九七〜二〇〇一年

一九九七年を迎えたころは、台湾のプロ野球事業は前途洋々に見えた。中華職業野球連盟（CPBL）は、中國信託銀行コングロマリットとの間でこの年から三年間のテレビ放映契約を結び、従来TVISと結んでいた契約の十七倍にあたる十五億台湾元（約六千万米ドル）の収益が見込めた。新しく発足した台湾職業野球大連盟（TML）は、優秀選手数人をCPBLから引き抜いて以来のトラブルをかかえてはいたが、健全な競争関係を築いてゆけそうだった。

CPBLには別の新しい好材料もあった。台湾野球の伝統的本拠だった嘉義に、この年客席数一万四千の新市営球場が完成し、連盟七番目の球団として加盟した中信ホエールズが、そこを本拠にすることになったことである。たまたま嘉義はホエールズの監督になった李來發の出身地でもあった。李はシンシナチ・レッズが何年もかけて獲得を目指した往年の名捕手であり、その後日本のプロ球界に入り、一九九二年のオリンピックでは台湾代表チームの監督もした。

ところが、一九九七年にCPBLが実際に手にしたものは、国内的、国際的な不名誉でしかなかった。連盟の試合で数人の選手がプレーを手加減し、その見返りにほとんどの場合月収の二倍を超える巨額の報酬を受け取っていたという衝撃的事件が、一月末捜査当局の手で摘発されたのである。新聞がこぞって大々的に報じたところでは、名のあるスター選手数人が一試合当たり三十万～五十万台湾元（約一万一千～一万八千米ドル）で買収され、地元の暴力団員が賭けたチームを勝たせるように試合を操作していた。不正がことに大規模だったのは中國時報イーグルズで、一試合七百五十万台湾元（約二十七万米ドル）でチームぐるみ常時買収されていたことが明らかになった。(99)

後には香港、マカオ、台湾南部のギャンブル関係者が関与していたこともわかり、プロ球界の暗部が野球好きの民衆の間に知れ渡ったことで、ＣＰＢＬは解体寸前に追い込まれた。事態をさらに深刻にしたのは、スキャンダルの主舞台が台湾野球の揺籃の地・嘉義だったことである。イーグルズによる不正の中心人物だった三人――いずれも一九九二年オリンピックの台湾代表選手――は嘉義の出身であり、(100)嘉義市と嘉義県の地方政府要人で犯罪組織を握っていた地方ボス蕭《シャオ》家三兄弟と共謀して、野球賭博を仕組んでいた。(101)

やはり嘉義出身で九二年オリンピック・チームの主将だった江泰權も、賭博で起訴された一人だった。(102)彼はライオンズの外野手として活躍し、新設のホエールズに九七年入団するはずだった。彼の場合で見ると、野球賭博にはリスクが伴ったようで、ライオンズのスター投手・郭進興と組んである試合（九六年八月二十八日の対ブルズ戦）で蕭一派に二億台湾元（約七百三十万米ドル）ほど賭けさせたが、負けるはずの試合に「手違い」で勝ってしまい、蕭一派は大損した。(103)嘉義で権勢を振るう蕭家が賭けに負けて黙っているはずはなく、江のチームメートで嘉義出身の外野手・呉林煉《ウーリンリエン》が身代わりで残酷なツケを払わされることになる。当局の取り調べを受けた後の九七年二月、呉は突然行方知れずになった。(104)

一連の捜査の結果、ＣＰＢＬの少なくとも二十試合（予定全試合数は三百）が不正に操作されており、一試合で通常二億台湾元程度の賭け金が動いたことが判明した。[105] 暴力団が賭けたチームが勝った時でさえ、チームと選手は無事というわけではなく、エレファンツに賭けて勝った暴力団員がチームの勝ち方が悪いと因縁をつけ、拳銃を振り回し選手ののど元に突きつけて、エレファンツの選手五人を連れ去ったことがある。相手チームを負けさせる時の手口も同じように粗暴で、タイガースの選手七人（アメリカ人、プエルトリコ人各二人を含む）が銃を手にしたならず者たちに高雄のホテルから一時拉致された。[106] さらにドラゴンズの徐生明監督は、娘を学校に送って行った帰りに野球博徒の一味三、四人に襲われ、背中、太もも、腕を何個所も刺された。[107]

試合が暴力団の親玉などに操られていたのだから、リーグへのファンの熱が冷めるのは当然で、ＣＰＢＬは実は「チート・ピープル・ベースボール・リーグ（民衆を騙す野球連盟）」の略称だというジョークができた。有線テレビでアメリカや日本のプロ野球が自由に観戦できるようになったこともあり、この年のリーグ観客数は五五％も激減した。リーグには賭博問題をどう解決すべきかの知恵はなかったから、例によってすべてを外国人選手のせいにし、「ひと儲けしに台湾に来た」（「混口飯吃《フンコウファンチー》」）という非難も聞かれるようになった。野球賭博一味と関係があったとして外国人選手四人が契約を解除されたが、プロ球界から追放された台湾人選手の数に比べれば知れたものである。それでも賭博問題を扱った自由時報の記事例では「（台湾に来た）外国人選手は金銭だけが目当て」という通念が強調され、構造的大問題に取り組むリーグの報われない努力はむしろ称賛された。[108]

新旧二つのリーグの開幕直前にあたっていたため、ＣＰＢＬの看板選手が大挙ＴＭＬに移籍していったが、ＣＰＢＬがやくざの世界と暴力行為に関わっていたことが移籍の動機だったことは、公然の秘密だった。[109] 大衆がＣＰＢＬを冷たい目でしか見なくなったことに慌てたリーグ当局は、その後二年間あの手この手の人気挽回策を試みている。しかし、「伝統の継承者、未来の開拓者」「躍動のプレー！迫力満点！」といった調子の年間スローガン[110]も、映画監督のケヴィン・コスナーや副総統の連戦を担ぎ出したプロモーション・イベントも、[111]さらには興農ブルズと味全ドラゴンズを対岸の厦門《アモイ》に派遣し、中国代表チームと対戦させるというアイデアも、[112]さほどファンの関心を引いたようではなく、CPBLにとって課題だったはずの社会的意味の回復にはほど遠かった。

一九九九年シーズンになると、CPBLの観客が千人を超える試合はほとんどなくなってしまった。この年十月のある日を例に取れば、ペナント・レース終盤を左右する大事な二試合でも、観に来たファンはそれぞれ百七十六、百十六人にすぎない。[113]このシーズンが終わった後、三商タイガースと優勝歴三回の味全ドラゴンズが、球団の財政難を理由にリーグから姿を消した[114]「最大七球団が四球団に戻った」。

一方TMLは、ライバルのCPBLに野球賭博問題が起きたことで、最初のうちはかなり余得を受けたが、暴力団は新リーグにもやすやすと食い込んでいたことが、やがて明らかになる。

TMLの台北サンズで二シーズンを過ごし、後にアナハイム・エンジェルスの主力になるアメリカ人投手ベン・ウィーバーは、後年ロサンゼルス・タイムズとのインタビューで「街に出るたびに「中国語名で」『偉伯《ウェイボー》、偉伯』と民衆に呼びかけられた」と話している。[115]こうした熱心なファンがいたのがメジャー・リーグ昇格への励みになったというが、彼はローカルな文化に喜びを見出すタイプの選手ではなかった。彼も妻も「あそこがそれほど好きではなく……ここにいるのはお金のためだと肝に銘じるようにしており[116]」、「（台湾の食べ物は）どれも口に合わず……週に三日ある休みの日は、眠る以外に何もすることがなかった[117]」。巨額の現金と引き替えに故意に試合に負けるプレーをした選手がサンズにもいると知り、ウィーバーはショックを受けた。不正試合の中には、18対0というばかげたスコアで負けたＴＭＬ優勝決定シリーズ最終戦も含まれ、八百長に加わった選手一人当たりの裏報酬は十万米ドルにもなった。彼はフレスノ・ビー紙記者に「あそこのベースボールでは、モラルなど吹けば飛ぶようなものだった」と言い切っている。[118]

雑誌『棒球世界』〔中華民國棒球協會発行〕は、一九九九年の創刊号でスポーツとしての野球が台湾で人気を落としたことを取り上げ、――数十年間「国技」（「國球《クオチウ》」）と呼ばれてきたのに――いまや「国の恥部」（「國臭《クオチョウ》」）と呼ぶほかなくなった、と断じている。[119] 台湾プロ野球の転落は、アメリカと日本の球団が若い台湾人選手の才能に目をつけ、積極的にスカウトし始めた時期とちょうど重なったため、立ち直るまでに長い年月がかかった。この年から翌年にかけて、台湾でプレーすればスターになれる選手七人が日米の球団と好条件で契約を結んでいる。その皮切りは、台湾と関係が深かったロサンゼルス・ドジャースが契約した「輝かしい将来が無条件で約束された比類なきスラッガー」陳金鋒外野手だった。[120] 彼は米球界一年目の一九九九年にサンバーナディノ・スタンピード（カリフォルニア・リーグ所属のクラスＡ球団）でプレーしてリーグのＭＶＰを取り、クラスＡＡに格上げされる時に彼の背番号はクラブの永久欠番になった。[121] 二〇〇二年九月、二十四歳で晴れてメジャー選手になったが、[122] ドジャースでは芳しい戦績は残せずに終わった。[123] 結局二〇〇五年限りでアメリカを去り、翌年からＣＰＢＬのラニュー・ベアーズでプレーした〔国際大会でも活躍し二〇一六年引退〕。

陳金鋒を失っただけでも台湾球界には大打撃だったが、ドジャースに遠慮は一切なかった。一九九九年には当時十七歳の郭弘志《クオホンジー》投手を高校の台湾代表チームの宿舎から密かに連れ出し、百二十五万米ドルで契約を結んだ。台湾人の多くは、この（道義に反していなくとも）強引なドジャースのやり方に台湾野球没落の徴候を感じ取って嘆き悲しんだ。ある雑誌記事は、台湾野球を破滅に導く六つの「混乱の元」（「乱象《ルアンシアン》」）――貪欲、不誠実、青少年搾取、プロ周旋業者の跳梁、法令無視など――を列挙して警告した。[124] 聯合報の記者二人の連名記事も、清朝末期の中国で「王宮の財宝が欧米諸国に売り飛ばされた」例を引き合いに出し、「台湾野球の根を切り刻んでいるのは誰か」と辛辣に批判している。[125]

台湾側の懸念などかまわず、コロラド・ロッキーズも選手争奪に参入し、一九九九年のビッグリーグ［高校生級］世界大会で活躍［準優勝］した十八歳の曹錦輝《ツァオジンフィ》投手と、二〇〇〇年に二百二十万米ドルで契約を結んだ。曹はかねてからメジャー球団スカウトの間で騒がれた選手で、「ロッキーズ傘下マイナーリーグの至宝」とされ、[126]「精密なスーパーコンピューター」で設計しなければこれほど優れたピッチャーは生まれない、とまで評した記者もいる[127]（実際には彼は肩をこわし、二〇〇三～二〇〇七年の五年間にロッキーズとドジャースで五十試合に登板しただけだった）。ニューヨーク・ヤンキース、西武ライオンズ、中日ドラゴンズも、台湾の二つのプロ・リーグがこのような状態にあって若手育成どころではなかったのに乗じ、才能ある台湾選手の獲得に大金を投じている。

このころの聯合報の投書欄に、台湾野球に誰もが感じていた幻滅を切々と訴えた次のような一文が載った。書いたのは台北県土城市［現・新北市土城区］の中学生である。

> ぼくは前には野球が大好きでした。食べるのも眠るのも本当に忘れてしまうほど愛していました。……でも賭博事件が起きてからは、胸の中にあった野球を愛する気持ちは凍ったままです。泣きたいのに涙が出ないのと同じです。いまの野球文化には誇れるような道義などありません。……ぼくが愛した野球は、どこへ行ったのでしょう。胸が張り裂ける思いをしている人は、ぼく

のほかにも大勢いるでしょう。……ファンはまだ戻って来ていません。ぼくたちの声にならない抗議のつもりで書きました。[128]

少年の訴えは少し感傷的ではあっても、野球がこの社会で再び意味を持てるのかという多くの台湾市民が抱く切実な思いが、反映していたことは疑いない。

二〇〇一年三月、ＴＭＬ五年目のシーズン開幕の日の夜は屈辱の夜になった。ＴＭＬはプレーの内容で劣っていても人気だけはあったが、その人気も一九九七年の発足以後は落ちる一方だった。赤字が数年続き、二〇〇一年に入るころには両リーグとも合併や興行の縮小が本気で語られるようになっていた。ＴＭＬの場合、このシーズンでは（従来の八十四試合から）一チーム六十試合に大幅に減らす一方、ファンを何とかつなぎ止めるために、各チームが四人ずつのポップ・スターを「看板アイドル」に指名する宣伝作戦を導入することにした。高屏サンダーゴッズの「看板」になったラップ歌手・張震嶽《チャンチェンユエ》も、行政院長でＴＭＬ会長の王金平、マクドナルド・チェーンのマスコットのロナルド・マクドナルドと一緒に、高雄の澄清湖《チェンチンフー》球場で開幕を祝うことになり、この試合は別の意味でもＴＭＬの歴史に残るはずだった。かつて世界を制した台南巨人軍やＣＰＢＬの兄弟エレファンツでスター外野手として活躍し、「棒球先生」〔ミスター・ベースボール〕として知られた李居明が、対戦相手サンズの新監督としてデビューすることになっていたからである。

しかし、結局このシーズンは、演出の筋書きをはみ出したハプニングでスタートする結果になる。開幕試合のアトラクションでわざわざ「トラブル」の曲を選んだ張震嶽は、満員の観衆とテレビ視聴者を前に、情熱を込めて「お前は全くフ……キング・トラブルだ、フ……キング・トラブルだ」のフレーズを繰り返し叫んだのである(129)*。二十一世紀が始まった年に、台湾のプロ野球がどんな状態かをどんぴしゃり言い当てた強烈な選曲だった。＊〔原歌詞の問題個所は fucking trouble 。曲中では「でたらめなやつ」程度の意味で、中国語歌詞でそこだけが英語。十二句からなる歌詞の切れ目二句に出てくる。〕

終章

二十一世紀の台湾野球

台湾野球　栄光の百年
野球があるところには　必ず台湾人がいる。
彼らは歴史を書くために　野球をする。
野球は死なず。　物語は今なお続く。

曾文誠・孟峻瑋『台灣棒球王』（二〇〇四年）の表紙カバー

二〇〇〇年の大みそか、台湾総統・陳水扁は、「新世紀への架橋」と題して国民に向けて就任後最初の新年メッセージを発表し、就任後の七か月を総括した。かつて非合法組織だった彼の党が選挙に勝ち権力の座につくことで、政治革命を果たしたこと、世界的不況の中で台湾が世界貿易機関（WTO）に加盟したこと、中国との関係が緊張し台湾海峡両岸の間で武力抗争が起きる懸念が高まっていることなどを語った後で、二十世紀には独自の「台湾精神」が形成されたとし、結びで「台湾経験」の生々しいシンボルにふれ、次のように述べている。

親愛なる国民のみなさん、歴史は、私たちを打席に立たせてきましたが、今度は私たちがマウンドに立つ番です。また二十一世紀が投げてくるのは手強いボールにちがいなく、二、三球は危険な球（壊球《ファイチウ》［野球用語では通常ボール球の意］）もあるでしょう。どんな球が来ようとも、私たちは恐れることなく、持てる力と意志を集中し、ベスト・スイングで打ち返さねばなりません。(1)

陳水扁が台湾の歴史とアイデンティティーを凝縮してこのような比喩表現を使ったのは、（中国による台湾武力解放の可能性を「危険な球」の一語で片づけるのは過小評価のきらいがあるにしても）偶然ではない。本書で野球の歴史を論述してきたのも、近現代台湾の錯綜した歴史と文化を理解するのに、それがまさしくきわめて重要な糸口になるからである。日本人の手で持ち込まれたこのスポーツは、その後一九六〇年代から八〇年代にかけてリトルリーグの世界で際だった成功を収めるまでになり、台湾人民衆にとって日本、中国国民党、同盟国アメリカとのトラウマに満ちた歴史関係を生き抜く重要な手だてになった。台湾人独自のアイデンティティーを追求することの正当性が容認される二十一世紀初頭には、野球は引き続きそうしたアイデンティティーの欠かせない一部であるばかりでなく、台湾野球の最初の一世紀とは異なる意味が付け加えられるだろう。

台湾野球とノスタルジア

僕のおばあちゃんの家に　連れてってやろう、
　眠くなるまで　夕陽をながめよう。
君の手を　ずっと握っていてあげよう、
　——愛はいつも純粋で　悲しみはどこにもないのだから。
君を自転車に乗せてあげるから　一緒に野球の試合を見よう。
心配ごとなんか忘れ　歌いながら歩こう、
君の手を　ずっと握っていてあげるから。

ジェイ・チョウ「シンプル・ラブ」、二〇〇一年(2)

牧歌的台湾のただ中に野球を置いてみることが、台湾ポップスのスーパースター、ジェイ・チョウ（周杰倫《チョウジエルン》）以前になかったわけではなく、これまで一世紀の道程で様々なノスタルジアの源泉になったのは、やはりこのスポーツだった。野球を知らない台湾人を置き去りにして野球を楽しんだ第一次大戦以前の日本人植民地主義者たちは、日本人、台湾人、先住民族の臣民が帝国の恩寵を受けてプレーに熱中するのを目にして、これこそ一体化された「真正」の台湾なのだと信じ込み、そうしたロマン

［写真12］国立嘉義大学（旧・嘉農）キャンパス入り口に建てられた「天下の嘉農」のモニュメント。（甲子園大会準優勝盾のレプリカ）

チックな想念が一般化していった。

一九四五年、中国国民党の時代に入ると、すさまじい腐敗、力ずくの中国化、台湾人差別の中で、野球は日本的公平の時代に対する台湾人独特のノスタルジアの源泉になった。その一例が、「嘉農《かのう》」ことかつての嘉義農林職業學校、現在の國立嘉義大學（現在でも「嘉農」の日本語名称が意図して使われることがある）への礼賛である。二〇〇一年、陳水扁総統が出席して、一九三一年当時日本帝国を沸かせた嘉農チームの銀色に輝く大きなモニュメント［写真12］の除幕式が、キャンパスで厳かに催された[3]。「天下の嘉農」と刻まれたモニュメントは、嘉農がその年の甲子園で準優勝した時の盾を巨大な大きさに引き延ばしたレプリカである（オリジナルは第二次大戦が終わった時の混乱で行方不明になった）。そればかりか、植民地の支配者が去って七十年以上経ったのに、嘉農の卒業者は——最近学んだ人でさえ——母校が日本的な遺産と精神を伝える学校であることを誇らしげに口にする。

そうした遺産は政治の最高層にあってさえ重視される。陳水扁がわざわざ白のグローブをはめて除幕式に現れ、二〇〇一年の台湾が本質では日本的である（したがって中国的ではない）ことを想起させようとしたのもその例だ。筆者が二〇〇七年八月嘉農同窓会会長の蔡武璋《ツァイウーチャン》の自宅を訪ねた時の話では、翌年の総統選挙で国民党候補者になる（選挙では当選した）馬英九も、ちょうど一週間前に（メディアにもっと騒がれながら）モニュメント詣でをしたという。

野球は日本帝国が施した善意の記憶を生々しく呼び起こす道具であるだけでなく、国民党政権にとっては、中国文化の継承者としての誇りと優越性と栄光を示すのに（ことに――逆説的だが――日本人や共産主義者の「下僕」に成り下がることを阻止するのにも）役立った。世紀の変わり目の時点で見るなら、野球はリトルリーグ世界大会で毎年勝ち続けた時代へのノスタルジアを即時に呼び戻せる媒介であり、中華民国が（やはり逆説的だが）国際社会で張り合う最後の拠り所でもあった（二〇〇〇年の陳水扁総統就任式のステージには台灣職業棒球大聯盟の嘉南ブレーブス選手らが特別に招待され、一九六九年のリトルリーグ初優勝の場面を寸劇で演じた）[4]。台湾人が郷愁を覚えるもの（野球、子ども時代、生まれ故郷）には、日本人と国民党中国人の植民地主義の下で独特の変化を遂げたほぼ一世紀の拭い難い痕跡があるにしても、それはアメリカ、日本の祖型によって決定づけられたものなのである。

野球、アイデンティティー、個人

僕らは特別な間柄なんだ。
僕は僕、君は君だが、

僕がプレーすれば、君は応援する。

統一ライオンズの一塁手・高國慶が台中での中華職業棒球聯盟の試合前にポップソングを歌った後の言葉、二〇〇四年七月三十日

台湾野球史の最初の八十年は、帝国日本の植民地支配と中国国民党の権威主義体制の時代だった。この時期にプレーを経験した数百万人の台湾人民衆は野球を十分楽しんだにしても、このスポーツへの個人的な思いや愛着を表現する余地はないに等しかった。野球には近代政治体制に対する政治的態度を問う意味が濃厚にあり、選手の才能や執着などの個性を顧慮することには、実際にはさほど現実的意味が与えられなかった。野球は天皇に見守られつつ「一視同仁」(「公平と平等」の貫徹)を成し遂げる道であるか、あるいは日本人・台湾人・先住民族の人種的調和を図る機会であるか、また皇民化が進行した一九三〇〜四〇年代には、大戦中に台湾で負傷した「白衣の戦士」に謝意を表する手段でさえあった。

国民党時代になると、台湾人が野球をする意味は、植民地的隷従に反対する「自由中国」の住民として(皮肉にも)体制に忠誠を尽くすことに転じた。あるいは、(またまた皮肉にも)かつて大東亜共栄圏を構成するはずだった日本・韓国・フィリピンと組んで、アメリカの「反共の三日月」の一部として冷戦ゲームに加わり、ボルシェヴィキが東アジア、北東アジアを席巻するのを押しとどめる手段になった。誰もが知る通り、台湾にはその種の役割を望まない者が多かったにしても、ほとんどの場合親日ノスタルジアがその根底にあり、国民党の妄想を裏返しにしたにすぎなかった。

一九七〇、八〇年代には、台湾野球の主舞台はリトルリーグに移ったが、すでに記した通り、この

晴舞台をどう見るかで、すぐさま全く逆の二つの解釈が現れている。かつての日本的スポーツの大会で、台湾人青少年が毎年のように勝ち続けたことを、国民党陣営は中国人による「文化ルネッサンス」台湾版だと喧伝した。それは大陸で共産主義者が遂行したヒステリックで破壊的な文化大革命とは対極にある勝利であり、中国人の優越性と永続性の確証だというのである。ところが他方で、蔣政権に対する忠誠心がきわめて希薄な台湾人民衆から見れば、野球で連戦連勝できたのは、台湾人が（つまり半ば日本人である者が）国民党の率いる「中国人」を排除した結果なのだから、大陸人による不当な台湾支配は永遠に葬り去られるべきだ、という確信をさらに深めることになった。

決して短くはない台湾野球史では、政治性を持たない「個人」をいつでも政治に直接取り込むことが可能だったのだが、その場合は、スポーツが政治性を帯びてはいけないとする欧米的「常識」（明らかな違反例が無数にあることは周知のことだが）から逸脱することになる。台湾にプロ野球が導入された一九九〇年以後、プロ化推進者たちもメディアも、野球の適正化、健全化、おもしろさ、消費性をしきりに求めてきたのは、おそらく野球の政治性を復活させようとする策動が近年露骨になってきたためであろう。

資本主義が唯一自然の選択肢であり政治体制であることを示さない限り、資本主義の成功はありえない以上、一九九〇年代にプロ化が進行する中で、野球選手とその身体も日本、台湾、中国といった民族、国家、または文化を体現するものではなくなり、資本を体現する別個の表象になる。中華職業棒球聯盟（ＣＰＢＬ）の性格不明なマスコットにしても、親会社を前面に押し出した球団運営にしても、またその節度のない宣伝にしても、――ＣＰＢＬ以外のプロ野球選手なら当然保有する労働権は無視したまま(5)――台湾野球に活力をもたらした政治宣伝とは一見決別したかのような野球のイメージに工

［写真13］ヤンキースの王建民を使ったハンバーガーの広告。2007年、ブライアン・グリーン氏提供。

夫されている。

かつて天皇の下での多人種協力という高邁な目標を掲げ、その後は共産党支配下の大陸で飢えに苦しむ庶民の救済さえ目指したこのスポーツは、プロ化の進行でセブンイレブンの大カップ・ドリンクや、マクドナルドのハンバーガーを売る宣伝の道具になった（写真10［239ページ参照］、13）。兄弟エレファンツのスター一塁手・彭政閔《ポンチュンミン》は、全身くまなくスポンサー企業のパッチを貼り付けたユニフォームを着たり、(6)果汁メーカー波蜜《ボーミー》のコマーシャルで髪に骨製の飾りを乗せて洞穴人を演じたりした。ロサンゼルス・ドジャースを退団して二〇〇五年台湾球界に復帰した陳《チェン》金鋒《ジンフォン》も、こうした台湾野球のロジックと無関係でいられるはずがなく、マスター・カードの一連のプロモーションとコマーシャル（「（マスター・カードを持っていれば）できないことはない。金で買えないのは友情だけさ」）に狩り出されて、自分の名前入りユニフォームを着て真正面から派手に水をかけられるシーンを演じた。(7)

こうして野球は、資本主義で常に推奨されるアイデンティティーの多重性の勝利をあますところなく体現するスポーツになった。雑誌『棒球世界』一九九九年十月号は、スター投手の「フォークボール王子」蔡仲南の記事をカバー・ストーリーで載せている。表紙の少し暗い写真にむっつり顔で写っている蔡はあまり気が乗らない風に見えるが、表紙に英語で大きく書かれているフレーズ「僕が何者か、わかるよね」は、それなりに勘所をとらえている。次の号には、当時オリックス・ブルーウェーブのスターだった鈴木一朗を同じ扱いで載せ、彼はもう名が通っていたから「これが僕だ」にしてあった。[8]

台湾野球界のお歴々もこの競技の個人主義指向を嗅ぎ取り、自己表現重視へ舵を切った。台灣職業棒球大聯盟（ＴＭＬ）最後のシーズンになる二〇〇二年の公式キャッチフレーズも、「イッツ・マイ・ウォー」（英語のまま）。「わが選手はプレーの中で個人の技倆を惜しみなく駆使し……ダイヤモンドで光り輝く存在となり……野球ファンが目にしたことのない戦闘を展開する」であった。[9] 一方ＣＰＢＬ二〇〇八年シーズンのキャッチフレーズは、香港アイドルのレオン・ライ（黎明）のポピュラー・ソングから歌詞を借用し「非我莫屬《フェイウォーモーシュー》（僕にしかできない）」。スター選手のファインプレーやホームランを打って人差し指を突き上げるシーンをコマーシャルに使い、バックにこの曲を流した。

約束は必ず守る。　やれるとわかっている。
僕にしかできない！　世界で一番になってやろう。
僕にしかできない！　この歌はお祭りだ。
心臓の鼓動をリズムにしよう。君は最高のパートナー。

［写真 14］2000 年に台湾で発行された 500 元紙幣。蒋介石の肖像に代えて、台東県のプユマ族少年野球チームが太平洋カップで優勝した写真が刷り込まれた。

オー、僕にしかできない！(10)

ここにはっきり表れている通り、台湾の野球は戦う個人を表現する方向に転じ、必要があれば他者とも協働もするが、彼または彼女が何事かを達成しようとする時は、「自分以外の何者」にも頼らないことを意識するようになった。この場合の個人とは、資本主義の産物としてのプレーヤーであれ、消費者としてのファンであれ、もちろん資本主義の物語が生み出すスターなのである。

ファン自身の役割も変わった。彼らは（日本モデルをなぞって）好みのチームの旗を振りキャッチフレーズを叫んで応援するだけの存在ではなくなり、ファン自身が試合の主役になることさえ夢ではなくなった。二〇〇八年にはCPBL制作の公式オンラインゲーム「みんなで楽しむ野球」（「全民打棒球《チュエンミンダーバンチウ》」）のサイトで気の利いたアニメーションにまとめられ、ファンはゲームの中でそれぞれお気に入りのプロ選手になって、かわいらしい姿で熱戦を戦うこともできる。ゲームのキャッチフレーズが「私もエースになりたい」（「我要當王牌《ウォーヤオダンワンパイ》」）となったのは当然の成り行きだった。(11)ゲーム中のエースがゲーマーの性格にぴったりかどうかわからない時は、サイトに組み込まれた「心理学テスト」で選手の個性を測定し、好きなように微調整すればよい。[12]

だがこうした変化があっても、台湾プロ野球の財務状態がほとんど好転しないことに変わりはなかった。二〇〇八年にはCPBLの優良チーム兄弟エレファンツとラニュー・ベアーズのオーナーが、観客動員の不振で赤字がかさむので、野球事業から手を引く可能性があることを明らかにしている。[13]その前年の夏に筆者が目にした限りでは、表向き台湾の「国技」である野球が、テレビでの人気ではビリヤードの国際試合（台湾の女子は伝統的に強い）に明らかに後れをとっていた。確かにCPBLの試合はほぼ毎晩テレビ中継されていたが、台湾人選手が活躍していたニューヨーク・ヤンキースや楽天ゴールデンイーグルスの試合は、ほとんど全試合が中継されていた。

こうした傾向は活字メディアになるとさらに顕著で、若い人たちはバスケットボール雑誌なら興味ありげに手に取る（『スポーツ・プラス』『スラム』『XXL』『ダンク』『美國職籃』『エース・コンバット』など五，六種類がニューススタンドに並んでいた）が、野球雑誌は二種類だけが何とか生き延びているだけだった。そのうち一誌はCPBLの公式誌『職業棒球』（十六年間隔週刊だったのが月刊になった）、もう一誌は政治によく口出しする建設業界の大物で俊国ベアーズのオーナーでもあった陳一平が発行する『棒棒球』だが、内容は薄く、店頭であまり見かけなかった。

二十年間台湾野球文化の心であり魂でもあったリトルリーグも、いまやほとんど顧みられなくなった。第五章、六章にふれた通り、一九六九〜九六年の二十八年間に世界大会を通算十七回制した台湾は、一九九七年「全世界の七千チームに希望を託し」リトルリーグ機構を離脱した。[14]「リーグ規則を完璧に遵守することが困難になった」からという。[15]二〇〇三年復帰したが、一般の関心はすでにプロ野球に移り、ほとんど騒がれなくなっていた。

二〇〇七年、四半世紀前に台湾人が勝利に酔いしれたペンシルヴェニア州ウィリアムズポートのリトルリーグ世界大会に、台中の力行小学校が地域予選を勝ち抜いて出場している。一九七〇年代、八〇年代にも先輩チームは苦労させられたが、力行も同じだった。ウィリアムズポートまで行く百万台湾元（約三万五百米ドル）の費用を、台湾の野球行政当局が最後の最後まで出し渋ったからだ。だがかつてと全く違っていたのは、少年たちがもはや救世主としては扱われず、見向きされなくなったことである。聯合報は、力行が何勝かした時も目立たない面に短信で載せただけで、[16]ヤンキースに入った王建民がたまたま次の日にタンパベイ・デヴィルレイズ戦に投げて勝ったニュースが、特報面四ページを独占したのとは天地の差だった。中國時報は末尾に近い面に三段分を割いて力行の戦績を報じてはいるが、[17]王建民には折り込み四面全部を充てており、比較にならない差だった。

筆者が本稿を書き終えた二〇〇九年八月、桃園県の先住民族アタイヤル族の亀山小學校チームが、ウィリアムズポートの世界大会に出た［準優勝の好成績だった］。今度こそメディアも注目するだろうと少年たちは期待しただろうが、出しゃばり政治家と落胆の表情ありありの少年たちが一緒に写った画像が、ウェブ上にアップされただけだった。[18]選手たちは、国技のヒーローが関心を引かないのは何でだろうと思っただろう。台湾の野球が現代社会の様々な面で意味を失いつつあることを示す一つの例である。

だが、台湾の野球に人気がなくなったとしても、どんな野球も頭から相手にされなくなったわけではなかった。二〇〇九年時点で言えば、台湾にはかつてとは別の「ナショナル・チーム」があるという話を、知らない人はいなかった。十二歳のがんばり少年たちのチームではなく、王建民がいるニューヨーク・ヤンキースがあるではないか、というのである。

再論　野球と国家

「自由台湾！」

陳金鋒のメジャー・デビュー戦でドジャー・スタジアムに現れたボード、二〇〇二年九月

ニューヨークでタクシーに乗った王建民に、運転手が話しかける。
「台湾はいったいどこにあるんだい？」。
王は（ヤンキースのマウンドで投げる自分を想像しながら）答える。
「僕がそのうち見せてあげるよ。」

台湾観光キャンペーンのテレビ・コマーシャル、二〇〇七年

前節にふれた種々の問題をかかえつつも、野球は台湾でなお意味を持ち続け、野球のことで国民的大騒ぎが起きることもよくあった。言い換えれば、野球のダイヤモンドが「自分」や「自分だけ」の技倆を売り込む場であっても、台湾野球のＤＮＡには国民総ぐるみで作り上げた螺旋体が組み込まれているのである。そうした遺伝形質の形成に深い関わりを持ってきた国が、（台湾はもとより）日本、アメリカ、中国だったことは言うまでもない。

二〇〇四年のオリンピック・アテネ大会――台湾で最も関心を集めた野球競技で出場八チーム中台

湾は五位だった――期間中のある日、夜のトーク番組「大話新聞」［有線局三立テレビの人気番組］が、野球競技のほかアテネ大会のあれこれをテーマに取り上げた。出演者は民主進歩党立法委員の蔡煌《ツァイファン》瑯《ラン》、蕭美琴、国民党スポークスマンの周守訓、元プロ投手で中日ドラゴンズ、兄弟エレファンツ、嘉南ブレーブスでプレーした陳義信らだった。番組冒頭の蔡の話は台湾語だけ、周は字で示すのも話すのも標準中国語、アミ族の陳は出身地・花蓮の訛りのある中国語の中に日本語的英語の語句（クロス・ピッチャ［クローザー投手］、ホムラン［ホームラン］など）を苦もなく混ぜて話した。(19)

この生放送番組を見ても、台湾の言語とエスニシティの混淆が相当込み入っていることがよくわかる。話し言葉――台湾語、標準中国語、日本語、英語――は歴史と切り離された真空状態から生まれたわけではなく、台湾で野球やオリンピック、あるいは文化、政治などほとんどどんな問題を議論する時も、話し手はその場その場で適切な言語が自由自在に選択されるのである。

台湾の野球が日本、アメリカ、中国との間で築いてきた歴史的関係は――大陸出身者には野球はいまでも外来スポーツだと力説する台湾人が多くとも――なお重要性を失っていない。アメリカとの関係では、第六章に記した通り、リトルリーグの台湾チームが一九七〇、八〇年代にアメリカの強力チームを毎年のように負かし続けてきた意味について、台湾には複数の解釈があった。だが二十一世紀に入って十年経った段階では、アメリカとの関係の主役は、メジャーリーグとそこでプレーする台湾人選手に移ってしまっている。

それはメジャーで成功した王建民の例にはっきり見られ、二〇〇八年当時の彼は台湾では誇張抜きで国民的偶像だった。二〇〇九年には、彼が登板するヤンキースのゲームは、ほとんど常に台湾の二つのチャンネルでライブ中継された上に、毎日最低一回はリプレーされ、前記の通りヤンキースは「台湾の新しいナショナル・チームになった」というジョークができたのだった。[20] もっとも、民衆は手放しで喜んだだけではなく、二〇〇九年十二月ヤンキースが［負傷で不振だった］王建民との契約更新を拒否した際には、台湾のあるテレビ局は、ヤンキースを数日間「悪の帝国」と呼んだ。[21]

背が高く（六フィート三インチ）ルックスにも恵まれた王が、アメリカン・リーグを代表する投手の一人になったことは、台湾人の喜びでもあったが、そこまでやるかという事件の原因にもなった。二〇〇七年九月、王がシーズン十九勝目をあげたことを新聞に四ページの臨時特報記事で載ったのを知り、桃園県のある男がその新聞を盗もうとして撲殺された、というのである。[22] それはともかく、王建民、ドジャースの郭泓志、デトロイト・タイガースの倪福徳《ニーフードゥー》ら台湾人投手が好成績をあげる一方では、中華人民共和国は経済力と政治力で世界を圧倒し始めている。台湾の地位と役割をどう確保すべきなのか、アメリカ人も考えざるをえない。台湾人はそちらにも想像力を働かせねばならなくなった。

二〇〇六年、民主進歩党政府が「野球の世紀」と称するイベントを催し、メディアも囃し立てた。台湾ナショナリズムを喚起し、盛り上げる狙いだったことは明らかで、五十年間台湾を支配した日本の「貢献」の記憶を呼び覚まそうという意図が含まれていた。何よりも、台湾の「国技」が日本を源流としている――そもそも中国とは無縁だった――事実を確認することは、台湾独立の支持者たちでさえ予測しにくいほどの宣伝価値があった。

だが、その種の執念にこだわる限り、自己抑圧と自己否定につながる危険は避けられない。二〇〇〇年代初頭の台湾人には、野球で強敵の日本、韓国に勝つことよりも中国に負けないことの方がはるかに大事だった［本書「はじめに」を参照］。台湾の監督が最も頼りにする投手を弱い中国チームとの試合に回すようにすれば、他のライバルを倒すのは難しくなっても、中国に負けた監督という恥辱だけは免れられる。(23) 二〇〇八年北京オリンピック前の何年かは、実際にそうした手が使われた。ところが北京オリンピックでは、メディアが「中国の領土で負けるわけにはいかない」と書き立てたのに、(24) また前評判が低かった中国との試合にエースの潘威倫《パンウェイルン》をぶつけたのに、大接戦の延長十二回［四点取った後に］五点を失い、8対7で中国に初めての負けを喫してしまった。(25)

台湾メディアは「台湾野球史上最も屈辱的な日」(26)「悲嘆と恥辱の極致」(27)「史上最悪の不面目」(28)と、たちまち大騒ぎになった。ブログは例の通りもっと過激で、八月十五日［対中国戦の日］を「国民恥辱の日」に指定し、政府機関は毎年半旗を掲げよという文章、「万死に値する敗北！ 台湾までどうやって泳いで帰るか、フェルプス（水泳で金メダルを取ったアメリカ人選手）に聞け」などの怒りの声を満載した。(29) 一世紀近く台湾人アイデンティティーの要だったものへの怒りと屈辱は、マイナスの集団心理を生んだだけではない。台中のある年配の女性は、中国の孫嶺峰外野手が決勝のホームを踏んだのをテレビで見て胸が苦しくなり、息ができなくなって病院に運ばれた。高雄では同じシーンを見ていて心臓発作を起こし死ぬ人が出た。思わぬ出来事に驚いた聯合報は、心理学者や心臓の専門医にわざわざコメントを求め、怒りや落胆は国民で分け合うべきだという記事に仕立てた。(30) あるブログには、「ほかにどんな悪いことが起きるかわからない」から、終日おとなしくしていよう、ともあった。(31)

ところが、やはりと言うべきか意外にもと言うべきか——どちらにしてもやりきれないことだが——、問題はこれで終わりではなかった。政府関係者やメディアによれば、オリンピック代表チームは、不法な利益を得るために中国との試合にわざと負けてやった、というのである（台湾の検察はそうしたことがあったと見ているという）(32)。それから一か月後、CPBLの球団ディーメディア・ティーレックスの野球賭博が発覚し、球団は試合停止処分を受けた［後に除名］。この一件では球団に弁解の余地はなかった。球団社長の施建新がチームを買収する時に暴力団の力を借りており、暴力団は刃物や短銃を振り回すいつもの粗暴な手を使うまでもなく、選手と試合を自由自在に操っていたという。[33]野球は確かに死んではいなかった。だが、勝利の物語として語ることはもう期待できなくなっていた。

　台湾人が中国をどこかよその後れた国――本当にそうなのか怪しくなってきたが――のようにイメージする時に、野球がそのいい例だと考えるのなら、野球文化を通じて長い間深い縁をつないできた日本を、「進んだ国」と見なしてきたことになってしまう。このケースにポストコロニアルの意味付けをするなら、やはりマイクル・ハーツフェルドの所論の通り、文化的親和性《カルチュラル・インティマシー》の歴史が「昨日の軛轢を今日の矜持に転じさせた」のである。[34]台湾民衆の多くがいまも「棒球《バンチウ》」と呼ばず「野球《イアキウ》」の語を使うのは偶然ではなく、かつてのリトルリーグ世界チャンピオン台南ジャイアンツ（巨人）がチーム名を（サンフランシスコではなく）東京の球団から採った例にしても、同じことが言える。言うまでもなく、そのような植民地の遺産には単に疎ましいもの、あるいは逆にノスタルジックな願望の対象という以上のはるかに複雑な性格があり、しかも台湾の場合では、野球は日本的な遺産（そのまま真に台湾的でもある遺産）を瞬時に創り出せる装置なのである。

　二〇〇五年、陳水扁総統は彼の民主進歩党が［地方首長の］選挙で大敗した数日後、王貞治の台湾訪問を歓迎するこれ見よがしの催しで、間もなく［二〇〇六年三月東京で］行われるワールド・ベースボール・クラシックでの台湾・日本戦を「紳士の試合」と呼んだ。[35]スポーツが純粋で真正な発展を続けるためには「政治性」を帯びてはならないとは、すでに言い古されたことだが、台湾野球の近年の歴史を見る限り、国家が次の百年でも依然としてその最も重要な構成要素であり続けるはずである。

「野球は死なず」言説

台湾各地で開催された二〇〇一年［十一月］の第三十四回ワールドカップは、近年の台湾野球の歴史で最も祝福を浴びたイベントの一つだった。大会では、国際的な小トラブル――台湾は「チャイニーズ・タイペイ」の名称でのみ参加すべきで、大会中は中華民国の国旗も掲げてはならないと中国が強硬に主張した(36)――があり、国内政治でも、陳水扁総統が選挙で負けたばかりの国民党に向かい、大会からスポーツマンシップと「礼儀正しい言動」を学ぼうと発言するなど、内外両面で問題も起きた(37)。メディアの関心は、台湾が日本に快勝して銅メダルを取った三位決定戦に集中したが、自由時報［反国民党系の新聞］はこの大会のように「台湾が国際社会に参画しようとする場合、中国の善意に期待するのではなく、台湾自身の力に依拠せねばならない」という視野を少し広くした記事を載せた(38)。

大会の報道で人気を取ったのは、台湾対オランダの準々決勝戦に、ジョーク混じりの横断幕をたぶん勝手に持ち込んだ数人の大学生だった。横断幕には、台湾を占拠していたオランダ軍を一六六二年に降伏させた〈軍人で明王朝の遺臣〉鄭成功《チェンチュンゴン》［短命ながら独立国を建てた］の絵が描かれ、この際彼の助けを借りよう、とあった(39)。ほかにも、蔣介石が日本人に銅メダルをかざして見せている稚拙な絵、アメリカとの準決勝には〈九・一一テロの十週間後というタイミングに乗じ〉オサマ・ビンラーディンが台湾を応援している悪趣味な絵など、いろいろな似顔絵が現れた(40)。

鄭成功の横断幕はその後もなかなか撤去されず、大会のシンボルのようになった。その露悪的なナショナリズムをおもしろがっただけの観衆のほかに、深い感動を覚えた人もいたらしい。現に、オランダ戦から二日後の聯合報は、この横断幕をヒントにした署名入り評論を二面に載せ、見出しで「我們感《ウォーメンガン》 We Feeling（感じるところがあった）」とわざわざ英語を書き加え、一部の人が味わったらしい感慨を綴っている。その筆者によれば、その感慨は（驚いたことに）毎年の元旦（一九一二年の中華民国の正式な建国記念日でもある）に国旗を仰ぎ見た時にのみ感じる一体感に匹敵した、というのである。[41]

この言説からは、見過ごしにできない三つの真実が読み取れる。第一に、野球が台湾で最大限の共感を得られるのは国家を語る時に限られた、ということである。この場合の共感とは、逆説的ながら中華民国の旧式の（非台湾的な）ナショナリズムにほかならず、かつて帝国主義敵国に「中国人が」勝利したという記憶の中から、すんなり引き出せるナショナリズムなのである。（中国の圧力で台湾代表選手は通例通り「チャイニーズ・タイペイ」のユニフォームを着用したが、台北の天母球場のスコアボードにはローマ字と中国語で「ROC　中華民国」と表示され、国際野球の世界で何とか面目を施した。[42]）

第二に、多くの台湾島民はできることなら野球が「復活」し、現状にうんざりしている台湾人民衆を励ましてくれるのを望んでいたらしいことである。だが第三に、野球がそのように劇的な「復活」を遂げるなどは、誰が見ても夢物語でしかなかったことである。台湾代表が出場しない試合ではテレビ画面で見ても数千の空席があり、英字紙タイペイ・タイムズによれば、韓国対南アフリカの試合は入場料が百五十台湾元（米ドルで四ドル少々）と格安でも観衆はたった三十五人で、大会序盤は「失敗」だったとしている。[43]

もっとも、台湾代表が出場しない日でも、台湾の狭い球場が売り切れ満員になる日はあった。大会終盤の数日は一時的に興奮状態を呈し、「国技」への本来の関心が蘇って二千三百万の台湾人は再び結束したと――野球界を牛耳る人たちの手前味噌や一部の人たちの楽観論に影響されて――一部の人たちは取り違えた。

だが、一九八〇年代後半の屈辱の時代をくぐり抜け、ワールドカップを契機に野球が「復活」したとするのは――手近にある多数の反証に照らしても――一種の信仰のようなものだった。確かに、その種の物語が短期間に続々生み出されたことを見れば、野球文化が「堕落」を脱して、再び国民救済の役割を担ってほしいと民衆に期待されていたことがわかる。台湾が日本に勝ち銅メダルを取った大会最終日のことを、英字紙タイペイ・タイムズは「台湾にとって素晴らしい一日だった。中国との統一か独立かの議論も、エスニック集団の反目も、政党の角逐も、すべて吹き飛ばした希有の日だった」と書いた。ただしこの記事でも、野球を通じた結束ははるか昔に失われ、復活はもはや絶望的だというトーンが次のくだりににじみ出ている。

この国の受難期には、チャイニーズ・タイペイ・チームが野球大会で活躍することは、集団心理を慰撫するカギだった。ニューヨーク・ヤンキースも、九・一一テロ攻撃の暗黒の中からニューヨーカーを立ち上がらせた。台湾で開かれたベースボール・ワールドカップ大会は、台湾人ファンのハートを再びとらえた。ファンは年齢、性別、エスニシティ、支持政党に関係なく、自分たちのチームに声援を送った。(44)

台湾人の民族感情を先導してきた同紙［反国民党の自由時報系英字紙］の別の記事には、戻ってきたのは「一過性の野球熱」にすぎないと自信ありげに書かれていた。(45)一方、『光華雑誌』［政府の宣伝誌］

十二月号に載った「野球熱　ワールドカップに（また）お目玉を食った台湾」という特集記事は、台湾民衆が野球で活力を取り戻したという言説を蒸し返している[46]。

それ以降、二〇〇一年ワールドカップ台湾大会にふれた記事や文献には、ほとんど例外なく復活効果なるものが呪文のように延々と繰り返されるようになった。こうした言説をさらに蔓延させる形になったのは、競合関係にあった二つのプロ・リーグがワールドカップ開催からほぼ一年後に合併し、中華職業棒球大聯盟として統合されたことである。新リーグの初代会長に就任した陳河東は、統合の意味は「野球が帰ってきた」ことにあると強調したし、合併のプロセスに個人的に深く関わった陳水扁総統は、統合を「民衆の誰もが待ち望んでいた」と述べた[47]。この発言が野球の英語研修で教材に使われたことさえある。台湾野球の研究者・孟峻瑋は、二〇〇一年の論文で「奇跡の秘薬の効能を借りて、ナショナリズムが病めるプロ・リーグを蘇生させた」と書き[48]、さらに二〇〇七年の著書では、ワールドカップがもたらした野球の「ルネッサンス」と「再生」を論じている[49]。

この予言にもかかわらず、野球復活は束の間の夢に終わった。「秘薬」なるものは、民主進歩党と企業のイデオロギーをまぶした偽薬でしかなかったのである。二〇一〇年時点では、台湾の野球事業には懸念材料しか見当たらない。二〇〇五年、二〇〇八年、二〇〇九年と、中華大聯盟（新ＣＰＢＬ）の数チームが関係する賭博スキャンダルが繰り返し起き、トラブルもまた息を吹き返した。二〇〇一年の熱狂が、数年後にはもう遠い追憶の一部になってしまうようでは楽観しようがない[50]（台北のバーのホステスを「特殊な娯楽」に提供すると暴力団員に持ちかけられ、賭博に加わったオーストラリア人投手がいたとされる[51]）。それでもなお「国技」が蘇ったという呪文が――民衆、企業、さらに学界でさえも――再生産されるのはなぜなのか。その疑問を素通りすることは許されないだろう。

これら言説の意味を説き明かすにあたっても、世紀の変わり目の地政学的、経済的現実を踏まえておく必要がある。独立した民主主義政体としての台湾の地位の危うさが、現代の社会と文化をめぐる議論で黙殺されるようなことは、決してなかった。野球も当然その例外ではなく、大陸中国は誰が見ても常に念頭に置くべきライバルである。中華人民共和国の勃興が必ず平和的に進行するとは考えにくい以上、台湾海峡の対岸にはいつでも直接の脅威の源が存在するとイメージされるのは当然だ。

この場合、野球がグローカル化された遺産であり、そのことに意味もあるという視点に、もう一度目を向けるべきであろう。台湾が置かれた状況を、「あらゆる差異を打ち消す巨大な波に似た……グローバリゼーション」の一部として野球を論じるのではなく、二〇〇一年ワールドカップのようなイベントも「ローカルな通念、慣行、制度をグローバル化しようとするもの」ととらえ、「グローバルなプロセスをローカルな状況に」組み込む営みと見なす方がはるかに適切である。[52]台湾野球のどのような面を見ても、盂峻瑋が二〇〇七年に書いた野球に関する著作名に言う「孤立」とは、全く無縁であることがわかる。

台湾におけるローカルの観念は、最近の研究で見る限り、ナショナルとグローバルの問題にふれる場合にはっきり示されるようである。台湾人民衆が過去二十年間に――文化、経済、民主化の面で――実現した繁栄を語る場合にも、自らの政治的将来の決定には相対的に無力であることを意識せざるをえず、やりきれない思いを抱いているはずだ。二千三百万の台湾人が対岸の福建省、浙江省にずらりと配備された一千基もの弾道ミサイルの射程内に密集して住む状況では、台湾文化に「集団死を暗示するもの」[53]を見出す者がいても不思議ではない。新手のファシズム、暴力、さらには帝国主義勢力に報復を唱える民族統一主義者の幻想などにより、すでに痛手を受けている二十一世紀の世界にあっては、台湾のナショナルな状況の不条理に対する存在論的反応として「深い運命共同体的感覚[54]」が生まれるのも、全く自然のことのように思える。元総統の陳水扁が中国と戦うための重要な文化的武器の一つに、とくに野球を選択したことはその意味で印象的である。

［写真 15］ 2004 年 3 月の総統選挙の際、対中国関係に関する国民投票にも支持を訴えた民主進歩党の宣伝バッジ。

二〇〇四年三月二十日の総統選挙で陳水扁の政府が選挙民に求めたのは、総統を選ぶ一票のほかに、好戦的で威丈高な中国と真正面から対決するに等しい住民投票に、もう一票を投じることだった。陳水扁はこの時またしても野球をシンボルに使って（［写真15］のような選挙バッジを作り、なぜか二・二八事件記念日を期して「手を繋いで台湾を結ぶ」イベントを考え出して）台湾人意識をポピュリスト風に方向づけようとした。

彼は総統に初当選した直後の二〇〇〇年、（旧TML開幕試合で）大観衆で埋まった高雄の球場に現れたのを手始めに、政治的ポイントを容易に稼げる野球試合に足繁く出かけるようになった（二〇〇五年台北のドーム球場で開かれた王貞治の訪問歓迎の催しにも、地方首長選挙で与党が惨敗した直後だったのにいち早く出席を約束した[55]）。二〇〇六年の二・二八事件記念日に國家統一委員會［統一に向け中台関係発展を図るための総統府機関］の機能を停止させた時は、批判を抑える盾として野球愛国主義を利用したし、[56] その年後半に親族と友人が汚職で起訴され抗議デモが起きた時には、民主進歩党の支持者たちにヤンキースの王建民のユニフォームを着るよう呼びかけている。[57] それもこれも当時の一貫した方針に沿っており、結局は野球という植民地主義の遺産を保身に利用した「文化的阿諛」[58]だった。もっとも、人権団体までが直径六フィートの巨大な野球ボール型風船を押し立てて――二〇〇七年八月台湾長老派キリスト教会の主催で――デモ行進する（先頭の風船には木の十字架が掲げられた）[59] ようなことは、台湾以外では起きないだろうが。

この種の情熱なき便宜主義は陳水扁に始まったわけではなく、野球はかなり複雑な台湾的「公衆文化」観の重要な一部になってきた。日本植民地時代の教育、商工業、官僚機構チームに始まり、国民党の冷戦時代も命脈を保ち、一九七〇～八〇年代には企業の支援を受け、大学ともいい関係を結び、一九九〇～二〇〇〇年代になるとエスニシティ政治の表舞台に立つようになった。台湾人民衆のアイデンティティー形成過程で、野球は――テニス、ラグビー、日本人が持ち込んだ他のスポーツに数倍する――重要な要素になった。

一九八〇年代末に最初の台湾人総統になった李登輝は、政治集会で青と赤のどぎつい「国民党チーム」のユニフォームと野球帽を身につけ、赤い風船バットを振って見せることがよくあった。ことに政治家としての晩年には、台湾人が日本的伝統を継承していることをすすんで強調し、日本の作家・司馬遼太郎との一九九五年の対談（第一章参照）では、日本人の台湾支配を好ましい記憶として描いて見せ、中国十三億人の憤激を買ったこともある。野球の政治利用は、彼の場合ほとんど既定路線だった。

［写真16］2007年の立法委員選挙では、野球ユニフォームを着た民主進歩党候補者の看板が目についた。彰化県で。

後に総統になった馬英九の場合は、エスニックな出自が大陸中国人であるだけに、二〇〇七年から翌年にかけての選挙戦で、漫画にしか出てこない八フィートの長尺風船バットに「台湾の光」（王建民の定番ニックネーム）と刷り込んで、ステージで振って見せることは、立場上の義務のようなものだった。[60]馬の照れ臭げな表情を見ると、台湾の「ローカル」なポピュリズムの深奥まで究める気はなかったようだが、ぐずぐずしている場合ではなかった。彼の選挙運動本部のサイト（baseball.ma19.net）で強調されていたのは、国民党候補者としてこの「国技」を支援すること、「中華民国のナショナル・チームをこぞって真剣に応援する」こと、全国民に「もう一度ボール・パークへ！」と呼びかけることだった。[61]二〇〇八年三月二十二日の投票で馬が前評判通り得票率五八％で当選すると、九日後に政治目的を完遂したこのサイトは、はネット上から消えていた。

野球をすること自体は純粋に「ローカル」な営為であるのに、まぎれもなくグローバルかつナショナルなものの所産であり、皮肉で不調和な結果を生んだように見える。台湾の野球に見られるこうした――日本、大陸中国、アメリカという――多方面からの「グローバル」な影響が理解できれば、二十一世紀の複雑な文化的企てが、単なるアメリカ中心的な（意外にも自民族中心的に解釈された）世界文化の「コカコーラ化」以上のものだったことが容易に発見できる。さらに、歴史、「伝統」、商品、文化の流動化が進行する時代にあっては、「ローカル」と「グローバル」を対置させた本質固定的な観念論よりも、ニュアンスにも重きを置いた思惟が必要になる。台湾文化のローカルな面が強調されるスポーツだった台湾野球は、ほぼ一世紀の間に日本、アメリカ、中華人民共和国、さらに世界との関わりを求めることで、真に国民的な愉楽の名にふさわしいスポーツとして成功したのである。

二十一世紀の台湾野球――先住民族、帝国の痕跡

（先住民族が）スポーツを通じて彼らの才能を発揮し、社会に同化できるようになったと言って（台湾漢族は）喜ぶ。だがわれわれが知る通り、スポーツは先住民族に与えられた数少ない選択肢の一つなのである。スポーツで成功者になると、実際には支配される者としての彼らの社会的立場や、彼らへのステレオタイプな通念を固定させてしまう。彼らは男なら体力に恵まれているだけ、女なら肉体を売り物にできるだけだ、というの

である。

文筆家・南方朔《ナンファンシュオ》、一九九五年

陳水扁によれば、先住民族は過去にはほとんど無視されてきたが、彼らがスポーツ、音楽、芸術、文化の分野で見せた天分と成果を見過ごしてはならない。

タイペイ・タイムズ、二〇〇三年

紅葉チームは、世界に名をとどろかせた台湾で最初の野球チームです。彼らブヌン族の民謡は大変美しく、みなさんの耳を楽しませてくれるでしょう。

「台東の観光」ウェブサイト、二〇〇二年

少年野球で紅葉チームが一九六八年にめざましい勝利をあげた台湾の夏が近づくと、どの新聞も四十数年前の回想や、すでに初老の年齢になったブヌン族の男たちの話を、毎年大量に載せる。二〇〇四年のそうした記事の中に、「1111人力銀行」という人材バンクが実施したリトルリーグの元台湾選手に関する調査結果を大きく扱ったものがあり、大人になってから悲惨な生活を送っている元選手が多いと伝えている。

それによると、少年時代の元スターのうち定職に就いている者は四四・四四％にすぎず、当時長く野球生活を送ったことが、成人してから職業上の障害になったと感じている者が六七・二二%もいた。野球で怪我をして就職が難しくなったとする者は四六・四三%、そもそもリトルリーグに関わったことがよくなかったと認める者も三一・一一%いたというのである。かつて紅葉で名を上げ、大勢の台湾人の誇りだった元選手十二人のその後も、記事の随所で手短に紹介されている。彼らのちょうど半数が四十歳前後で死亡しており、残り半数も一人を除く全員が、低賃金の肉体労働に何十年も従事しているという。(62)

翌年夏に載った新聞記事の脇見出しはもっとあけすけで、「江紅輝捕手は二十年間工場の労働者、胡明澄《フーミンチュン》三塁手は台中の補助作業員、邱春光《チウチュングアン》外野手は故郷の村でタクシー運転手になった」とある。(63) 第六章で明らかにした通り、野球で成功した記憶は、苦難と悔恨の靄を通してしか浮かんでこないのである。

一九六八年の紅葉の華やかな活躍に多くの台湾人が感じるノスタルジアと、先住民族チームのほぼ全員を悩ませたその後の苦難との間で発生する不協和音には、深い意味が潜んでいる。メディアが紅葉の選手たちに見出している価値とは、メタファー、シンボルとしての価値なのであり、過去一世紀あまりのオーストロネシア語族系先住民族そのものに関しても同じことが言える。紅葉の場合、台湾で最も無力で無防備な人たちに台湾の社会が思慮を欠いていたために、かえって感動的なメタファーに仕立てやすかった。中華民国政府が半世紀かけて進めてきた資本主義発展政策の結果、台湾の少なからぬ人たちに想像以上の富をもたらしたが、一方で多くの民衆は置き去りにされた。紅葉をめぐる言説が暴き出し、覆い隠しもした社会的傷痕を認識し直す手だてては、現代台湾の野球の中にもある。

先住民族の若者たちは、一九二〇年代、三〇年代には日本人植民地主義者による「三民族協和野球」

言説の主役だった。小学生時代にはリトルリーグ王国の不可欠の一部になり、中国人、台湾人のナショナリズムを補強する役割を担わされた。第五章に記した通り、貧しいブヌン族少年たちの紅葉チームが成し遂げた一九六八年の大勝利は、同時期に台湾で進行した資本主義発展の手ごろなメタファーに利用された。だが先住民族民衆は、そうした経済成長から真の恩恵を受けないまま、その後の四十年を過ごした。先住民族の青少年は、今でも台湾のアマチュア野球、プロ野球の主力であり、台湾野球の最初の世紀を真に継承する存在だ。にもかかわらず、日本人、中国人、台湾人エリートの下で教育、保健、雇用、文化のどの分野でも、台湾に最初に定住した民族の末裔にふさわしい平等な処遇は受けられず、不平等を体現する四十五万の痛ましい生き証人になっている。

節の題辞に示した陳水扁元総統の迎合的な言辞に示されているものは、身体能力、自然のままのリズム、反復音型などについて漢族台湾人がしばしば口にする身勝手な「称賛」の類型であり、それらはみな、先住民族に生まれながらに身についているものだという想像と幻想の反映である。極貧の境涯にあっても楽しくはだしで野球に興じる「天真爛漫なブヌン族少年たち」をストーリーに仕立てた政府刊行誌『光華雑誌』の記事は、貧しいが快活な野球少年というステレオタイプの一例だ。漢族は先住民族より洗練され、教養があり、文化的だという神話を補強しているという意味で、懐旧物語の本質を露呈した記事である[64]。プユマ族の少年野球チームを扱った一九九二年のある号は、十二歳の漢族少年九人がプユマ族少年に倣い全員素裸で下着を洗濯している写真を載せている。品位を重んじる立派な雑誌にしては信じ難いことだ[65]。

こうした例に見られるように、先住民族特有の野球の才能や能力をメディアが表現する時は、ほとんど常に愚弄もしくは軽視の響きのこもった称賛の形をとる。たとえば二〇〇六年東京ドームで開かれたコナミ杯で見事なホームランを打ったアミ族の「奇跡の勇者」林智勝のことを、新ＣＰＢＬの公式雑誌は「台湾先住民族の恐ろしさ（「厲害《リーハイ》」）をみんなに印象づけた」と表現した。[66] 二〇〇〇年代初めに興農ブルズで活躍したアミ族三羽烏の黄忠義、鄭兆行《チェンチャオシン》、張泰山にメディアがつけたニックネーム「三番刀《サンファンタオ》」（「三本の蕃刀」）などは、あくどい出まかせである。この公式雑誌にはこの種の安易な表現が多く、中国信託ホエールズのスター投手・王国進を「温厚でも爆発力を秘めた生まれながらの先住民族」と評し、偉大な速球投手になれる力量を認める反面で、「楽天的で快活なところは天性の先住民族」だとしている。[67]

ＣＰＢＬの公式サイトが台湾最南部屏東県にある長樂小學校チームのことを記した一文の中には、「人種（間）の協力」が当たり前になっている、という個所があった[68]（文中の「民族共和《ミンズーコンフー》」の語は植民地時代と同じモデルを暗示している）。この種の語を八十年間も使い続ければ、現代台湾社会を真に理解する障害になるだけだということなど、ほとんど眼中になかったことがわかる。二〇〇七年のこのサイトには、他にもピント外れの記事がある。高年俸の選手トップ十人のうち七人が先住民族選手であり、「プロ球界にお金持ち（「好野人《ホイアラン》」）が現れて「『先住民は（漢族台湾人よりも）貧しい』という常識が覆され」、まことに喜ばしい、というのである。[69]

先住民族は野球の才能に恵まれているという周知の言説に悪意のだめを押したような例は、数限りなくある。台湾プロ野球史で最多勝投手の記録を持つ陳義信「アミ族選手」が、旧ＴＭＬの決勝シリーズで対戦した台北サンズの応援団から、「蕃人（番仔《ホアンア》）は帰れ」と一斉に野次られて、怒り狂った一件は有名だ。[70] この「番仔事件」は数日間メディアで騒がれたが、そのうちファンのエチケットの問題にされてしまい、教育ある大勢の人までが人種侮辱のスローガンを叫んで恥じない状況は、やがて人

の口に上らなくなった。(71)

二〇〇四年に雑誌『プロ野球狂』が発行した先住民族野球の特集号には、國立台東専門學校チームの監督だった陳執信《チェンジーシン》の暴言が載った。彼は時報イーグルズの捕手だった一九九七年当時、野球賭博に加わって旧CPBLを永久追放になった男だ。それでも雑誌の取材を受ける程度の知名度はまだあったようで、先住民族選手は「先天的才能」では漢族選手より上だが、「頭」の方は漢族に比べ決して「レベルが上だとは言えない」と言っている。(72)

一方、この節の題辞に示した文筆家の南方朔《ナンファンシェオ》の指摘のように、先住民族の優れた野球の能力が搾取の対象になってきた歴史にこそ光を当てるべきだ、とする批判がある。社会学研究者の張力克は、かつてこの島の主だった日本人が編み出した「植民地生物学」が、その後台湾人に援用され、先住民族がなぜ野球界に進出できたかを「説明」する根拠になったと指摘し、一方では多くの痛ましい出来事が表面に出ないまま無視されてきた、としている。(73)

こうした観点を徹底して追求してきた文化人・瞿海良《チューハイリアン》は、こう問いかけている。そもそも、先住民族を野球の世界に引き込んだのは、日本植民地当局の搾取政策ではなかったか。台湾に最初に定住した民族の大事な土地を取り上げたのも彼らであることを、まず確認すべきではないのか。植民地時代以後も、貧困は大多数の先住民族にとってなお現実問題であり、その貧困から「脱出する道」は野球だという長年の陳腐な議論では、一握りの優秀で幸運な選手でなければ、ほとんど何の救いにもならなかったではないか。(74)

中国の作家・巴金《パージン》も同じ意味のことを書いている。彼は、十年間続いた暴力と犯罪行為の意味を人民に知ってもらうために、文化大革命博物館を建てるべきだと、一九八六年当時熱心に説いたことがある。瞿に言わせれば、台湾も先住民族スポーツの殿堂をつくればいいのである。先住民族の功績を顕彰するだけでない。彼らを抜きにして国技としての野球は語れず、「他の誰よりも大義のために命を賭けた」のも彼らだったのだから、それを台湾の民衆に周知すべきだ、というのだ。(75)

兄弟エレファンツのアミ族内野手だった呉俊達が、こうした主張の国際版を提案したことがある。日本、フィリピン、グアム、ハワイ、タイ、モンゴル、アメリカ、カナダの先住民族が参加し、「世界先住民族野球選手権大会」を開こう、というのである。これらの国では、条件のちがいこそあれ植民地支配下で野球の強固な伝統が生まれ、社会で最も不利な地位に置かれた人たちがその担い手だったからだ、という。(76) この発案にも示されているのは、台湾で最も重要な「グローカル」な媒介になり、帝国主義・グローバル化勢力と民衆のローカルな要求との間に発生する緊張を表現したのは、やはり野球だったという事実である。

このような提案を、現代台湾の先住民文化に占める野球の役割を印象づけようとするありきたりのスタンドプレーだ、と片づけるわけにはいかないだろう。優秀な野球選手が台湾先住民族の民衆だけでなく、台湾そのものを代表する際だった存在であることでは、四十年前のリトルリーグ選手以来何も変わりはない。アメリカ・メジャーリーグで初めてプレーした二人の台湾人選手・陳金鋒、曹錦輝はともに先住民族であり、二〇〇八年オリンピックの野球の台湾代表選手二十五人のうち十一人までが先住民族だった。国内の微視的例では、かつて日本人のスポーツだった野球が、先住民族にとって深い意味を持つ文化儀式の分かち難い一部になったケースがある。アミ族の恒例行事である収穫の儀式に関する謝仕淵の報告によれば、崇拝する祖先神の面前でアミ族の勇者代表が演じる祭祀演技には、舞踊、弓術、魚取り、格闘技と並び、今では野球が組み入れられているそうだ。(77)

先住民族の青年たちは、日本を中核とする東アジア文化秩序の中に、再び身を置くようになっている。それは必ずしも善し悪しの選択ではなく、（第一章に記したように）八十年前に偉大な「蕃人チーム能高」の優れた選手たちが野球と勉学の機会を求め、植民地本国の日本に渡った例の再現にすぎない。日本のプロ野球球団は、厳格に設定された外国人選手制限の逃げ道として、植民地時代以来のつながりを持つ台湾に再び目をつけるようになった。それら球団は、台湾東部の野球が盛んな丘陵地帯に常時スカウトを送り込み、十代の有望選手をやすやすと説得して、日本の高校に送り込んでいる。若者たちが——独特の歴史的機縁を祝福され呪われつつ——日本に着いた後は、先達の栄光と疎外を再体験しながら、日本国籍を申請し、日本の誇り高く筋目正しい住民として日本のプロ・リーグでプレーする能力を身につけ、相変わらず紛らわしい「中華民国」の名称を持つ台湾に、様々な栄光をもたらした。

若い日本人銀行員や鉄道労働者の専用競技としてこの島に持ち込まれてから一世紀を経て、野球という日本的スポーツは、現代台湾の台湾人、中国人、先住民族の文化とアイデンティティーに、さまざまな肉付けをする役割を担うようになっている。

日本語版へのあとがき

本書がカリフォルニア大学出版会から刊行されて十年になるが、野球が台湾文化の非常に重要な一部であり、政治と社会に強力でシンボリックな影響力を持つことでは、現在も何も変わりはない。二〇一〇年当時もそうだったように、野球が台湾で重い意味を持つのは、日本文化と植民地の歴史に深く結びついているからである。中国人が台湾人特有のものの考え方、思想のあり方を正確に見極めたいなら、野球はぴったりの材料になるはずであり、その中国人が台湾海峡を隔てて大陸側にいるか台湾側に住むかで、何か違いがあるわけではない。

本書の出版計画が最終段階に入る直前の二〇〇九、一〇年にかけて、中華職業棒球大聯盟（新CPBL）で、またまた野球賭博が発覚し、リーグは一九九〇年代半ばに起きた大混乱の再来を思わせるような騒ぎになった。選手と監督・コーチ二十四人が、「雨刷《ユーシュア》（車のワイパー）」と称する台北の暴力団から、多額の現金や高級車を報酬として受け取っていた疑いで、検察当局に起訴された。一連の事件で衝撃的だったのは、兄弟エレファンツの日本人監督・中込伸が賭博に加わっていたとされたことであり、台日間の野球を通した周知のつながりにも衝撃が及んだ。

中込は、高校時代に甲子園で活躍し［エースとして準々決勝に進出］、阪神タイガースに入団してから十年間、主力級のピッチャーだった。その後エレファンツで投げた［四年間に四十五勝］後、コーチ、監督になったが、「黒象事件」と呼ばれたこの球団の野球賭博では、八百長に加わった容疑で起訴された台湾で初めての監督として、非難の標的になった。最終的に中込は容疑を認め、二〇一〇年二月、執行猶予付き懲役一年八か月、罰金百八十万台湾元の判決を受けている。[1]〔帰国後は無実を主張している。罰金は現行レートで約六百三十万円〕

二〇一四年には、今世紀に入って最重要とさえ言えるような台湾文化作品が現れ、賭博事件とは対照的に、野球を通じた台日関係のロマンチックな面が、あらためて注目を集めた。魏徳聖《ウェイドゥーション》のプロデュース、ウミン・ボヤ（馬志翔）監督の映画『ＫＡＮＯ』〔日本公開タイトル『ＫＡＮＯ　一九三一海の向こうの甲子園』〕がその作品で、南部台湾にあった台南州立嘉義農林學校〔通称「嘉農」。現在の國立嘉義大學〕野球チームの一九二九〜三一年当時の活躍物語である。いわゆる魏徳聖三部作では、『海《ハイ》角《ジャオ》七号《チーハオ》』〔同『海角七号　君思う、国境の南』〕、『セデック・バレ（賽徳克・巴萊）』〔同『セデック・バレ　太陽旗』『セデック・バレ　虹の橋』（二部構成）〕に次ぐ最終作であり、三作とも日台の歴史的関係が現代の社会、文化、政治に何を暗示しているかをテーマにしている。

『海角七号』は大変な人気作だったが、当時台湾で正統派の二大新聞とされていた聯合報、中國時報は、典型的な「媚日」文化だとか、台湾人民衆の間にある「植民地的でありたい」願望が表れた文化の例だとかの否定的な評価しか与えなかった。[2]映画・テレビ論の専門家クリス・ベリーは最近の評論で、『海角』にはそもそも大陸中国の影響や文化を表現する意図がどこにもなく、魏徳聖ファンに「チャイナ抜きの状態をイメージさせようとしている」ようにさえ見え、その意味で「構造的欠落」を軸にした映画だ、と書いている。[3]

『ＫＡＮＯ』については、筆者が最近の論考で記したように、[4]かつて植民地と宗主国との間にあった歴史的つながりを、両者とも同じように感傷のレベルでとらえていると考えられ、制作の動機もそこにあったのではないか。台湾野球の核心に日本との結びつきがあることには疑問の余地はない。ネルソン・チュンは、現代の台湾野球に見られる個人対個人の関係について、先輩と後輩とに截然と分ける日本的語法に注目していたほどだ。[5] しかし『ＫＡＮＯ』は、その種の日本的精神構造を提示しただけの映画ではない。

魏とウミンは、個性の異なる三人の日本人男性を主役として組み合わせ、それぞれの人格的存在感、道徳性、身の処し方を撚り合わせて、三時間を超える映画に仕上げている。嘉農野球チーム監督の近藤兵太郎《ひょうたろう》、灌漑施設建設技術者の八田與一《はったよいち》、一九三一年当時の札幌商業學校のエースで、四四年には帝国軍隊の兵士になっていた錠者《じょうしゃ》博美がその主役トリオだ。三人の男の高度な技能、野心、人生観、それに徹底した「大和魂」で映画の全編が満たされ、制作者二人の狙い通りに物語を完成させている。日本でこの映画が圧倒的な人気を取った事実にも注意しておきたい。台湾と日本の両方でメディアが映画の大成功を大々的に報道したのがきっかけで、近藤の出身地・松山に顕彰碑が建ち、植民地時代に台湾で教えていた（超）高齢の元教師と、日本的野球をともに愛する年配の台湾人元生徒とが、何十年かぶりで再会できたともいう。[6]

映画研究者の見方はどうか。シーチェ・タン、ミツヒロ・フジマキの二〇一八年の共同論文は、この映画では「植民地下の近代化をバラ色に描く」ことが意図されており、「植民地台湾の進歩と文明化のイメージ」を骨格にし、野球という日本文化がここでは嘉農チームの台湾人（漢族、先住民族）選手にとって「植民地台湾に強要された人種的・文化的ヒエラルキー」を突破する手立てだったかのように描かれている、としている。一種のアイロニーだ、ということであろう。[7] この映画は植民地台湾を舞台にした汎地域的、汎文化的な物語と見る廖炳恵《リャオピンフィ》の論考は、なかなか巧みな筆致で書かれている。近藤や八田のような男たちは、植民地ヒエラルキーの内部者として働きながら、自らが成し遂げたことを台湾という土地と若い台湾人男性の身体に移植し、それによって勝利を手にした、というのである。(8)

ストーリーのかなりの部分が、中等学校野球の聖地・甲子園で開かれた一九三一年の全国大会（第二章前半を参照）に嘉農が出場するに至るまでの過程に割かれている。観る者が最初に出会う近藤兵太郎は、嘉農からほど近い嘉義商業専修學校で簿記を教えている。彼が甲子園に行く二年前だ。自身にも中等学校野球で選手として活躍した経験があった。やがてたまたまの縁で嘉農の監督に招かれ、理論も何もなく平凡な練習に慣れきったみすぼらしいチームを指揮することになる。この権威を重んじる日本人の男が、信念と「大和魂」で選手たちに規律をたたき込み、練習させ、しごく場面が続く。日本植民地主義のロジックとその効果のほどを、この映画でもまた思い起こさせる。

日本的権威主義の典型を演じる二人目の主役は八田與一だ。彼は植民地インフラの整備に尽くした人物で、ことに南部平原の農業に革命的変化をもたらした嘉南大圳《ジアナンターチェン》の建設を指揮したことで知られる。映画の中の八田は、ある種の慈悲の権化のように描かれており、かつて台湾を逃れた作家・邱永漢が、一九五九年当時「台湾の恩人」と呼んだ人物だ。(9)

『KANO』という映画は、フラッシュバックを多用して現実を突き抜けた趣のある作品で、そうした構成をおそらく実質的に決定づけているという意味で興味深いのは、第三の主役に錠者博美を選んでいることだ。彼はすでに日本軍の兵士になっており、戦争末期の一九四四年南洋の戦場に赴くため、台湾を南下する列車の中にいる。嘉農がその十三年前の甲子園で優勝に向かって驀進していた時、彼は［準々決勝の］対戦相手の札幌商業のエースだった。一九三一年当時の試合のさまざまな情景が、車中で目を閉じた錠者の脳裏に、フラッシュバックで再現されてゆく。植民地化された側があげた勝利の劇的物語は、その重要な部分がこの日本人青年の脳裏で展開されており、演じ甲斐のある役回りである。

錠者はかつて地味な選手だったが、歴史を体現する人物なのである。一九三〇年代初めには実力のある投手として投げ、時にはライトも守ったが、戦争が終わっても戦地から戻ることはなかった。現実には、彼はシベリアの抑留地で死んだ。二〇一四年大阪の映画祭のオープニングで『ＫＡＮＯ』が上映され、出席したプロデューサーの魏徳聖が、訪ねてきた錠者のいとこの孫娘から、それを告げられたという⁽¹⁰⁾［錠者が実際に送られた戦地は南洋ではなく中国大陸であり、前線に行く途中台湾に立ち寄った可能性は低い］。映画の中の錠者には、嘉農というチームとその価値の確かさを納得させる重要な役割が振られている。嘉義の少年たちの願望、ガッツ、勇気がどれほどのものかを測る鍵は、一人の若き日本人として輝きを放ち、やがて帝国の大義に殉じた錠者の手に握られているのである。

魏徳聖とウミン・ボヤが、『海角七号』を受けて『ＫＡＮＯ』の映画で提示しようとしたのは、聡明で気概に富んだ日本人の権威の下で、植民地時代の正統的論理が息を吹き返せばこのようになるという、仮構の台湾である。この映画が二〇一〇年代の台湾文化に残した最大の貢献は、日本を導き手とするエスニシティ間の理想の「融和的」協力やチームワークなるものを過剰なまでに描いて見せることで、台湾民衆が植民地的「共栄圏」に加担することの空しさを映し出した点にある。

台湾野球がユニークなのは、文化的・政治的観念を表現する場として機能している点にある。新型コロナ・パンデミックが発生した時、新CPBLの反応が素早かったため、プロ・リーグの試合を再開したのも、球場にファンを入れたのも、どの国のプロ球界よりも早く、公衆衛生の模範として国際的評価を得た。ウイルス発生源の中国との間にはわずか九十マイルの海峡しかなく、人口の八〜九％がビジネスで中国との間を常時行き来している状態であるのに、感染率を世界で最も低いレベルに抑え込むことに成功している。

政府の中央感染症指揮センターの許可の下で、新CPBLがリーグ戦を再開したのは二〇二〇年四月十二日であり、当初の予定から三週間遅れただけだった。五月八日には千人に限定して観客を球場に入れ、マスクをつけたファンが必要な距離を置いて指定された席で試合を見た。ネット裏の電子掲示板には「世界のみなさん、こんにちは」の文字が映し出された。記念すべきこのライオンズ対ガーディアンズ戦の映像は世界各国に配信されている。よそでは想像さえ不可能だったことを、台湾は可能にしたのである。[11]六月末には入場制限が解かれ、十一月初めまでにフル・シーズンを終えた。台中で開かれた台湾シリーズ最終戦で統一セブンイレブン・ライオンズが優勝した試合は、一万六千人の観衆で球場が埋め尽くされた。

台湾野球への国際的認知度が高まる中で、関心ある人たちの批判の目は「中華民国」という長年の慣習的呼称に向けられ始めている。「台湾の中華航空と中華職業棒球大聯盟は名称を再考すべきだ」とした論評はその一例だ。この論評では、「台湾の国際的な顔である中華航空が医薬救援物資を世界のあちこちに届ける」ということになれば……

……中国の航空会社がどうして台湾の救援物資を配って回っているのだろう、と不思議がられるだろう。四月に台湾で始まったCPBLの試合にしても、テレビで見ていた何人かの外国の一般人やジャーナリストが、これは中国の野球試合なのだと勘違いしていた。（台湾で）名のある企業・団体が「中華」を称するのは、現代の台湾を過去に縛り付けるようなものだ[12]。

最近の台湾野球のイベントに関する別の論評も、「中華タイペイ」という不自然な呼称は台湾の国内スポーツ団体を束縛していると批判的だった。その筆者は、日本や韓国の公共・民間メディアが台湾のナショナル・チームを「中華タイペイ」ではなく「台湾」と呼んでいる実例を挙げ、「外国向け情報発信をなぜ自己検閲するのか。台湾人の多くが不可解に感じている」と結んでいる。

この論評は、台湾野球とも台湾民衆の尊厳とも密接に関連するもう一つの名称問題に説き及んでいる。それによれば、全島人口の二％でしかない先住民族が現在の新CPBL選手のほぼ四六％までを占めているのに、彼らが政府公認の中国語名でなく自民族名を名乗ることを認められ、奨励されるようになったのは、ごく最近のことだと指摘している[13]。

このところことに目立つのは、二〇二〇年中華民国副総統に当選した頼清徳が、就任早々からこの問題に積極的なことだ。この年八月プロ野球放送の直前に総統府で開かれた「国際先住民族人民の日」の催しに主催者として出席し、その模様がその日のテレビの野球放送番組で流れた。先住民族の有名野球選手と球団幹部四人が現れ、自分の民族語名を書いたボードをカメラに向かって掲げて見せ、各自の民族の由来とその名称の意味を解説し、さらにこれまで長く使われてきた中国語名ではなく、これからは本当の名前で呼んでくれと、語調を強めてファンに呼びかけた[14]。頼の場合、台湾の野球文化を先住民族民衆の議会・国家への関与と結びつけようという意思が、ほかの言動にも見られる。この年の十一月、先住民族少年野球チームが参加して台東で開かれた第二十七回「關懐《グアンファイ》カップ」［關懐は「思いやり」の意味］にも特別に出席している。[15] この問題は近現代台湾の文化の核心にかかわることである。十分な政治参加が保証されなかった民族集団の処遇とエスニックな多様性を認識し、重視し、中心課題とすることは、与党の民主進歩党がうたう社会政策でもあり、頼が積極的なのはその政策を補強する意図からでもあろう。

先住民族の少年野球チームが、台湾のはるか東の果てから台北にやって来て、植民地の本国にまで足を伸ばしたのは、今から数えれば八十年前、いや九十年、百年近くも前のことである。少年たちに期待されたのは、当時「蕃人」と呼ばれた民衆の間に植民地主義の勝利を誇示することだった。いまから三十年、四十年、五十年前には、中国人の政府がやはり台湾東部の先住民族の少年チームを呼び寄せ、中華民国の代表として外国に送り込んで、孫文の三民主義の恩恵を宣伝し、反共のメッセンジャーに使った。

ところがいまや、中華民国の副総統が台東まで足を運んで「關懐」を口にし、先住民族の選挙民に訴えかけ、まるまる百年の足跡を残してきた先住民族の野球を、驚嘆に値する文化として認知しようとしている。リベラル、民主、多元的共存を誇らかに掲げる台湾は、穏和でも民主的でもないであろう二十一世紀の世界の潮流と立ち向かわなければならないが、この「原野の球技」が頼もしい力になることに変わりはない。

アンドルー・D・モリス

二〇二一年一月

訳者あとがき

本書は、アメリカ人歴史学者による以下の著作の全訳である。

Andrew D. Morris. *Colonial Project, National Game: A History of Baseball in Taiwan.* Berkeley and Los Angeles: University of California Press, 2011.

訳書のメーン・タイトルは、原著タイトル（『植民地スポーツから「国技」まで——台湾野球史』）をそのまま採用はせず、『台湾野球の文化史——日米中のはざまで』とした。本書が野球というスポーツの編年史的な競技史ではなく、台湾の文化、社会、政治、経済をも広くカバーした歴史書であることを考慮した。訳者が提案し、著者の全面的な賛同を得た。

「全訳」ではあるが、訳出にあたり日本の読者の便宜と関心に配慮して、以下の二個所で原著の一部を補充しており、実質的には「増補版」の全訳であることをお断りしておきたい。

第一に、日本プロ野球で突出した記録を残した中華民国籍の名選手・王貞治の民族的、文化的アイデンティティーの問題を扱った原著の第三章第四節に代えて、二〇一五年にロンドンとニューヨークで刊行された原著者の別の書物に執筆したほぼ同論旨の拡充版論考の全訳を、第四章とした。この別途論考の題名、出版社名などは、目次の末尾に記した。

第二に、原著が刊行された二〇一一年の後二〇二一年初めまでの要点を、著者にとくにお願いして

「日本語版へのあとがき」で補充していただいた。このようにしたために、通常の「あとがき」のスタイルを少々はみ出し、「著者追記」のような形になった。日本でも話題になった映画『KANO』に関する短いが興味深いコメントが含まれており、読者の関心にある程度まで応えたかと思う。本書版元と訳者から「最小限の追加」をお願いした関係で、著者には十分に論じることができない不自由を強いる形になった。

原著者のAndrew D. Morrisは、米カリフォルニア州立大学群に数えられるCalifornia Polytechnic State University, San Luis Obispo（通称Cal Poly。通常はカリフォルニア理工州立大学と邦訳される）の歴史学科教授で、同大学大学院歴史学研究科長相当職を兼務する歴史学者である。

研究分野は中国・台湾近現代史、東アジアのスポーツ・ポップカルチャー史、植民地史などであり、研究者としての間口はかなり広い。中国・台湾スポーツ史に関する研究論文を中心に意欲的に執筆しており、上梓された二冊の単行本には、本書の原著のほかに『民族の精髄——中華民国のスポーツ・体育文化の歴史』（*Marrow of the Nation: A History of Sport and Physical Culture in Republican China.* Berkeley: University of California Press, 2004）がある。ネット上にアップされたビデオ講座を拝見した限りでは、立派な体格と優しい語り口が印象的だった。中国語、日本語の文献を読むには、全く不自由はないようである。

本書を手順通り「はじめに」から読み始めた読者は、WBCアジア・ラウンドで台湾代表が中国代表に完敗したというエピソードから書き出していることに、多少とも意表をつかれたのではあるまいか。大陸中国の野球が台湾に比べれば競技人口も人気もはるかに劣ることはわかりきったことであるし、台湾の代表チームが一、二回くらいならフロックで負けることもありそうだから。それに、台湾野球史の書物なのに輝かしい戦績をまず強調したりせず、惨めな敗北から書き起こすのは、一体どういうことなのだろう、と。

もっとも、ページを数回繰れば、そうした違和感は氷解するはずである。本書の中で著者が繰り返し強調しているのは、台湾の野球は日本、アメリカ、それに中国との多面的な相互作用の中で形成されてきたユニークな文化だ、ということである。このスポーツを百二十年ほど前の植民地・台湾に持ち込んだ日本、この競技の「本家本元」であり、戦後初期の冷戦期には野球文化の育成をもくろんだアメリカと並んで、中国は全く別の意味で決定的な役割を果たしてきたと見るのである。

こうした観点は、勃興著しい中国の指導者がごく最近、「台湾問題を解決し、祖国の完全統一を実現することは中国共産党の歴史的任務である」（二〇二一年七月一日の中国共産党創立百周年記念式典での習近平総書記演説。傍点は訳者）と断定調で公言したことと照らし合わせれば、生々しい現実感を帯びてくる。

「はじめに」の三ページ目で、著者はこう書いている。

「台湾のポピュリスト政治家（二〇〇〇年当時の陳水扁総統を指す）にしてみれば……わずか九十マイルほどの海峡を隔てて、中国がさかんに仕掛けてくるナショナリズム攻勢に効果的に対抗するためには、やはり『国技』としての野球というイデオロギーを振りかざす必要があった。」

また、しめくくりの「二十一世紀の台湾野球」ではこうもある。

「二千三百万の台湾人が対岸の福建省、浙江省にずらりと配備された一千基もの弾道ミサイルの射程内に密集して住む状況では、台湾文化に『集団死を暗示するもの』を見出す者がいても不思議では

ない。」（この章が書かれたのは、習近平が党総書記になるたぶん二年ほど前である）

台湾が置かれた険しい地政学的状況を思えば、この先その野球文化だけが国際政治の埒外で命脈を保ってゆけるとは思えない。この際観点をむしろ逆にし、いまからちょうど半世紀前の「ピンポン外交」の例を想起してみれば、なにがしかのヒントになるかもしれない。あの時名古屋の世界卓球選手権大会にやってきた中国の強力チームは、力の劣るアメリカ・チームを北京に招待し、それが歴史的な米中接近の契機になった。いわゆる「ソフト・パワー」に価値を認めるような柔軟性を習近平政権に期待できるかどうかは、また別の問題ではあるのだが。

本書はいわゆる学術書としての意図をもって書かれている関係で、ことに「はじめに」の後二章分ほどは歴史学、社会学、人類学、ポストコロニアル研究、カルチュラル・スタディーズなど広い分野の文献を頻繁に援用しており、通俗史を読むように読み進めるわけにはいかないかもしれない。訳者にとって専門外の文献類も多数引用されており、正直のところ訳者の理解力を超えそうなところもあった。しかし、稿が進むほどにインタビュー、映画、文芸作品、新聞・雑誌、オンライン資料などが多用され、それなりに読みやすくなる。場合によっては、歯ごたえのある部分はどんどん飛ばし、エピソード類を拾い読みするような読み方もあるだろう。

本書の「参考書目・参考資料」で見る通り、日本殖民地時代から現在までをカバーした台湾野球の通史は、台湾ではいくつか刊行されている。しかし日本では、植民地時代の野球を概観した古い文献はたしかにあるが、約百二十年の全期間をカバーした通史と呼べるような書物は見当たらない。われわれ日本人が台湾野球に対して感じている親近感からすれば、そうした通史がないばかりでなく、台湾野球だけを扱った書物そのものが豊富とは言えない状態は、いささか残念である。

戦前の「人間機関車」こと呉昌征、リトルリーグ全盛期世代を経験し日本プロ野球の名投手でもあった「二人の郭」、現役の王柏融や陽岱鋼ら台湾人選手は有名だが、彼らがどのような複雑な環境の中で名声にたどり着けたかとなると、野球ファンにさえ周知のこととは言えない。台湾プロ・リーグのエレファンツで監督として三連覇した山根俊英（本書終章の原注65を参照）や、日本でのキャリアを終えた後台湾プロ球団のエースとして復活し、さらに西武ライオンズを率いて日本シリーズを制した渡辺久信のような痛快な例は、日台間の交流が部分的には双方向にもなりうる可能性を示している。

現在の台湾プロ・リーグでは、先住民族選手が全体の半数近くを占めるようになった。本書著者が彼らに特別な関心を払っているのはごく自然なことである。先住民族や少数民族への理解が進みにくく、戦前に使われた「高砂族」以外には適当な呼称さえなかなか思い浮かばないわれわれにとっては、本書はその方面のわかりやすい「教材」にもなりうるだろう。日台間の野球交流が「向こうからこちらへ」の一方通行でしかない状態は、野球ビジネスの当事者にとっては望ましくとも、健全な姿とは言い難い。著者が終章の最後でふれている通り、スポーツの人的資源を隣国であさり続けるだけでは足りず、才能ある十代の少年を日本の高校に呼び寄せ、いずれ日本のプロ・チームに送り込むようなやり方は、「略奪行為」としていずれ批判されるにちがいない。二〇二一年の米メジャー・リーグでホームランを量産し、日米双方にセンセーションを起こした大谷翔平のようなケースとは、事情は全くちがうのである。

本書の刊行にあたっては、台湾、日本の大勢の方々から協力を得た。原書を読めと奨めてくれた台湾・中央研究院民族学研究所の黃智慧さん、書物として刊行する知恵を拝借した國立臺北教育大學の何義麟教授には、心から感謝したい。出版編集に関するノウハウを提供していただいたエスエフ・プレスの赤羽高樹さん、何よりも編集者として精力的に処理していただいた論創社の森下雄二郎さんには、最大限の感謝を申し上げる。原著者のアンドルー・モリス教授には、細々した質問に逐一回答いただいた上に、本書第四章の転載問題などで、事務的なお願いまですることになってしまった。どうかお許しいただきたい。

二〇二二年七月

丸山　勝

原　注

新聞記事の執筆者名と見出しは、著者の同意を得て、原則として省略した。（英語、中国語、台湾語見出しが多数含まれ、読者には煩雑なため）

電子版新聞・雑誌、オンライン資料のＵＲＬとアクセス日は、原則として省略した。

はじめに

（1）台湾英字紙 *The China Post*（電子版）、9 March 2009：テレビ局のウェブ・ニュース台視新聞、7 March 2009; 台湾英字紙 *Taipei Times*（電子版）、9 March 2009：中國時報（電子版）、7 March 2009：ウェブ・ニュース *NOWNews.com*, 10 March 2009：*Financial Times*（電子版）、20 March 2009.

（2）*Taipei Times*（電子版）、26 March 2000：「台灣大聯盟開幕戰，阿扁總統的第一次給了職棒」ウェブ・ニュース華訊新聞網、26 March 2000［総統就任以前の記事］.

（3）Jerry W. Leach, dir., *Trobriand Cricket: An Ingenious Response to Colonialism* (Office of Information, Government of Papua New Guinea), 1975.（映画）

（4）普遍性の追求に関する数少ない例外例に、近代スポーツあるいは近代資本主義社会そのものに対するイデオロギー的非難がある。ソ連の雑誌『スメナ』は、１９５２年当時掲載した一文の中でアメリカのベースボールをやり玉にあげ、「怪我も殺人も厭わぬ下品で血みどろのやり合い」だとこき下ろし、「選手の健康を損ない、しばしば障碍者にし……失業者の大群を膨らませる」だけの過酷な資本主義的冒険だと書いた。また『スメナ』によれば、この「ベイズボル」はロシアの伝統球技ラプターをアメリカ流にむごたらしく変形させたものにすぎず、「ラプターはアメリカが地図上にまだ影さえなかった昔からロシアの村々で行われていた」とする。*New York Times*, 16 September 1952; 17 September 1952.

（5）Bernard S. Cohn, *Colonialism and Its Forms of Knowledge: The British in India* (Princeton, NJ: Princeton

University Press, 1996), 5.

(6) Leo T. S. Ching, "*Becoming Japanese*": *Colonial Taiwan and the Politics of Identity Formation* (Berkeley: University of California Press, 2001), 103.

(7) Homi K. Bhabha, *The Location of Culture* (New York: Routledge, 1994), 86.

(8) C. L. R. James, *Cricket*, ed. Anna Grimshaw (New York: Allison and Busby, 1986), 118-124.

(9) Patrick F. McDevitt, "*May the Best Man Win*": *Sport, Masculinity, and Nationalism in Great Britain and the Empire, 1880-1935* (New York: Palgrave Macmillan, 2004).

(10) Hans Ulrich Gumbrecht, *In 1926: Living At the Edge of Time* (Cambridge, MA: Harvard University Press, 1997), 121-122.

(11) Steven E. Phillips, *Between Assimilation and Independence: The Taiwanese Encounter Nationalist China, 1945-1950* (Stanford, CA: Stanford University Press, 2003).

(12) Junwei Yu, *Playing in Isolation: A History of Baseball in Taiwan* (Lincoln: University of Nebraska Press, 2007). この筆者には以下に数篇の共同論文がある。*Identities, NINE: A Journal of Baseball History and Culture*, および *International Journal of the History of Sport*.

(13) Ronald Robertson, "Comments on the 'Global Triad' and 'Glocalization,'" in *Globalization and Indigenous Culture*, ed. Inoue Nobutaka (Tokyo: Institute for Japanese Culture and Classics, Kokugakuin University, 1996), 221.

(14) Brian Moeran, "Commodities, Culture and Japan's Corollanization of Asia," in *Japanese Influences and Presences in Asia*, ed. Marie Söderberg and Ian Reader (Richmond, UK: Curzon, 2000), 28.

第1章

題辞：Inazo Nitobé, *The Japanese Nation; Its Land, Its People, and Its Life, with Special Consideration to Its*

Relations with the United States (New York: G. P. Putnam's Sons, 1912), 232; 竹村豊俊編『台灣體育史』台北・台灣體育協會、1933、前置き部分。

（1）かつての嘉義農林學校、現在の國立嘉義大學。記事は台湾スポーツ紙・民生報、7 January 1999, 7.

（2）一例として、司馬遼太郎『台湾紀行　街道を行く40』東京・朝日新聞社、1994のうち、嘉農チームのプユマ族遊撃手だった上松耕一（後の中国語名・陳耕元）に関するストーリーを参照。

（3）こうした接触をMichael Taussigは、「未知のものを発見し同種のものを確認する…異文化間結合」と表現している。*Mimesis and Alterity: A Particular History of the Senses* (New York: Routledge, 1993), 195.

（4）野球という語には、ベースボールと同じような人気競技だが競技空間が狭いテニスとの違いを際立たせる意図が多少ともあったと思われる。謝仕淵・謝佳芬『台灣棒球一百年』台北・果實出版社、2003、17：有山輝男『甲子園野球と日本人——メディアのつくったイベント』東京・吉川弘文館、1997、16—17.

（5）Robert Whiting, *You Gotta Have Wa* (New York: Vintage Books 1989), 32-33; Donald Roden, "Baseball and the Quest for National Dignity in Meiji Japan," *American Historical Review* 85, no. 3 (June 1980), 519-528.

（6）John Noyes, *Colonial Spaces: Spatiality in the Discourse of German South West Africa, 1884-1915* (Philadelphia: Harwood Academic Publishers, 1992), 6.

（7）Robert Whitingの以下の一般書を参照。*You Gotta Have Wa* および *The Chrysanthemum and the Bat: Baseball Samurai Style* (New York: Dodd, Mead, 1977).

（8）Thomas Nolden, "On the Colonial Spaces and Bodies: Hans Grimm's *Geschichten aus Südwestafrika*," in *The Imperialist Imagination: German Colonialism and Its Legacy*, ed. Sara Friedrichsmeyer, Sara Lennox, and Susanne Zantop (Ann Arbor: University of Michigan Press), 129.

（9）勅令第百六十七号「標準時ニ関スル件」：27 December 1895. 国立公文書館所蔵 No. A03020211600.（オンライン資料）

（10）Nitobé, *The Japanese Nation*, 254; "Japan as a Colonizing Power," *Spectator* (23 March 1907, 448). 紀行

作家Philip Terryに、１９１４年当時「首狩り族」相手に植民地当局が「日本人特有の迫力で断行した殲滅作戦」を称賛した以下の文章がある。T. Philip Terry, *Terry's Japanese Empire: Including Korea and Formosa, with Chapters on Manchuria, the Trans-Siberian Railway, and the Chief Ocean Routes to Japan: A Guidebook for Travelers* (Boston: Houghton Mifflin, 1914), 769.

（11）Nitobé, *The Japanese Nation,* 257.

（12）Andrew Morris, *Marrow of the Nation: A History of Sport and Physical Culture in Republican China* (Berkeley: University of California Press, 2004).

（13）游鑑明「日治時期臺灣學校女子體育的發展」『中央研究院近代史研究所集刊』33（June 2000）、6.

（14）謝仕淵「日治初期（1895-1916）臺灣公學校的女子體育與放足運動」『臺灣文獻』55、no.2（June 2004）, 207.

（15）蔡宗信「日據時代台灣棒球運動發展過程之研究——以１８９５（明治28）年至１９２６（大正15）年為中心」國立臺灣師範大學體育研究所、１９９２、15.（修士論文）

（16）竹村編『台灣體育史』、5.

（17）J. Jonathan Gabay, "Let's integrate baby," www.gabaynet.com, 6 February 2004.（オンライン資料）

（18）"Glocalization," www.wordspy.com. 27 May, 2003.（オンライン資料）

（19）Aviad E. Raz, *Riding the Black Ship: Japan and Tokyo Disneyland* (Cambridge, MA: Harvard University Asia Center, 1999), 6, 14-15.

（20）蔡「日據時代台灣棒球」、15. 清朝時代の台湾ではベースボールは一度もプレーされていない。ただし、アメリカで中国人留学生らが１８７３年にプレーしたことがある。

（21）Eika Tai, "Kokugo and Colonial Education in Taiwan," *positions* 7, no.2 (Fall 1999), 504.

（22）Cheng-Siang Chen, *The Sugar Industry of Taiwan* (Taipei: Fu-Min Institute of Agricultural Geography, 1955), 4-5.

（23）「漢族」の語は、台湾のいくつかの中国系エスニック・グループの間にあるサブエスニシティーの差異を明らかにできず、その点問題のある語である。本書で「漢族」の語を用いるのは、台湾の中国系住民とオーストロネシア語族系先住民とに大別する場合に限定する。

（24）謝仕淵「地域棒球風——後山傳奇，南國榮光」『大地地理雜誌』197 (August 2004), 29－31.

（25）湯川充雄『臺灣野球史』台北・臺灣日日新報社、１９３２、１、12－13、巻末の年表１－２.

（26）『臺灣寫眞帖　第壹集』臺灣寫眞會、１９１５.（ページ表示なし）

（27）蔡「日據時代台灣棒球」、80－84.

（28）竹村編『台灣體育史』，166.

（29）湯川『臺灣野球史』、１、巻末の年表１－２；蔡「日據時代台灣棒球」、79－84.

（30）William W. Kelly, “The Spirit and Spectacle of School Baseball: Mass Media, State-making, and ‘Edu-tainment’ in Japan, 1905-1935,” in *Japanese Civilization in the Modern World XIV: Information and Communication*, ed. Umesao Tadao, William W. Kelly, and Kubo Masatoshi (Osaka: National Museum of Ethnology, 2000), 107-110.

（31）Alexis Dudden, *Japan's Colonization of Korea: Discourse and Power* (Honolulu: University of Hawai'i Press, 2005), 138-139.

（32）Brian Stoddart, “West Indies,” in *The Imperial Game: Cricket, culture and society*, ed. Brian Stoddart and Keith A. P. Sandiford (New York: Manchester University Press, 1998), 80; Richard Cashman, “The Subcontinent,” in *The Imperial Game*, 118.

（33）Ashis Nandy, *The Tao of Cricket: On Games of Destiny and Destiny of Games* (New Delhi: Oxford University Press, 2000), viii.

（34）山口信雄『野球年鑑』朝日新聞社、１９１８、120、178－184.

（35）台湾誌『運動と趣味』３、no.1（January 1918）.

（36）竹村編『台灣體育史』、179.

(37) 臺灣日日新報、9 January 1921, 7.
(38) 同前紙、13 October 1921, 7; 竹村編『台灣體育史』、179；湯川『臺灣野球史』、556－559。
(39) 蔡「日據時代台灣棒球」、49に転載。
(40)『運動と趣味』3、no. 8 (October 1918), 蔡「日據時代台灣棒球」、94に引用。
(41) 湯川『臺灣野球史』、巻末の年表2；曾文誠『台灣棒球史（三）』、11 August 2003.（オンライン資料）
(42) 高正源『東昇的旭日――中華棒球發展史』台北・民生報社、1994、41.
(43) Kelly Olds, "The Biological Standard of Living in Taiwan under Japanese Occupation," *Economics and Human Biology* 1 (2003), 187, 193.
(44) Ming-cheng M. Lo, *Doctors within Borders: Profession, Ethnicity, and Modernity in Colonial Taiwan* (Berkeley: University of California Press, 2002), 43, 96.
(45)『台灣運動界』1、no.2 (November 1915)、14；林丁國「日治時期台灣中等學校棒球運動的發展――以『嘉義農林』為中心的探討（1928-1942）」、8 September 2004, 南京大学での第5回両岸歴史学会議に提出されたペーパー、3.
(46) Wu Zhuoliu, *Orphan of Asia*, trans. Ioannis Mentzas. (Columbia Universirty Press, 2006), 23-24.
(47) George Orwell, "Shooting an Elephant" (1936)（オンライン資料）.［邦訳書『オーウェル評論集』小野寺健訳、岩波文庫、1982所収］
(48) 曾文誠「從1931年嘉農棒球隊看日據時代台灣棒球發展（三）」、21 May 2003.（オンライン資料）
(49)「台灣體育界の概況」『運動と趣味』1、no.1 (1916)、蔡「日據時代台灣棒球」、16に引用.
(50) 不老生「台北野球戰史（一）」『運動と趣味』1、no.1 (November 1916), 2. この野球隆盛期に関するくだりは湯川『臺灣野球史』、8に注記なく再掲されている。
(51) 竹村編『台灣體育史』、5.
(52) 参照例に Arthur Braddan Coole, *A Troubleshooter for God in China* (Mission, KS: Inter-Collegiate Press),

1976, 28-29; Koen De Ceuster, "Wholesome education and sound leisure: The YMCA sports programme in colonial Korea," *European Journal of East Asian Studies* 2, no. 1 (2003), 60.

(53) Roden, "Baseball and the Quest for National Dignity," 523-524.

(54) Ramachandra Guha, "Cricket and Politics in Colonial India," *Past and Present* 161（November 1998）, 159.

(55) Julean H. Arnold, *Education in Formosa* (Washington, DC: Government Printing Office, 1908), 40, 43.

(56) 曾文誠・盂峻瑋『台灣棒球王』台北・我識出版社、２００４、112－113.

(57) 高『東昇的旭日』、140.

(58) E. Patricia Tsurumi, "Mental Captivity and Resistance Lessons from Taiwanese Anti-Colonialism," *Bulletin of Concerned Asian Scholars* 12, no. 2 (April-June 1980), 2.

節の題辞：Baron Shimpei Gotō, "The Administration of Formosa (Taiwan)," in *Fifty Years of New Japan*（『開國五十年史』）、vol. 2, 2nd ed. comp. Shigenobu Okuma, ed. Marcus B. Huish (London: Smith, Elder, 1910), 551; Jackie Chen, "How We Feel About the Japanese—An Aborigine Speaks," trans. David Mayer, 台湾誌『光華雜誌』（*Sinorama*）24, no. 3 (March 1999), 91.

(59) Frederick. R. Dickinson, *War and National Reinvention: Japan in the Great War, 1914-1919* (Cambridge, MA: Harvard University Asia Center and Harvard University Press, 1999), 35.

(60) 台湾人が構想した「自決」は独立ではなく、彼ら帝国臣民の代表を選挙で日本の国会に送り込む権利の獲得、台湾における差別を法制化した悪名高い「法律第63号」〔総督が台湾で法律の効力を持つ命令を出すことを認めた日本国内法。１８９６年３月制定、通称「六三法」〕の廃棄だった。George H. Kerr, *Formosa: Licensed Revolution and the Home Rule Movement, 1895-1945* (Honolulu: University of Hawai'i Press, 1974), 119-125.

(61) 後者の一例に１９２８年結成の台湾共産党がある。日本帝国主義の打倒と独立国家・台湾共和国の樹立を主張した。Hsiau A-chin, *Contemporary Taiwanese Cultural Nationalism* (New York: Routledge, 2000), 30-34; Frank S. T. Hsiau and Laurence R. Sullivan, "A Political History of the Taiwanese Communist Party, 1928-

1931," *Journal of Asian Studies* 42, no. 2 (February 1983), 269-289. また改良主義組織が要求を提起した時期が、１９１９年に朝鮮で３・１運動［万歳事件］が起きた後１９２０年代初期に日本が朝鮮で採用したややや融和的な「文化政治」の始まりと、重なっていることにも留意しておきたい。Michael Edson Robinson, *Cultural Nationalism in Colonial Korea, 1920-1925* (Seattle: University of Washington Press, 1988), 44-77.

(62)「日據時期臺灣總督府推廣日語運動初探」『臺灣風物』37、no.1 (March 1987), 8：植民地初期20年間の教育状況を概観した文献としてはE. Patricia Tsurumi, *Japanese Colonial Education in Taiwan, 1895-1945* (Cambridge, MA: Harvard University Press, 1977), 13-78.

(63) Nitobé, *The Japanese Nation*, 255.

(64) 矢内原忠雄『帝國主義下の台湾』東京・岩波書店，１９２９．復刻版：南天書局、１９９７、199.

(65) Ching, *Becoming "Japanese,"* 103.

(66) Wu Zhuoliu, *The Fig Tree*（『無花果』）: *Memoirs of a Taiwanese Patriot, 1900-1947*, trans. Duncan B. Hunter (Bloomington, IN: 1stBooks, 2002), 57.

(67) 竹村編『台灣體育史』、8.

(68) 林「日治時期台灣」、5.

(69) De Ceuster, "Wholesome education and sound leisure," 61.

(70) Paul R. Katz, *When Valleys Turned Blood Red: The Ta-pa-ni Incident in Colonial Taiwan* (Honolulu: University of Hawai'i Press, 2005), 212.

(71) Komagome Takeshi and J. A. Mangan, "Japanese colonial education in Taiwan, 1895-1922: Precepts and practices of control," *History of Education* 26, no. 3 (1997), 319.

(72) 蔡禎雄『日據時代臺灣師範學校體育發展史』台北・師大書苑、１９９８、92.

(73)「運動競技を本島人に及ばせ」『運動と趣味』4、no. 8 (1919)、蔡「日據時代台灣棒球」、93に引用。

(74) C. L. R. James, *Beyond a Boundary* (Durham: Duke University Press, 1993), 68-81, 93-97.

(75) 高正源「原住民與台灣棒運（上）」『山海文化』9（March 1995）、33.

(76) 緋蒼生《あかたみ》「東臺灣へ、花蓮港廳下の部」『東臺灣研究叢書 第一編』台北・東臺灣研究會、１９２５. 復刻版：台北・成文出版社、１９８５、10－11.

(77) 矢内原『帝國主義下の台湾』、185.

(78) John Thomson, *Thomson's China: Travels and Adventures of a Nineteenth-century Photographer* (Hong Kong: Oxford University Press 1993), 94; Katz, *When Valleys Turned Blood Red*, 144.

(79) Cohn, *Colonialism and Its Forms of Knowledge*, 5.

(80) Paul D. Barclay, "'Gaining Confidence and Friendship' in Aborigine Country: Diplomacy, Drinking, and Debauchery on Japan's Southern Frontier," *Social Science Japan Journal* 6, no. 1 (2003), 79.

(81) Wu Mi-cha, "Inō Kanori, Japanese Ethnography and the Idea of the 'Tribe,'" in *In Search of the Hunters and Their Tribes: Studies in the History and Culture of the Taiwan Indigenous People*, ed. David Faure (Taipei: Shung Ye Museum of Formosan Aborigines Publishing, 2001), 41-47.

(82) 喜安幸夫『日本統治台灣秘史――霧社事件至抗日全貌』台北・武陵出版有限公司、１９９５、184－187；藤井志津枝『日據時期臺灣總督府的理蕃政策』台北・國立臺灣師範大學歷史研究所、１９８９、197.

(83) Leo Ching, "Savage Construction and Civility Making: The Musha Incident and Aboriginal Representations in Coloial Taiwan," *Positions* 8, no. 3 (Winter 2000): 795-796.

(84) Katz, *When Valleys Turned Blood Red*, 144.

(85) Kerr, *Formosa*, 98.

(86) Mark R. Peattie, "Japanese Attitude Toward Colonialism, 1895-1945," in *The Japanese Colonial Empire*, 1895-1945, ed. Ramon H. Myers and Mark R. Peattie, (Princeton, NJ: Princeton University Press, 1984), 88.

(87) Ronald G. Knapp and Laurence M. Hauptman, "'Civilization over Savagery' : The Japanese, the Formosan Frontier, and United States Indian Policy, 1895-1915," *Pacific Historical Review* 49, no. 4 (1980), 647-652.

（88）Terry, *Terry's Japanese Empire*, 791.

（89）Yabu Syat・許世楷・施正鋒『霧社事件――台灣人的集體記憶』台北・前衛、2001, 225; Chen Wei-chi, "From Raw to Cooked: The Identity of the Kavalan People in the Nineteenth Century," in *In Search of the Hunters*, 28-33.

（90）Jackie Chen, "Voices from a Buried History—The Takasago Volunteers," trans. Christopher MacDonald,『光華雜誌』(*Sinorama*) 24, no. 3 (March 1999), 79-81. 満洲における同様の状況についてPrasenjit Duaraは、日本の初期植民地主義下の社会科学者たちが、ツングース人と日本人との間に古くから人種的つながりがあったと喜ばし気に述べていた、としている。Prasenjit Duara, *Sovereignty and Authenticity: Manchukuo and the East Asian Modern* (Rowman and Littlefield, 2003), 183.
無意味な用語が使われた同様の例に、現代の中華人民共和国で台湾の先住民族を単一の「高山民族」としているケースがある。人民日報が掲載した「台湾省概況」は、「住民の98％が漢族からなり、高山民族は30万である」［台湾政府統計では２０１９年末の先住民族人口は約57万７０００］と粗雑な記述をしている。人民日報（英語電子版）、アクセス日26 September 2006.

（91）湯川『臺灣野球史』、1.

（92）謝「地域棒球風」、31.

（93）高『東昇的旭日』, 47, 49：簡永昌『中華棒球史記』台北・自費出版、１９９３、13.

（94）矢内原『帝國主義下の台湾』、179－180；Shi-yun Liu, "Building a Strong and Healthy Empire: The Critical Period of Building Colonial Medicine in Taiwan", *Japanese Studies* 23, no. 4 (December 2004), 309.

（95）Syat・許・施『霧社事件』、227.

（96）緋「東臺灣へ」、10.

（97）同前書。

（98）Thomas Babington Macauley, "Minute on Indian Education," in *Selected Writings*, ed. John Clive and

Thomas Pinney (Chicago: University of Chicago Press, 1972), 249.

(99) 緋「東臺灣へ」、11－13.

(100) やはり「依存」を意味する比喩表現を日本人が使用していた例について、Duaraが北満洲の「未開民族」オロチョン族に関する記述の中で検討を加えている（*Sovereignty and Authenticity*, 186）。スポーツ選手に共通する精悍さが身についたかどうかによって、台湾先住民族とその日本人教師の仕事ぶりを評価する手法は、スポーツマンシップと男らしさを強調する大英帝国のモデルに酷似している（Patrick F. McDevitt, "*May the Best Man Win*": *Sport, Masculinity, and Nationalism in Great Britain and the Empire, 1880-1935.* [New York: Palgrave Macmillan, 2004], 9）。

(101) Komagome and A. Mangan, "Japanese colonial education in Taiwan," 320.

(102) Ching, *Becoming "Japanese,"* 159-160.

(103) 湯川『臺灣野球史』、581.

(104) 同前書、251、254－262.

(105) 臺灣日日新報、22 September 1924, 3.

(106) 同前紙、24 September 1924, 3.

(107) 同前紙、28 September 1924, 5.

(108) 鈴木明『高砂族に捧げる』東京・中央公論社、1976、186；竹村編『台灣體育史』、178.

(109) 蔡「日據時代台灣棒球」、114－115.

(110) 臺灣日日新報、28 September 1924, 5.

(111) 同前紙、23 June 1925, 2.

(112) 同前紙、24 June 1925, 2.

(113) 同前紙、10 July 1925, 5.

(114) 同日同前紙の別の記事。

（115）Ching, "Savage Construction and Civility Making," 795-796.

（116）坂本茂・桂長平「能高野球團と蕃人學生の生活」『野球界』15, no. 12 (September 1925), 46.

（117）曾・孟『台灣棒球王』、38.

（118）臺灣日日新報、31 July 1925, 3.

（119）鈴木『高砂族に捧げる』、188. 公式記録では3勝4敗1引き分けとされ、第1戦は4回打ち切りだったため記録から除外された。

（120）Bert Scruggs, "Identity and Free Will in Colonial Taiwan Fiction: Wu Zhuoliu's 'The Doctor's Mother' and Wang Changxiong's 'Torrent,'" *Modern Chinese Literature and Culture* 16, no. 2 (2004), 168.

（121）Hans Ulrich Gumbrecht, *In 1926: Living At the Edge of Time* (Cambridge, MA: Harvard University Press 1997), 121-122.

（122）臺灣日日新報、14 July 1925, 5.

（123）「麗しい同情、蕃人否定論を戦はす」同前紙、17 July 1925, 2.

（124）曾・孟『台灣棒球王』、42. 後の中国語文献では、4人の中国語名はそれぞれ阿仙、羅道厚、羅沙威、紀薩。

（125）１９２５年当時で台湾の日本人小学校に在籍していた「蕃人」児童は9人だけだった。Mosei Lin, "Public Education in Formosa Under the Japanese Administration: A Historical and Analytical Study of the Development and the Cultural Problems" (Columbia University, 1929), Tables 1, 37.（博士論文。ページ表示のない付属資料）

（126）Syat・許・施『霧社事件』、14-16.

（127）張力可「台灣棒球與認同——一個運動社会學的分析」國立清華大學社會學研究所、２０００、66-69.（修士論文）

（128）Raz, *Riding the Black Ship*, 6.

（129）Harry A. Franck, *Glimpses of Japan and Formosa* (New York: Century Co., 1924), 163.

（130）これとは別に、先住民族児童は「蕃童公學校」に入った。Lin "Public Education in *Formosa*," table 3.（ペー

ジ番号表示のない付属資料）

（131）臺南新報、26 May 1923, 7. 残念ながら、この2日後の同じ新聞には、全く同種の人種「區別」に同調した記事が載った。その記事では、台湾人校の台南第一公學校が日本人校の花園小學校に勝ったのは、台湾人校の児童の方が年上で体格が大きく、その有利が生かされたからだとある。臺南新報、28 May 1923, 7.

（132）Lo, *Doctors within Borders*, 83.

（133）Edward W. Said, *Culture and Imperialism* (New York: Alfred A. Knopf, 1993), 262.

（134）植民地台湾には政治色がより明瞭に出た類似例がいくつかある。１９２０年代初期の「地方自治運動」がその一例で、東京の台湾人留学生が日本側の権威主義的公式レトリック「帝国の善意」を盾に取って、台湾植民地議会の設置を要求した。Kerr, *Formosa*, 113-129.

（135）James, *Cricket*, 118-124.

（136）「公明正大的競爭（Fair Play）」臺灣民報、19 July 1925, 1.

（137）他の競技の歴史研究者による類似の解釈例として Allen Gutman (“beating them at their own game”), Joseph Arbena（ラテンアメリカのスポーツを論じた “the agent of anti-colonialism and anti-imperialism”）をも引用している。張力可「台灣棒球與認同」、39 - 47.

（138）Paul Dimeo, “Football and Politics in Bengal: Colonialism, Nationalism, Communalism,” in *Soccer in South Asia: Empire, Nation, Diaspora*, ed. Paul Dimeo and James Mills (Portland, OR: Frank Cass Publishers, 2001), 69.

（139）Stuart Hall, “When Was ‘The Post-Colonial’? Thinking at the Limit,” in *The Postcolonial Question: Common Skies, Divided Horizons*, ed. Iain Chambers and Lidia Curti (New York: Routledge, 1996), 247.

（140）後者は77ページ。

（141）簡永昌とのインタビュー、台北・11 August 2004.

（142）Fong Shiaw-Chian, “Hegemony and Identity in the Colonial Experience of Taiwan, 1895-1945,” in *Taiwan*

under Japanese Colonial Rule, 1895-1945: History, Culture, Memory, ed. Ping-hui Liao and David Der-Wei Wang (New York: Columbia University Press, 2006), 170.
Mark Harrisonもそうした日中「橋渡し」役にふれ、１９１４年最初にその役割を果たしたのはリベラルな政治家の板垣退助だったと、興味深い主張をしている。Mark Harrison, *Legitimacy, Meaning and Knowledge in the Making of Taiwanese Identity* (New York: Palgrave Macmillan 2006), 75.

（143）Wu, *Orphan of Asia*, 59.

（144）Barry Shiaw-Chian Fong, "Civilization and Individual Identities: Ye Shengji's Quest for Colonial Self in Two Cultures," *Issue & Studies* 34, no. 10 (October 1998), 99, 111.

（145）Martha C. Nussbaum, "The Prohibition Era," *The New Republic* 4757-4758 (20-27 March 2006), 25.

（146）簡『中華棒球史記』、190.

（147）簡永昌とのインタビュー、台北・11 August 2004.

（148）簡『人の一生』、63 - 69.

（149）曾文誠編「滾滾棒球長流蕭長滾」『職業棒球』225、(10 December 2000), 44.

（150）臺灣民報、11 August 1929, 3. 謝仕淵に、問題になったこの大会のみを扱った論考がある。「一九二九年高雄第一公學校與第一回全島少年野球大會」『高市文献』17, no.3 (September 2004), 110-120.

（151）同前紙同一記事。

（152）同前紙、26 May 1929, 2.

第２章

題辞：Eiji Oguma, *A Genealogy of "Japanese" Self-Images*, trans. David Askew (Melbourne: Trans Pacific Press, 2002), 137.［原書：小熊英二『単一民族神話の起源――〈日本人〉の自画像の系譜』新曜社、July 1995, 165.

（1）E. Patricia Tsurumi, *Japanese Colonial Education in Taiwan, 1895-1945* (Cambridge, MA: Harvard

University Press, 1977), 177に引用された学者・王育徳のコメント。

（2）The Government-General of Taiwan, *Taiwan (Formosa): Its System of Communications and Transportation, Submitted by the Japanese Delegate for Taiwan to the Ninth Conference of the International Postal Union, Held at London, May, 1929* (Taipei: The Government-General of Taiwan, 1929), 2.

（3）西脇良朋『臺灣中等學校野球史』兵庫県加古川市・自費出版、１９９６、113－116.

（4）台湾人歴史家の史明が１９６２年に（日本語で）書いた通史『台湾人四百年史』が示す台湾の「歴史」時代の起点は、台湾で最も早く「開発と建設」に着手したのは中国大陸から渡って来た漢族集団だとする通説とは異なっている。史明『台灣人四百年史』（中国語版）(San Jose, CA: Paradise Culture Associates, 1980), iii.

（5）John E. Wills Jr., "The Seventeenth-Century Transformation: Taiwan under the Dutch and the Cheng Regime," in *Taiwan: A New History*, ed. Murray A. Rubinstein (Armonk, NY: M. E. Sharpe, 1999), 87-88; Laurence M. Hauptman and Ronald G. Knapp, "Dutch-Aboriginal Interaction in New Netherland and Formosa: An Historical Geography of Empire," *Proceedings of the American Philosophical Society* 121, no.2 (April 1977), 175.

（6）Leo Ching, "Savage Construction and Civility Making: The Musha Incident and Aboriginal Representations in Colonial Taiwan," *positon* 8, no. 3 (Winter 2000), 799, 810-811. イデオロギーがらみの複雑な処理——台湾文化に対する日本の影響の深さにとくに配慮するのが近年の台湾政府の常態——の末、事件の指導者でその後自殺したモナ・ルーダオとよく似た人物像入りの20元硬貨が、２００１年台湾中央銀行から発行された。"Aboriginal hero honored on new coin," 台湾英字紙 *China Post*（電子版）、12 April 2001.

（7）節の題辞：Hans Urlich Gumbrecht, *In 1926: Living at the Edge of Time* (Cambridge, MA: Harvard University Press, 1997), 433.

（8）曾文誠「台灣棒球史」6 September 2003（オンライン資料）；戸部良也『棒球東遊記』李淑芳訳、台北・中華職棒事業股份有限公司、１９９４、123.

(9) １９２０年代末までに、台湾全土で嘉農を含む５年制の農林学校３校と職業学校６校が創設された。Lin, "Public Education in *Formosa*," 141.

(10) 同前、table 3.（ページ番号表示のない付属資料）

(11) The Government-General of Taiwan, *Taiwan (Formosa)*, 13.

(12) １９２９年の中等学校入学志願者総数１４，９９２人のうち「蕃人」欄に示された先住民族は21人だけだった。Lin, "Public Education in *Formosa*," 表35.（ページ番号表示のない付属資料）

(13) 鄭三郎編『嘉農口述歷史』嘉義・國立嘉義農業專科學校校友會、１９９３、135-136.

(14) 蔡武璋・林華韋・林玫君『典藏台灣棒球史——嘉農棒球１９２８-２００５』台北・行政院體育委員會、２００５、167.

(15) 鄭編『嘉農口述歷史』、100-101.

(16) 謝仕淵「跨時代的傳承與光榮——台灣『貝比・魯斯』洪太山（二）」台灣棒球維基館、17 January 2007.（オンライン資料）

(17) 林丁國「日治時期台灣中等學校棒球運動的發展——以『嘉義農林』為中心的探討（１９２８-１９４２）」、8 September 2004、南京大学での第５回両岸歴史学会議に提出されたペーパー、４-６：蘇正生「天下之嘉農」『嘉農人』（同窓会誌）１（November 1997), 12：鄭編『嘉農口述歷史』、78、88-89、223.

(18) 林丁國「殖民統治下的運動發展——以台灣體育協會為中心的探討」『台灣歷史學會會訊』18、（２００４）、56.

(19) 竹村豊俊編『台灣體育史』台北・台灣體育協會、１９３３、14.

(20) 「台灣棒球史——發展奇迹與故事」行政院體育委員會による「數位博物館——棒球」、10 March 2001.

(21) 蔡・林・林『典藏台灣棒球史』、4.

(22) 陳守庸「走訪94高齢的嘉農元老拓弘山」『國民體育季刊』131（December 2001）、103-104、108.

(23) Allen Chun, "The Coming Crisis of Multiculturalism in 'Transnational' Taiwan," *Social Analysis* 46, no. 2

(Summer 2002), 103-104.

(24) Edward Vickers, "Re-writing museums in Taiwan," in *Re-Writing Culture in Taiwan*, ed. Fang-long Shih, Stuart Thompson and Paul Tremlett (New York: Routledge, 2008), 87-97.

(25) 西脇『臺灣中等學校野球史』、528.

(26) 「台灣棒球史――發展奇迹與故事」（オンライン資料）：蘇「天下之嘉農」、15：曾文誠「従１９３１年嘉農棒球隊看日據時代台灣棒球發展（四）」、21 May 2003.（４回分載のオンライン資料）

(27) 練習は異常に激しい方が結局成功するという描き方は、スポーツのコーチを対象にする場合しばしば見られる公式である。西脇『臺灣中等學校野球史』、529.

(28) 謝「跨時代的傳承與光榮（三）」、（オンライン資料）

(29) 蘇「天下之嘉農」、16-17、26.

(30) 同前誌、18.

(31) 西脇『臺灣中等學校野球史』、211-212.

(32) 同前書、諸所。

(33) 林「日治時期台灣」、8.

(34) Hui-yu Caroline Ts'ai, "Administration, Assimilation, and Ambivalence: 'Improved Treatment（處遇改善）in Wartime Taiwan, 1944," 汪榮祖・林冠群編『民族認同與文化交融』嘉義縣・中正大學臺灣人文研究中心、２００６、373-427.

(35) 日本人社会の不安を物語る一例に、同じ１９３１年に嘉義中學（嘉農と同じ町の学校）校長の三屋《みつや》静《せい》が『呉鳳傳』の脚本を書いたことが挙げられる。翌年『義人呉鳳』として映画化されたそのストーリーは、最下級の清朝地方官僚だった呉鳳が、粗暴な先住民族ツォウ族を手なずけるのに手を貸したというものであり、解釈の仕方によってはタイムリーな作品である。神話化されたこの作に描かれた呉鳳の事績は、先住民族に野球技術を教えるのとは比較にならない難事であり、首狩り族を改心させるにはまさに劇的な自己犠牲を要する。霧社事件後ほどない時期に、植民地当局が蕃人開化で決定的成果を上げることに、いかに腐心したかが読み取れる。葉龍彦『日治時期台灣電影史』台北・玉山社、１９９８、233－236：Leo Ching にも呉鳳伝承を植民地当局が利用したとする記述があるが、歴史学文献ではない。Ching, "Savage Construction and Civility Making," 804-807.［呉鳳は清朝末期の伝承の主人公。ツォウ族通訳だったが仲間が漢族襲撃を企てていることを漢族に漏らしたために殺されたとされる。日本当局は伝承を焼き直した物語を創作し、教材にもして呉鳳を顕彰した］

（36）Ching, "Savage Construction and Civility Making," 803; 喜安『日本統治台灣秘史』、241.

（37）"Athletic Sports: Amazing Development and World Recognition," *Present-Day Nippon, 1934: Annual English Supplement of the Asahi, Osaka and Tokyo.*（Tokyo, 1934）, 46.

（38）蘇「天下之嘉農」、19.

（39）鈴木明『高砂族に捧げる』東京・中央公論社、１９７６、174.

（40）竹村編『台灣體育史』、156.

（41）臺灣日日新報、21 August 1931, 1の記事2本、東京朝日新聞、21 August 1931, 1の記事3本。

（42）東京朝日新聞、21 August 1931, 3の記事2本。

（43）Gumbrecht, *In 1926*, 67.

（44）曾文誠「台灣棒球史（七）」、8 September 2003.（オンライン資料）

（45）『野球界』21、no. 15（October 1931）、巻頭グラビア。

（46）「甲子園『名投手』『名選手』百選」6 June 2006.（オンライン資料）。吉田は１９９２年野球殿堂入りしている。

（47）鈴木『高砂族に捧げる』、174.

（48）飛田穂洲『飛田穂洲選集　第三巻・野球記者時代』東京・ベースボールマガジン社、１９８６、169－247、319－359.

（49）東京朝日新聞、22 August 1931, 3.

（50）陳守庸「走訪94高齢的嘉農元老拓弘山」、104.

（51）日本野球連盟・毎日新聞社編『都市対抗野球大会六十年史』東京・毎日新聞社、１９９０、22-24.

（52）Bert Scruggs, "Identity and Free Will in Colonial Taiwan Fiction: Wu Zhouliu's 'The Doctor's Mother and Wang Changxiong's 'Torrent,'" *Modern Chinese Literature and Culture* 16, no. 2 (2004), 168.

（53）Patrick F. McDevitt, "*May the Best Man Win*": *Sport, Masculinity, and Nationalism in Great Britain and the Empire, 1880-1935* (New York: Palgrave Macmillan, 2004), 129-134.

（54）Leo T. S. Ching, *Becoming "Japanese": Colonial Taiwan and the Politics of Identity Formation* (Berkeley: University of California Press, 2001), 113, 132.

（55）このことが当てはまる事実として、台湾の政治団体のうち新台灣文化協會、台灣民衆黨、台灣工友総聯盟、台灣共産黨、台灣農民組合など多数の急進派、リベラル派組織が１９３１年に総督府の手で解散を命じられた例が挙げられる。

（56）嘉農の出場5回のうち4回（１９３１、33、35、36年）は夏の大会、1回（１９３５年）はさほど話題にならない春の大会だった。曾文誠・孟峻瑋『台灣棒球王』台北・我識出版社、２００４、58；鈴木『高砂族に捧げる』、180；康添財「怪腕近來可好？」『常春月刊』6（November 1983）、90.

（57）緒戦で対戦して破った相手は、台湾と縁が深く先住民族選手がいたこともある京都の平安中學だった。このチームには１９２０年代の「蕃人能高團」からアミ族選手が何人も進学した。準々決勝の相手は１９３５年大会で優勝した四国の松山商業で、「鬼監督」近藤兵太郎が監督だったことがある。

（58）曾文誠「台灣棒球史」；「怪腕　藍德明」『常春月刊』6（November 1983）、84-85.

（59）鈴木『高砂族に捧げる』、179-180.

（60）高正源『東昇的旭日——中華棒球發展史』台北・民生報社、１９９４、85-86；曾・孟『台灣棒球王』、58.

（61）鈴木『高砂族に捧げる』、182、178、192.

（62）Gumbrecht, *In 1926*, 353.

(63) 小林善紀『台灣論——新傲骨精神』賴青松・蕭志強訳（中国語版）、東京・小学館、２０００、台北・前衛出版社、2001; John Nathan, *Japan Unbound: A Volatile Nation's Quest for Pride and Purpose* (Boston: Houghton Mifflin 2004), 119-137.
(64) 蔡武璋「嘉農棒球史」『嘉農人』１（November 1997）、34-35.
(65) 蔡・林・林『典藏台灣棒球史』、107. 日本のテレビ局、企業、ひいきのファンが大勢嘉農を訪ねていることに関しては、蔡清輝「難忘的『嘉義農林』情結」『嘉農人』６（November 2002）、58-69.
(66)『臺灣世紀體育名人傳』（ディスク10枚組）のうち『傳奇與榮耀』（その２）、台北・行政院體育委員會、２００２；蔡・林・林『典藏台灣棒球史』、160.
(67) Ts'ai, "Administration, Assimilation, and Ambivalence," 374.
(68) 謝仕淵「地域棒球風——後山傳奇、南國榮光」『大地地理雜誌』197（August 2004）、31.
(69) ゲーリック体育協会に関する著作は以下を含め多数。Mike Cronin, *Sport and Nationalism in Ireland: Gaelic Games, Soccer and Irish Identity Since 1884* (Portland, OR: Four Courts Press 1999); W. F. Mandle, *The Gaelic Athletic Association & Irish nationalist politics 1884-1924* (London: Christopher Helm, 1987).
(70) McDevitt, "*May the Best Man Win*," 16-17.
(71) Andrew Morris, *Marrow of the Nation: A History of Sport and Physical Culture in Republican China* (Berkeley: University of California Press, 2004), 204-227.
(72) E. Patricia Tsurumi, "Mental Captivity and Resistance Lessons from Taiwanese Anti-Colonialism," *Bulletin of Concerned Asian Scholars* 12, no. 2 (April-June 1980), 5; Frantz Fanon, *The Wretched of the Earth* (New York: Grove Press, 1968), 59.
(73) Mark Harrison の口頭説明による。
(74) Tay-sheng Wang, *Legal Reform in Taiwan under Japanese Colonial Rule, 1895-1945: The Reception of Western Law* (Seattle: University of Washington Press, 2000), 47, 54, 56, 115, 196-197.

(75) Peng Ming-min, *A Taste of Freedom: Memoirs of a Formosan Independence Leader* (New York: Holt, Rinehart and Winston, 1972), 16-17.〔邦訳書『自由台湾への道——新時代の旗手・彭明敏自伝』鈴木武生・桃井健司訳、１９９６年2月、社会思想社〕

(76) 彭明敏とのインタビュー、20 July 1999.

(77) 李淑芳「日本都市對抗賽歴史篇」『棒球世界』４（October 1999）、57－58.

(78) 竹村編『台灣體育史』、235－240.

(79) 程佳惠『台灣史上第一大博覧會——１９３５年魅力台灣ＳＨＯＷ』台北・遠流、２００４、70－157：臺灣日日新報、8 October 1935, 7.

(80) 程『台灣史上第一大博覧會』、181：臺灣日日新報、21 October 1935, 7.

(81) 日本支配下の大連野球界で活躍した中国人スター選手の李世明のストーリーを参照のこと。彼は後に中華民国スポーツ界で、かつて「対日協力者」だったと非難された。Morris, *Marrow of the Nation*, 53, 172-174.

(82) 臺灣日日新報、6 October 1935, 7; 8 October 1935, 7.

(83) 竹村編『台灣體育史』、184－185. 法政チームは翌１９３２年12月にも同じ新聞社の招きで来訪し、11試合を戦った。その24選手の中には漢族選手が３人いた。田中一二編『臺灣年鑑：皇紀二五九四年昭和九年』台北・臺灣通信社、１９３４、101－102.

(84) Richard Arthur Brabazon Ponsonby-Fane, *The Vicissitudes of Shinto* (Kyoto: Ponsonby Memorial Society, 1963), 344：「台灣老照片數位博物館」サイト中の「建功神社」のページ。

(85) 李鎰蔡「台灣橄欖球運動的回憶」、25 June 2002.（オンライン資料）

(86) 陳嘉謀「光復初期台北市國民學校棒球發展研究」『體育學報』30 (March 2001), 94; George H. Kerr, *Formosa: Licensed Revolution and the Home Rule Movement 1895-1945* (Honolulu: University of Hawaïi Press, 1974), 76; George H. Kerr, *Formosa Betrayed* (Boston: Houghton Mifflin, 1965), 16-17.

(87) 西脇『臺灣中等學校野球史』、552：田中編『臺灣年鑑』、104.

節の題辞：西脇『臺灣中等學校野球史』、242.

(88) 歴史学者・呉密察との個人面談から。20 March 1996.

(89) 呉文星「日據時期臺灣總督府推廣日語運動初探」『臺灣風物』37、no. 4 (December 1987), 69：周婉窈「台灣人第一次的『國語』經驗——析論日治末期的日語運動及其問題」『新史學』6, no.2 (June 1995), 126、134.

(90) Harry J. Lamley, "Taiwan Under Japanese Rule, 1895-1945: The Vicissitude of Colonialism," in *Taiwan: A New History*, ed. Murray A. Rubinstein (Armonk, NY: M. E. Sharpe, 1999), 241-242.

(91) Ching, *Becoming "Japanese,"* 96-97.

(92) Eiji Oguma, *Genealogy of "Japanese" Self-Images*, xxvii.

(93) 高『東昇的旭日』、94－95.

(94) 正力亨ほか編『東京読売巨人軍五十年史』、東京読売巨人軍五十年史編集委員室、1985、214－217.

(95) 蔡武璋とのインタビュー、台北・17 August 2007.

(96) 一つの可能性として考えられるのは、1943年のシーズン後に2チームが解散し、リーグ選手の再編成が進んだことだが、ジャイアンツがリーグのMVPまで整理することは通常ありえない。戦争末期の危機的状況の中で台湾人という彼のエスニシティーが問題になったのであれば、話は別である。ベースボールマガジン社編『日本プロ野球六十年史』東京・ベースボールマガジン社、1994、107－108.

(97) 呉は投手としても1946年にノーヒットノーランを記録した。引退時の20シーズン平均打率は.272、出場試合1700だった。ある野球専門家は、日本プロ野球でプレーした選手の歴代ベスト45番目に呉を挙げている。Jim Albright, "Japan's Top Players," 2004.（オンライン資料）

(98) 東田一朔『プロ野球誕生前夜——球史の空白をうめる』東京・東海大学出版社、1989、165、167、180. 呉新亨は1944年のシーズンで19盗塁を記録し、呉昌征と盗塁王を分け合った。

(99) Hui-yu Caroline Ts'ai, "Total War, Labor Drafts, and Colonial Administration: Wartime Mobilization in Taiwan, 1936-45," in *Asian Labor in the Wartime Japanese Empire: Unknown Histories*, ed. Paul H.

Kratoska (Armonk, NY: M. E. Sharpe, 2005), 124.

(100) 普及事業には警察による相撲講習会、全島高砂（先住民族）相撲大会が含まれていた。Masashi Watanabe, "Identity Seen in the Acculturation of Sumo Done by Indigenous Peoples of Taiwan, Chihpen Puyuma," *International Journal of Sport and Health Science* 4 (2006), 119-120.

(101) 曾文誠編「滾滾棒球長流蕭長滾」、46.

(102) 謝「跨時代的傳承與光榮（四）」.（オンライン資料）

(103) 西脇『臺灣中等學校野球史』、552.

(104) 同前書、482－485.

(105) 臺灣日日新報、8 January 1943, 2; 4 September 1943, 3 など。

(106) 謝「跨時代的傳承與光榮（四）」.（オンライン資料）

(107) 曾文誠「陳潤波口述棒球史（下）」、15 May 2003.（オンライン資料）

(108) 臺灣日日新報、22 March 1944, 4.

(109) Wu Zhou-liu, *Orphan of Asia,* trans. Ioannis Mentzas (Columbia University Press, 2006), 246.［原作は日本語。新人物往来社、１９７３年］

(110) Ching, *Becoming "Japanese,"* 209.

(111) Edward W. Said, *Culture and Imperialism* (New York: Alfred A. Knopf, 1993), 269.

(112) それは決して台湾の場合にのみ言えることではない。日本帝国の他の場所でも、たとえば朝鮮の民族主義運動に殉じた呂運亨《ヨウニョン》は、１９３０年代のスポーツ界の反植民地抵抗運動を間接的ながら支援した。Hugh Deane, *The Korean War, 1945-1953* (San Francisco: China Books and Periodicals, 1999), 48.

(113)「睽違60年、台日球友洒涙重逢」自由時報（電子版）、25 April 2006.

題辞：Huang Chih-Huei, "The Transformation of Taiwanese Attitudes toward Japan in the Postcolonial Period," in *Imperial Japan and National Identities in Asia, 1895-1945,* ed. Narangoa Li and Robert Cribb (New York: RoutledgeCurzon 2003), 302-303; Emma Wu, "Baseball Fever," *Free China Review* 42, no. 8 (August 1992), 31.

（１）台湾とその付属島嶼の公式の帰属先を中国国民党政府とした時の基礎は、「中国（China）」は歴史に存在しない国名であっても実際にそれらを割譲したのだから、返還先も中国でなければならない、とする考え方である。言うまでもなく、台湾を割譲したのは中華民国（The Republic of China）ではなく満州族国家の清朝（Qing dynasty）であり、そのことが問題を複雑にしている。太平洋地域連合国軍最高司令官ダグラス・マッカーサー将軍が与えた権限を逐一執行してゆく段階で、問題はさらに複雑になった。連合国軍に代わる受託国として日本降伏後の台湾を受け取ったのは中華民国だったが、降伏する日本の直接の相手が中華民国であっても、中華民国に台湾を「領有」する正統性が認められたわけではない。ベトナムの場合も、連合国軍に代わって降伏を受託受理するのは蒋介石とされ、満洲と北朝鮮はヨシフ・スターリン、南朝鮮はアメリカのジョン・ホッジ将軍がそれぞれ受託受理する、等々とされた。Chen Lung-chu and W. M. Reisman, "Who Owns Taiwan: A Search for International Title," *Yale Law Journal* 81, no. 4 (March 1972), 611; "Surrender Order of the Imperial General Headquarters of Japan, 2 September 1945."（オンライン資料）。ほかに参照資料として、彭明敏・黄昭堂『臺灣在國際法上的地位』蔡秋雄譯（日本語から）、台北・玉山社、１９９５.

（２）簡永昌『人の一生――台灣人の物語（六）』台北・自費出版、２００３、76.

（３）徐宗懋『日本情結――從蔣介石到李登輝』台北・天下文化、１９９７、87.

（４）Chang Mau-Kuei, "Middle Class and Social and Political Movements in Taiwan: Questions and Some Preliminary Observations," in *Discovery of the Middle Classes in East Asia,* ed. Hsin-Huang Michael Hsiau (Taipei: Academia Sinica Institute of Ethnology, 1993), 142-145.

（５）蘇錦章『嘉義棒球史話』台北・聯經出版事業公司、１９９６、27.

(6) George Kerr, *Formosa Betrayed* (Boston: Houghton Mifflin, 1965), 75.

(7) Steven E. Phillips, *Between Assimilation and Independence: The Taiwanese Encounter Nationalist China, 1945-1950* (Stanford, CA: Stanford University Press, 2003), 56.

(8) 童祥昭「従台灣選手談起」『正言報全運特刊』11 May 1948, 4.

(9) Hsiau A-chin, *Contemporary Taiwanese Cultural Nationalism* (New York: Routledge, 2000), 53.

(10) Huang, "The Transformation of Taiwanese Attitude," 308; Huang Ying-Che, "Were Taiwanese Being 'Enslaved'? The Entanglement of Sinicization, Japanization, and Westernization," in *Taiwan Under Japanese Colonial Rule, 1895-1945: History, Culture, Memory,* ed. Ping-hui Liao and David Der-Wei Wang (New York: Columbia University Press, 2006), 317; Phillips, *Between Assimilation and Independence,* 60.

(11) 清満洲族王朝の帝国イデオロギーに関するPamela Crossleyの革新的著作には、歴史学批判が含まれている。中国文化には近隣アジアの民衆を「同化」または「中国化」する独特の力があるとする説がすすんで受け入れられてきたとし、こう指摘している。「『中国化』論が描く同化または文化対応とは、中国との関係を何かしら特別なものとして動機づけ、意味づけるということであり、種々のイデオロギー的強制をセットにするところに目的があるとしか思えない」。Pamela Kyle Crossley, *A Translucent Mirror: History and Identity in Qing Imperial Ideology* (Berkeley: University of California Press, 1999), 13.

(12) Martin Sökefeld, "From Colonialism to Postcolonial Colonialism: Changing Modes of Domination in the Northern Areas of Pakistan," *Journal of Asian Studies* 64, no. 4, (November 2005), 939.

(13)「スポーツの振興へ、盛大な體育祭典」台灣新生報、19 April 1946, 4.

(14) 許雪姫「台灣光復初期的語文問題」『思與言』29、no. 4, (December 1991), 170-171.

(15) Hsiau, *Contemporary Taiwanese Cultural Nationalism,* 54, 57-58.

(16) Andrew Morris, *Marrow of the Nation: A History of Sport and Physical Culture in Republican China* (Berkeley: University of California Press, 2004), 100-237.

(17) 民報、1 October 1946, 4; 2 October 1946, 4.
(18) 蘇正生「天下之嘉農」『嘉農人』１（November 1997)、23.
(19) 大会主席は台湾省行政長官の陳儀がつとめた。臺灣省第一屆運動大會宣傳組編『臺灣省第一屆運動大會』、１９４６、7, 15-52, 82-84；蘇錦章『嘉義棒球史話』27.
(20) この語の定義については *Marrow of the Nation*, 102 に詳述した。
(21) 民報、３ October 1946, 3.
(22) 臺灣省教育廳編『臺灣教育發展史料彙編　體育教育篇』台北・臺灣省教育廳、１９８８、968.
(23) 柯遠芬「記臺灣省首屆運動會始末」『傳記文學』35（October 1979), 98.
(24) 民報、26 October 1946, 3.
(25) 同前紙、1 November 1946, 1.
(26) 曾文誠「台灣棒球史（八）」、22 September 2003.（オンライン資料）
(27) Lai Tse-han, Ramon H. Myers, and Wei Wou, *A Tragic Beginning: The Taiwan Uprising of February 28, 1947* (Stanford, CA: Stanford University Press, 1991), 105-107, 121-134. 上記書名に tragic の語を使った著者全員が親国民党の人物であることに留意されたい。グンブレヒトがかねて指摘しているように、この語は「罪悪感や責任を口にすることを基本的に望まない」者が使う表現である。
(28) 西脇良朋『臺灣中等學校野球史』兵庫県加古川市・自費出版、１９９６、545-546. 同様の大胆な挙動の例に、１９５２年の全省競技大會の野球競技で優勝した高雄チームがある。市名の日本語読み「TAKAO」をユニフォームにつけて出場した。中華民國棒球協會編『臺灣棒球百年史１９０６-２００６』台北・中華民國棒球協會、２００６、71.
(29) 高正源『東昇的旭日——中華棒球發展史』台北・民生報社、１９９４、47-50.
(30) 同前書、31.
(31) 曾文誠・盂峻瑋『台灣棒球王』台北・我識出版社、２００４、104.

(32) 簡永昌とのインタビュー、台北・11 August 2004.
(33) 詹德基「我國棒球運動的發微與展望」『教育資料季刊』10（June 1985），436.
(34) J.Bruce Jacobs, "Taiwanese and the Chinese Nationalists, 1937-1945: The Origins of Taiwan's 'Half-Mountain People' (Banshan ren)," *Modern China* 16, no. 1. (January 1990), 100-104.
(35) 蘇世昌「追尋與回憶――張我軍及其作品研究」中興大學中國文學研究所、１９９８（修士論文）：楊菁「張我軍在中國」『日治時期臺灣知識分子在中國』林慶彰編、臺北市文獻委員會、２００４、87－118.
(36) Phillips, *Between Assimilation and Independence*, 72.
(37)『第七屆全國運動會會刊』上海・申報館、１９４８、30.
(38) 野球を中国の歴史の本流と結びつけようとする試みもあったが、台湾的味付けが濃厚なものだった。鄭成功を顕彰する一連の野球大会がそれであり、１９６０年代に政府主催で開かれた。鄭成功は日本人を母とし明王朝の遺臣を自称した軍人指導者で、１６６２年にオランダ人と戦って勝ち、台湾を短期間支配した。
(39) 国民党が１９４０年代に中国人を台湾に大挙送り込んだのは、台湾を他の省と同様の姿にしたいというイデオロギーによるものだったことに留意されたい。
(40) 高『東昇的旭日』、13－16：曾・孟『台灣棒球王』、106.
(41) 曾文誠「黃仁惠口述台灣棒球史（中）」、14 July 2003.（オンライン資料、３回分載の第２回）：聯合報、20 April 1953, 3; 16 May 1953, 3.
(42) 同前紙、1 July 1955, 3.
(43) 曾・孟『台灣棒球王』、107.
(44) 聯合報、4 July 1955, 3.
(45) Morris, *Marrow of the Nation*, 120：陳嘉謀「光復初期台北市銀行公會棒球隊發展研究（１９４８－１９６８）」『體育學報』32（March 2002）、255.
(46) 陳文發「台灣少年的光榮，台灣人的勝利」『台灣青年』106（5 September, 1969），3.

（47）曾「黄仁惠口述台灣棒球史（中）」（オンライン資料）
（48）曾「黄仁惠口述台灣棒球史（下）」21 July 2003.（オンライン資料）
（49）曾文誠「陳潤波口述台灣棒球史（下）」15 May 2003（オンライン資料）；陳嘉謀「光復初期台北市國民學校棒球發展研究」『體育學報』30（March 2001），94.
（50）John W. Garver, *The Sino-American Alliance: Nationalist China and American Cold War Strategy in Asia* (Armonk, NY: M. E. Sharpe, 1997), 16-31.
（51）聯合報、26, September 1952, 3.
（52）同前紙、16 May 1953, 3.
（53）「金像獎棒球大比賽」中華民國新聞 142, no.3 (1955-56).（ニュース映画）
（54）曾「黄仁惠口述台灣棒球史（中）」（オンライン資料）
（55）林華夷とのインタビュー、台中・30 July 2004.
（56）謝仕淵・謝佳芬『台灣棒球一百年』台北・果實出版社、２００３、91－92.
（57）こうした空想の一つの参照例は Major Roger B. Doulens, "Chinese Grabbing Chance to Learn Game," *Sporting News*, 14 March 1946, 13.
（58）「棒球史話」聯合報、7 November 1953, 4.
（59）Al Campanis『怎様打棒球』(The Dodgers' Way to Play Baseball)、簡永昌譯、台北・台光出版社、１９６０.
（60）簡永昌とのインタビュー、台北・11 August 2004.
（61）迮芷江導演『少年、棒球、冠軍』台北・光華影片資料供應社、１９７９.（映画）
同種のイデオロギー宣伝工作には学者も（１９８０年代、90年代になっても）参加しており、彼らの著作では、野球の普及は清代と中華民国初期にわずかに存在した野球の延長線上に位置づけられている。参照例に詹德基「我國棒球運動的發微與展望」、433－436；高『東昇的旭日』、19－29.
（62）Morris, *Marrow of the Nation*, 266n73.

（63）劉俊卿・王信良『時光隧道——台灣籃運六十年』台北・民生報社、１９９９。他に参照文献として張啟雄・潘光哲採訪、王景玲記録『湯銘新先生訪問記録』台北・中央研究院近代史研究所、２００５。湯が１９４８年上海から台湾に移住して以後、国際バスケットボール団体やオリンピック機関の仕事にたずさわったころの記録。

（64）陳「光復初期台北市國民學校」、92.

（65）陳映真「第一件差事」『第一件差事』台北・遠景、１９７５、138–140.

（66）苦苓「想我眷村的弟兄們」聯合報、7 April 1985, 8; 8 April 1985, 8.

（67）Bruce J. Jacobs, "Taiwan's Colonial History and Post-Colonial Nationalism." 国際学術会議 On Taiwan Studies in International Perspectives, University of California, Santa Barbara, 27 October 2007 に提出されたペーパーの８ページ.

（68）謝仕淵「寶島寫眞：山城那一段棒球歳月」中國時報（電子版）, 29 November 2005；謝仕淵から個人的に得た情報, 30 December 2005；聯合報、9 March 2000.

（69）節の題辞：高正源『東昇的旭日』、127.

（70）聯合報、18 December 1953, 3.

（71）同前紙、25 December 1953, 3.

（72）「黒白記：有點看不慣」同前紙、19 December 1953, 3.

（73）同前紙、30 December 1953, 3. 早稲田の他の対戦相手は海軍、銀行公會、全台湾各チーム。

（74）同前紙、7 January 1954, 3.

（75）同前紙、9 January 1954, 3.

（76）西脇『臺灣中等學校野球史』545：簡永昌『中華棒球史記』台北・自費出版、１９９３、56.

（77）リーグ構成チームは台灣合作金庫、華南銀行、土地銀行、第一銀行、台灣銀行、彰化銀行。

（78）Yu Junwei, *Playing in Isolation: A History of Baseball in Taiwan* (Lincoln: University of Nebraska Press,

2007), 25.

(79) 曾・孟『台灣棒球王』、64.

(80) Hall, "When Was 'The Post-Colonial'?" 247-248.

(81)「百年奥運與中國――張星賢參加奥運台灣第一人」民生報、7 May 1996, 2.

(82) 許雪姫「他們爲什麼『旁觀』――談《旁觀雜誌》的時代意義」『全國新書資訊月刊』no.105 (September 2007), 61.

(83) 張明「合庫棒球五十年」『棒球世界』1 (July 1999), 46, 49.

(84) 同前書、47.

(85) 陳「光復初期台北市銀行公會」、255.

(86) 張明「傳承棒球、絶不斷電――台電棒球五十三年史」『棒球世界』3 (September 1999), 55.

(87) 簡永昌とのインタビュー、台北、11 August 2004 : 張「合庫棒球」、48 : 曾・孟『台灣棒球王』、68.

(88) William W. Kelly, "Public Culture in Contemporary East Asia: Global Flows, Cultural Intimacy, and the Nation-State," Fairbank Center for East Asian Research, Harvard University, 22 April 2006.(ワークショップでのコメント)

(89) Jeremy Taylor, "Colonial Takao: The making of a southern metropolis," *Urban History* 31, no. 1 (May 2004), 48-71.

(90) 簡永昌とのインタビュー、台北・11 August 2004 : 李國彦「棒球紳士方水泉(上)」『棒球世界』5 (November 1999), 46-47.

(91) 謝仕淵「跨時代的傳承與光榮――台灣『貝比・魯斯』洪太山(四)」台灣棒球維基館、17 January 2007.(オンライン文献)

(92) このチームで主力の一人だった薛永順は、台湾人以外のきわめて珍しい中国人野球選手――福建省生まれで横浜育ち――で、1936～40年には瀬井清の名で日本のプロチーム名古屋金鯱軍でプレーした。曾・孟『台灣棒球王』、64.

(93) 李國彥「曾紀恩的十個故事（上）」『棒球世界』3 (September 1999), 62；賴樹明『台灣棒球曾紀恩：棒壇生涯50年』台北・知道出版有限公司、1991、32.

(94) 高『東昇的旭日』、147.

(95) Tsai, "Total War, Labor Drafts, and Colonial Administration," 107, 126.

(96) 賴『台灣棒球曾紀恩』、47、52、59、344.

(97) 曾文誠「洪太山口述台灣棒球史（四）」、25 June 2003.（オンライン資料）

(98) 曾「黃仁惠口述台灣棒球史（下）」.（オンライン資料）

(99) 呉祥木『絶不輕言放棄！棒球的美好年代』台北・圓神、1996、21.

(100) 曾・孟『台灣棒球王』、58.

(101) 鈴木『高砂族に捧げる』、184、192.

(102) 聯合報、8 December 1955, 3.

(103) 同前紙、3 January 1956, 3；5 January 1956, 3.

(104) 同前紙、11 January 1956, 3.

(105) 同前紙、21 January 1956, 3.

(106) 同前紙、8 January 1956, 3.

(107) 同前紙、6 January 1956, 3.

(108) 陳「光復初期台北市銀行公會」、256.

(109) 聯合報、23 December 1962, 2；19 December 1964, 11.

(110) 同前紙、1 January 1963, 2.

(111) 同前紙、4 January 1963, 2；6 January 1963, 2.

(112) 同前紙、28 September 1962, 2.

(113) 同前紙、13 January 1963, 2; 14 January 1963, 2.
(114) 同前紙、6 January 1963, 2.
(115) 同前紙、3 May 1957, 3.
(116) 同前紙、10 May 1958, 3.
(117) Susan K. Cahn, *Coming on Strong: Gender and Sexuality in Twentieth-Century Women's Sport* (New York: Maxwell Macmillan International, 1994), 209.
(118) 聯合報、28 March 1959, 3.
(119) Cahn, *Coming on Strong*, 214.
(120) 「棒球因縁：日本女子棒球隊長許配本省陳超鎰君」聯合報、23 April 1959, 2.
(121) 同前紙、15 May 1958, 6.
(122) 同前紙、13 November 1953, 4.
(123) 同前紙、3 July 1955, 3.
(124) Edward W. Said, *Culture and Imperialism* (New York: Alfred A. Knopf, 1993), 210.
(125) Joseph R. Allen, "Taipei Park: Signs of Occupation," *Journal of Asian Studies* 66, no. 1 (February 2007), 192-193.
(126) 「全美職業棒球盟主：洋基隊將訪台」聯合報、20 February 1962, 2.
(127) 同前紙、8 April 1962, 2.
(128) 同前紙、15 May 1962, 2.
(129) 「亜運排球隊選抜賽」同前紙、24 May 1962, 2.
(130) 興味深いことに、２００８年の総統選挙に立候補した民主進歩党の謝長廷も、総統に当選したらヤンキースを台湾に招き、台湾チームとの親善試合を開きたいと言っている。*Taipei Times*（電子版）、23 July 2007.

第4章

題辞関連：鈴木洋史『王貞治百年歸鄉』李淑芳譯、台北・先覺出版、January 2005.［原書は『百年目の帰郷』東京・小学館、１９９９］

（１）「從民族國家的模式看戰後台灣的中國化」『台灣文藝』138（１９９３）、80－87；Y. Chen, "Imperial Army Betrayed," in T. Fujitani, G. White and L. Yoneyama ed. *Perilous Memories: The Asia-Pacific War(s)* (Durham: Duke University Press, 2001), 189-196; Y. Huang, "Were Taiwanese Being 'Enslaved'? The Entanglement of Sinicization, Japanization, and Westernization," in P. Liao and D. Wang ed. *Taiwan under Japanese Colonial Rule, 1895-1945: History, Culture, Memory* (New York: Columbia University Press, 2006), 312-326; J. Allen, *Taipei: City of Displacements* (Seattle: University of Washington Press, 2012).

（２）この訳書の書名では——王の社会的人格に関する台湾における言説では「中国文化と父への恭順」が強調されているにもかかわらず——原書名にある父親の名前は削除されている。［日本語原書の書名は２００２年の文庫版と１９９９年の単行本版とでは副題が異なり、先に発刊された後者には副題がないが、前者には「王貞治と父・仕福」の副題がついている。訳書がどちらの版によったかは不明］

（３）鈴木『王貞治百年歸鄉』、155.［１９９９年版原書140］

（４）王貞治『回想』東京・勁文社、１９８１、144.

（５）鈴木『王貞治百年歸鄉』、156.［原書141］

（６）投手としての王は選抜大会で連続34イニング自責点０の大会記録をつくった。

（７）鈴木『王貞治百年歸鄉』、88.［原書78］

（８）S. Oh and D. Falkner, *Sadaharu Oh: A Zen Way of Baseball* (New York: Times Books, 1984), 55-57.

（９）W. Wetherall, "Public Figures in Popular Culture: Identity Problems of Minority Heroes," in C. Lee and G. De Vos ed. *Koreans in Japan: Ethnic Conflict and Accommodation* (Berkeley: University of California Press, 1981), 411n51; 鈴木『王貞治百年歸鄉』、152.［原書138］

（10）王『回想』、140．
（11）Oh and Falkner, *Sadaharu Oh*, 54-55.［本文中の傍点は本書筆者］
（12）鈴木『王貞治百年歸鄉』、157－158．［原書142］
（13）聯合報、25 April 1964, 2.
（14）同前紙、8 September 1964, 2.
（15）同前紙、16 March 1965, 3.
（16）同前紙、7 December 1965, 3；「棒球王王貞治在祖國」中華民國新聞623（１９６５）．（ニュース映画）
（17）本書第３章第３節を参照。
（18）J. Fan, *China's Homeless Generation: Voices from the Veterans of the Chinese Civil War, 1940s-1990s* (New York: Routledge, 2011), 59-62.
（19）Stéphane Corcuff, "Liminality and Taiwan Tropism in a Postcolonial Context: Schemes of National Identification among Taiwan's 'Mainlanders' on the Eve of Kuomintang's Return to Power," in T. Ngo and H. Wang ed. *Politics of Difference in Taiwan* (New York: Routledge, 2011), 40-41.
（20）聯合報、4 December 1965, 3.
（21）鈴木『王貞治百年歸鄉』、124－125．［原書111－112］
（22）聯合報、5 December 1965, 3.
（23）同日同前紙の別の記事。
（24）同日同前紙の別の記事。
（25）同前紙、4 December 1965, 3; 5 December 1965,3.
（26）王に同行した記者［３人］は重要人物と見なされており、機関員との面談にすすんで応じた。鈴木『王貞治百年歸鄉』、123、119．［原書110、106］
（27）同前書、120．［原書107－108］

(28) 同前書、175.〔原書157-159〕
(29) 同前書、148-149.〔原書133-134〕
(30) 聯合報、8 February 1968, 6：前項書、132-133.〔原書119〕
(31) 何平導演『感恩歳月』台北・中央電影、1989.（映画）
(32) 1973年当時の中華民国の政府系メディアは、王の父親が中華人民共和国に住む甥に送金した金が差し押さえられたと報じた。この件で父親は「東京華僑報」〔「東京華僑会報」の後身〕にわざわざ原稿を書き、金の受け取りが遅れていただけだから、中華民国系の「自由新聞」の報道は誤報だと非難している。「自由新聞」社長の張和祥は王の公式華僑後援会の会長でもあった。鈴木『王貞治百年歸鄉』、147-148.〔原書132-133〕
(33) 前項書、171-174.〔原書155-156〕
(34) 謝東閔は台湾生まれで国民党時代の中国大陸で20年過ごしたいわゆる「半山人」。その後の国民党政権では野球のように「日本的」として危険視された分野が適職とされたが、中国大陸時代が長かった当然の結果として、野球には全く知識がなかった。党内で人望が高かったことから、1972年台湾省政府主席、1978年には副総統に任命された。本書第3章第2節後半を参照。
(35) 「棒球王王貞治在祖國」（ニュース映画）
(36) 同前映画：聯合報、7 December 1965, 3.
(37) 前項紙、5 December 1965, 3.
(38) 鈴木『王貞治百年歸鄉』、125.〔原書112〕
(39) 同前書、125-126.〔原書112-114〕国民党直系の聯合報は、王が父親の意思に明らかに背いており、台湾訪問中に個人生活に関する余計なゴシップやつまらぬ憶測の原因を作って、王自身もその被害を受けたのだと書き、露骨なあてこすり記事で憂さ晴らしした。聯合報、7 January 1966, 3.
(40) 「棒球王王貞治在祖國」：聯合報、7 December 1965, 3：鈴木『王貞治百年歸鄉』、121-122.〔原書108-109〕
(41) 「棒球王王貞治在祖國」：聯合報、13 December 1965, 2：7 December 1965, 3：鈴木『王貞治百年歸鄉』、122.〔原

書109〕
(42) Morris, *Marrow of the Nation*, 120-242.
(43) 聯合報、4 December 1965, 2.
(44) 同前紙、8 December 1965, 2；6 December 1965, 3.
(45) 同前紙、11 December 1965, 2；鈴木『王貞治百年歸郷』、123、129-130．〔原書110、115-116〕
(46) 鈴木『王貞治百年歸郷』、152-153．〔原書137-138〕
(47) 曾文誠・孟峻瑋『台灣棒球王』台北・我識出版社、2004、136．
(48) 鈴木『王貞治百年歸郷』、127-128．〔原書114〕
(49) 聯合報、4 December 1966, 3；2 December 1966, 3.
(50) 同前紙、27 November 1966, 3.
(51) 同前紙、5 December 1966, 2；3 December 1966, 3.
(52) 微信新聞報、5 December 1966.
(53) 鈴木『王貞治百年歸郷』、130．〔原書117〕
(54) 聯合報、8 December 1966, 3.
(55) 曾・孟『台灣棒球王』、139．
(56) 聯合報、12 February 1968, 6.
(57) 謝仕淵「寶島寫眞：山城那一段棒球歳月」中國時報（電子版）、29 November 2005.
(58) 鈴木『王貞治百年歸郷』、序文3-4．〔原書にはなし〕
(59) 同前書、160．〔原書144-145〕
(60) Wetherall, "Public Figures in Popular Culture," 411n51.
(61) W. Cromartie with R. Whiting, *Slugging It Out in Japan: An American major leaguer in the Tokyo Outfield* (New York: Kodansha International, 1991), 122,124; R. Whiting, "Oh's career sparkled with achievements as

player, manager (Part II)," Japan Times（電子版）(30 October 2008).
（62）鈴木『王貞治百年歸郷』、159.［原書143］
（63）聯合報、2 September 1977, 3.
（64）同日同前紙の別の記事。
（65）民生報、『咸恩的歳月——王貞治母親的回憶録』、trans. Q. Lin and C. Liao, 10 June to September 5 1985.
（66）聯合報、17 December 1985, 9.
（67）*Central News Agency*, 13 November 2001.
（68）*Central News Agency*, 15 August 2001.
（69）*Taipei Times*（電子版）、14 November 2003.
（70）*The China Post*（電子版）、6 February 2009.
（71）*International Business Times*（電子版）、20 February 2012. この二人の偶像的名誉台湾人に関する考察では、Kenneth Cohen の助力を得た。
（72）リンの母方の祖母が（王の父と同じ）浙江省出身であることが打診の根拠だという。" Lin considering playing overseas if NBA lockout continues," *Focus Taiwan News Channel*, 4 August 2011.（ウェブ・ニュース）

第5章

題辞："Aboriginal Milestones, 1951 A.D.-1998 A.D."（1998）（オンライン資料）：「台灣少年棒球隊為台灣人爭光」『台灣青年』106 (5 September 1969), 7, 9.
（1）*Sport Illustrated*, 23 December 1963, 表紙.
各種報道によれば、１９６４年の東京オリンピックの直前、蔣介石総統は楊に、中華民国の名誉のために金メダルを取るのは君の責務だと伝えた。ところが中華人民共和国の諜報機関員が台湾選手二人を籠絡し、中国に逃亡する権利を保証するからと言い含めて、十種競技の数日前に薬物入りのオレンジ・ジュースを楊に飲ませるのに成功した。その台湾選手は馬晴山、陳覺といい、楊が前評判に反して金メダルを取れず、共産党政権は恥辱を免れた。楊は結局５位という不本意な成績に終わり、スポーツ界でとかくの話題になった。陰謀にやられたことを楊が自国の諜報員から聞かされたのは、１９７８年になってからだったという。台湾紙 *China Post*, 5 April 1997; Rafer Johnson with Philip Goldberg, *The Best That I Can Be: An Autobiography* (New York: Doubleday, 1998), 172.

（２）龔樹森『鐵人楊傳廣』台北・中外圖書出版社、１９７７、74.

（３）楊は１９５０年の第５回台湾省競技大會に台東野球チームの選手としても出場している。蔡宗信「台灣東部原住民棒球運動之發展」『山海文化』9 (March 1995), 41.

（４）Darryl Sterk, "Romancing the Formosan Pocahontas: Romantic National Allegories in Modern Taiwanese Fiction," 国際学術会議 On Taiwan Studies in International Perspectives, University of California, Santa Barbara, 27 October 2007 に提出されたペーパー。

（５）Cho-Yee To, "Education of the Aborigines of Taiwan: An Illustration of How Certain Traditional Beliefs of a Majority People Determine the Education of a Disadvantaged Minority," *The Journal of Negro Education* 41, no. 3, (Summer 1972), 184-187.

（６）同前書193に引用。

（７）聯合報、17 August 1967, 5：「發掘體育新人材，舉辦山地運動會」同紙、31 August 1967, 5：同日同面の別の記事：4 September 1967, 8.

（８）協進會発表の１２５０華字の文書にこの表現が５回使われている。聯合報、4 September 1967, 8.

（９）同前記事。

（10）同前紙、24 November 1967, 6.

（11）民生報、7 May 1988, 2.

(12) 節の題辞：程笙「永遠的紅葉」『師友月刊』339 (September 1995), 67；Philip Roth, *The Great American Novel* (New York: Vintage International, 1995), 115-116.［邦訳書『素晴らしいアメリカ野球』中野好夫・常盤新平訳、新潮文庫、２０１６］
(13)「棒球的孩子――總論」。10巻からなるビデオ・シリーズ第1巻。台北・公共電視文化事業基金會、２０００.
(14) 何かにつけて紅葉村の貧困が強調されてきたが、チームには質素な用具が何とかそろっていた。裘嘉聞「紅葉眾小將前程如鏡」『新聞天地』24、no. 35 (31 August 1968), 22；陳嘉謀「台灣國民學校棒球運動發展之研究（１９４５-１９６８）」『台東師院學報』13、no. 1 (2002), 158.
(15)「棒球的孩子――總論」。（ビデオ）
(16) 聯合報、27 April 1965, 3.
(17) 同前紙、5 April 1968, 6.
(18) 臺灣時報、16 July 2004, 15；中國時報、29 August 2004, E3.
(19) 中國時報、29 August 2004, E3.
(20)「紅葉的故事」『光華雜誌』18、no. 1 (January 1993), 45；程「永遠的紅葉」、64.
(21) 艾波爾「紅葉少棒隊『自生』記」『新聞天地』24、no. 36 (7 September 1968), 17；中國時報、29 August 2004, E3.
(22) 聯合報、22 May 1968, 6.
(23) 同前紙、21 August 1968, 6.
(24) 同日同前紙、別の記事。
(25) 同前紙、25 August 1968, 3.
(26) 同前紙、29 August 1968, 3；曾文誠・盂峻瑋『台灣棒球王』台北・我識出版社、２００４、145.
(27) 王惠民『紅葉的故事』台北・民生報社、１９９４、66-74.
(28) 聯合報、26 August 1968, 3.

（29）「棒球的孩子——總論」。（ビデオ）
（30）聯合報、27 August 1968, 3.
（31）同前紙、28 August 1968, 3.
（32）同日同前紙、別の記事。
（33）同前紙、29 August 1968, 3.
（34）Murray A. Rubinstein, "Taiwan's Socioeconomic Modernization, 1971-1996," in *Taiwan: A New History*, ed. Murray A. Rubinstein (New York: M. E. Sharpe, 1999), 369-371.
（35）Yuan-li Wu, "Income Distribution in the Process of Economic Growth in Taiwan," in *The Taiwan Experience, 1950-1980: Contemporary Republic of China*, ed. James C. Hsiung (New York: Praeger, 1981), 163-164.
（36）聯合報、26 August 1968, 9.
（37）「黒白記——好『棒』啊！」同日同前紙、3.
（38）そうした例に、「紅葉的故事」、42：程笙「永遠的紅葉」、63.
（39）Neil H. Jacoby, *U.S. Aid to Taiwan: A Study of Foreign Aid, Self-Help, and Development* (New York: Frederick A. Praeger, 1966), 38, 118.
（40）『新聞天地』24, no. 36, (7 September 1968)、表紙。
（41）同溫層文藝沙龍「老聲音的蒐藏雜記（三）——從卡通電影『紅葉故鄉』引發的歷史隨想」、14 August 2006.（オンライン資料）。［資料は一種のオンライン文芸サロン。「同溫層」は通常「成層圏」の意味だが、「似た者同士」を意味することもある。「沙龍」はサロンの音訳。このサロンは翌月以降更新されていない。アニメ映画は中華卡通製作公司。］
（42）張志超導演『紅葉小巨人』台北・學甫有限公司、1988.（映画）
（43）同前。

(44)「棒球的孩子——總論」。(ビデオ)
(45) 台湾・長榮航空(エヴァ・エア)機内ショッピングの広告、桃園・長榮國際股份有限公司、2000、85.
(46) 裘「紅葉眾小將前程如鏡」、22 : 艾「紅葉少棒隊『自生』記」、17.
(47)「紅葉村」中華民國新聞781(1968).(ニュース映画).
(48)「紅葉棒球隊」同前797(1968).(ニュース映画).
(49) 聯合報、29 August 1968, 6. 中国共産党政権の失政で飢餓禍が起き、民衆が樹皮や草まで食べたと言われた時も、国民党メディアはポルノグラフィー的執拗さで報道したことがあり、その再現版のようだった。
(50) 同前紙、1 September 1968, 5 : 11 September 1968, 5.
(51) 同前紙、4 September 1968, 6.
(52) 同前紙、21 August 1968, 4. この件で不可解なのは、聯合報の記事が8月の試合に出た紅葉のスター捕手・江紅輝の年齢をはっきり13歳と記し、年齢制限違反を公然の秘密のように扱っていたことである。日本チームが到着する直前の記事では、この後の一連の試合はリトルリーグ公式ルールの適用外で、この年に小学校を卒業した選手も出場資格してよいとしている。同紙 28 August 1968, 3 : 21 August 1968, 6.
(53)「紅葉棒球隊問台中」中華民國新聞777、1968.(ニュース映画)
(54)「棒球的孩子——總論」。(ビデオ)
(55) 聯合報、9 October 1968, 6 : 王『紅葉的故事』、5-6.
(56) 聯合報、10 September 1969, 3 : 王『紅葉的故事』、79. 孟峻瑋にも1968年の紅葉の勝利にふれた論考があるが、台湾リトルリーグ野球界の醜聞を暴き出す点に重点が置かれており、紅葉の違法工作と法的結末の細部に記述が偏っている。そのため「紅葉神話」「紅葉伝説」に関する部分はきわめて文学的な叙述に終始し、このチームの社会的・政治的な意味での「神話」やその含意には論及していない。Yu Junwei, *Playing in Isolation: A History of Baseball in Taiwan* (Lincoln: University of Nebraska Press, 2007), 37-47; Yu Junwei, "The Hongye Legend in Taiwanese Baseball: Separating Myth from Reality," *The International Journal of*

the History of Sport 24, no. 10 (October 2007), 1264-1277.

(57)「棒球的孩子——總論」。(ビデオ)

(58) Chen Shui-bian, "Bridging the New Century: New Year's Eve Address" (31 December 2000).(オンライン資料)

(59) Michael Herzfeld, *Cultural Intimacy: Social Poetics in the Nation-State*, 2nd edition (New York: Routledge, 2004), 4, 29.

(60) Ibid. 3.

(61) Ernest Renan, "What is a Nation?" in *Becoming National: A Reader*, ed. Geoff Eley and Ronald Grigor Suny (New York: Oxford University Press, 1996), 45, 53. この資料を発見したのはDarryl Sterkの助言による。

(62) 聯合報、9 September 1969, 3. ３人の被告の審問が夜間に開廷された法廷で行われ、国家の体面への打撃を最小限に抑えるように配慮されていたことにも留意しておきたい。焦桐『台灣文學的街頭運動——一九七七‐世紀末』台北・時報文化出版企業股份有限公司、１９９８、40.

(63) Herzfeld, *Cultural Intimacy*, 29.

(64)「少棒推行之道」『國民體育季刊』２, no. 3 (June 1971), １‐２.

(65) 許秀鄰「試談球場非戰場」同前誌２, no. 4 (September 1971), 18.

(66) 曾・孟『台灣棒球王』、166.

(67)「少棒推行之道」、１.

(68)「棒球的孩子——總論」。(ビデオ)

(69) Herzfeld, *Cultural Intimacy*, 3.

(70)「棒球的孩子——總論」。(ビデオ)

(71) 李潼『龍門峽的紅葉』台北・圓神出版社、１９９９、29.

(72) 張啟疆「胡武漢與我」徐錦成編『台灣棒球小說發展小史』台北・九歌、２００５、149.

(73) Nancy Guy, "Farewell to Rational Actors: Music, Emotion and Social Movement in Taiwan." 国際学術会議

On Taiwan Studies in International Perspectives, University of California, Santa Barbara, 26 October 2007 に提出されたペーパー、6-9, 11, 14, 16.

(74) Jeremy Taylor, "Pop music as postcolonial nostalgia in Taiwan," in *Refashioning Pop Music in Asia: Cosmopolitan Flows, Political Tempos and Aesthetic Industries*, ed. Allen Chun, Ned Rossiter, and Brian Shoesmith (New York: Routledge, 2004), 178-181.

(75) Tak Fujitani の所見による。

(76) 1975年大会には外国チームの参加が認められず、この年を除く12回中10回までが台湾チームの優勝だった。

(77)『今日中華民國――慶祝總統蔣公八秩華誕特輯』台北・僑務委員會、1966.（ページ番号なし）

(78)『今日中華民國』台北・僑務委員會、1968.

(79) 林琪雯「運動與政權維繫――解讀戰後台灣棒球發展史」國立臺灣大學社會學研究所、1995、51-52.（修士論文）

(80) 台風「蔣獨裁政權犠牲下的台灣人體育」『獨立台灣』14（August 1969）、22.

(81) 同前誌、24、28.

(82) 中華日報叢書委員會編『無敵金龍――中華少年棒球隊勇奪世界冠軍紀實』台北・中華日報社、1969、5-6.

(83)「棒球的孩子――金龍的故事」10回からなるビデオ・シリーズの2本目。台北・公共電視文化事業基金會、2000；中華日報叢書委員會編『無敵金龍』7；聯合報、4 June 1969, 6.

(84) 中華少年棒球隊奮鬥史編譯委員會編『中華少年棒球隊奮鬥史』台北・中華民國歴史文化出版社、1972、314.

(85) 中華日報叢書委員會編『無敵金龍』3.

(86) 同前書、7；「棒球的孩子――金龍的故事」。（ビデオ）

(87) 簡永昌『棒球與我』台北・自費出版、1977、22.

(88) 中華日報叢書委員會編『無敵金龍』1－2.
(89) *New York Times*, 3 August 1969, S4.
(90) 「棒球的孩子——金龍的故事」（ビデオ）：簡『棒球與我』、42.
(91) 簡『棒球與我』、26；*New York Times*, 3 August 1969, S4.
(92) 「棒球的孩子——金龍的故事」（ビデオ）：續伯雄『中華少棒奪魁記』台北・東方與西方出版社、1969、19－23.
(93) 郭源治『熱球』台北・新中原出版社、1998、45.〔邦訳書『熱球』富坂聡訳、ザ・マサダ、1997〕
(94) 「棒球的孩子——金龍的故事」。（ビデオ）
(95) 簡『棒球與我』、23.
(96) 「棒球的孩子——金龍的故事」。（ビデオ）
(97) "Taiwan team springs upset…tops Santa Clara in L. L. fainal," *The Sporting News*, 6 September 1969.（ページ不明）
(98) 續『中華少棒奪魁記』、12.
(99) 簡『棒球與我』、19.
(100) 聯合報, 17 August 1969, 5.
(101) 續『中華少棒奪魁記』、5.
(102) Herzfeld, *Cultural Intimacy*, 25-26.
(103) Lance Van Auken and Robin Van Auken, *Play Ball! The Story of Little League Baseball* (University Park: Pennsylvania State University Press, 2001), 167.
(104) 「台灣少年棒球隊為台灣人爭光」、7、9；「棒球的孩子——金龍的故事」、（ビデオ）
(105) 陳文發「台灣少年的光榮、台灣人的勝利」『台灣青年』106, (5 September 1969), 6.
(106) 『台灣獨立建國聯盟的故事』台北・前衛、2000、58.

(107) *New York Times,* 24 August 1969.
(108) 「向中華少棒隊歡呼」『新聞天地』25, no. 35 (30 August 1969), 3.
(109) 中華日報叢書委員會編『無敵金龍』1.
(110) Laura Li, "Empowering the People: Fifty Years of Struggle," trans. Brent Heinrich, *Sinorama*（『光華雜誌』）24, no. 10 (October 1999), 101.
(111) 聯合報、29 August 1969, 9.
(112) 王復旦「從金龍少年棒球隊成功說起」『國民體育季刊』1, no. 3 (December 1969), 3－5.
(113) 續『中華少棒奪魁記』、13－18.
(114) 「向中華少棒隊歡呼」、3.
(115) 聯合報、2 August 1971, 3；姚立業『中華青少棒發展史實』台北・環球雜誌社、1977、ii；浤芷江導演『少年、棒球、冠軍』台北・光華影片資料供應社、1979.（映画）
(116) Michael Szonyi, *Cold War Island: Quemoy on the Frontline* (New York: Cambridge University Press, 2008), 41, 257.
(117) 聯合報、19 September 1969, 3.（同じ面の記事3本）
(118) 同日同上紙；經濟日報、19 September 1969, 8.
(119) ほとんど同じ内容の以下の記事から合成した。聯合報、19 September 1969, 3；王「從金龍少年棒球隊」、3.
(120) 中華民国が北京（「北の首都」）を北平と呼ぶのは、中国の首都を南京（「南の首都」）とする建前による。王「從金龍少年棒球隊」、4.
(121) 郭『熱球』、48.
(122) 陳「台灣少年的光榮」、5－6.
(123) 「台灣少年棒球隊為台灣人爭光」、8－9.
(124) 「蔣總統暨夫人召見田逕女傑紀政與中華少年棒球隊選手」『新聞天地』25, no. 38 (20 September 1969), 表紙。

(125) 簡永昌とのインタビュー、台北・11 August 2004.
(126) 續『中華少棒奪魁記』、23－28.
(127) *Herzfeld, Cultural Intimacy*, 56.

第6章

題辞：James Wei, *China Yearbook 1971-72* (Taipei: China Publishing, 1972), 330; Leonard Pratt, "East Meets West in Taiwan," *Lima News* (Lima, Ohio), 4 June 1972.

(1) Yu Junwei, *Playing in Isolation: A History of Baseball in Taiwan* (Lincoln: University of Nebraska Press, 2007), 170-171.
(2) Ibid., 47-73.
(3) Scott A. Sandage, *Born Losers: A History of Failure in America* (Cambridge, MA: Harvard University Press 2005), 2, 9, 88.
(4) Michael Herzfeld, *Cultural Intimacy: Social Poetics in the Nation-State*, 2nd ed. (New York: Routledge, 2004), 3.
(5) 高正源『東昇的旭日――中華棒球發展史』台北・民生報社、１９９４、170.
(6) 臺灣省教育廳編『臺灣教育發展史料彙編　體育教育篇』台北・臺灣省體育廳、１９８８、806.
(7) 姚立業『中華青少棒發展史實』台北・環球雜誌社、１９７７、i；姚立業『中華青少棒世界揚名記』台北・健行、１９７８、i.
(8)「棒球的孩子――巨人的故事」、10巻からなるビデオ・シリーズの第4巻。台北・公共電視文化事業基金會、２０００.
(9) Sheldon L. Appleton, "Taiwan: The Year It Finally Happened," *Asian Survey* 12, no. 1 (1972), 37; 林琪雯「運動與政權維繫――解讀戰後台灣棒球發展史」國立臺灣大學社會學研究所、１９９５、47.（修士論文）
(10) 聯合副刊（聯合報の付録）、3 September 1971, 12.

(11) 陳必佳「談少棒運動與民族自信心的恢復」『大學雜誌』69（October 1973), 24-26.

(12)「華興［中學］與巨人」『中央月刊』5, no. 12 (October 1973), 40-42.［台北の華興中学はこの年のシニア・リーグ世界大会の優勝チーム］

(13) Robert Darnton, *The Great Cat Massacre and Other Episodes In French Cultural History* (New York: Basic Books, 1984), 89-90.［邦訳書『猫の大虐殺』海保眞夫・鷲見洋一訳、岩波現代文庫、２００７年］

(14) Jonathan Rutherford, *Forever England: Reflections on race, masculinity and Empire* (London: Lawrence & Wishart, 1997), 19, 26.

(15) Paul Hoch, *White hero, Black Beast: Racism, sexism, and the mask of masculinity* (London: Pluto Press, 1979), 134, 137.

(16)「棒運國運」『中央月刊』5, no. 12 (October 1973), 43.

(17) "Giants of boys' baseball," *Free China Review* 21, no. 9 (September 1971), 27.

(18) 焦桐『台灣文學的街頭運動――一九七七―世紀末』台北：時報文化出版企業股份公司、１９９８、41；以下の文献にも引用されている。Junwei Yu and Alan Bairner, "Proud to be Chinese: Little League Baseball and National Identities in Taiwan during 1970s," *Identities: Global Studies in Culture and Power* 15, no. 2 (April 2008), 235.

(19)『台灣獨立建国聯盟的故事』台北・前衛、２０００、58；太平山「威廉斯堡觀球記」『獨立台灣』38（October 1971）、54-55.
２００６年ワールド・ベースボール・クラシックのキューバ対プエルトリコの試合で、よく似た一件があった。反カストロ勢力がセスナ機に「アバホ、フィデル」［カストロは去れ］の垂れ幕を掲げて飛行させた。*Miami Herald*（電子版）, 14 March 2006.

(20) Lance Van Auken and Robin Van Auken, *Play Ball! The Story of Little League Baseball* (University Park: Pennsylvania State University Press, 2001), 164.

(21)「又一次對蔣門爭的勝利——一九七四年青少棒賽側記」『台獨月刊』32（28 October 1974）6.

(22) 国民党は台湾独立団体への潜入とスパイを任務とする有給の「職業学生」を抱えており、野球とソフトボールのチームも工作の対象にしていた。Winston T. Dang ed. *Taiwangate: Documents on the blacklist policy and human rights of Taiwan* (Washington DC: Center for Taiwan International Relations, 1991), 163.

(23)『台灣獨立建国聯盟的故事』、58：太平山「威廉斯堡觀球記」、54：Van Auken and Van Auken, *Play Ball!*, 167. 新聞報道によると、「試合中に観客の間で殴り合いが起きた。……二グループの中国人ファンによるもので、一方は台湾生まれ、もう一方は中国大陸生まれの人たちだった」。*New York Times*, 29 August 1971.

(24)『台灣獨立建国聯盟的故事』、58.

(25)「賓州球賽場邊武打小記」『獨立台灣』50 (November 1972), 45-46：Van Auken and Van Auken, *Play Ball!*, 164.

(26) Herzfeld, *Cultural Intimacy*, 26.

(27) Bill Buford, *Among the Thugs: The Experience, and the Seduction, of Crowd Violence* (New York: W. W. Norton 1991), 193.

(28) Herzfeld, *Cultural Intimacy*, 36.

(29) 太平山「威廉斯堡觀球記」、54：「向中華少棒隊歡呼」『新聞天地』25，no. 35 (30 August 1969), 3.

(30)『台灣獨立建国聯盟的故事』、59.

(31) Herzfeld, *Cultural Intimacy*, 2.

(32) 郭源治『熱球』台北・新中原出版社、１９９８，26："Celebrating our differences," *Taipei Times*（電子版），28 May 2000.

(33) 中華少年棒球隊奮門史編譯委員會編『中華少年棒球隊奮鬥史』台北・中華民國歷史文化出版社、１９７２、19：聯合報、12 September 1971, 3.

(34) 中華少年棒球隊奮門史編譯委員會編『中華少年棒球隊奮鬥史』、ii.

(35) “Giants of boy’s baseball,” *Free China Review,* 27.

(36) Herzfeld, *Cultural Intimacy,* 29.

(37) 崔健「一塊紅布」『解決』北京・中国中央文采声像出版公司、１９９１.（ディスク）

(38) 陳水扁「前進雅典，台灣加油」阿扁總統電子報137（22 July 2004）.（オンライン資料）

(39) Wei, *China Yearbook 1971-72,* 1.

(40) 中國時報、26 July 1993, 27.

(41) 張力可「台灣棒球與認同——一個運動社会學的分析」國立清華大學社會學研究所、２０００、58.（修士論文）

(42) 聯合報、4 June 1970, 3.

(43) 羅開明「由七虎少棒隊的勝利分析運動競賽的心理因素」『國民體育季刊』１，no. 6 (September 1970), ５－６.

(44)「棒球的孩子——七虎的故事」。10巻からなるビデオ・シリーズの第３巻。台北・公共電視文化事業基金會、２０００.

(45) 徐宗懋『三冠王之夢』台北・大地出版社、２００４、111.

(46) 聯合報、27 August 1970, 3.

(47)「棒球的孩子——七虎的故事」。（ビデオ）

(48) 中國時報、26 July 1993, 27；姚『中華青少棒發展史實』、27.

(49) 姚『中華青少棒發展史實』、28；聯合報、7 September 1970, 3.

(50)「棒球的美麗與哀愁」『中國論壇』384（September 1992）, 29－30.

(51) 合計53枚の写真がアップされている。行政院體育委員會「數位博物館——棒球」、November 2005.（オンライン資料）

(52) 聯合報、10 September 1970, 2.

(53) Paul Cohen に、紀元前５世紀の越王勾践の故事に中華民国がどのような公式解釈を下したかを論じた洞察に富む著作がある。勾践は、彼自身と越王国の復活のために屈辱的な日常生活に耐えた（いわゆる「臥薪嘗胆」）

人物として知られる。現代で同様の屈辱をなめ、敗北から再興に至る物語を再現しようとした蒋介石の場合、この有名な故事は心強いメタファーだったとする。Paul A. Cohen, *Speaking to History: The Story of King Goujian in Twentieth-Century China.* (Berkeley: University of California Press, 2009), 87-135. 蒋夫人の宋美齢は敗者には蒋ほど寛大ではなかった。国民党革命に殉じた人たちの子女の教育に30億台湾元（7，500万米ドル）という巨額の私財を提供し、台北に華興中学を創設したし、1969年台中金龍が世界大会で優勝した時は、選手たちのために特別入学枠を設けた。だが嘉義七虎には全く恩賞を与えなかった。もっとも、七虎選手が大挙入学した屏東県の美和中学は急に野球が強くなり、1970年代を通じ全島大会で抜群の成績を残している。林華夷とのインタビュー、台中・30 July 2004.

（54）この雑誌の版元は、1968年紅葉チームに多額の物質的援助を提供した出版社。［第五章前半を参照］

（55）「棒球小英豪（1）」『王子』82（1 July 1970）、153－167：「同2」同誌83（15 July 1970）、21－35：「同（3）」同誌84（1 August 1970）、59－73.

（56）「棒球小英豪（3）」、62－66.

（57）Hsiao Yeh（小野）、"Forced Out," in *Winter Plum: Contemporary Chinese Fiction*, ed. Nancy Ing (Taipei: Chinese Materials Center, 1982), 139-151：小野「封殺」『封殺』台北・文豪出版社、1979、72－87.

（58）小野「封殺」、徐錦成編『台灣棒球小說發展小史』、台北・九歌、2005、32.

（59）廖咸浩「入侵者」、徐編『台灣棒球小說發展小史』、48－77.

（60）Milan Kundera, *The Book of Laughter and Forgetting* (New York: Penguin, 1981), 121-122.

（61）晏山農「新認同的配方」『中國論壇』384（September 1992）、32－35.

（62）楊德昌（エドワード・ヤン）導演『青梅竹馬（Taipei Story）』台北・萬年青電影公司、1985（映画）．併せて Tonglin Lu, *Confronting Modernity in the Cinemas of Taiwan and Mainland China* (Cambridge: Cambridge University Press, 2002), 120-132も参照。

（63）劉益東導演『奮鬥』台北・台灣省電影製片廠、1988.（映画）

(64) 節の題辞：“Great Moments in Little League World Series History, ” *The Onion*（電子版）, 17 August 2006.

(65) 詳細は Yu, *Playing In Isolation*, 69-71.

(66) 匿名の元リトルリーグ選手とのインタビュー、台湾・２００７年夏。

(67) 蘇錦章『嘉義棒球史話』台北・聯經出版事業公司、１９９６、55、71.

(68) “Baseball Tries to Make a Comeback,” *Taipei Journal* 17, no. 45 (10 November 2000), 8.

(69) 聯合報、18 August 1975, 2.

(70) “Taiwan team springs upset,” The *Sporting News*, 6 September 1969. ページ不明。このころの台湾に好意的だったアメリカ的スポーツマンシップ（一時的現象で終わったが）は、台湾の新聞の論評でも紹介されている。聯合報、6 September 1970, 2.

(71) Joseph Timothy Sundeen, “A ‘Kid’s Game’? Little League Baseball and National Identity in Taiwan,” *Journal of Sport & Social Issues* 25, no. 3, (August 2001), 257.

(72) Van Auken and Van Auken, *Play Ball!*, 169.

(73) Ibid., 176.

(74) 巨人軍の抜群の強さを示す３試合合計の記録は以下の通り。チーム打率０・４１７。３試合合計の相手チーム打席数56（最低規定打席数は３試合×６イニング×３人＝54打席）。三振奪取数46。与四球２。盗塁阻止１。相手エラー13。自チーム・エラー１。相手ワイルドピッチ10。相手パスボール15。“Going to Bat for Taiwan,” *Sports Illustrated* (19 August 1974), 66-67.

(75) *New York Times*, 26 August 1973；*Press-Citizen* (Iowa City), 27 August 1973; *New York Times*, 28 August 1973.

(76) 方俊靈「指導巨人少棒隊的經過及感想」『國教之友』373（December 1971）、39－40。１９７０～80年代の青少年チームの苛酷な練習に関する具体例は Yu, *Playing In Isolation*, 84-90.

(77) *Los Angeles Times*, 28 August 1973.

(78) *New York Times,* 28 October 1973.
(79) *Philadelphia Inquirer,* 25 August 1974.
(80) J. Anthony Lukas, "The Nationalist Pastime," *Rolling Stone* 175 (5 December 1974), 58, 63.
(81) Ibid.
(82) Sundeen, "A 'Kid's Game'?" 257.
(83) *New York Times,* 12 November 1974.
(84) Herzfeld, *Cultural Intimacy,* 3,
(85) Chunwei Yu, "I have a lot to say on the part of Taiwan," Amazon.com review of Joseph Reaves, *Taking in a Game: A History of Baseball in Asia,* 18 December 2002.（オンライン資料）
(86) Allen Chun, "Democracy as Hegemony, Globalization as Indigenization, or the 'Culture' in Taiwanese National Politics," *Journal of Asian and African Studies* 35, no. 1 (February 2000), 10.
(87) 世界チャンピオンの座を確保しておきたい台湾の野球関係者にとっては、国内試合が多すぎることが頭痛の種だった。１９８１年の例では、世界チャンピオンになった台中・太平小学校チームは、ワールド・シリーズと極東地区大会の前に14試合戦わねばならなかった。張敬果『中華民國少年、青少年、青年棒球發展史實』台北・自費出版、１９８３、16.
(88)「棒球的孩子――朴子榮工的故事」10巻からなるビデオ・シリーズの最終巻。台北・公共電視文化事業基金會、２０００.

第７章

題辞："ROC Established Professional Baseball League," *Central News Agency* (Taiwan), 23 October 1989; Mark Whicker, "Mets want some Mora: The Valentine favorite, who once played in Taiwan, helps keep them alive," *Orange County Register,* 17 October 1999.

(1) 高正源『東昇的旭日——中華棒球發展史』台北・民生報社、１９９４、167.
(2) 聯合報、27 December 1972, 6.
(3) 同前紙、17 February 1973, 6.
(4) Howard Boorman, ed., *Biographical Dictionary of Republican China*, vol. 4 (New York: Columbia University Press, 1971), 7-9；聯合報、26 November 1972, 6.
(5) 同前紙、29 December 1972, 6.
(6) 同前紙、19 February 1973, 6.
(7) 高『東昇的旭日』、167.
(8)「野球人的天空」、9 October 2005.（ブログ）
(9) 聯合報、4 December 1974, 8.
(10) *New York Times*, 29 May 1975; *Mansfield News Journal* (Mansfield, Ohio), 25 May 1975.
(11) *Post Crescent* (Appleton, Wisconsin), 25 April 1976; *Mansfield News Journal*, 5 August 1976. ロサンゼルス・ドジャース、ピッツバーグ・パイレーツも高と李に関心を示していた。聯合報、30 May 1975, 3.
(12) これ以前に、アメリカのマイナー・リーグに入団していた台湾人選手に、譚信民がいる。陳秀雄の獲得に失敗した太平洋クラブ・ライオンズと［１９７４年、練習生として］契約を結び、その後ライオンズの提携先サンフランシスコ・ジャイアンツの傘下クラスA球団フレスノに入団した。聯合報、27 February 1974, 8.
(13) 同前紙、23 November 1979, 5.
(14) 同前紙、21 September 1980, 5.
(15) 郭源治『熱球』台北・新中原出版社、１９９８、76.
(16) 同前書、26、28.
(17) 同前書、76；聯合報、28 March 1981, 5.
(18)「日本プロ野球外国人選手（１９３６-１９９４）」『ベースボールマガジン』18、no. 3（１９９４年夏）、74.

ほかに、日本国籍を取得した台湾人選手がいる。多くの場合、リーグが定める「外国人選手」の制限（当初1チーム2人まで）を受けずに済む便宜のためだった。たとえば李宗源は、三宅宗源の日本人名でロッテ・オリオンズと読売ジャイアンツで1979年から85年までプレーした。欧米人は台湾人のように日本に同化するのが難しく、親が日本臣民だったわけでもないため、当然のことながらそのような選択はしにくかった。

（19）高正源『閃耀一百勝——郭泰源』台北・民生報社、1994、7、41.

（20）高正源『呂明賜傳奇——邁向巨人之路』台北・民生報社、1988、175、183.

（21）同前書、141を参照。

（22）Robert K. Fitts, *Remembering Japanese Baseball: An Oral History of the Game* (Carbondale: Southern Illinois University Press, 2005), 205.

（23）瞿海良「台灣原住民的棒球傳奇」『山海文化』9（March 1995）、28.

（24）聯合報、3 June 1982, 5.

（25）楊武勳・高正源『奥運棒球國手點將録』台北・民生報社、1984、73.

（26）林華韋とのインタビュー、台中・30 July 2004.

（27）この記事では「楚材晉用」（「楚の国の人材を晋の国が雇う」）〔人材流出の喩え〕という成句を使っている。「發展自己的職業棒球隊」『自由青年』73、no. 1（January 1985）、33.

（28）「台灣棒球好手走紅日本」『日本文摘』39（April 1989）、110.

（29）高正源「台灣職棒、廿年媳婦熬成婆…」『中華棒球雜誌』21（December 1988）、4.

（30）「成立職棒，不宜操之過急」同前誌18（March 1988）、38–39.

（31）「職棒，不能再拖一天」同前誌19（June 1988）、50–51.

（32）"ROC Promotes World Harmony through Baseball," *Central News Agency* (Taiwan), 11 August 1987.

（33）曾文誠「職棒草創華路藍縷」『職業棒球』167–168（January-February 1997）、22.

（34）連盟の正式発足は1989年10月、初代コミッショナー（「会長」）は唐盼盼。"ROC Establishes Professional

Baseball League," *Central News Agency* (Taiwan), 23 October 1989.

(35) "ROC Pro Ball in 1990," *Free China Journal,* 8 September 1988, 2.

(36) Andrew Morris, "Taiwan: Baseball, Colonialism, and Nationalism," in *Baseball Without Borders: The International Pastime,* ed. George Gmelch (Lincoln: University of Nebraska Press, 2006), 65-88; Andrew Morris, "Baseball, History, the Local and the Global in Taiwan," in *The Minor Arts of Daily Life: Popular Culture in Taiwan,* ed. David K. Jordan, Andrew Morris, and Marc L. Moskowitz (Honolulu: University of Hawai'i Press, 2004), 175-203. これら論考の一部を本章に転記した。

(37) "Table of Important Chinese Terms and their English Translations Used by the President in His Speeches and Important Messages," published by the Government Information Office, Republic of China, 23 July 2004.（オンライン版）

(38) A. Cvetkovich and D. Kellner, "The Intersection of the Local and the Global," in *Globalization: The Reader* ed. John Beynon and David Dunkerley (New York: Routledge, 2001), 134.

(39) Arturo J. Marcano Guevara and David P. Fidler, *Stealing Lives: The Globalization of Baseball and the Tragic Story of Alexis Quiroz* (Bloomington: Indiana University Press, 2002), 28-30, 33.

(40) Craig Stroupe, "Glocalization."（オンライン資料）

(41) Wayne Gabardi, *Negotiating Postmodernism* (Minneapolis: University of Minnesota Press, 2001), 33.

(42) 三商の主な選手調達先は合作金庫と榮民(退役軍人)病院のセミプロ・チームだった。曾文誠「台灣職棒史(二)」、13 February 2006（オンライン資料）；曾文誠「台灣職棒史（三）」、19 February 2006.（オンライン資料）

(43) Shih Chih-pin, "A Study of the Relationship Between Media Coverage, Audience Behavior, and Sporting Events: An Analysis of Taiwan Professional Baseball Booster Club Members" (University of Northern Colorado, 1998), 37-39, 80.（博士論文）

(44)「球迷點戲，要看三商兄弟之戰」聯合報、29 May 1990, 16［「點戲」は、出し物を指定して伝統劇を上演させ

客を接待すること」：曾文誠「台灣職棒史（四）」、27 February 2006.（オンライン資料）

(45) 聯合報、8 June 1990, 5 記事2本。

(46) 創設初年にプレーした外国人選手は実数で19人、その後メジャーリーグを経験したのは2人だけ。一人はタイガースの内野手ホセ・モレノ（１９８０～82年メッツ、パドレス、エンジェルスで82試合に出場し打率０・２０６）、もう一人はエレファンツの投手ホセ・ローマン（１９８４～８６年インディアンスで14試合に出場し１勝８敗、防御率８・１２）。

(47) 俊国ベアーズのメトイアー投手とのインタビュー、31 August 1993.

(48) 中日の二軍には台湾人一軍選手の郭源治、陳大豊が同行した。

(49) William W. Kelly, "Blood and Guts in Japanese Professional Baseball," in *The Culture of Japan as Seen through Its Leisure*, ed. Sepp Linhart and Sabine Frühstück (Albany: SUNY Press, 1998), 105-107.

(50) Jackie Chen, "Major League Controversies—Professional Baseball Enters a New Era," trans. Phil Newell,『光華雜誌』(*Sinorama*) 21, no. 3 (March 1996), 80.

(51) Jeffry P. Wilson, "Taiwan Enters the Big Leagues: A Look at Disputes Involving Foreign Professional Baseball Players," *For the Record* 4, no. 5 (October-November 1993), 3.

(52) 表１（246ページ）に外国人選手の国別出身地を示した。ほぼ半数が台湾に来る前にアメリカのメジャー・リーグまたは日本のプロ・リーグに所属していた。

(53) ヒンショーとの個人的会話による。6 August 2009.

(54) 聯合報、25 February 1998, 28. その後の同様の例に、２００６年ラニュー・ベアーズを解雇されそうになったカナダ人三塁手トッド・ベッツのケースがある。この時はYouTubeに（リチャード・マークスの曲付きで）投稿があった。"Todd Betts MV," youtube.com, 28 July 2006.（オンライン資料）

(55) その後出場選手枠は３人になった。日本と韓国のプロ野球ではそれぞれ４人、２人程度に制限されている。

(56) "Diary of a Comeback Kid" (15-16 May 1995).（ブログ）

(57) 聯合報、15 September 1995, 24.

(58) 孤虹『職棒洋將性醜聞——揭發女球迷與洋將的桃色交易』台北・日臻出版社、１９９７.

(59) Marc L. Moskowitz, "Multiple Virginity and Other Contested Realities in Taipei's Foreign Club Culture," *Sexualities* 11, no. 3 (June 2008), 333, 337-343.

(60) 「洋將難管理，不請還不行」聯合報、17 October 1993, 17：「艾勃之死令人震驚，洋將在台生活，應有人管理」同紙、21 October 1993, 11：「艾勃猝死，敲響洋將管理警鐘」聯合晚報、17 October 1993, 15：民生報、18 October 1993, 4. ２００５年に台湾職業棒球聯盟の誠信コブラズのドミニカ人外野手マリオ・エンカルシオンが死亡した事件の際も、粗暴で管理が難しい外国人選手は台湾の野球に害を及ぼしているという冷酷な言説が繰り返されたが、先天性の疾病が死因だったことが後に判明した。参考例に、「職棒16年洋將上千人、文化隔閡大難管理」、ウェブ・ニュース *ETtoday*, 3 October 2005.

(61) 民生報、8 November 1993, 5.

(62) 同前紙、18, October 1993, 4; 聯合報、21 October 1993, 11.

(63) この年のＣＰＢＬ38試合のうち、外国人投手は全イニングの81%を投げ35勝した。自由時報、25 March 1998, C8.

(64) 準優勝の興農ブルズは投手11人のうち外国人は9人。外国人投手を合計すると57勝45敗2引き分け、台湾人投手は2人で1勝のみ。

(65) 選手の外国人比率が高いだけでなく、監督にも外国人を雇用しようとするチームが多かった。作戦面で台湾人監督よりも広い知見を持っていると思われたためである。エレファンツを率いた山根俊英が１９９２年から3連覇した実績を見て、95年には6球団中5球団が日本人を監督にした。

(66) 「找出問題，解決問題」『職業棒球』219（12 June 2000）、19.

(67) 陳一平『白毛頻道』台中・水永出版社、１９９７、93-94.

(68) 敖幼祥『職棒狂想曲』台北・中華職棒事業股份有限公司、1994, 28; Morris, "Baseball, History, the Local and

the Global in Taiwan," 193.

(69) 敖『職棒狂想曲』、42.

(70) １９９７年の各種部門のベスト10に入った外国人選手数は、打率８人、本塁打８人、打点７人、投手勝利数７人、防御率６人。重要部門でタイトルを取った台湾人選手はライオンズの呉俊良（最多勝投手）だけで、新聞に「『中国人』の面目を何とか保った唯一の選手」と書かれた。自由時報、8 October 1997, 30.

(71) 同前紙、27 May 1998, 33.

(72) 同前紙、11 March 1998, C6；張力可「台灣棒球與認同――一個運動社會學的分析」國立清華大學社會學研究所、２０００、83.（修士論文）

(73) 「饒富創意的興農牛隊洋將命名」、30 July 2007（ブログ）；「台灣農産品安全追溯資訊網」（オンライン資料）。興農のこれら農薬の商品名は少林寺拳法の型の名前。台湾プロ野球の外国人選手にしばしば奇妙な中国語名がつけられた歴史を、ネット上で記した文章がある。Jackson Broder "Amorous Feelings: Weird Chinese Names of Former CPBL Players," 26 July 2009.

(74) 聯合報、18 December 1996, 24.

(75) 臺灣日報、17 February 1997, 9；聯合報、17 February 1997, 24.

(76) 聯合報、1 March 1997, 24；臺灣日報、24 February 1997, 9.

(77) 臺灣日報、6 January 1999, 22; 7 January 1999, 22. この一件は、後に米大リーグと日本、韓国のプロ・リーグとの間で協定が結ばれる契機になったと思われる。それら協定には「アジアの球団がメジャー・リーグの単なる『ファーム球団』となることを防止し……アジアのリーグを『アメリカの野球帝国主義』から保護する」ことがうたわれた。Guevara and Fidler, *Stealing Lives*, 28-30.

(78) 「用夢想及信心，打造第二個王國」『那魯灣週報』5（4 January 1997）、2.

(79) 臺灣日報、14 August 1998, 20；「渡邊久信轉戰那魯灣」同紙、29 December 1998, 22.

(80) 「日球員好用，那魯灣知道」ネット・メディア華訊新聞網、13 June 2000.

(81) Leo Ching, "Globalizing the Regional, Regionalizing the Global: Mass Culture and Asianism in the Age of Late Capital," *Public Culture* 12, no. 1 (2000), 236.

(82)「球員權充模特兒——戰袍閃亮現身」『那魯灣週報』7 (1 February 1997)、3.

(83) 臺灣日報、3 December 1998, 23.

(84) 日本プロ・サッカーのＪリーグがコミュニティー・スポーツの育成を「使命」に掲げたのを参考にした着想らしい。Richard Light and Wataru Yasaki, "Breaking the Mould: J League Soccer, Community and Education in Japan," *Football Studies* 6, no. 1 (April 2003), 41-42. ＣＰＢＬの場合も、台湾野球文化の重要な要素である地元意識を無視したわけではない。建設業界の大物・陳一平がオーナーだった俊国ベアーズは、陳の事業の拠点・台中で意識的にファンを開拓した最初の球団だった。「ＴＣ」(台中) の帽章 (当時強かったオークランド・アスレチックスと似た緑と金のデザイン) とユニフォームに「台中」の漢字を縫い付けた。

(85)「金剛傳情、鄉情獻愛」『那魯灣週報』7 (1 February 1997) 6.

(86) 聯合報、5 October 1999, 29.

(87) 臺灣日報、12 February 1997, 9.

(88)「政治＋棒球＝那魯灣」自由時報、8 November 1997, C8.

(89)「用夢想及信心」『那魯灣週報』、2.

(90)「李總統接見日本東亞大學棒球隊——中日棒球交流要再加強」聯合報、2 December 1994, 24.

(91)「中華職棒開球招阿扁」華訊新聞網、21 January 1998.

(92) 自由時報、8 November 1997, C8.

(93) 同日同前紙。

(94) 同前紙、28 October 1997, C8. 当選した陳県長の選挙公約には、30年前台東県に栄光をもたらした当時の有名校・紅葉小學校棒球隊の再建も入っていた。やはり当選した余政憲・高雄県長 (「棒球縣長」として有名) は、地元にプロ野球専用球場を新設するために奔走したことが時流に合い、政治的成功につながった。「『棒球縣長

安全上壘』、棒運佔上得分位置」華訊新聞網、1 December 1997；自由時報、8 November 1997, C8.

(95) 聯合報、28 February 1997, 24.

(96) 同前紙、23 September 1998, 29の記事2本。

(97) ７人の先住民族歌手が歌って録音されたこの曲の公式ＣＤが売り出された。「『正港的英雄』搶攻宣傳灘頭」『那魯灣週報』5（4 January 1997）、5.

(98) 原歌詞の最初４行は標準中国語、第５行は台湾語、第６行は英語と台湾語、第７行は日本語と台湾語、最終行は「先住民族語」と台湾語からなる。「那魯灣——正港的英雄」『那魯灣週報』5（4 January 1997）、5.

(99) 臺灣日報、2 February 1997, 1. イーグルスは「黒鷹」と呼ばれてこの年末にリーグ加盟資格停止になり、翌年解散した。聯合報、16 September 1998, 29.

(100) 卓琨原、蔡明宏、張正憲。蔡と張は１９７９年リトルリーグのワールドシリーズで優勝した朴子旋風隊［第６章第５節を参照］の選手でもあった。

(101) 聯合報、2 February 1997, 3；14 February 1997, 3.

(102) 江は台湾プロ球界から追放されてから５年後、大陸中国で新設された中国野球リーグの天津ライオンズのコーチ、中国ナショナルチームの監督に雇われ、第二の野球人生を歩んだ。天津チームには１９９７年やはりＣＰＢＬを追放になった郭建成、鄭百勝がコーチに雇用された。*Taipei Times*（電子版）、9 May 2002.

(103) 聯合報、14 February 1997, 3.

(104) 同前紙、15 February 1997, 7.

(105) 「只要『放』掉一場球、他們給我二千萬」『商業周刊』484（3 March 1997）、74.

(106) 聯合報、7 August 1997, 1.

(107) 徐生明『淬煉』台北・凱特文化、２００７、187.

(108) 自由時報、21 November 1997, C8.

(109) １９９０年代中期に台湾最高の投手と言われ、当時ライオンズにいた郭進興もＴＭＬへの移籍を希望した。

しかし野球賭博に関わっていたことが発覚し、どちらのリーグでもプレーできなくなった。彼の名前が再び新聞に載ったのは、１９９９年麻雀仲間の女性をナイフで脅し、キャッシュカードを強奪して逮捕された時だった。聯合報、29 June 1999, 9.

(110) 同前紙、6 February 1999, 29：臺灣日報、6 February 1999, B8.

(111) 聯合報、20 January 1998, 28：17 February 1998, 28.

(112) 同前紙、31 July 1998, 29.

(113) 世界日報、8 October 1999, B6.

(114) リーグが外国人選手に過度に依存した状態は、他の要因と無関係に球団数が減っただけで解消された。プロとしての能力がある台湾人選手の絶対数が不足していたのに7球団編成だったため、支配下選手を確保するには「洋将」を多数雇用する必要があったが、球団数が減ってから外国人選手が４人だけでも編成可能になった。２０００年シーズンから外国人枠は２人になり、後に３人に増えた。

(115) *Los Angeles Times,* 19 June 2001.

(116) *Press-Enterprise* (Riverside, CA), 13 September 2002; *Fresno Bee,* 6 July 1999.

(117) *Los Angeles Times,* 19 June 2001.

(118) *Fresno Bee,* 6 July 1999; *Daily News of Los Angeles,* 16 August 2002. ラジオ・アナウンサーのヴィン・スカリが、２０００年4月のサンフランシスコ・ジャイアンツに関する番組の中で、ウィーバーを登場させて台湾プロ野球の暗部を語らせ、アメリカン・リーグで2度オールスターに選ばれたニューヨーク・メッツ時代のメルヴィン・モラも、台湾プロ野球の同様の醜聞を、ニューヨーク・タイムズ記者に語っている。*New York Times,* July 24 2000.

(119) 「台灣的棒球運動何去何從」『棒球世界』１（July 1999）、88.

(120) *Las Vegas Weekly*（電子版）, 28 July 2005.

(121) Ibid.

(122) ドジャー・スタジアムでの陳金鋒のデビュー戦では、試合に先立ち、陳水扁総統の祝賀メッセージがスコアボードの大スクリーンに映し出された。運動具メーカーのナイキは、「エア・ズーム・リスペクト・スペシャル」と銘打った陳のサイン入り野球シューズをその年12月に発売する計画を発表した。*Taipei Times*（電子版）、13 September 2002.

(123) 陳金鋒はドジャース傘下３Ａのラスヴェガス51sでチーム生涯最多のホームランを打ったが、メジャーでは出場19試合、打率・０９１に終わった。新聞のコラムでは「太陽は確かに東方に昇ったが、ドジャースが春のキャンプ途中で西へ移動する時、陳金鋒はラスヴェガスにとどまることになった」と評された。*Las Vegas Review-Journal*（電子版）, 7 April 2005.

(124) 「誰要郭弘志?」『棒球世界』２（August 1999）、62-64.

(125) 聯合報、13 July 1999, 29.

(126) "Hampton returns." ColoradoRockies.com, 4 May 2001.（オンライン資料）

(127) "Rockies right-hander Chin-hui Tsao," ESPN.com, 8 October 2003.（オンライン資料）

(128) 「郭弘志事件——棒球，讓我再愛一次」聯合報、18 July 1999, 15.

(129) "Pop star gives baseball league the F word," *The China Post*（電子版）、1 April 2001.

終章

(1) Chen Shui-bian, "Bridging the New Century: New Year's Eve Address" (31 December 2000)（オンライン資料）：陳水扁「總統發表跨世紀談話」中華民國總統府、31 December 2000.（オンライン資料）

(2) 節の題辞：周杰倫（ジェイ・チョウ）「簡單愛」、アルバム『范特西［ファンタジー］』所収、Taipei: Sony BMG Taiwan, 2001.

(3) 蔡武璋・林華夷・林玫君『典藏台灣棒球史——嘉農棒球１９２８-２００５』台北・行政院體育委員會、２００５、150.

（4）ブレーブスのオーストラリア人内野手ポール・ゴンサレス、ジェームズ・バックリーもこの寸劇に引っ張り出され、１９６９年台中・金龍に敗れた「敵方」サンタクララの選手を演じた。「勇士們不負阿扁所託」華訊新聞、21 May 2000.

（5）Lisa Liang, "Fixing Taiwan baseball," *Taiwan Journal* 24, no. 2 (12 January 2007).（オンライン資料）.

（6）エレファンツはこうしたことにはリーグでも最も熱心で、２００４年シーズンにはユニフォーム、帽子、ヘルメットに10数種類の広告を縫い付け、キャッチャーのプロテクターにまでサロンパスの広告を貼った。興農ブルズの２０１０年シーズンのユニフォームに付けられた企業ロゴは17種もあった。

（7）「陳金鋒——萬事打卡，友情無價」11 March 2008.（オンライン資料）.

（8）『棒球世界』４（October 1999）：５（November 1999）.

（9）「２００２台灣大聯盟球季口號『It's My War!』」Naluwan.com, 12 March 2002.（オンライン資料）

（10）「職棒19年主題曲！非我莫屬，主唱：林宗興、高瑞欣」、11 March 2008.（オンライン資料）［引用部分は男女が代わる代わる歌うテーマソングの末尾５句。曲名は司馬遷『史記』屈原賈生列伝中の「我にあらざればよく為すものなし」から］

（11）「前進大聯盟——全民打棒球２」、1 August 2008.（オンライン・ゲーム）.

（12）「我是哪個王牌？：心理測驗讓你知」（同前ゲーム）

（13）中國時報（電子版）、24 July 2008.

（14）*Buffalo News*, 17 April 1997.

（15）*San Jose Mercury News*, 17 April 1997.

（16）聯合報、15 July 2007, D8.

（17）中國時報、15 July 2007, D8.

（18）「讓龜山少棒隊愿威廉波特夢」NOWnews. 30 July 2009.（ウェブ・ニュース）

節の題辞："New York Yankees Taiwanese pitcher（Chien-ming Wang）," 25 March 2007.（youtube 映像）

(19) 大話新聞、SETV, 18 August 2004.（テレビ番組）

(20)「天天有洋基，快變中華隊了」聯合報系の無料紙 Upaper, 18 July 2007, 24.

(21)「57金錢爆：洋基邪悪帝國大陰謀」, 15 December 2009.（youtube 映像）

(22) *China Post*（電子版）, 1 October 2007.

(23) ２００６年ワールド・ベースボール・クラシックの実例では、エースの潘威倫（台湾プロ野球で通算37勝24敗、防御率２・45の実績があった）を第３戦の中国に勝つために温存し、第２戦の対日本戦には力の劣る許竹見（同22勝24敗、防御率４・77）を起用して、最終的に優勝した日本に14対３で大敗した。

(24) 世界日報、8 August 2008, F2.

(25) 試合前から陰謀説があった。台湾は前夜日本と対戦して15時間後の午前中に中国と対戦する日程になっており、野球競技でこうした不利を受けたチームは他になかった。自由時報（電子版）、11 August 2008.

(26)「許多有形，無形的失誤，造成中華輸中國」NOWnews, 15 August 2008.（ウェブ・ニュース）

(27)「延長12局中華７：８遭中國逆轉，呑下最悲辱的一敗」麗台運動報、15 August 2008.（ウェブ・ニュース）

(28)「史上最難看的一戰，台灣首次輸中國」Yam News, 15 August 2008.（ウェブ・ニュース）

(29)「８１５國恥日，網友呼籲降半旗致哀」NOWnews, 15 August 2008.

(30) 聯合報（電子版）、20 August 2008.

(31)「８１５國恥日」.

(32) 中廣新聞、28 August 2008；NOWnews, 30 August 2008；Taiwan defeat at Beijing Olympics in focus: Reports say several members of the gambling syndicate traveled to China at the time," *Taiwan News*, 12 February 2010.（いずれもウェブ・ニュース）.

(33) "Taiwan's baseball team Dmedia involved in foul play," *Taiwan News*, 9 October 2008；自由時報（電子版）, 9 October 2008.

(34) Michael Herzfeld, *Cultural Intimacy: Social Poetics in the Nation-State* (New York: Routledge, 2004), 56.

(35) 中國時報（電子版）、23 December 2005.

(36) *Taipei Times*（電子版）, 10 December 2001；自由時報（電子版）、7 November 2001.

(37) *Taipei Times*（電子版）, 8 November 2001.

(38) 自由時報（電子版）、7 November 2001.

(39) 聯合報、17 November 2001, 3.

(40) "Gambling becomes a big pull for punters at baseball matches," *Taipei times*（電子版）, 15 November 2001；"Baseball as a metaphor for life," *Taipei Times*（電子版）, 20 November 2001.

(41) 聯合報、18 November 2001, 2.

(42) 中國時報、7 November 2001, 30.

(43) *Taipei Times*（電子版）, 8 November 2001.

(44) "Baseball as a metaphor for life."

(45) "Games bring back baseball buzz," *Taipei Times*（電子版）, 18 November 2001.

(46) "Baseball Fever: Taiwan Catches It (Again) from Baseball World Cup," trans. Phil Newell,『光華雜誌』(*Sinorama*), 26, no. 12 (December 2001), 65-66.

(47) *Taipei Times*（電子版）, 14 January 2003; "President heralds new era for local professional baseball," *Taiwan News*, 14 January 2003.（ウェブ・ニュース）

(48) Yu Junwei and Dan Gordon, "Nationalism and National Identity in Taiwanese Baseball," *NINE: A Journal of Baseball History and Culture*, 14 no. 2 (Spring 2006), 36.

(49) Yu Junwei, *Playing in Isolation: A History of Baseball in Taiwan* (Lincoln: University of Nebraska Press, 2007), 144-155.

(50) "CPBL pleads for fan backing amid corruption allegations: Acting commissioner announces tough rules including lifetime ban for guilty players," *Taiwan News*, 28 July 2005.

（51）“Match-rigging claim hits Taiwan baseball,” *Taiwan News*, 8 July 2005.
（52）Habibul Haque Khondker, “Glocalization as Globalization: Evolution of a Sociological Concept,” *Bangladesh e-Journal of Sociology* 1, no. 2 (July 2004), 4.
（53）Herzfeld, *Cultural Intimacy*, 43.
（54）Ibid.
（55）中國時報（電子版）、23 December 2005.
（56）「總統盼台灣隊前進棒球經典賽２００８奥運奪金」ウェブ・メディア多維新聞、3 March 2006.
（57）“Mass Rally for Embattled Taiwanese President,” *Agence France-Presse*（電子版）、30 September 2006.
（58）Herzfeld, *Cultural Intimacy*, 44.
（59）「人權、尊嚴、新台灣，人權宣言再邁歩」『新台灣新聞周刊』595（17 August 2007）、59、60.
（60）「國民黨叛變烽火四起」雑誌『一號人物』66（July 2007）、46－47.
（61）「馬英九、蕭萬長官方網站：讓我們一起重返棒球場!!!」（国民党の選挙運動サイト。その後閉鎖）
節の題辞：張力可「台灣棒球與認同：一個運動社会學的分析」國立清華大學社會學研究所（修士論文）、66ページに引用された南方朔の論評；“Chen [Shui-bian] praises star baseball player for pitching excellence,” *Taipei Times*（電子版）, 1 August 2003；“Taitung Tourism,” 27 December 2002 .（オンライン資料）
（62）台湾紙・星報、18 July 2004, C3；民生報、18 July 2004, A2.
（63）聯合報、22 August 2005, A6.
（64）「紅葉的故事」『光華雜誌』18、no. 1（January 1993）、42.
（65）「卑南少棒營的一天」『光華雜誌』17、no. 9（September 1992）、42.
（66）「神勇原住民林智勝」『職業棒球』（電子版）297（10 December 2006）.
（67）「王國進啥《シア》米《ミ》攏《ロン》嘸《ム》驚《キア》」『職業棒球』268（10 July 2004）、56、59.
（68）「統一球星屏東長樂獻愛心」CPBL.com, 1 May 2007.（オンライン資料）

(69)「職棒好薪慶前十名、原住民球員占七名」CPBL.com, 19 March 2007.（オンライン資料）
(70) 聯合報、31 October 1997, 28.
(71) 同前紙、1 November 1997, 28.
(72)「少小離家原鄉遠」『職棒迷（HIT!）』20（January 2005）、34.
(73) 張力可「台灣棒球與認同」、67.
(74) 瞿海良「台灣原住民的棒球傳奇」『山海文化』9（March 1995）、27、29.
(75) 同誌、31。
(76)「呉俊達提願景希望舉辦原住民世界盃」華訊新聞網、6 December 2003.
(77) 謝仕淵「地域棒球風——後山傳奇，南國榮光」『大地地理雜誌』、197（August 2004）、26.

日本語版へのあとがき

(1) *Taipei Times*（電子版）、11 February 2010；*The Japan Times*（電子版）17 December 2010 .
(2) 林泉忠「哈日，親日，戀日?」『邊陲東亜』的『日本情結』」『思想』14特集「台灣的日本症候群」（January 2010）、139－140.
(3) Chris Berry, "Imagine There's No China: Wei Te-sheng and Taiwan's 'Japan Complex,'" in *Taiwan Cinema: International Reception and Social Change,* ed. Kuei-fen Chiu, Ming-yeh Rawnsley, and Gary Rawnsley (New York: Routledge, 2017), 114, 119-121.
(4) Andrew Morris, " 'I Know That Song': Taiwanese Fantasies of Japanese Authority in *Kano* and *Cape No. 7,*" in *Locating Taiwan Cinema in the Twenty-First Century,* ed. Paul G. Pickowicz and Yingjin Zhang (Amherst, NY: Cambria Press, 2020), 61-78.
(5) Nelson Chung との個人的対話、4 January 2021.
(6) 自由時報（電子版）、6 October 2014；「故近藤さん顕彰碑除幕式」愛媛新聞（電子版）、7 October 2014；

Japan Times（電子版）, 23 September 2015.

（7）Shih-che Tang and Mitsuhiro Fujimaki, "The unredeemed nations: The Taiwanese film *KANO* and its trans-border reception," *Inter-Asia Cultural Studies* 19.1 (March 2018), 21, 24, 25.

（8）Ping-hui Liao, "*Kano* and Taiwanese Baseball: Playing with Transregionality and Postcoloniality," in *Taiwan Cinema: International Reception and Social Change*, 122-133.

（9）Yoshihisa Amae, "A Japanese engineer who became a Taiwanese deity: Postcolonial representations of Hatta Yoichi," *East Asian Journal of Popular Culture* 1.1 (April 2015), 35.

（10）「魏徳聖日遇《ＫＡＮＯ》後代，錠者死於俘虜営」蘋果日報（電子版）、10 March 2015.

（11）Ralph Jennings, "How a Taiwanese Baseball League Opened Its 2020 Season Despite Covid-19," 台湾の評論ウェブ・メディア *The News Lens*（關鍵評論）、30 April 2020; *Taipei Times*（電子版）9 May 2020.

（12）Hilton Yip, "Why Taiwan's China Airlines and CPBL Must Reflect Reality in Their Names," *The News Lens*, 28 April 2020.

（13）Nelson Chung, "What Baseball Says About Taiwanese Culture and Identity," *The News Lens*, 5 November 2020.

（14）中華職棒ＣＰＢＬ、「08／21統一 vs中信賽前，重量級特別嘉賓大駕光臨，副總統賴清德親臨轉播現場，宣傳國際原民日」YouTube video, 21 August 2020. 賴清德 Lai Ching-te, Twitter post, 1 August 2020, 7:39 a.m. を参照した。

（15）聯合報（電子版）、19 November 2020.

参考書目・参考資料

新聞、一般雑誌、ウェブ・ニュース等は「原注」を参照されたい。

★印のある項目は、*Japanese Taiwan*, Bloomsbury Academic 所収の著者論考、著者あとがきの原注を編入。

【中国語文献・資料】（漢字を日本語読みした五十音順）

阿野鉱二『人間王貞治』章蓓蕾譯、台北・麥田出版股份有限公司、1998.

阿扁總統電子報, 22 July 2004. ほか（オンライン資料）

晏山農「新認同的配方」『中國論壇』384 (September 1992), pp. 32-36.

王惠民『紅葉的故事』台北・民生報社、1994.

「王國進啥米攏嘸驚」『職業棒球』268 (10 July 2004), pp. 56-59.

王復旦「從金龍少年棒球隊成功說起——談中國全民體育的治本之道」『國民體育季刊』1, no. 3 (December 1969), pp. 3-5.

「怪腕　藍德明」『常春月刊』6 (November 1983), pp. 84-85.

柯遠芬「記臺灣省首屆運動會始末」『傳記文學』35 (October 1979), pp. 97-98.

「華興〔中學〕與巨人」『中央月刊』5, no. 12 (October 1973), pp. 40-42.

「找出問題，解決問題」『職業棒球』219 (12 June 2000), pp. 19-21.

何平導演『感恩歲月』台北・中央電影、1989.（映画）

艾波爾「紅葉少棒隊『自生』記」『新聞天地』24, no. 36 (7 September 1968), p. 17.

郭源治『熱球』台北・新中原出版社、1998.

簡永昌『中華棒球史記』台北・自費出版、1993.

簡永昌『人的一生：台灣人的小故事（四）』台北・自費出版、2002.

簡永昌『棒球與我』台北・自費出版、1977.
Al Campanis『怎樣打棒球』（The Dodgers' Way to Play Baseball）、簡永昌譯、台北・台光出版社、1960.
喜安幸夫『日本統治台灣秘史——霧社事件至抗日全貌』台北・武陵出版有限公司、1995.
「球員權充模特兒——戰袍閃亮現身」『那魯灣週報』7 (1 February 1997), p. 3.
裘嘉聞「紅葉眾小將前程如鏡」『新聞天地』24, no. 35 (31 August 1968), p. 22.
許秀鄰「試談球場非戰場」『國民體育季刊』2, no. 4 (September 1971), p. 18.
許雪姫「台灣光復初期的語文問題」『思與言』29, no. 4 (December 1991), pp. 155-184.
許雪姫「他們為什麼『旁觀』——談《旁觀雜誌》的時代意義」『全國新書資訊月刊』no.105 (September 2007), pp. 57-66.
龔樹森『鐵人楊傳廣』台北・中外圖書出版社、1977.
行政院體育委員會「數位博物館——棒球」、November 2005.（オンライン資料）
瞿海良「台灣原住民的棒球傳奇」『山海文化』9 (March 1995), pp. 25-31.
苦苓「想我眷村的弟兄們」聯合報、7 April 1985, p. 8; 8 April 1985, p. 8.
孤虹『職棒洋將性醜聞——揭發女球迷與洋將的桃色交易』台北・日臻出版社、1997.
高正源「原住民與台灣棒運（上）」『山海文化』9 (March 1995), pp. 32-36.
高正源『閃耀一百勝——郭泰源』台北・民生報社、1994.
高正源「台灣職棒、廿年媳婦熬成婆…」『中華棒球雜誌』21 (December 1988), pp. 4-8.
高正源『東昇的旭日——中華棒球發展史』台北・民生報社、1994.
高正源『呂明賜傳奇——邁向巨人之路』台北・民生報社、1988.
「向中華少棒隊歡呼」『新聞天地』25, no. 35 (30 August 1969), p. 3.
康添財「怪腕近來可好？」『常春月刊』6 (November 1983), pp. 88-90.
「紅葉的故事」『光華雜誌（*Sinorama*）』18, no. 1 (January 1993), pp. 42-45.

敖幼祥『職棒狂想曲』台北・中華職棒事業股份有限公司、1994.
「國民黨叛變烽火四起」雑誌『一號人物』66 (July 2007), pp. 46-47.
小林善紀『台灣論――新傲骨精神』賴青松・蕭志強譯、台北・前衛出版社、2001.（東京・小学館、2000）
呉祥木『絶不輕言放棄！棒球的美好年代』台北・圓神、1996.
呉文星「日據時期臺灣總督府推廣日語運動初探」『臺灣風物』37, no. 1 (March 1987), pp. 1-31; 37, no. 4 (December 1987), pp. 53-86.
「金剛傳情，鄉情獻愛」『那魯灣週報』7 (1 February 1997), p. 6.
『今日中華民國』台北・僑務委員會、1968.
『今日中華民國――慶祝總統蔣公八秩華誕特輯』台北・僑務委員會、1966.
崔健「一块紅布」『解決』北京・中国中央文采声像出版公司、1991.（ディスク）
蔡清輝「難忘的『嘉義農林』情結」『嘉農人』6 (November 2002), pp. 58-69.
蔡宗信「台灣東部原住民棒球運動之發展」『山海文化』9 (March 1995), pp. 37-43.
蔡宗信「日據時代台灣棒球運動發展過程之研究――以１８９５（明治28）年至１９２６（大正15）年為中心」國立臺灣師範大學體育研究所、1992.（修士論文）
蔡禎雄『日據時代臺灣師範學校體育發展史』台北・師大書苑、1998.
蔡武璋「嘉農棒球史」『嘉農人』1 (November 1997), pp. 28-36.
蔡武璋・林華韋・林玫君『典藏台灣棒球史――嘉農棒球 1928-2005』台北・行政院體育委員會、2005.
迮芷江導演『少年，棒球，冠軍』台北・光華影片資料供應社、1979.（映画）
史明『台灣人四百年史』（中国語版）San Jose, CA: Paradise Culture Associates（蓬島文化公司）、1980.
謝仕淵「一九二九年高雄第一公學校與第一回全島少年野球大會」『高市文献』17, no.3 (September 2004), pp. 110-120.
謝仕淵「地域棒球風――後山傳奇，南國榮光」『大地地理雜誌』197 (August 2004), pp. 24-31.

謝仕淵「日治初期（1895-1916）臺灣公學校的女子體育與放足運動」『臺灣文獻』55, no.2 (June 2004), pp. 206-230.
謝仕淵・謝佳芬『台灣棒球一百年』台北・果實出版社、2003.
周婉窈「台灣人第一次的『國語』經驗——析論日治末期的日語運動及其問題」『新史學』6, no. 2 (June 1995), pp. 113-159.
周杰倫（Jay Zhou）「簡單愛」（アルバム『范特西（Fantasy）』所収）、Taipei: Sony BMG Taiwan, 2001.
「從民族國家的模式看戰後台灣的中國化」『台灣文藝』138 (1993), pp. 77-112. ★
「少小離家原鄉遠」『職棒迷（HIT!）』20 (January 2005), pp. 33-34.
「蔣總統暨夫人召見田逕女傑紀政與中華少年棒球隊選手」『新聞天地』25, no. 38 (20 September 1969), 表紙。
焦桐『台灣文學的街頭運動——一九七七 - 世紀末』台北・時報文化出版企業股份有限公司、1998.
「少棒推行之道」『國民體育季刊』2, no. 3 (June 1971), pp. 1-2.
小野「封殺」（作品集『封殺』所収）台北・文豪出版社、1979, pp. 72-87.
小野「封殺」（徐錦成編『台灣棒球小說發展小史』所収）台北・九歌、2005, pp. 14-32.
「職棒，不能再拖一天」『中華棒球雜誌』19 (June 1988), pp. 50-51.
徐生明『淬煉』台北・凱特文化、2007.
徐宗懋『三冠王之夢』台北・大地出版社、2004.
徐宗懋『日本情結——從蔣介石到李登輝』台北・天下文化、1997.
「人權、尊嚴、新台灣、人權宣言再邁步」『新台灣新聞周刊』595 (17 August 2007), pp. 58-61.
『新聞天地』24, no. 36 (7 September 1968).
「神勇原住民林智勝」『職業棒球』（電子版）297 (10 December 2006).
鈴木洋史『王貞治百年歸鄉』李淑芳譯、台北・先覺出版、January 2005. ★
「『正港的英雄』搶攻宣傳灘頭」『那魯灣週報』5 (4 January 1997), p.5.
「成立職棒，不宜操之過急」『中華棒球雜誌』18 (March 1988), pp. 38-39.

詹德基「我國棒球運動的發微與展望」『教育資料季刊』10 (June 1985), pp. 433-483.
蘇錦章『嘉義棒球史話』台北・聯經出版事業公司、1996.
蘇世昌「追尋與回憶——張我軍及其作品研究」中興大學中國文學研究所、1998（修士論文、オンライン資料）
蘇正生「天下之嘉農」『嘉農人』1 (November 1997), pp. 11-27.（同窓会誌）
曾文誠「黄仁恵口述台灣棒球史」9-21 July 2003.（オンライン資料：3回構成）
曾文誠「洪太山口述台灣棒球史」25 June 2003.（オンライン資料：4回構成）
曾文誠「從１９３１年嘉農棒球隊看日據時代台灣棒球發展」21 May 2003.（オンライン資料：4回構成）
曾文誠「職棒草創華路藍縷」『職業棒球』167-168 (January-February 1997), pp. 21-24.
曾文誠「台灣職棒史」8 February 2006 ~ 25 September 2006.（オンライン資料：11回構成）
曾文誠「台灣棒球史」29 July 2003 ~ 8 March 2004.（オンライン資料：16回構成）
曾文誠「陳潤波口述台灣棒球史」15 May 2003.（オンライン資料：3回構成）
曾文誠「味全棒球隊史」15 March 2004 ~ 15 March 2005.（オンライン資料：16回構成）
曾文誠編「滾滾棒球長流蕭長滾」『職業棒球』225 (10 December 2000), pp. 44-47.
曾文誠・孟峻瑋『台灣棒球王』台北・我識出版社、2004.
續伯雄『中華少棒奪魁記』台北・東方與西方出版社、1969.
『第七屆全國運動會會刊』上海・中報館、1948.
太平山「威廉斯堡觀球記」『獨立台灣』38 (October 1971), pp. 54-55.
台風「蔣獨裁政權犠牲下的台灣人體育」『獨立台灣』14 (August 1969), pp. 22-29.
臺灣省教育廳編『臺灣教育發展史料彙編　體育教育篇』台北・同教育廳、1988.
臺灣省第一屆全省運動大會宣傳組編『臺灣省第一屆全省運動大會』台北・同宣傳組、1946.
「台灣少年棒球隊為台灣人爭光」『台灣青年』106 (5 September 1969), pp. 7-9.
「台灣的棒球運動何去何從」『棒球世界』1 (July 1999), pp. 88-89.

『台灣獨立建國聯盟的故事』台北・前衛、2000.

「台灣棒球好手走紅日本」『日本文摘』39 (April 1989), pp. 110-112.

「只要『放』掉一場球，他們給我二千萬」『商業周刊』484 (3 March 1997), pp. 72-76.

「誰要郭泓志?.」『棒球世界』2 (August 1999), pp. 60-64.

中華少年棒球隊奮鬥史編譯委員會編『中華少年棒球隊奮鬥史』台北・中華民國歷史文化出版社、1972.

中華日報叢書委員會編『無敵金龍——中華少年棒球隊勇奪世界冠軍紀實』台北・中華日報社、1969.

中華民國棒球協會編『台灣棒球百年史 1906-2006』台北・中華民國棒球協會、2006.

張敬果『中華民國少年、青少年、青年棒球發展史實』台北・自費出版、1983.

張啟疆「胡武漢與我」徐錦成編『台灣棒球小説發展小史』台北・九歌、2005, pp. 147-149.

張啟雄・潘光哲採訪、王景玲記録『湯銘新先生訪問記録』台北・中央研究院近代史研究所、2005.

張志超導演『紅葉小巨人』台北・學甫有限公司、1988.（映画）

張明「合庫棒球五十年」『棒球世界』1 (July 1999), 46-51.

張明「傳承棒球，絕不斷電——台電棒球五十三年史」『棒球世界』3 (September 1999), pp. 52-57.

張力可「台灣棒球與認同——一個運動社会學的分析」國立清華大學社會學研究所、2000.（修士論文）

陳一平『白毛頻道』台中・水永出版社、1997.

陳映真「第一件差事」『第一件差事』台北・遠景、1975.

陳嘉謀「光復初期台北市銀行公會棒球隊發展研究（１９４８−１９６８）」『體育學報』32 (March 2002), pp. 253-264.

陳嘉謀「光復初期台北市國民學校棒球發展研究」『體育學報』30 (March 2001), pp. 91-100.

陳嘉謀「台灣國民學校棒球運動發展之研究（１９４５−１９６８）」『台東師院學報』13, no. 1 (2002), pp. 137-170.

陳守庸「走訪94高齡的嘉農元老拓弘山」『國民體育季刊』131 (December 2001), pp. 103-110.

陳必佳「談少棒運動與民族自信心的恢復」『大學雜誌』69 (October 1973), pp. 23-26.

陳文發「台灣少年的光榮，台灣人的勝利」『台灣青年』106 (5 September, 1969), p. 3.
程佳惠『台灣史上第一大博覧會――１９３５年魅力台灣ＳＨＯＷ』台北・遠流、2004.
鄭三郎編『嘉農口述歷史』嘉義・國立嘉義農業専科學校校友會、1993.
程笙「永遠的紅葉」『師友月刊』339 (September 1995), pp. 62-67.
『傳奇與榮耀』（ディスク・セット『臺灣世紀體育名人傳』10巻その２）、行政院體育委員會、2002.
童祥昭「從台灣選手談起」『正言報全運特刊』11 May 1948, p. 4.
戸部良也『棒球東遊記』李淑芳譯、台北・中華職棒事業股份有限公司、1994.
「那魯灣――正港的英雄」『那魯灣週報』5 (4 January 1997), p. 5.（台灣職業棒球大聯盟のテーマソング）
「發展自己的職業棒球隊」『自由青年』73, no. 1 (January 1985), pp. 32-34.
「卑南少棒營的一天」『光華雜誌』（*Sinorama*）17, no. 9 (September 1992), pp. 40-44.
「賓州球賽場邊武打小記」『獨立台灣』50 (November 1972), pp. 45-46
藤井志津枝『日據時期臺灣總督府的理蕃政策』台北・國立臺灣師範大學歷史研究所、1989.
方俊靈「指導巨人少棒隊的經過及感想」『國教之友』373 (December 1971), pp. 34-40.
彭明敏・黄昭堂『臺灣在國際法上的地位』蔡秋雄譯（日本語から）、台北・玉山社、1995.
「棒運國運」『中央月刊』5, no. 12 (October 1973), pp. 43-44.
「棒球王王貞治在祖國」中華民國新聞 623, 1965.（ニュース映画）★
「棒球小英豪（１）」『王子』82（1 July 1970）, pp. 153-167 ;「同（２）」同誌 83（15 July 1970）, pp. 21-35 ;「同（３）」同誌 84（1 August 1970）, pp. 59-73.
「棒球的孩子――總論」全10巻のビデオ・シリーズ第１巻；第２巻「棒球的孩子――金龍的故事」；第３巻「同――七虎的故事」；第４巻「同――巨人的故事」；第10巻「同――朴子榮工的故事」、台北・公共電視文化事業基金會、2000.
「棒球的美麗與哀愁」『中國論壇』384 (September 1992), pp. 27-31.

Yabu Syat・許世楷・施正鋒『霧社事件――台灣人的集體記憶』台北・前衛、2001.
游鑑明「日治時期臺灣學校女子體育的發展」『中央研究院近代史研究所集刊』33 (June 2000), pp. 5-75.
「又一次對蔣鬥爭的勝利――一九七四年青少棒賽側記」『台獨月刊』32 (28 October 1974), p. 6.
「有關總統重要講詞與談話專門用語英譯對照表（核定版）」中華民國行政院新聞局 .23 July 2004.（オンライン資料）
楊菁「張我軍在中國」『日治時期臺灣知識分子在中國』林慶彰編、臺北市文獻委員會、2004, pp. 87–118.
楊德昌（Yang, Edward）導演『青梅竹馬（Taipei Story）』台北・萬年青電影公司、1985.（映画）
楊武勳・高正源『奧運棒球國手點將錄』台北・民生報社、1984.
「用夢想及信心、打造第二個王國」『那魯灣週報』5 (4 January 1997), p. 2.
姚立業『中華青少棒世界揚名記』台北・健行、1978.
姚立業『中華青少棒發展史實』台北・環球雜誌社、1977.
葉龍彥『日治時期台灣電影史』台北・玉山社、1998.
羅開明「由七虎少棒隊的勝利分析運動競賽的心理因素」『國民體育季刊』1, no. 6 (September 1970), pp. 5-6.
賴樹明『台灣棒球曾紀恩――棒壇生涯50年』台北・知道出版有限公司、1991.
李國彥「曾紀恩的十個故事（上）」『棒球世界』3 (September 1999), pp. 60-64.
李國彥「棒球紳士方水泉（上）」『棒球世界』5 (November 1999), pp. 46-52.
李淑芳「日本都市對抗賽歷史篇」『棒球世界』4 (October 1999), pp. 57-61.
李潼『龍門峽的紅葉』台北・圓神出版社、1999.
劉益東導演『奮鬥』台北・台灣省電影製片廠、1988.（映画）
劉俊卿・王信良『時光隧道――台灣籃運六十年』台北・民生報社、1999.
廖咸浩「入侵者」『台灣棒球小說發展小史』徐錦成編、台北・九歌、2005, pp. 46-77.
梁淑玲「社會發展、權力與運動文化的形構――臺灣棒球的社會、歷史、文化分析（1895-1990）」國立政治大學社會學系、1993.（修士論文）

林琪雯「運動與政權維繫——解讀戰後台灣棒球發展史」國立臺灣大學社會學研究所、1995.（修士論文）
林繼文『日本據台末期（１９３０-１９４５）戰爭動員之研究』板橋・稻鄉出版社、1996.
林泉忠「哈日、親日、戀日?:『邊陲東亜』的『日本情結』」『思想』14 特集「台灣的日本症候群」(January 2010), pp. 139-140. ★
林丁國「殖民統治下的運動發展——以台灣體育協會為中心的探討」『台灣歷史學會會訊』18 (2004), pp. 50-66.
林丁國「日治時期台灣中等學校棒球運動的發展——以『嘉義農林』為中心的探討（１９２８-１９４２）」8 September 2004. 南京大学での第５回両岸歴史学会議に提出されたペーパー。
林茂生『日本統治下臺灣的學校教育——其發展及有關文化之歷史分析與探討』台北・新自然主義股份公司、2000.（１９２９年当時の Columbia University 博士論文の中国語訳）

【英語文献・資料】（アルファベット順）

Allen, Joseph R. "Taipei Park: Signs of Occupation." *Journal of Asian Studies* 66, no. 1 (February 2007), pp. 159-199.
Allen, J. *Taipei: City of Displacements*. Seattle: University of Washington Press, 2012. ★
Amae, Yoshihisa. "A Japanese engineer who became a Taiwanese deity: Postcolonial representations of Hatta Yoichi." *East Asian Journal of Popular Culture* 1.1 (April 2015), p. 35. ★
Appleton, Sheldon L. "Taiwan: The Year it Finally Happened." *Asian Survey* 12, no. 1 (1972), pp. 32-37
Arnold, Julean H. *Education in Formosa*. Washington, DC: Government Printing Office, 1908.
"Athletic Sports: Amazing Development and World Recognition." *Present-Day Nippon, 1934: Annual English Supplement of the Asahi, Osaka and Tokyo*. Tokyo, 1934.
Barclay, Paul D. "'Gaining Confidence and Friendship' in Aborigine Country: Diplomacy, Drinking, and Debauchery on Japan's Southern Frontier." *Social Science Japan Journal* 6, no. 1 (2003), pp. 77-96.

"Baseball Fever: Taiwan Catches It (Again) from Baseball World Cup." Trans. Phil Newell.『光華雜誌』(*Sinorama*), 26, no. 12 (December 2001), pp. 65-66

"Baseball Tries to Make a Comeback." *Taipei Journal* 17, no. 45 (10 November 2000), p. 8.

Berry, Chris. "Imagine There's No China: Wei Te-sheng and Taiwan's 'Japan Complex.' " In *Taiwan Cinema: International Reception and Social Change*, eds. Kuei-fen Chiu, Ming-yeh Rawnsley, and Gary Rawnsley. New York: Routledge, 2017, pp. 114, 119-121. ★

Bhabha, Homi K. *The Location of Culture*. New York: Routledge, 1994.

Boorman, Howard, ed., *Biographical Dictionary of Republican China*, vol. 4. New York: Columbia University Press, 1971.

Buford, Bill. *Among the Thugs: The Experience, and the Seduction, of Crowd Violence*. New York: W. W. Norton 1991.

Cahn, Susan K. *Coming on Strong: Gender and Sexuality in Twentieth-Century Women's Sport*. New York: Maxwell Macmillan, 1994.

Campanis, Al. *The Dodgers' Way to Play Baseball*. New York: E. P. Dutton, 1954.

Cashman, Richard. "The Subcontinent." In *The Imperial Game: Cricket, culture and society*, eds. Brian Stoddart and Keith A. P. Sandiford. New York: Manchester University Press, 1998, pp. 116–134.

Chang, Mau-Kuei. "Middle Class and Social and Political Movements in Taiwan: Questions and Some Preliminary Observations." In *Discovery of the Middle Classes in East Asia*, ed. Hsin-Huang Michael Hsiau. Taipei: Academia Sinica Institute of Ethnology, 1993, pp. 121-176.

Chen, Cheng-Siang. *The Sugar Industry of Taiwan*. Taipei: Fu-Min Institute of Agricultural Geography, 1955.

Chen, Jackie. "How We Feel About the Japanese—An Aborigine Speaks." Trans. David Mayer.『光華雜誌』(*Sinorama*) 24, no. 3 (March 1999), pp. 91, 93.

Chen, Jackie. "Major League Controversies—Professional Baseball Enters a New Era." Trans. Phil Newell. 『光華雜誌』 (*Sinorama*) 21, no. 3 (March 1996), pp. 76-87.

Chen, Jackie. "Voices from a Buried History—The Takasago Volunteers." Trans. Christopher MacDonald, 『光華雜誌』 (*Sinorama*) 24, no. 3 (March 1999), pp. 78-91.

Chen, Lung-chu, and W. M. Reisman. "Who Owns Taiwan: A Search for International Title." *The Yale Law Journal* 81, no. 4 (March 1972), pp. 599-671.

Chen, Shui-bian. "Bridging the New Century: New Year's Eve Address" (31 December 2000).（オンライン資料）

Chen, Wei-chi. "From Raw to Cooked: The Identity of the Kavalan People in the Nineteenth Century." In *In Search of the Hunters and Their Tribes: Studies in the History and Culture of the Taiwan Indigenous People*, ed. David Faure. Taipei: Shung Ye Museum of Formosan Aborigines Publishing 順益台灣原住民博物館 , 2001, pp. 28-33.

Chen, Y. "Imperial Army Betrayed." In T. Fujitani, G. White, and L. Yoneyama, eds. *Perilous Memories: The Asia-Pacific War(s)*. Durham: Duke University Press, 2001, pp. 189-196. ★

Ching, Leo T. S. *Becoming "Japanese": Colonial Taiwan and the Politics of Identity Formation*. Berkeley: University of California Press, 2001.

Ching, Leo T. S. "Globalizing the Regional, Regionalizing the Global: Mass Culture and Asianism in the Age of Late Capital." *Public Culture* 12, no. 1 (2000), pp. 233-257.

Ching, Leo T. S. "Savage Construction and Civility Making: The Musha Incident and Aboriginal Representations in Coloial Taiwan." *positions* 8, no. 3 (Winter 2000): pp. 795-818.

Chun, Allen. "The Coming Crisis of Multiculturalism in 'Transnational' Taiwan." *Social Analysis* 46, no. 2 (Summer 2002), pp. 102-122.

Chun, Allen. "Democracy as Hegemony, Globalization as Indigenization, or the 'Culture' in Taiwanese National

Politics." *Journal of Asian and African Studies* 35, no. 1 (February 2000), pp. 7-27.

Cohen, Paul A. *Speaking to History: The Story of King Goujian in Twentieth-Century China.* Berkeley: University of California Press, 2009.

Cohn, Bernard S. *Colonialism and Its Forms of Knowledge: The British in India.* Princeton, NJ: Princeton University Press, 1996.

Coole, Arthur Braddan. *A Troubleshooter for God in China.* Mission, KS: Inter-Collegiate Press,1976.

Corcuff, Stéphane. "Liminality and Taiwan Tropism in a Postcolonial Context: Schemes of National Identification among Taiwan's 'Mainlanders' on the Eve of Kuomintang's Return to Power." In T. Ngo and H. Wang eds. *Politics of Difference in Taiwan.* New York: Routledge, 2011, 40-41. ★

Cromartie, W. with R. Whiting. *Slugging It Out in Japan: An American major leaguer in the Tokyo Outfield.* New York: Kodansha International, 1991, 122, 124. ★

Cronin, Mike. *Sport and Nationalism in Ireland: Gaelic Games, Soccer and Irish Identity Since 1884.* Portland, OR: Four Courts Press 1999.

Crossley, Pamela Kyle. *A Translucent Mirror: History and Identity in Qing Imperial Ideology.* Berkeley: University of California Press, 1999.

Cvetkovich, A. and D. Kellner. "The Intersection of the Local and the Global." In *Globalization: The Reader,* eds. John Beynon and David Dunkerley. New York: Routledge, 2001, pp. 134-135.

Dang, Winston T., ed., *Taiwangate: Documents on the blacklist policy and human rights of Taiwan.* Washington, D.C: Center for Taiwan International Relations, 1991.

Darnton, Robert. *The Great Cat Massacre and Other Episodes In French Cultural History.* New York: Basic Books, 1984.

De Ceuster, Koen. "Wholesome education and sound leisure: The YMCA sports programme in colonial Korea,"

European Journal of East Asian Studies 2, no. 1 (2003), pp. 53-88.

Deane, Hugh. *The Korean War, 1945-1953*. San Francisco: China Books and Periodicals, 1999).

Dickinson, Frederick. R. *War and National Reinvention: Japan in the Great War, 1914-1919*. Cambridge, MA: Harvard University Asia Center and Harvard University Press, 1999.

Dimeo, Paul. "Football and Politics in Bengal: Colonialism, Nationalism, Communalism." In *Soccer in South Asia: Empire, Nation, Diaspora,* eds. Paul Dimeo and James Mills. Portland, OR: Frank Cass Publishers, 2001, pp. 57-74.

Duara, Prasenjit. *Sovereignty and Authenticity: Manchukuo and the East Asian Modern*. Rowman and Littlefield, 2003.

Dudden, Alexis. *Japan's Colonization of Korea: Discourse and Power*. Honolulu: University of Hawai'i Press, 2005.

Fan, J. *China's Homeless Generation: Voices from the Veterans of the Chinese Civil War, 1940s-1990s*. New York: Routledge, 2011 pp. 59-62. ★

Fanon, Frantz. *The Wretched of the Earth*. 1963. Reprint, New York: Grove, 1968.

Fine, Gary Alan. *With Boys: Little League Baseball and Preadolescent Culture*. Chicago: University of Chicago Press, 1987.

Fitts, Robert K. *Remembering Japanese Baseball: An Oral History of the Game*. Carbondale: Southern Illinois University Press, 2005.

Fong, Barry Shiaw-Chian. "Civilization and Individual Identities: Ye Shengji's Quest for Colonial Self in Two Cultures," *Issues & Studies* 34, no. 10 (October 1998), pp. 93-124.

Fong Shiaw-Chian. "Hegemony and Identity in the Colonial Experience of Taiwan, 1895-1945." In *Taiwan under Japanese Colonial Rule, 1895-1945: History, Culture, Memory,* eds. Ping-hui Liao and David Der-Wei Wang. New York: Columbia University Press, 2006, pp. 160-183.

Franck, Harry A. *Glimpses of Japan and Formosa.* New York: Century Co., 1924.

Gabardi, Wayne. *Negotiating Postmodernism.* Minneapolis: University of Minnesota Press, 2001.

Gabay, J. Jonathan. "Let's integrate baby," www.gabaynet.com, 6 February 2004.（オンライン資料）

Garver, John W. *The Sino-American Alliance: Nationalist China and American Cold War Strategy in Asia.* Armonk, NY: M. E. Sharpe, 1997.

"Giants of boy's baseball," *Free China Review* 21, no. 9 (September 1971), pp. 27-31.

"Going to Bat for Taiwan," *Sports Illustrated,* 19 August 1974, pp. 64-74.

Gotō, Baron Shimpei. "The Administration of Formosa (Taiwan)," in *Fifty Years of New Japan*（『開國五十年史』）,vol. 2, 2nd ed. compiled. by Shigenobu Okuma, ed. Marcus B. Huish. London: Smith, Elder, & Co., 1910. pp. 530-553.

The Government-General of Taiwan. *Taiwan (Formosa): Its System of Communications and Transportation, Submitted by the Japanese Delegate for Taiwan to the Ninth Conference of the International Postal Union, Held at London, May, 1929.* Taihoku: The Government-General of Taiwan, 1929.

Grasmuck, Sherri. *Protecting Home: Class, Race, and Masculinity in Boys' Baseball.* New Brunswick, NJ: Rutgers University Press, 2005.

Guevara, Arturo J. Marcano, and David P. Fidler. *Stealing Lives: The Globalization of Baseball and the Tragic Story of Alexis Quiroz.* Bloomington: Indiana University Press, 2002.

Guha, Ramachandra. "Cricket and Politics in Colonial India," *Past and Present* 161 (November 1998), pp. 155-190.

Gumbrecht, Hans Ulrich. *In 1926: Living at the Edge of Time.* Cambridge, MA: Harvard University Press, 1997.

Guy, Nancy. "Farewell to Rational Actors: Music, Emotion and Social Movement in Taiwan." 国際学術会議 On Taiwan Studies in International Perspectives, University of California, Santa Barbara, 26 October 2007 に提出されたペーパー。

Hall, Stuart. "When Was 'The Post-Colonial'? Thinking at the Limit." In *The Postcolonial Question: Common*

Skies, Divided Horizons, eds. Iain Chambers and Lidia Curti. New York: Routledge, 1996, pp. 242-260.

Harrison, Mark. *Legitimacy, Meaning and Knowledge in the Making of Taiwanese Identity*. New York: Palgrave Macmillan , 2006.

Hauptman, Laurence M., and Ronald G. Knapp. "Dutch-Aboriginal Interaction in New Netherland and Formosa: An Historical Geography of Empire." *Proceedings of the American Philosophical Society* 121, no.2 (April 1977), pp. 166-182.

Herzfeld, Michael. *Cultural Intimacy: Social Poetics in the Nation-State*. 2nd ed. New York: Routledge, 2004.

Hoch, Paul. *White hero, Black Beast: Racism, sexism, and the mask of masculinity*. London: Pluto Press, 1979.

Hsiao Yeh（小野）. "Forced Out." In *Winter Plum: Contemporary Chinese Fiction*, ed. Nancy Ing. Taipei: Chinese Materials Center, 1982, pp. 137-151.

Hsiau A-chin. *Contemporary Taiwanese Cultural Nationalism*. New York: Routledge, 2000,

Hsiau, Frank S. T., and Laurence R. Sullivan. "A Political History of the Taiwanese Communist Party, 1928-1931." *Journal of Asian Studies* 42, no.2 (February 1983), pp. 269-289.

Huang Chih-Huei. "The Transformation of Taiwanese Attitudes toward Japan in the Postcolonial Period." In *Imperial Japan and National Identities in Asia, 1895-1945*, eds. Narangoa Li and Robert Cribb. New York: RoutledgeCurzon, 2003, pp. 296-314.

Huang, Ying-Che. "Were Taiwanese Being 'Enslaved'? The Entanglement of Sinicization, Japanization, and Westernization." In *Taiwan under Japanese Colonial Rule, 1895-1945: History, Culture, Memory*, eds. by Ping-hui Liao and David Der-Wei Wang. New York: Columbia University Press, 2006, pp. 312-326.

Jacobs, J. Bruce. "Taiwanese and the Chinese Nationalists, 1937-1945: The Origins of Taiwan's 'Half-Mountain People' (Banshan ren)." *Modern China* 16, no. 1 (January 1990), pp. 84-118.

Jacobs, J. Bruce. "Taiwan's Colonial History and Post-Colonial Nationalism." 国際学術会議 On Taiwan Studies in

International Perspectives, University of California, Santa Barbara, 27 October 2007 に提出されたペーパー。
Jacoby, Neil H. *U.S. Aide to Taiwan: A Study of Foreign Aid, Self-Help, and Development.* New York: Frederick A. Praeger, 1966.
James, C. L. R. *Beyond a Boundary.* Durham. NC: Duke University Press, 1993.
James, C. L. R. *Cricket.* Ed. Anna Grimshaw. New York: Allison and Busby, 1986.
"Japan as a Colonizing Power." *Spectator* (23 March 1907), pp. 447-448.
Johnson, Rafer, with Philip Goldberg. *The Best That I Can Be: An Autobiography.* New York: Doubleday, 1998.
Johnston, William. *Geisha, Harlot, Strangler, Star: A Woman, Sex, and Morality in Modern Japan.* Columbia University Press, 2005.
Jordan, David. K., Andrew Morris, and Marc L. Moskowitz, eds. *The Minor Arts of Daily Life: Popular Culture in Taiwan.* Honolulu: University of Hawai'i Press, 2004.
Katz, Paul R. *When Valleys Turned Blood Red: The Ta-pa-ni Incident in Colonial Taiwan.* Honolulu: University of Hawai'i Press, 2005.
Kelly, William W. "Blood and Guts in Japanese Professional Baseball." In *The Culture of Japan as Seen through Its Leisure,* eds. Sepp Linhart and Sabine Frühstück. Albany: SUNY Press, 1998, pp. 95-111.
Kelly, William W. "The Spirit and Spectacle of School Baseball: Mass Media, Statemaking, and 'Edutainment' in Japan, 1905-1935." In *Japanese Civilization in the Modern World XIV: Information and Communication,* eds. Umesao Tadao, William W. Kelly, and Kubo Masatoshi. Osaka: National Museum of Ethnology, 2000, pp. 105-115.
Kerr, George H. *Formosa Betrayed.* Boston: Houghton Mifflin, 1965.
Kerr, George H. *Formosa: Licensed Revolution and the Home Rule Movement, 1895-1945.* Honolulu: University of Hawai'i Press, 1974.
Klein, Alan M. *Sugarball: The American Game, The Dominican Dream.* New Haven, CT: Yale University Press,

1991.

Knapp, Ronald G., and Laurence M. Hauptman. " 'Civilization over Savagery': The Japanese, the Formosan Frontier, and United States Indian Policy, 1895-1915. *Pacific Historical Review* 49, no. 4 (1980), pp. 647-652.

Komagome Takeshi and J. A. Mangan, "Japanese colonial education in Taiwan, 1895-1922: Precepts and practices of control." *History of Education* 26, no. 3 (1997), pp. 307-322.

Kundera, Milan. *The Book of Laughter and Forgetting*. New York: Penguin, 1981.

Lamley, Harry J. "Taiwan Under Japanese Rule, 1895-1945: The Vicissitude of Colonialism." In *Taiwan: A New History*, ed. Murray A. Rubinstein. Armonk, NY: M. E. Sharpe, 1999, pp. 201-260.

Leach, Jerry W. dir., *Trobriand Cricket: An Ingenious Response to Colonialism*. Office of Information, Government of Papua New Guinea, 1975. (映画)

Li, Laura. "Empowering the People: 50 Years of Struggle." Trans. Brent Heinrich. 『光華雜誌』(*Sinorama*) 24, no. 10 (October 1999), pp. 100-107.

Liang, Lisa. "Fixing Taiwan baseball." *Taiwan Journal* 24, no. 2 (12 January 2007). (オンライン資料)

Liao, Ping-hui. "*Kano* and Taiwanese Baseball: Playing with Transregionality and Postcoloniality." In *Taiwan Cinema: International Reception and Social Change*, eds. Kuei-fen Chiu, Ming-yeh Rawnsley, and Gary Rawnsley. New York: Routledge, 2017, pp. 122-133. ★

Liao, Ping-hui, and David Der-Wei Wang eds. *Taiwan Under Japanese Colonial Rule, 1895-1945: History, Culture, Memory*. New York: Columbia University Press, 2006.

Light, Richard and Wataru Yasaki. "Breaking the Mould: J League Soccer, Community and Education in Japan." *Football Studies* 6, no. 1 (April 2003), pp. 37-50.

Lin, Mosei. "Public Education in Formosa Under the Japanese Administration: A Historical and Analytical Study of the Development and the Cultural Problems." Columbia University, 1929. (博士論文)

Liu, Shi-yun. "Building a Strong and Healthy Empire: The Critical Period of Building Conial Medicine in Taiwan. *Japanese Studies* 23, no. 4 (December 2004), pp. 301-314.

Lo, Ming-cheng M. *Doctors within Borders: Profession, Ethnicity, and Modernity in Colonial Taiwan.* Berkeley: University of California Press, 2002.

Lu, Tonglin. *Confronting Modernity in the Cinemas of Taiwan and Mainland China.* New York: Cambridge University Press, 2002.

Lukas, J. Anthony. "The Nationalist Pastime." *Rolling Stone* 175 (5 December 1974), pp. 58-63.

Macauley, Thomas Babington. "Minute on Indian Education." In *Selected Writings*, edited and with an introduction by John Clive and Thomas Pinney. Chicago: University of Chicago Press, 1972, pp. 237-251.

Mandle, W. F. *The Gaelic Athletic Association & Irish nationalist politics 1884-1924.* London: Christopher Helm, 1987.

McDevitt, Patrick F. *"May the Best Man Win": Sport, Masculinity, and Nationalism in Great Britain and the Empire, 1880-1935.* New York: Palgrave Macmillan, 2004.

Moeran, Brian. "Commodities, Culture and Japan's Corollanization of Asia." In *Japanese Influences and Presences in Asia,* eds. Marie Söderberg and Ian Reader. Richmond, UK; Curzon, 2000, pp. 25-50.

Morris, Andrew. "Baseball, History, the Local and the Global in Taiwan." In *The Minor Arts of Daily Life: Popular Culture in Taiwan,* eds. David K. Jordan, Andrew Morris, and Marc L. Moskowitz. Honolulu: University of Hawai'i Press, 2004, pp. 175-203.

Morris, Andrew. " 'I Know That Song': Taiwanese Fantasies of Japanese Authority in *Kano* and *Cape No. 7.*" In *Locating Taiwan Cinema in the Twenty-First Century,* eds. Paul G. Pickowicz and Yingjin Zhang. Amherst, NY: Cambria Press, 2020, pp. 61-78. ★

Morris, Andrew. *Marrow of the Nation: A History of Sport and Physical Culture in Republican China.* Berkeley:

University of California Press, 2004.

Morris, Andrew. "Taiwan: Baseball, Colonialism, and Nationalism." In *Baseball Without Borders: The International Pastime,* ed. George Gmelch. Lincoln: University of Nebraska Press, 2006, pp. 65-88

Moskowitz, Marc L. "Multiple Virginity and Other Contested Realities in Taipei's Foreign Club Culture." *Sexualities* 11, no. 3 (June 2008), pp. 327-351.

Nandy, Ashis. *The Tao of Cricket: On Games of Destiny and Destiny of Games.* New Delhi: Oxford University Press, 2000.

Nathan, John. *Japan Unbound: A Volatile Nation's Quest for Pride and Purpose.* Boston: Houghton Mifflin, 2004.

Nitobé, Inazo. *The Japanese Nation; Its Land, Its People, and Its Life, with Special Consideration to Its Relations with the United States.* New York: G. P. Putnam's Sons, 1912.

Nolden, Thomas. "On Colonial Spaces and Bodies: Hans Grimm's *Geschichten aus Südwestafrika.*" In *The Imperialist Imagination: German Colonialism and Its Legacty,* eds. Sara Friedrichsmeyer, Sara Lennox, and Susanne Zantop. Ann Arbor: University of Michigan Press, pp. 125-138.

Noyes, John. *Colonial Space: Spatiality in the Discourse of German South West Africa, 1884-1915.* Philadelphia: Harwood Academic Publishers, 1992.

Nussbaum, Martha C. "The Prohibition Era." *The New Republic* 4757-4758 (20-27 March 2006), pp. 21-28.

Oh, Sadaharu and D. Falkner. *Sadaharu Oh: A Zen Way of Baseball.* New York: Times Books, 1984. ★

Olds, Kelly. "The Biological Standard of Living in Taiwan under Japanese Occupation." *Economics and Human Biology* 1 (2003), pp. 187-206.

Peattie, Mark R. "Japanese Attitude Toward Colonialism, 1895-1945." In *The Japanese Colonial Empire, 1895-1945,* eds. Ramon H. Myers and Mark R. Peattie. Princeton, NJ: Princeton University Press, 1984, pp. 80-127.

Peng, Ming-min. *A Taste of Freedom: Memoirs of a Formosan Independence Leader.* New York: Holt, Rinehart and Winston, 1972.

Phillips, Steven E. *Between Assimilation and Independence: The Taiwanese Encounter Nationalist China, 1945-1950.* Stanford, CA: Stanford University Press, 2003.

Ponsonby-Fane, Richard Arthur Brabazon. *The Vicissitudes of Shinto.* London: Royal Anthropological Institute of Great Britain and Ireland, 1931. Reprint, Kyoto: Ponsonby Memorial Society, 1963.

Raz, Aviad E. *Riding the Black Ship: Japan and Tokyo Disneyland.* Cambridge, MA: Harvard University Asia Center, 1999.

Renan, Ernest. "What is a Nation?" In *Becoming National: A Reader,* eds. Geoff Eley and Ronald Grigor Suny. New York: Oxford University Press, 1996, pp. 42-55.

Robertson, Ronald. "Comments on the 'Global Triad' and 'Glocalization.'" In *Globalization and Indigenous Culture,* ed. Inoue Nobutaka. Tokyo: Institute for Japanese Culture and Classics, Kokugakuin University, 1996, pp. 217-225.

Robinson, Michael Edson. *Cultural Nationalism in Colonial Korea, 1920-1925.* Seattle: University of Washington Press, 1988.

"ROC Pro Ball in 1990." *Free China Journal* (8 September 1988), p. 2.

Roden, Donald. "Baseball and the Quest for National Dignity in Meiji Japan." *American Historical Review* 85, no. 3 (June 1980), pp. 511-534.

Roth, Philip. *The Great American Novel.* New York: Vintage International, 1995.

Rubinstein, Murray A. "Taiwan's Socioeconomic Modernization, 1971-1996." In *Taiwan: A New History,* ed. Murray A. Rubinstein. Armonk, NY: M. E. Sharpe, 1999. pp. 366-402.

Rutherford, Jonathan. *Forever England: Reflections on race, masculinity and Empire.* London: Lawrence & Wishart, 1997.

Said, Edward W. *Culture and Imperialism*. New York: Alfred A. Knopf, 1993.

Sandage, Scott A. *Born Losers: A History of Failure in America*. Cambridge, MA: Harvard University Press 2005.

Scruggs, Bert. "Identity and Free Will in Colonial Taiwan Fiction: Wu Zhuoliu's 'The Doctor's Mother' and Wang Changxiong's 'Torrent.'" *Modern Chinese Literature and Culture* 16, no. 2 (2004), pp. 160-183.

Shih, Chih-pin. "A Study of the Relationship Between Media Coverage, Audience Behavior, and Sporting Events: An Analysis of Taiwan Professional Baseball Booster Club Members." University of Northern Colorado, 1998.（博士論文）

Sökefeld, Martin. "From Colonialism to Postcolonial Colonialism: Changing Modes of Domination in the Northern Areas of Pakistan." *Journal of Asian Studies* 64, no. 4 (November 2005), pp. 939-973.

Sterk, Darryl. "Romancing the Formosan Pocahontas: Romantic National Allegories in Modern Taiwanese Fiction." 国際学術会議 On Taiwan Studies in International Perspectives, University of California, Santa Barbara, 27 October 2007 に提出されたペーパー。

Stoddart, Brian. "West Indies." In *The Imperial Game: Cricket, culture and society*, eds. Brian Stoddart and Keith A. P. Sandiford. New York: Manchester University Press, 1998, pp. 79-92.

Stroupe, Craig. "Glocalization." www.d.umn.edu.（オンライン資料）

Sundeen, Joseph Timothy. "A 'Kid's Game'? Little League Baseball and National Identity in Taiwan." *Journal of Sport & Social Issues* 25, no. 3 (August 2001), pp. 251-265.

Szonyi, Michael. *Cold War Island: Quemoy on the Frontline*. New York: Cambridge University Press, 2008.

Tai, Eika. "Kokugo and Colonial Education in Taiwan." *positions* 7, no.2 (Fall 1999), pp. 503-540.

Tang, Shih-che and Mitsuhiro Fujimaki. "The unredeemed nations: The Taiwanese film *KANO* and its trans-border reception." *Inter-Asian Cultural Studies* 19.1 (March 2018), pp. 21, 24, 25. ★

Taussig, Michael. *Mimesis and Alterity: A Particular History of the Senses*. New York: Routledge, 1993.

Taylor, Jeremy. "Colonial Takao: The making of a southern metropolis." *Urban History* 31, no. 1 (May 2004), pp. 48-71.

Taylor, Jeremy. "Pop music as postcolonial nostalgia in Taiwan." In *Refashioning Pop Music in Asia: Cosmopolitan Flows, Political Tempos and Aesthetic Industries,* eds. Allen Chun, Ned Rossiter, and Brian Shoesmith. New York: Routledge, 2004, pp. 173-182.

Terry, T. Philip. *Terry's Japanese Empire: Including Korea and Formosa, with Chapters on Manchuria, the Trans-Siberian Railway, and the Chief Ocean Routes to Japan: A Guidebook for Travelers.* Boston: Houghton Mifflin, 1914.

Thomson, John. *Thomson's China: Travels and Adventures of a Nineteenth-century Photographer.* Hong Kong: Oxford University Press, 1993.

To, Cho-Yee. "Education of the Aborigines in Taiwan: An Illustration of How Certain Traditional Beliefs of a Majority People Determine the Education of a Disadvantaged Minority." Special issue, *The Journal of Negro Education* 41, no. 3 (Summer 1972), pp. 183-194.

Ts'ai, Hui-yu Caroline. "Administration, Assimilation, and Ambivalence: 'Improved Treatment' （處遇改善）in Wartime Taiwan, 1944." In 汪榮祖・林冠群編『民族認同與文化交融』嘉義縣・中正大學臺灣人文研究中心 ,2006, pp. 373-427.

Ts'ai, Hui-yu Caroline. "Total War, Labor Drafts, and Colonial Administration: Wartime Mobilization in Taiwan, 1936-45." In *Asian Labor in the Wartime Japanese Empire: Unknown Histories,* ed. Paul H. Kratoska. Armonk, NY: M. E. Sharpe, 2005. pp. 101-126.

Tsurumi, E. Patricia. *Japanese Colonial Education in Taiwan, 1895-1945.* Cambridge, MA: Harvard University Press, 1977.

Tsurumi, E. Patricia. "Mental Captivity and Resistance Lessons from Taiwanese Anti-Colonialism." *Bulletin of*

Concerned Asian Scholars 12, no. 2 (April-June 1980), pp. 2-13.

Van Auken, Lance, and Robin Van Auken. *Play Ball! The Story of Little League Baseball.* University Park: Pennsylvania State University Press, 2001.

Vickers, Edward. "Re-writing museums in Taiwan." In *Re-Writing Culture in Taiwan,* eds. Fang-long Shih, Stuart Thompson and Paul Tremlett. New York: Routledge, 2008, pp. 69-101.

Wang, Tay-sheng. *Legal Reform in Taiwan under Japanese Colonial Rule, 1895-1945: The Reception of Western Law.* Seattle: University of Washington Press, 2000.

Watanabe, Masashi. "Identity Seen in the Acculturation of Sumo Done by Indigenous Peoples of Taiwan, Chihpen Puyuma." *International Journal of Sport and Health Science* 4 (2006), pp. 110-124.

Wei, James（魏景蒙）. *China Yearbook 1971-72.* Taipei: China Publishing, 1972.

Wetherall, W. "Public Figures in Popular Culture: Identity Problems of Minority Heroes." In C. Lee and G. De Vos eds. *Koreans in Japan: Ethnic Conflict and Accommodation.* Berkeley: University of California Press, 1981, p. 411n51. ★

Whiting, Robert. *The Chrysanthemum and the Bat: Baseball Samurai Style.* New York: Dodd, Mead, 1977.

Whiting, Robert. *You Gotta Have Wa.* New York: Vintage Books, 1989.

Wills, John E., Jr. "The Seventeenth-Century Transformation: Taiwan under the Dutch and the Cheng Regime." In *Taiwan: A New History,* ed. Murray A. Rubinstein. Armonk, NY: M. E. Sharpe, 1999 pp. 84-106.

Wilson, Jeffry P. "Taiwan Enters the Big Leagues: A Look at Disputes Involving Foreign Professional Baseball Players." *For The Record* 4, no. 5 (October-November 1993), pp. 3-4.

Wu, Emma. "Baseball Fever." *Free China Review* 42, no. 8 (August 1992), pp. 30-39.

Wu, Mi-cha（吳密察）, "Inō Kanori, Japanese Ethnography and the Idea of the 'Tribe.'" In *In Search of the Hunters and Their Tribes: Studies in the History and Culture of the Taiwan Indigenous People,* ed. David

Faure. Taipei: Shung Ye Museum of Formosan Aborigines Publishing（順益台灣原住民博物館）, 2001.
Wu, Yuan-li. "Income Distribution in the Process of Economic Growth in Taiwan." In *The Taiwan Experience, 1950-1980: Contemporary Republic of China,* ed. James C. Hsiung. New York: Praeger, 1981, pp. 162-173.
Wu Zhuoliu（吳濁流）. *The Fig Tree*（『無花果』）: *Memoirs of a Taiwanese Patriot, 1900-1947.* Trans. Duncan B. Hunter. Bloomington, IN: 1stbooks, 2002.
Wu Zhuoliu. *Orphan of Asia*（『亞細亞的孤兒』）.Trans. Ioannis Mentzas. New York: Columbia Universirty Press, 2006.
Yu, Junwei. "The Hongye Legend in Taiwanese Baseball: Separating Myth from Reality." *The International Journal of the History of Sport* 24, no. 10 (October 2007), pp. 1264-1280.
Yu, Junwei. *Playing in Isolation: A History of Baseball in Taiwan.* Lincoln: University of Nebraska Press, 2007.
Yu, Junwei and Alan Bairner. "Proud to be Chinese: Little League Baseball and National Identities in Taiwan during the 1970s." *Identities: Global Studies in Culture and Power* 15, no. 2 (April 2008), pp. 216-239.
Yu, Junwei and Dan Gordon. "Nationalism and National Identity in Taiwanese Baseball." *NINE: A Journal of Baseball History and Culture* 14, no.2 (Spring 2006), pp. 27-39.

【日本語文献・資料】（五十音順）

緋蒼生《あかたみ》「東臺灣へ、花蓮港廳下の部」『東臺灣研究叢書 第一編』台北・東臺灣研究会、1925, pp. 5-74. 復刻版：台北・成文出版社、1985.
東田《あずまだ》一朔『プロ野球誕生前夜――球史の空白をうめる』東京・東海大學出版社、1989.
有山輝雄『甲子園野球と日本人――メディアのつくったイベント』東京・吉川弘文館、1997.
『運動と趣味』（雑誌）3, no.1 (January 1918).
王貞治『回想』東京・勁文社、1981, ★

簡永昌『人の一生――台灣人の物語（六）』台北・自費出版、2003.
近藤正己『総力戦と台湾――日本殖民地崩壊の研究』東京・刀水書房、1996.
坂本茂・桂長平「能高野球團と蕃人學生の生活」『野球界』15, no. 12 (September 1925), pp. 46-48.
司馬遼太郎『台湾紀行　街道をゆく40』東京・朝日新聞社、1994.
正力亨ほか編『東京読売巨人軍五十年史』東京読売巨人軍五十年史編集委員室、1985.
鈴木明『高砂族に捧げる』東京・中央公論社、1976.
鈴木洋史『百年目の帰郷――王貞治と父仕福』東京・小学館、2002. ★
『台灣運動界』（雑誌）1, no.2 (November 1915) p. 14.
『臺灣寫眞帖　第壹集』臺灣寫眞會、1915.
竹村豊俊編『台灣體育史』台北・台灣體育協會、1933.
田中一二編『臺灣年鑑　皇紀二五九四年昭和九年』臺北・臺灣通信社、1934.
飛田穂洲『飛田穂洲選集　第三巻・野球記者時代』東京・ベースボールマガジン社、1986.
西脇良朋『臺灣中等學校野球史』兵庫県加古川市・自費出版、1996.
「日本プロ野球外国人選手［1936-1994］」『ベースボールマガジン』臨時増刊、18, no. 3（1994年夏）.
日本野球連盟・毎日新聞社編『都市対抗野球大会六十年史』東京・毎日新聞社、1990.
不老生「臺北野球戰史（一）」『運動と趣味』1, no.1 (November 1916), pp. 2-5.
ベースボールマガジン社編『日本プロ野球六十年史』東京・ベースボールマガジン社、1994.
矢内原忠雄『帝國主義下の台灣』東京・岩波書店、1929. 復刻版：南天書局、1997.
山口信雄『野球年鑑』朝日新聞社、1918.
湯川充雄『臺灣野球史』台北・臺灣日日新報社、1932.

台湾野球の一二〇年　略年表

年	台湾野球界の動き	台湾全般・国外での重要なできごと
1895（明治28）		4月17日　日清戦争終結を受け下関条約調印 清国が台湾と付属島嶼を日本に割譲 5月25日　台湾人勢力が「台灣民主國」成立を宣言 武力抵抗を試みたが10月までに瓦解
1897	このころ、日本人が台湾に野球を移入	
1898		3月2日　後藤新平が民政局長に就任（後に民政長官）
1906	台湾で最初の野球大会。日本人生徒・学生だけが参加	
1910		「理蕃5年計画」実施。武力による先住民族帰順策採用
1911		10月10日　武昌蜂起。辛亥革命始まる
1912		1月1日　孫文（臨時総統）が中華民国成立を宣言
1914	日本の大学野球ＯＢ選手が次々に台湾に赴任	7月28日　第1次世界大戦勃発
1915	台北、台南にそれぞれ野球協會が結成される 6月18日　初めての全台湾選抜紅白戦	8月3日　南部で台湾人が武装蜂起（タパニー事件） 台南県などに植民地軍が出動して鎮圧。死刑８６６人
1917	日本の強豪大学チーム最初の台湾遠征（早稲田大） この年以降、日本の学生チームが頻繁に来訪	
1918		11月11日　第1次世界大戦終結（ドイツが休戦協定調印）
1919	学生チーム選手名簿に台湾人2人を初めて登録	10月就任した田健治郎総督が「内地延長主義」を提起
1921	1月　米プロ・リーグの混成チームが台湾に遠征 アミ族チーム「高砂野球隊」結成（「能高團」の前身）	10月17日　台湾知識人による「台灣文化協會」が発足
1922		4月1日　中等学校以上の日台人隔離を廃止（「共学制」）
1923	8月　夏の甲子園大会に台湾代表が初参加（台北一中）	
1925	7月　「能高團」が日本に遠征（4勝4敗1引分）	
1927		8月　日本で都市対抗野球第1回大会
1930	8月　都市対抗野球大会に台湾代表初参加（台北交通團） 10月　文化３００年紀念全島中等學校野球大会	10月27日　霧社事件。台湾中部で先住民族が蜂起 犠牲者は日本人１３４、先住民族６４４人。全戸強制移住
1931	8月21日　甲子園大会で初出場の嘉義農林が準優勝 台湾人選手が初めて大会に出場	

1935	高雄で一般漢族チーム「高砂野球聯盟」結成 8月19日　甲子園で嘉義農林が準々決勝まで進出 10～11月　満洲、朝鮮代表チームが来訪 台灣博覧會行事で台湾代表と各地で対抗戦	10～11月　台北で始政40周年記念台灣博覧會 11月22日　台湾で初めての地方選挙（市会議員など）
1936	元「能高團」の伊藤次郎（羅道厚）が日本でプロ選手に	2月　日本職業野球連盟が発足。4月からリーグ戦開始
1937	嘉農出身の呉波が日本のプロチームに入団 後に呉昌征を名乗り数々のタイトルを取る	4月　臺灣日日新報が中国語面廃止（皇民化運動の先駆） 7月7日　北京近郊で盧溝橋事件。日中全面戦争始まる
1940	台中で紀元2600年奉祝全島中等學校野球大會	
1941		12月8日　日本海軍の真珠湾攻撃。対米開戦
1942	全島都市対抗野球の最後の大会 翌年にかけて各種全島大会が戦争で休止	
1943	呉新亨（日本名・萩原寛）が日本でプロ入り	
1945		8月15日　終戦の詔勅放送。日本が無条件降伏
1946	10月　第1回台湾省競技大会。野球も競技種目に	
1947	8月1日　「能高團」元監督・林佳興が白色テロで遭難	2月28日　台北でデモ隊と憲兵隊が衝突（2・28事件） 騒乱が全島に拡大（その後「白色テロ」が吹き荒れる）
1948	第7回全中国競技大会（上海）野球競技で台湾省が優勝	
1949	2月「台灣省棒球協會」が発足（省體育會の下部組織）	5月20日　中華民国台湾地区に戒厳令宣布 10月1日　毛沢東が中華人民共和国成立を宣言 12月7日　中華民国首都が台北に移転（暫定首都）
1950		6月25日　朝鮮戦争始まる
1951	台湾代表チームを初めて組織。フィリピンに遠征 このころから米チームが台湾各大会に参加	
1953	12月　早稲田大学チームが台湾遠征を再開 このころから日本の学生チームが頻繁に来訪	
1957	台北市都心で市営球場の建設始まる（2年後完成） 東京女子野球クラブが台湾遠征（女子野球交流始まる）	
1958		8月　台湾海峡危機。中国軍の金門島猛砲撃で緊張高まる
1963	1月　台湾で初めての早慶戦	4月　台湾人選手の楊傳廣が十種競技で世界新記録

1965	12月　王貞治が台湾を初めて訪問（66、68年などにも）	11月　中国で文化大革命始まる
1966	5月　ブヌン族の「紅葉」が全省学童選手権大会初優勝	12月　高雄に台湾最初の「輸出加工區」建設を発表
1968	8月　「紅葉」が日本チームにも勝つ。学童選手権で再び優勝 台湾飛躍のシンボルとして内外で注目を浴びる	チェコ事件。フランス、日本など各国で民衆の権利運動
1969	8月23日　「台中金龍」がリトルリーグで世界制覇 台湾チームのワールドシリーズ全盛期が始まる 「紅葉」選手の年齢記録改竄などで校長らに有罪判決	
1971	9月　アジア野球選手権大会で台湾が日本を破る	10月25日　中華民国が国連を脱退
1972	陳秀雄投手の日本プロ球界入りでトラブル（実現せず）	2月　ニクソン米大統領訪中。9月、日・中華民国断交
1973	8月　「台南巨人」がリトルリーグで記録的圧勝 台湾選手の出場資格問題などルール違反が公然化 10月　王貞治がセ・リーグで打撃三冠王に（翌年も）	
1974	リトルリーグ3部門で台湾チームが初めて三冠王	
1975		4月5日　蒋介石総統が死去。厳家淦副総統が昇格
1978		12月　中国の「改革・開放」政策始まる
1979		1月1日　米・中華民国断交。4月、台湾関係法発効
1980	高英傑、李來發バッテリーが南海ホークスに入団 これ以降、台湾人選手が再び日本プロ球界入り	
1981	3月　郭源治が中日ドラゴンズに入団 リトルリーグ全盛世代の日本球界での活躍始まる	
1984	8月　ロサンゼルス五輪（公開競技）で台湾が銅メダル	
1985	6月4日　西武の新人・郭泰源がノーヒットノーラン	
1986		9月28日　民主進歩黨結党。台湾最初の野党に
1987	12月31日　「職業棒球推進委員會」（準備委員会）が発足	7月15日　台湾・澎湖地区の戒厳令解除（通貨も自由化）
1988		1月13日　蒋經國総統が死去、李登輝副総統が昇格
1989	10月23日　「中華職業棒球聯盟」（CPBL）結成	6月4日　中国で「天安門事件」。民主化運動を弾圧
1990	3月17日　台湾プロ・リーグの第1戦。王貞治が始球式参加	
1992	7～8月　バルセロナ五輪野球競技で台湾が銀メダル	
1993	プロ野球連盟に2球団が新規加盟。6球団構成になる	4月　中台準公式機関がシンガポールで初めて接触
1994	プロ野球連盟の外国人選手枠を1球団7人に拡大	

1995	CPBL人気の絶頂期。以後、外国人選手が大幅に増加	
	12月1日　二つ目のプロリーグへ、運営会社設立	
1996	2月8日　新リーグ「台灣職業棒球大聯盟」(TML)結成	3月23日　初めての中華民国総統直選。中国との緊張高まる
1997	1月　CPBLに多数の野球賭博が発覚。観客数激減	7月1日　香港返還。イギリスから中国へ主権移行
	2月28日　4チームの新リーグ戦開幕。野球界に新風	
	4月　台湾が世界リトルリーグ野球機構脱退（後に復帰）	
1998	9月16日　時報イーグルスが野球賭博問題で球団解散	
1999	9月　TMLの台中ロボッツが大震災で救援活動	9月21日　台湾中部を震源地に20世紀最大の地震
2000		3月18日　総統選で陳水扁当選。初の政党間政権交代
2001	11月　台湾各地でワールドカップ主催（台湾は3位）	
2002	9月　陳金鋒が台湾人で初めて米大リーグデビュー	
2003	1月13日　プロ2リーグが合併（中華職業棒球大聯盟に）	2月　台湾でSARS(重症急性呼吸器症候群)流行始まる
	7月　曹錦輝が米大リーグ初登板（台湾人投手で初）	
2004		3月20日　陳水扁が僅差で総統に再選される
2005	4月　王建民が米大リーグ初登板（翌年最多勝投手）	
	9月　郭泓志が米大リーグ初登板	
2006	3月　WBC第1回大会に台湾が参加	11月3日　陳水扁総統夫人が起訴される(汚職、文書偽造等)
	12月　ドーハ・アジア大会野球競技で台湾が初優勝	
2007	11月　ワールドカップを再び台湾で開催（台湾は8位）	
2008	8月　台湾代表が中国代表に初めて敗北（北京五輪）	3月22日　総統選で馬英九当選。国民党が政権に復帰
	10月23日　dメディア・Tレックスを野球賭博問題で CPBLから永久除名	11月11日　陳水扁前総統が逮捕される（機密費流用等）
2009	3月　WBCアジア・ラウンドで台湾が再び中国に敗北	
2010	12月　エレファンツ中込監督に野球賭博で有罪確定	
2011		3月11日　東日本大震災。台湾の義援金250億円超
2014	2月　野球映画『KANO』台湾で公開（日本は翌年1月）	3月　台北で「ひまわり運動」。中台経済接近に反発
2016		8月1日　蔡英文総統が先住民族に初めて公式に謝罪
2019		11月ころ　中国で新型コロナウイルス流行始まる
2020	4月12日　新CPBL3週間遅れの開幕(パンデミック対応)	5月　中国が国家安全法を香港に適用(一国二制度形骸化)
2021	味全ドラゴンズがCPBLに復帰（リーグ初の復帰）	

台湾野球の文化史——日・米・中のはざまで

2022 年 8 月 20 日　初版第 1 刷印刷
2022 年 9 月 10 日　初版第 1 刷発行

著　者　アンドルー・D・モリス
訳　者　丸山　勝
発行者　森下紀夫
発行所　論 創 社
東京都千代田区神田神保町 2-23　北井ビル
tel. 03(3264)5254　fax. 03(3264)5232　web. https://www.ronso.co.jp
振替口座　00160-1-155266
装幀／宗利淳一
印刷・製本／中央精版印刷　組版／フレックスアート
ISBN978-4-8460-2115-3　

◆著者・訳者略歴

〔著者〕アンドルー・D・モリス（Andrew D. Morris）

1970年4月、米カリフォルニア州生まれ。カリフォルニア大学サンディエゴ校博士（近代中国史学）。現職はカリフォルニア理工州立大学（通称Cal Poly）人文学院歴史学科教授、同大学大学院歴史学研究科長。著書に『民族の精髄――中華民国のスポーツ・体育文化の歴史』（*Marrow of the Nation: A History of Sport and Physical Culture in Republican China*. Berkeley: University of California Press, 2004）、編著書に『日本領台湾――植民地支配と負の遺産』（*Japanese Taiwan: Colonial Rule and Its Contested Legacy*. London and New York: Bloomsbury Academic, 2015）がある。専門分野は中国・台湾近現代史、東アジアのスポーツ・ポップカルチャー史、植民地史など。

〔訳者〕丸山　勝（まるやま・まさる）

1939年7月、長野県塩尻市生まれ。京都大学文学部卒。読売新聞北京支局長、アジア総局長、目白大学教授、台湾・長榮大學兼任教授などをつとめた。著書に『陳水扁の時代』（藤原書店、2005年）など、訳書に『蔡英文の台湾』（陳瀞文著［中国語］、毎日新聞出版、2016年）、『転移する時代――世界システムの軌道1945－2025』（I・ウォーラーステイン著［英語］、藤原書店、1991年）など。

人名索引

五十音順。漢字人名の排列は日本語読みによる。
＊は原注の訳文中にだけにある人名。

【か行】

【さ行】

【た行】

【な行】

【は行】

【ま行】

【や行】

【ら行】